Grundrechtliche Verpflichtungen der Mitgliedstaaten der Europäischen Union

Europäische Hochschulschriften
Publications Universitaires Européennes
European University Studies

Reihe II
Rechtswissenschaft

Série II Series II
Droit
Law

Bd./Vol. 3986

PETER LANG
Frankfurt am Main · Berlin · Bern · Bruxelles · New York · Oxford · Wien

Loukia Kotroni

Grundrechtliche Verpflichtungen der Mitgliedstaaten der Europäischen Union

Insbesondere unter Zugrundelegung von Artikel 51 der Grundrechtscharta

PETER LANG
Europäischer Verlag der Wissenschaften

Bibliografische Information Der Deutschen Bibliothek
Die Deutsche Bibliothek verzeichnet diese Publikation in der Deutschen Nationalbibliografie; detaillierte bibliografische Daten sind im Internet über <http://dnb.ddb.de> abrufbar.

Zugl.: München, Univ., Diss., 2003

D 19
ISSN 0531-7312
ISBN 3-631-52000-X

www.peterlang.de

Vorwort

Die vorliegende Arbeit wurde im Sommersemester 2003 von der Juristischen Fakultät der Ludwig-Maximilians-Universität München als Dissertation angenommen. Ihr liegt der Rechtsstand vom Dezember 2002 zu Grunde.

Mein besonderer Dank gilt meinem Doktorvater, Herrn Professor Dr. Dr. Udo Di Fabio. Durch seine Betreuung und seine wertvollen Anregungen hat er wesentlich zum Erstellen der Doktorarbeit beigetragen. Ferner danke ich Herrn Professor Dr. Heinrich Amadeus Wolff für die Übernahme des Zweitgutachtens.

Für die Korrekturen des Manuskripts bin ich den Herren Christoph von Reyner, Ingmar Dörr und Alexander Sperber dankbar.

Meinen Eltern, die meine Arbeit in jeder Hinsicht gefördert haben, widme ich diese Dissertation.

Athen, im März 2004

Loukia Kotroni

Inhaltsverzeichnis

Abkürzungsverzeichnis

A	Series A / Série A, Sammlung der Urteile des Europäischen Gerichtshofs für Menschenrechte
a.A. A.A.	anderer Ansicht
a.a.O.	am angegebenen Ort
a.F.	alte Fassung
ABl.	Amtsblatt
AfP	Archiv für Presserecht
Anm.	Anmerkung
AöR	Archiv des öffentlichen Rechts
Art.	Artikel
Bd.	Band
Bh.	Beiheft
BVerfG	Bundesverfassungsgericht
BVerfGE	Amtliche Entscheidungssammlung des Bundesverfassungsgerichts
BVerfGG	Gesetz über das Bundesverfassungsgericht
bzw.	beziehungsweise
CMLR	Common Market Law Review
d.h.	das heißt
ders.	derselbe
dies.	dieselbe(n)
DÖV	Die Öffentliche Verwaltung
D.R.	Decisions and Reports of the European Commission of the Human Rights - Décisions et Rapports de la Commission européene des Droits de l'Homme
DVBl.	Deutsches Verwaltungsblatt
EAG	Europäische Atomgemeinschaft
EAGV	Vertrag zur Gründung der Europäischen Atomgemeinschaft
EC	European Community
EEA	Einheitliche Europäische Akte

EEEurD	Elliniki Epitheorissi Europaikou Dikaiou (Griechische Rundschau des Europarechts)
EG	Vertrag zur Gründung der Europäischen Gemeinschaft (Amsterdamer Fassung), Europäische Gemeinschaft
EGKS	Europäische Gemeinschaft für Kohle und Stahl
EGKSV	Vertrag zur Gründung der Europäischen Gemeinschaft für Kohle und Stahl
EGMR	Europäischer Gerichtshof für Menschenrechte
EGV	Vertrag zur Gründung der Europäischen Gemeinschaft (Maastrichter Fassung)
EHRLR	European Human Rights Law Review
EJIL	European Journal of International Law
EKomMR	Europäische Kommission für Menschenrechte
ELJ	European Law Journal
ELR	European Law Review
EMRK	Europäische Menschenrechtskonvention
EPG	Europäische Politische Gemeinschaft
EU	Europäische Union
EuG	Gerichtshof der Europäischen Gemeinschaften - Gericht erster Instanz
EuGH	Gerichtshof der Europäischen Gemeinschaften
EuGRZ	Europäische Grundrechte - Zeitschrift
EuR	Europarecht
EUDUR	Europäisches und Deutsches Umweltrecht
EUV	Vertrag über die Europäische Union
EuZW	Europäische Zeitschrift für Wirtschaftsrecht
EWG	Europäische Wirtschaftsgemeinschaft
EWGV	Vertrag zur Gründung der Europäischen Wirtschaftsgemeinschaft
EWS	Europäisches Wirtschafts- und Steuerrecht
f.	folgende
FAZ	Frankfurter Allgemeine Zeitung

ff.	fortfolgende
Fn.	Fussnote
FS	Festschrift
GA	Generalanwalt
GASP	Gemeinsame Aussen- und Sicherheitspolitik
GATT	General Agreement on Tariffs and Trade
GG	Grundgesetz (für die Bundesrepublik Deutschland)
griech.	Griechisch
GRCh	Grundrechtscharta
GS	Gedächtnisschrift
GTE	Groeben/Thiesing/Ehlermann, Kommentar zum EU-/EG-Vertrag
h.M.	herrschende Meinung
Hdb.	Handbuch
HRLJ	Human Rights Law Journal
Hrsg.	Herausgeber
HStR	Handbuch des Staatsrechts
IStR	Internationales Steuerrecht
i.S.	im Sinne
i.S.d.	im Sinne des
i.V.m.	in Verbindung mit
ICLQ	International and Comparative Law Quarterly
insb.	Insbesondere
JA	Juristische Arbeitsblätter
JBl.	Juristische Blätter
JöR n.F.	Jahrbuch des öffentlichen Rechts, neue Folge
Jura	Juristische Ausbildung
JuS	Juristische Schulung
JZ	Juristen Zeitung
Kom	Dokumente der Kommission der Europäischen Gemeinschaften

LIEI	Legal Issues of European Integration
m.a.W.	mit anderen Worten
m.E.	meines Erachtens
m.w.N.	mit weiteren Nachweisen
MLR	The Modern Law Review
n.F.	neue Fassung, neue Folge
NJW	Neue Juristische Wochenschrift
n.n.v.	noch nicht veröffentlicht
Nr.	Nummer
NVwZ	Neue Zeitschrift für Verwaltungsrecht
OJLS	Oxford Journal of Legal Studies
RabelsZ	Rabels Zeitschrift für ausländisches und internationales Privatrecht
RL	Richtlinie
Rn.	Randnummer
Rs.	Rechtssache
s.	siehe
S.	Seite, Siehe
Slg.	Sammlung der Rechtsprechung des Gerichtshofes der Europäischen Gemeinschaften und des Gerichts erster Instanz
u.a.	und andere
UAbs.	Unterabsatz
USA	United States of America
usw.	und so weiter
v.	von
verb.	verbundene
VfGH	Verfassungsgerichtshof
VG	Verwaltungsgericht
vgl.	vergleiche
VO	Verordnung
Vol.	Volume

VVDStRL	Veröffentlichungen der Vereinigung der Deutschen Staatsrechtslehrer
VwGO	Verwaltungsgerichtsordnung
VwVfG	Verwaltungsverfahrensgesetz
YEL	Yearbook of European Law
z.B.	zum Beispiel
ZaöRV	Zeitschrift für ausländisches öffentliches Recht und Völkerrecht
ZBJI	Zusammenarbeit in den Bereichen Justiz und Inneres
ZeuS	Zeitschrift für europarechtliche Studien
ZfRV	Zeitschrift für Rechtsvergleichung
ZG	Zeitschrift für Gesetzgebung
ZHR	Zeitschrift für Handelsrecht
ZRP	Zeitschrift für Rechtspolitik
ZUM	Zeitschrift für Urheber- und Medienrecht

Einleitung

Der Gerichtshof der Europäischen Gemeinschaften[1] (EuGH) hat im Laufe der Jahre eine Reihe von Grundrechten anerkannt, die als allgemeine Rechtsgrundsätze Eingang in die Rechtsordnung der Europäischen Gemeinschaften gefunden haben. Die Schaffung der Europäischen Gemeinschaften im Jahre 1951 und 1957 folgte den völkerrechtlichen Regeln zur Gründung internationaler Organisationen. Das Scheitern der Versuche zur Gründung der Europäischen Verteidigungsgemeinschaft und der Europäischen Politischen Gemeinschaft, welche die Bindung der Gemeinschaften an die Grundrechte ausdrücklich betonten[2], haben die Tatsache verdeutlicht, dass die politische Einigung ein weitreichender und kaum realisierbarer Schritt war. Man konzentrierte sich daher auf die wirtschaftliche Integration in der Hoffnung, dass diese eine politische Integration nach sich ziehen würde. Grundrechte sind in den Vertragstexten nicht beinhaltet[3]. Aufgrund der starken Orientierung der Verträge an wirtschaftlichen Zielen waren die Vertragsschöpfer der Meinung, dass die Tätigkeit der Europäischen Gemeinschaften keine grundrechtsbeeinträchtigende Wirkung hervorrufen könnte. Ein Grundrechtskatalog wurde daher zunächst nicht berücksichtigt[4].

---

1 Der Begriff Gemeinschaft umfasst die zwei Gemeinschaften, die Teil der ersten Säule des Unionsvertrages sind, nämlich die Europäische Gemeinschaft (EG) und die Europäische Atomgemeinschaft (EAG). Der Vertrag über die Gründung der Europäischen Gemeinschaft für Kohle und Stahl (EGKS) ist am 23. Juli 2002 außer Kraft getreten. Die Bereiche Kohle und Stahl gingen in die Zuständigkeit der Europäischen Gemeinschaft über. Im folgenden wird die Nummerierung des Amsterdamer Vertrags verwendet. Die alte Nummerierung wird wie folgend zitiert (Beispiel): Art. 30 EWGV (Fassung vor dem Maastrichter Vertrag), Art. 30 EGV (Fassung des Maastrichter Vertrags), Art. 30 EG (Fassung des Amsterdamer Vertrags).

2 Art. 3 § 1 der Satzung der Europäischen Verteidigungsgemeinschaft; Art. 3 der Satzung der Europäischen Politischen Gemeinschaft; ausführlich dazu Waldemar *Hummer*, Grundrechte und grundrechtsähnliche Verbürgungen in den Europäischen Gemeinschaften - Versuch einer Systematisierung und gegenseitigen Angleichung, in: Fritz Schwind (Hrsg.), Aktuelle Fragen zum Europarecht aus der Sicht in- und ausländischer Gelehrter, 1986 (zitiert: *Hummer*, Grundrechte und Grundrechtsähnliche Verbürgungen), S. 60ff., S. 64-65.

3 Mit der Ausnahme von Artikel 141 Abs. 1 (ex-Art. 119 EWGV) EG, der sich primär an die Mitgliedstaaten richtet; zu den Gründen für die Nichtaufnahme eines Grundrechtskatalogs in den Verträgen Pierre *Pescatore*, Bestand und Bedeutung der Grundrechte im Recht der Europäischen Gemeinschaften, EuR 1979, 1ff.

4 Albert *Bleckmann* / Stefan Ulrich *Pieper*, in: Manfred Dauses, (Hrsg.), Handbuch des EU-Wirtschaftsrechts, Loseblattsammlung, Stand: 10 Ergänzungslieferung, Mai 2001 (zitiert: *Bearbeiter*, in: Dauses (Hrsg.), Hdb. des EU-Wirtschaftsrechts), B. I, Rn. 74; Meinhard

Durch Urteile wie im Fall *Stauder*[5], *Internationale Handelsgesellschaft*[6] und *Nold*[7] hat der EuGH versucht, nach und nach das Fehlen eines geschriebenen, gegenüber der neu geschaffenen supranationalen Hoheitsgewalt geltenden Grundrechtskatalogs zu kompensieren. Diese richterrechtliche Entwicklung erfolgte in grundsätzlicher Übereinstimmung mit den Mitgliedstaaten und den innerstaatlichen Gerichten, welche diese als einen notwendigen Schritt zur Geltendmachung des Rechtsstaatsprinzips in der Europäischen Gemeinschaft erachteten und begrüßten.

Zum ersten mal im geschriebenen Gemeinschaftsrecht sind die Grundrechte in der Präambel zur Einheitlichen Europäischen Akte erwähnt worden[8], in der betont wird, dass die Mitgliedstaaten entschlossen sind,

> „gemeinsam für die Demokratie einzutreten, wobei sie sich auf die in den Verfassungen und Gesetzen der Mitgliedstaaten, in der Europäischen Konvention zum Schutze der Menschenrechte und Grundfreiheiten und der Europäischen Sozialcharta anerkannten Grundrechte, insbesondere Freiheit, Gleichheit und soziale Gerechtigkeit stützen[9]".

Durch den Vertrag von Maastricht ist die Rechtsprechung des EuGH in Art. F Abs. 2 (in der Amsterdamer Fassung Art. 6 Abs. 2 EUV) primärrechtlich ratifiziert worden. Demnach achtet die Union

> „die Grundrechte, wie sie in der am 4.11.1950 in Rom unterzeichneten Europäischen Konvention zum Schutze der Menschenrechte und Grundfreiheiten gewährleistet sind und wie sie sich aus den gemeinsamen Verfassungsüberlieferungen der Mitgliedstaaten als allgemeine Grundsätze des Gemeinschaftsrechts ergeben".

Parallel zu dieser Rechtsprechung, aber eher unspektakulär hinzugetreten, lief die Verkündung durch den EuGH von Urteilen, die auf eine Geltung der Gemeinschaftsgrundrechte gegenüber den Mitgliedstaaten der Europäischen Gemeinschaft hindeuteten. Diese Rechtsprechung, teils zögernd[10], teils Rückschritte machend[11], hat durch die Urteile *Wachauf*[12] und *ERT*[13], Ende der 80er Jahre, ihren

---

Hilf, Ein Grundrechtskatalog in der Perspektive einer europäischen Verfassung, EuR 1991, 19f., 26.

5 Rs. 29/69, *Stauder/Stadt Ulm*, Slg. 1969, S. 419ff.

6 Rs. 11/70, *Internationale Handelsgesellschaft*, Slg. 1970, S. 1125ff.

7 Rs. 4/73, *Nold/Kommission*, Slg. 1974, S. 491ff.

8 ABl. EG 1987, Nr. L 169, S.1f.

9 3. Erwägungsgrund.

10 Rs. 36/75, *Rutili/Minister des Innern*, Slg. 1975, S. 1219ff.

11 Verb. Rs. 60 und 61/84, *Cinéthèque/Fédération nationale des cinémas français*, Slg. 1985, 2605ff.

12 Rs. 5/88, *Wachauf/Bundesamt für Ernährung und Forstwirtschaft*, Slg. 1989, 2609ff.

Höhepunkt erreicht. Seitdem spricht der EuGH in ständiger Rechtsprechung davon, dass die Mitgliedstaaten bei der Durchführung des Gemeinschaftsrechts[14], bzw. wenn sie sich auf Rechtfertigungsgründe berufen, um die Einschränkung einer Grundfreiheit zu rechtfertigen[15], auch die Grundrechte beachten müssen.

Die Auferlegung dieser Pflicht auf die Mitgliedstaaten ist von grundsätzlicher Bedeutung für die Aufgabenverteilung zwischen Gemeinschaft und Mitgliedstaaten. Die Anerkennung von Freiheitsrechten der Bürger innerhalb eines supranationalen Gefüges wie der Europäische Union hat ein nicht zu unterschätzendes Konfliktspotential: Die Verleihung von Rechten an den Einzelnen ist Ausdruck des Rechtsstaatsprinzips und verleiht der Gemeinschaft eine Stärkung an Legitimität. Wenn aber die Gemeinschaft die Achtung dieser Rechte gegenüber den Mitgliedstaaten gewährleistet, dann führt dies zur Eingrenzung der Handlungsspielräume der Mitgliedstaaten und auf diese Weise zur Eingrenzung ihrer Kompetenzen. Die Stärkung des Individualrechtsschutzes ist im Rahmen eines Mehrebenensystems aus kompetentieller Hinsicht problematisch, da es zur Verschiebung von Kompetenzen führt, welche im Vertrag nicht vorgesehen ist.

Die Frage, wieweit die Mitgliedstaaten verpflichtet sind, Grundrechte zu beachten, ist im Schrifttum keineswegs geklärt. Die Rechtsprechung des EuGH hinsichtlich der mitgliedstaatlichen Bindung bei der Durchführung des Gemeinschaftsrechts fand grundsätzliche Zustimmung in der Literatur, während die Pflicht zur Beachtung der Grundrechte im Fall der Einschlägigkeit einer Grundfreiheit des öfteren kritisiert wurde.

Die Frage hat durch die Verabschiedung der Grundrechtscharta an Brisanz gewonnen. Die Charta[16] enthält in ihrem Art. 51 Abs. 1 folgende Formulierung:

> „Diese Charta gilt für die Organe und Einrichtungen der Union unter Einhaltung des Subsidiaritätsprinzips und für die Mitgliedstaaten ausschließlich bei der Durchführung des Rechts der Union".

Damit gibt sie eine eindeutige - positive - Antwort bezüglich der Frage, ob die

---

13 Rs. C-260/89, *Elliniki Radiophonia Tileorassi AE/Dimotiki Etairia Pliroforisis und Sotirios Kouvelas (ERT)*, Slg. 1991, I-2925ff.

14 Rs. C-2/92, *Bostock*, Slg. 1994, I-955ff.; Rs. C-292/97, *Karlsson u.a.*, Slg. 2000, I-2737ff.; Rs. C-313/99, *Mulligan u.a./Minister für Agriculture and Food u.a.*, Slg. 2002, I-5719ff.

15 Rs. C-23/93, *TV 10 SA/Commissariaat voor de Media*, Slg. 1994, I-4795ff.; Rs. C-148/91, *Veronica Omroep Organisatie*, Slg. 1993, I-487ff.; Rs. C-353/89, *Kommission/Niederlande*, Slg. 1991, I-4069ff.; Rs. C-62/90, *Kommission/Deutschland*, Slg. 1992, I-2575ff.; Rs. C-159/90, *Society for the Protection of Unborn Children Ireland Ltd gegen Stephen Grogan*, Slg. 1991, I-4685ff.; Rs. C-368/95, *Familiapress*, Slg. 1997, I-3689ff.; Rs. C-60/00, *Mary Carpenter/Secretary of State for the Home Department*, Slg. 2002, I-6279ff.

16 Grundrechtscharta der Europäischen Union, EuGRZ 2000, 559ff. = ABl. 2000, C 364, S. 1.

Mitgliedstaaten überhaupt an die (Gemeinschafts-)Grundrechte gebunden sind.

Gleichzeitig trifft sie eine bestimmte Entscheidung hinsichtlich des Umfangs dieser Bindung, die aber im Schrifttum und vom EuGH nicht wahrgenommen wird[17].

Die umfassende Gewährleistung von Grundrechten in der Grundrechtscharta wirft zusätzlich die Frage auf, ob die Mitgliedstaaten - zumindest - bei der Durchführung des Gemeinschaftsrechts an diese - teils sehr weit gefassten - Grundrechtsgewährleistungen gebunden sein sollen. Das würde bedeuten, dass die Charta ein Homogenitätsgebot enthielte, welches die nationalen Grundrechtsordnungen stark eingrenzen würde.

Die folgende Untersuchung hat das Ziel, die Rechtsprechung des EuGH aufzugreifen und sich mit der Frage der Pflicht der Mitgliedstaaten, Grundrechte zu beachten, dem Umfang dieser Verpflichtung sowie dem zu beachtenden Grundrechtsmaßstab kritisch auseinander zu setzen.

Im ersten Teil wird der Frage nach der praktischen Bedeutung dieser Problematik nachgegangen. Aufgrund der Tatsache, dass alle Mitgliedstaaten der Europäischen Union bereits an die in den nationalen Verfassungen bzw. der EMRK enthaltenen Grundrechte gebunden sind, ist es erforderlich, zu untersuchen, ob die Bejahung der Geltung der Gemeinschaftsgrundrechte auch gegenüber den Mitgliedstaaten praktische Folgen hinsichtlich des Umfangs des Grundrechtsschutzes bzw. der zuständigen Gerichte zu Folge hat (erster Teil, A). Anschließend wird die rechtliche Stellung der Grundrechtscharta geklärt. Dies hat Bedeutung für die Beantwortung der Frage, ob Art. 51 Abs. 1 der Charta verbindlich ist (erster Teil, B). Im folgenden ist dann weiter zu klären, ob der Vertrag bereits eine Rechtsgrundlage hinsichtlich der mitgliedstaatlichen Pflicht zur Beachtung von Grundrechten enthält (erster Teil, C). Anschließend wird der Rechtsprechung des EuGH nachgegangen, die eine mitgliedstaatliche Pflicht zur Beachtung der Gemeinschaftsgrundrechte feststellte (erster Teil, D). Es wird schließlich der Frage nachgegangen, welche Rechte als Grundrechte im Sinne dieser Untersuchung verstanden werden können (erster Teil, E).

Im nächsten Abschnitt der Arbeit wird der Versuch unternommen, die bereits im Schrifttum vorgeschlagenen Argumente für eine Bindung der Mitgliedstaaten an die Gemeinschaftsgrundrechte ausführlich darzustellen. Dabei wird zwischen den sogenannten funktionalen und dem dogmatischen Argument unterschieden. Während erstere auf die Effektivität des Gemeinschaftsrechts abstellen (zweiter Teil, B), stützt sich das dogmatische Argument auf den Rechtsstaatsgedanken, d.h. den Rechtsschutz des Einzelnen (zweiter Teil, C).

---

17 S. gleich unten, C IV.

Auf der Grundlage dieser Überlegungen ist zu bestimmen, in welchem Umfang die Gemeinschaftsgrundrechte gegenüber den Mitgliedstaaten Geltung beanspruchen. Der EuGH spricht vom mitgliedstaatlichen Handeln „im Anwendungsbereich des Gemeinschaftsrechts“[18]. Die genaue Bestimmung des Anwendungsbereichs im Sinne dieser Rechtsprechung ist Gegenstand des dritten Teils dieser Arbeit (A, B, C). Dabei wird auch gefragt, ob die Bejahung einer Bindung der Mitgliedstaaten an die Grundrechte eine Mitberücksichtigung von nationalen Grundrechtsverbürgungen auf europäische Ebene völlig ausschließt, oder ob es möglich ist, den Mitgliedstaaten Spielräume zur Gestaltung ihres nationalen Grundrechtsschutzes zu gestatten (dritter Teil D).

Im letzten Teil wird schließlich die Rechtsprechung des Europäischen Gerichtshofs für Menschenrechte (EGMR) sowie des Bundesverfassungsgerichts hinsichtlich der Überprüfbarkeit von Gemeinschaftsrechtsakten sowie gemein-schaftsrechtlich relevanter staatlicher Akte kurz dargestellt (vierter Teil).

Im Schrifttum wird des öfteren von der Bindung der Mitgliedstaaten an die Gemeinschaftsgrundrechte gesprochen. Im Rahmen dieser Untersuchung wird von der gemeinschaftlichen Pflicht der Mitgliedstaaten, Grundrechte zu beachten gesprochen. Diese zwei Sätze sind keineswegs gleichbedeutend. Der erste Satz setzt primär darauf ab, dass die Mitgliedstaaten an die „Gemeinschaftsgrundrechte“ gebunden sein sollen. Der zweite Satz stellt die Frage, ob eine auf dem Gemeinschaftsrecht beruhende Pflicht für die Mitgliedstaaten existiert, Grundrechte zu beachten. Die Frage, welche Grundrechte die Mitgliedstaaten aufgrund dieser Pflicht beachten müssen, bleibt dann bewusst offen (dritter Teil D).

---

18 Rs. C-260/89, Elliniki Radiophonia Tileorassi AE/Dimotiki Etairia Pliroforisis und Sotirios Kouvelas, Slg. 1991, I-2925ff., Rn. 42.

Erster Teil: Problemstellung

A. Praktische Bedeutung der Untersuchung

Die als allgemeine Rechtsgrundsätze des Gemeinschaftsrechts geltenden Grundrechte ergeben sich aus den gemeinsamen Verfassungsüberlieferungen aller 15 Mitgliedstaaten. Darüber hinaus sind diese der Europäischen Konvention zum Schutz der Menschenrechte und Grundfreiheiten (EMRK) beigetreten[19]. Das könnte bedeuten, dass kaum Unterschiede zwischen den nationalen und den europäischen Grundrechten existieren. Die Frage einer Grundrechtskontrolle von nationalen Akten auf der Grundlage des Gemeinschaftsrechts scheint daher eher geringe praktische Relevanz zu haben[20].

Darüber hinaus ist in den letzten Jahren ein steigender Einfluss des europäischen Grundrechtsstandards auf die nationalen Verfassungen zu verzeichnen. Die nationalen Gerichte sind gegenüber der europäischen Grundrechtsentwicklung nicht gleichgültig geblieben. Sie greifen auch auf die Gemeinschaftsgrundrechte zurück, um Fragen im innerstaatlichen Raum zu beantworten. Diesen gegenseitigen Einfluss von nationalem und Gemeinschaftsgrundrechtsschutz hat auch das BVerfG in seinem Beschluss vom 07.06.2000 hervorgehoben[21]:

> „Der EuGH hat die aus der Eigentumsgewährleistung folgende Notwendigkeit einer vorläufigen Härteregelung ähnlich wie das BVerfG beurteilt. Beide Entscheidungen verdeutlichen damit ein Ineinandergreifen des gerichtlichen Grundrechtsschutzes auf europäischer Ebene durch nationale Gerichte und Gerichte der Gemeinschaft“[22].

Trotz dieses Ineinandergreifens verliert die Frage nach der Bejahung einer Grundrechtskontrolle von nationalen Akten auf der Grundlage des Gemeinschaftsrechts

---

19 Art. 6 Abs. 2 EUV.

20 So Paul *Kirchhof*, Verfassungsrechtlicher Schutz und internationaler Schutz der Menschenrechte: Konkurrenz oder Ergänzung?, EuGRZ 1994, 16ff., 25.

21 Beschluss über die Bananenmarktordnung, 2 BvL 1/97, Ergangen auf Vorlagebeschluss des VG Frankfurt a.M., EuZW 2000, 702ff. = BVerfGE 102, 147ff.

22 BVerfGE 102, 147ff., 166; vgl. auch die Ausführungen des Präsidenten des spanischen Verfassungsgerichts *Pedro Gruz-Villalon* hinsichtlich des Einflusses der Grundrechtscharta bei der Interpretation der Grundrechte der spanischen Verfassung in: Johanna *Kübler*, Abteilung 1: Sitzungsbericht, 1. Europäischer Juristentag, 2001, S. 68-69. Das spanische Verfassungsgericht verweist in einem Beschluss vom 1.11.2000 zum Datenschutz auf Art. 8 der Charta, s. Ingolf *Pernice*, Die Europäische Verfassung, in: Hans-Joachim Cremer / Thomas Giegerich / Dagmar Richter / Andreas Zimmermann (Hrsg.), Tradition und Weltoffenheit des Rechts. Festschrift für Helmut Steinberger, 2002, S. 1334.

nicht an praktischer Bedeutung[23]. Folgende Gründe können zur Begründung dieser Annahme angeführt werden:

I. Unterschiede bei der Gewährleistung von Grundrechten

1. Schutzbereich der Grundrechte

Die Verfassungen der Mitgliedstaaten enthalten Grundrechte, deren Schutzbereich unterschiedlich bestimmt wird. Mit anderen Worten wird der Inhalt der nationalen Grundrechte weiter oder enger als der Inhalt der europäischen Grundrechte gefasst[24]. Diese Differenzierung ist Ergebnis der Vorgehensweise, auf deren Grundlage dann die Grundrechte als *Gemeinschafts*grundrechte anerkannt werden: Es werden keine nationalen Grundrechte auf europäischer Ebene übertragen, sondern die nationalen Verfassungsüberlieferungen der Mitgliedstaaten dienen als Rechtserkenntnisquelle zur Gewinnung von Gemeinschaftsgrundrechten[25]. Letztere haben oft einen engeren oder weiteren Schutzbereich als die entsprechenden Grundrechte auf nationaler Ebene. Ein sehr oft zitiertes Beispiel ist das Grundrecht der Unverletzlichkeit der Wohnung: Der EuGH entschied im Urteil *Hoechst*[26], dass die Geschäftsräume eines Unternehmens nicht in den Schutzbereich des gemeinschaftsrechtlich geschützten Grundrechts der Unverletzlichkeit der Wohnung fallen. In Deutschland andererseits gehört der Schutz der Geschäftsräume zum

---

23 Matthias *Ruffert,* Die Mitgliedstaaten der Europäischen Gemeinschaft als Verpflichtete der Gemeinschaftsgrundrechte, EuGRZ 1995, 518ff., 519f.; Ulrich *Wölker,* Grundrechtsschutz durch den Gerichtshof der Europäischen Gemeinschaften und nationale Gerichte nach Amsterdam, EuR Beiheft 1 1999, 99ff., 112; Ole *Due* / Claus *Gulmann,* Community fundamental rights as part of national law, in: Scritti in onore di Giuseppe Federico Mancini. Volume II Diritto dell'Unione Europea, 1998 (zitiert: *Due/Gulmann,* Fundamental rights), S. 405ff., S. 409; Stephen *Jones,* Die Bindung der Mitgliedstaaten an die Grundrechte der Europäischen Gemeinschaft: Zur Frage der innerstaatlichen Anwendbarkeit der Gemeinschaftsgrundrechte und der Bindung der nationalen Stellen am Beispiel der Bundesrepublik Deutschland, 1999 (zitiert: *Jones,* Bindung), S. 22ff.

24 Vgl. Joseph H.H. *Weiler,* Fundamental rights and fundamental boundaries: on the conflict of standards and values in the protection of human rights in the European legal space, in: Joseph H.H. Weiler, The Constitution of Europe. "Do the new clothes have an emperor?" and other essays on european integration, 1999 (zitiert: *Weiler,* Fundamental rights and fundamental boundaries), S. 102: "... beyond a certain core, reflected in Europe by the ECHR, the definition of fundamental human rights often differs from polity to polity"; *Due/Gulmann,* Fundamental rights, S. 409f.; Paul *Craig* / Grainne *de Búrca,* EU Law - Text, cases, and materials, 1998 (zitiert: *Craig/de Búrca,* EU Law), S. 317.

25 Art. 6 Abs. 2 EUV; Thorsten *Kingreen,* in: Christian Calliess / Matthias Ruffert (Hrsg.): Kommentar zu EU-Vertrag und EG-Vertrag, 2. Auflage, 2002 (zitiert: *Bearbeiter,* in: Calliess/Ruffert (Hrsg.), EUV/EGV), Art. 6 EUV, Rn. 34.

26 Verb. Rs. 46/87 und 227/88, *Hoechst/Kommission,* Slg. 1989, S. 2859ff., Rn. 17f.

Grundrecht der Unverletzlichkeit der Wohnung[27]. Der EuGH hat zwar den Mitgliedstaaten das Recht eingeräumt, Verfahrensgarantien auch für Geschäftsräume vorzusehen[28]. Es muss trotzdem festgehalten werden, dass der Schutzbereich eines europäischen Grundrechts weiter oder enger gefasst werden kann.

2. Schranken der Grundrechte

Die Schranken der Grundrechte werden immer im Verhältnis zu einer bestimmten Rechtsordnung bestimmt. Im deutschen Verfassungsrecht gilt, dass in Bezug auf Grundrechte ohne Gesetzesvorbehalt die immanente Schranke des kollidierenden Verfassungsrechts existiert[29], d.h. die übrigen Grundrechte und andere Verfassungsgüter.

Hinsichtlich der Gemeinschaftsgrundrechte hat der EuGH festgestellt:

> „Die vom Gerichtshof anerkannten Grundrechte können jedoch keine uneingeschränkte Geltung beanspruchen, sondern sind im Zusammenhang mit ihrer gesellschaftlichen Funktion zu sehen. Daher kann die Ausübung dieser Rechte .... Beschränkungen unterworfen werden, sofern diese tatsächlich dem Gemeinwohl dienenden Zielen der Gemeinschaft entsprechen ...“[30].

Das ist seit jeher ständige Rechtsprechung des EuGH[31]. Unterschiede zu nationalen Grundrechtsschranken können sich dann ergeben, wenn der EuGH sich auf die Ziele und die Struktur der Gemeinschaft beruft, aus diesem Grund die Grundrechte weitergehenden Schranken unterwirft und im Ergebnis zu einer anderen Gewichtung zwischen Individual-, nationalem und Gemeinschaftsinteresse gelangt[32].

---

27 Ausführlich Georg *Ress* / Jörg *Ukrow*, Neue Aspekte des Grundrechtsschutzes in der Europäischen Gemeinschaft, EuZW 1990, 499ff.

28 Verb. Rs. 46/87 und 227/88, *Hoechst/Kommission*, a.a.O., Rn. 19; zur divergierenden Rechtsprechung des EGMR, insbesondere zum Urteil Niemietz s. Nina *Philippi*, Divergenzen im Grundrechtsschutz zwischen EuGH und EGMR, ZeuS 2000, 97ff., 110f.

29 Bodo *Pieroth* / Bernhard *Schlink*, Grundrechte. Staatsrecht II, 17. Auflage, 2001, Rn. 325f.

30 Rs. 5/88, *Wachauf*, Slg. 1989, 2609ff., Rn. 18.

31 Vgl. bereits Rs. 11/70, *Internationale Handelsgesellschaft*, Slg. 1970, 1125ff., 1135.

32 Vgl. Ingolf *Pernice*, in: Eberhard Grabitz / Meinhard Hilf (Hrsg.): Das Recht der Europäischen Union (Kommentar), Stand 13. Ergänzungslieferung Mai 1999, (zitiert: *Bearbeiter*, in: Grabitz/Hilf (Hrsg.), EUV/EGV), Art. 164, Rn. 44; Siofra *O'Leary*, The relationship between community citizenship and the protection of fundamental rights in community law, CMLR 1995, 519ff., 535; Johannes *Cirkel*, Die Bindungen der Mitgliedstaaten an die Gemeinschaftsgrundrechte, 2000 (zitiert: *Cirkel*, Bindungen), S. 194f.

3. Grundrechtskollisionen

Bei Grundrechtskollisionen, d.h. in den Fällen, wo Grundrechte von unterschiedlichen Trägern im Konflikt zueinander stehen[33], ist kein Vergleich des Inhalts mehr möglich, ein bestimmtes Grundrecht sei auf nationaler Ebene mehr oder weniger geschützt als in der Gemeinschaftsrechtsordnung. Es kommt vielmehr zu einer Abwägung zwischen den Grundrechten. Es ist gerade diese Abwägung, die eine fundamentale Bedeutung hat und unterschiedlich von jeder nationalen Ordnung bestimmt wird[34]. Die Entscheidung dann, ob auf nationaler oder auf gemeinschaftlicher Ebene die Zuständigkeit zur verbindlichen Bestimmung dieser Abwägung liegt, hat auch praktische Konsequenzen hinsichtlich des Grundrechtsschutzes.

4. Die Charta der Grundrechte der Europäischen Union

Ein weiteres Problem ergibt sich aus der künftigen Verbindlichkeit der Grundrechtscharta.

Hätte man die EMRK als Grundrechtskatalog für die Europäische Union übernommen, würde die Bejahung einer Pflicht zur Beachtung von Grundrechten seitens der Mitgliedstaaten dazu führen, dass es eine parallele Kompetenz zwischen EGMR und EuGH bezüglich der Auslegung und Anwendung des gleichen Grundrechtskatalogs gäbe: Es ginge dann in erster Linie um einen Konflikt zwischen zwei Gerichtsbarkeiten, welcher die Gefahr der divergierenden Auslegung des gleichen (Konventions)grundrechts nach sich zöge.

Die Grundrechtscharta enthält jedoch Rechte, die zwar auch in der EMRK beinhaltet sind, deren Schutzbereich aber teils weiter geht[35]. Darüber hinaus enthält sie Rechte, die in Zusatzprotokollen verankert sind, welche aber nur von einem Teil der Mitgliedstaaten ratifiziert worden sind[36]. In diesem Fall werden die Mitglied-

---

33 S. aus der Rechtsprechung die Rs. C-159/90, *Grogan*, Slg. 1991, I-4685ff.; Rs. C-368/95, *Familiapress*, Slg. 1997, I-3689ff., ausführlich unten, D II 7 und 5.

34 *Weiler*, Fundamental rights and fundamental boundaries, S. 117f.; Andrew *Clapham*, Human Rights and the European Community: A critical Overview, 1991 (zitiert: *Clapham*, Human Rights), S. 51; *Ruffert*, EuGRZ 1995, 519, speziell hinsichtlich des Umweltschutzes.

35 Wie zum Beispiel Art. 14 Abs. 1 GRCh, der im Gegensatz zur EMRK das Recht auf Zugang zur beruflichen Ausbildung und Weiterbildung gewährleistet; oder das Recht des Art. 47 Abs. 2 auf Zugang zu einem Gericht, das über die Gewährleistung des Art. 6 EMRK hinausgeht, s. ausführlich dazu Christoph *Grabenwarter*, Europäisches und nationales Verfassungsrecht, VVDStRL 60 (2001), 290ff., 340.

36 Wie zum Beispiel Art. 19 und Art. 50 GRCh; vgl. *Grabenwarter*, VVDStRL 60 (2001), 339.

staaten nicht nur gezwungen, sich zusätzlich der Jurisdiktion des EuGH zu unterwerfen, sondern auch Grundrechte über den Schutzbereich hinaus zu beachten, den sie völkerrechtlich anerkannt haben.

Das ist zwar hinsichtlich der Grundrechtsbindung der Gemeinschaftsorgane zu begrüßen, andererseits bedeutet dies, dass die Mitgliedstaaten bei der Durchführung des Gemeinschaftsrechts (Art. 51 GRCh) an diese weit gefassten Grundrechte gebunden sein sollen. Es muss bezweifelt werden, in wiefern sich die Mitglieder des Konvents dieses Problems bewusst waren: Sie haben zwar die Reichweite der Bindung der Mitgliedstaaten im Vergleich zu den vom EuGH festgelegten Grenzen eingegrenzt[37], dafür aber den Mitgliedstaaten höhere Grundrechtsverpflichtungen auferlegt. Ob die in der Charta enthaltenen Grundrechte den Maßstab für das mitgliedstaatliche Handeln bilden sollen, wird deshalb nachzugehen sein[38].

II. Unterschiedliche Reichweite der Grundrechtskontrolle in den Mitgliedstaaten.

Die Anwendung von Grundrechten als Kontrollmaßstab nationaler Rechtsakte durch den EuGH kann dazu führen, dass die Grundrechte als Prüfungsmaßstab für nationale Rechtsakte herangezogen werden, obwohl dies im innerstaatlichen Recht nicht vorgesehen ist.

Die Mitgliedstaaten der Europäischen Union handeln zwar nicht außerhalb von Grundrechtsbindungen. Jede nationale Verfassung im materiellen Sinne enthält Grundrechte. Als letzter von allen Staaten erhielt das Vereinigte Königreich im Jahr 1998 durch den Human Rights Act[39] einen verbindlichen Grundrechtskatalog.

Trotz der Verankerung von Grundrechten in den nationalen Verfassungen muss jedoch betont werden, dass in jeder Verfassungsordnung der Umfang der Grundrechtsbindung divergiert[40]. So haben beispielsweise die Gerichte in Frankreich nicht die Befugnis, Gesetze nach ihrer Vereinbarkeit mit der Verfassung zu prüfen. Eine begrenzte Zuständigkeit ausschließlich präventiven Charakters besitzt der Conseil Constitutionnel (Verfassungsrat)[41]. In diesem Fall werden mit Bejahung der Frage der Bindung den Mitgliedstaaten grundrechtliche Verpflichtungen

---

37 Zur Rechtsprechung des EuGH s. ausführlich unten, D.

38 Dritter Teil, D.

39 Der allerdings erst am 02.10.2000 in Kraft trat.

40 Ausführlich zu der unterschiedlichen Stellung von Grundrechten in den jeweiligen nationalen Rechtsordnungen Jürgen *Kühling,* Die Kommunikationsfreiheit als europäisches Gemeinschaftsgrundrecht, 1999 (zitiert: *Kühling,* Kommunikationsfreiheit), S. 252ff., 290ff.

41 Constance *Grewe,* Die Grundrechte und ihre richterliche Kontrolle in Frankreich - Grundlagen und aktuelle Entwicklungen, EuGRZ 2002, 209ff., 212.

auferlegt, die vorher nicht existierten. Das ist beispielsweise der Fall, wenn die französischen Gerichte ein Ausführungsgesetz zu einer Verordnung oder ein Durchführungsgesetz zu einer Richtlinie als grundrechtswidrig einstufen und damit verwerfen können.

Die Rechtsprechung des EuGH zur Grundrechtskontrolle nationalen Handelns hat insbesondere im englischen Recht Bedeutung erlangt[42]. Die englischen Gerichte haben entsprechend dem Prinzip der Parlamentssouveränität nicht die Befugnis, Parlamentsgesetze als rechtswidrig zu verwerfen[43].

Das galt auch für Verletzungen von grundrechtlichen Gewährleistungen: Die britischen Gerichte hatten vor der Verabschiedung des Human Rights Act nicht die Befugnis, Akte der öffentlichen Gewalt als mit den Grundrechten der EMRK unvereinbar zu erklären, da das Vereinigte Königreich zwar der EMRK beigetreten war, sie aber nicht ins innerstaatliche Recht transformiert hatte. Es wurde allerdings eine mittelbare Wirkung der EMRK anerkannt[44]: Wenn der Wortlaut eines Rechtsaktes eine konventionsfreundliche und eine konventionswidrige Auslegung ermöglichte, sollte der konventionsfreundlichen Auslegung der Vorrang gegeben werden, da die Gerichte davon ausgehen könnten, dass das Parlament kein der EMRK widersprechendes Gesetz erlassen wollte[45].

Dieses englische Rechtsverständnis wurde durch das Gemeinschaftsrecht durchbrochen. Es steht jetzt den Richtern die Befugnis zu, ein Gesetz als mit dem Gemeinschaftsrecht unvereinbar zu erklären[46]. Von dieser Möglichkeit können die Richter Gebrauch machen, wenn ein nationaler Rechtsakt gegen die Gemeinschaftsgrundrechte und dadurch gegen die Konventionsrechte verstößt, unter der Voraussetzung, dass die fragliche Regelung im Anwendungsbereich des Gemein-

---

42 Christine *Langenfeld* / Andreas *Zimmermann*, Interdependenzen zwischen nationalem Verfassungsrecht, Europäischer Menschenrechtskonvention und Europäischem Gemeinschaftsrecht, ZaöRV 1992, 259ff., 304; ausführlich zu den praktischen Auswirkungen der Rechtsprechung des EuGH in der britischen Rechtsordnung *Clapham*, Human Rights, S. 41f.; Grainne *de Búrca*, Fundamental Human Rights and the Reach of EC Law, OJLS 1993, 283f., 306; John *Temple Lang*, The Duties of National Courts under Community Constitutional Law, ELR 1997, 3ff., 8f.; Takis *Tridimas*, The General Principles of EC Law, 1999 (zitiert: *Tridimas*, General Principles), S. 7.

43 Marius *Baum*, Rights Brought Home. Zur Inkorporierung der Europäischen Konvention zum Schutze der Menschenrechte und Grundfreiheiten in das nationale Recht des Vereinigten Königreichs von Großbritannien und Nordirland, EuGRZ 2000, 281ff., 282.

44 Julian *Rivers*, Menschenrechtsschutz im Vereinigten Königreich, JZ 2001, 127ff., 129.

45 Brind v. Secretary of State for the Home Department, (1991), All England Law Reports 720.

46 S. die Rs. C-213/89, *Factortame*, Slg. I-1990, 2433ff.; *Baum*, EuGRZ 2000, 282.

schaftsrechts liegt[47]. Durch die noch zu besprechende Rechtsprechung des EuGH[48] hinsichtlich der Bindung der Mitgliedstaaten an die Gemeinschaftsgrundrechte haben also die britischen Gerichte nunmehr die Befugnis, Gesetze als grundrechts- und damit gemeinschaftsrechtswidrig zu verwerfen, während ihnen diese Möglichkeit hinsichtlich staatlicher Rechtsakte ohne Bezug zum Gemeinschaftsrecht weiterhin verwehrt bleibt.

Das Inkrafttreten des Human Rights Act hat zwar die Frage der praktischen Relevanz dieser Frage modifiziert, als die britischen Gerichte jetzt ausdrücklich die Befugnis haben, Akte der öffentlichen Gewalt anhand der Konventionsrechte zu überprüfen.

Trotzdem kann die Berufung auf die EMRK auf der Grundlage des Gemeinschaftsrechts für den Kläger vorteilhaft sein. Der Human Rights Act enthält nämlich unterschiedliche materielle und prozessuale Einschränkungen: Den britischen Gerichten bleibt es gemäß Section 4 des Human Rights Act untersagt, Parlamentsakte als konventionswidrig zu verwerfen[49]. Änderungen der Rechtsetzungsakte erfolgen nicht unbedingt rückwirkend, so dass die Klage im Ergebnis erfolglos bleiben muss. Der zuständige Minister kann die notwendigen Änderungen des Gesetzes vornehmen, er ist aber nicht dazu verpflichtet. Zur Erhebung der Klage ist eine Person berechtigt, „only if he is (or would be) a victim of the unlawful act“[50]. Das ist ein sehr enges Verständnis der zur Erhebung einer Klage berechtigten Personen, da das englische Recht eine erweiterte Beschwerdebefugnis zugunsten von Interessenverbänden kennt[51]. Diese Beschränkungen entfallen, wenn jemand sich auf die EMRK im Anwendungsbereich des Gemeinschaftsrechts beruft[52].

III. Kompetenz einer weiteren Instanz zur Grundrechtskontrolle nationaler Akte

Die Frage der praktischen Bedeutung ist vor allem eine Frage der Übertragung von Kompetenzen auf prozessualrechtlicher Ebene: Auch wenn es von dem Schutz der gleichen Rechte auszugehen wäre, ist es nicht selbstverständlich, dass

---

47 Maria *Demetriou,* Using Human Rights through European Community Law, EHRLR 1999, 484ff., 487.

48 S. unten, D.

49 *Demetriou,* EHRLR 1999, 492; *Grabenwarter,* VVDStRL 60 (2001), 303; *Baum,* EuGRZ 2000, 297f.

50 Section 7 (1) of the Human Rights Act.

51 *Rivers,* JZ 2001, 131; *Demetriou,* EHRLR 1999, 493.

52 *Demetriou,* EHRLR 1999, 492.

die Mitgliedstaaten dem EuGH eine solche Befugnis übertragen möchten[53]. Es geht weniger um eine - zusätzliche - Bindung der Mitgliedstaaten an Grundrechte, als vielmehr um die Anerkennung der Zuständigkeit des EuGH, mitgliedstaatliches Handeln anhand von Grundrechten zu überprüfen. Dabei muss beachtet werden, dass der EuGH in noch zu untersuchendem Umfang nationale Rechtsakte überprüfen kann, welche bisher der Zuständigkeit der nationalen (Verfassungs)-gerichte und des Europäischen Gerichtshofs für Menschenrechte (EGMR) unterlagen. Damit wächst das Risiko divergierender Entscheidungen zwischen dem EuGH, dem EGMR und den nationalen Gerichten.

IV. Ergebnis

Aus diesen Überlegungen folgt, dass die Bejahung der Zuständigkeit der Gemeinschaft, mitgliedstaatliches Handeln anhand von Grundrechten zu überprüfen, dazu führt, dass die Mitgliedstaaten verpflichtet werden, Grundrechte im weiteren oder engeren Umfang zu beachten, als dies im nationalen Verfassungsrecht vorgesehen ist. Darüber hinaus wird damit die Zuständigkeit des EuGH begründet, mitgliedstaatliches Handeln anhand eines zusätzlichen „ground of review" zu sanktionieren. Aus diesen Gründen gewinnt die Frage nach der Reichweite der Pflicht der Mitgliedstaaten, Grundrechte zu beachten an erheblicher praktischer Bedeutung.

B. Die Charta der Grundrechte der Europäischen Union

I. Verabschiedung und Inhalt der Grundrechtscharta

Der Europäischer Rat hat in Köln das Erstellen einer Charta der Grundrechte beschlossen[54]. Der Entwurf, der von einem Gremium, dem sogenannten Konvent ausgearbeitet wurde[55], wurde vom Europäischen Rat bei dessen Tagung in Biarritz am 13. und 14. Oktober 2000 zugestimmt und die Charta mit der Öffnung der Regierungskonferenz am 7. Dezember 2000 in Nizza feierlich verabschiedet[56]. Damit

---

53 So auch *Craig/de Búrca,* EU Law, S. 317.

54 EuGRZ 1999, 364.

55 Ausführlich zum Zustandekommen der Grundrechtscharta Grainne *de Búrca,* The drafting of the European Union Charter of fundamental rights, ELR 2001, 126ff.; zur Wiederverwendung des Konventsverfahrens Meinhard *Hilf,* Die Parlamente in einer zentralen Position – Das Konventverfahren als Modell, FAZ 6.12.00, S. 11; zur Einsetzung eines Verfassungskonvents hinsichtlich der Regierungskonferenz 2004 s. die Erklärung von Laeken zur Zukunft der Europäischen Union, EuGRZ 2002, 662f.

56 Christian *Busse,* Eine kritische Würdigung der Präambel der Europäischen Grundrechtecharta, EuGRZ 2002, 559ff., 560, Fn. 2, mit weiteren Nachweisen zur Literatur; zu spezifischen Problemen s. die Nachweise in den nächsten Fn.

kam es zum Ende einer seit langem anhaltenden Diskussion auf europäischer Ebene[57].

Der wichtigste Beweggrund für die Verabschiedung einer Grundrechtscharta war die Schaffung von Rechtssicherheit. Der Europäischer Rat hat dies in seinem Beschluss von Köln ausdrücklich betont.

> „Zu diesem Zweck ist es notwendig, angesichts der Weiterentwicklung der Gesellschaft, des sozialen Fortschritts und der wissenschaftlichen und technologischen Entwicklungen den Schutz der Grundrechte zu stärken, indem sie in einer Charta sichtbarer gemacht werden"[58].

Der gleiche Gedanke liegt dem vierten Erwägungsgrund der Präambel der Grundrechtscharta zugrunde.

Aus dieser Sicht bedeutet die Grundrechtscharta einen Fortschritt im Vergleich zum bisherigen System des Grundrechtsschutzes in der Europäischen Union. Sie bringt die notwendige Transparenz in Bezug auf die im Rahmen der Unionsrechtsordnung existierenden Grundrechte[59].

Die Charta enthält eine umfangreiche Gewährleistung von Grundrechten, die bereits vom EuGH als allgemeine Rechtsgrundsätze in der Gemeinschaftsrechtsordnung Geltung beanspruchen. Kapitel I und II beinhalten klassisch-liberale Grundrechte, wie die Freiheit der Meinungsäußerung[60], das Eigentumsrecht[61] oder das

---

57 Die Verabschiedung eines Grundrechtskatalogs durch die parlamentarische Versammlung wurde vom BVerfG in der *Solange-I* Entscheidung gefordert (BVerfGE 37, 271ff., 285). Dieses Erfordernis hat aber das Gericht in der *Solange-II* Entscheidung als nicht mehr notwendig betrachtet, sondern ging von einem ausreichenden, richterrechtlich etablierten Grundrechtsschutz aus (BVerfGE 73, 339ff., 387, ausführlich zur Rechtsprechung des BVerfG unten, vierter Teil, B). Zum Erfordernis der Verabschiedung eines Grundrechtskatalogs s. Koen *Lenaerts,* Fundamental Rights to be Included in a Community Catalogue, ELR 1991, 367f.; *Hilf,* EuR 1991, 19f.

58 Vgl. Herta *Däubler-Gmelin,* Eine europäische Charta der Grundrechte - Beitrag zur gemeinsamen Identität, EuZW 2000, 1; Manfred *Zuleeg,* Zum Verhältnis nationaler und europäischer Grundrechte, EuGRZ 2000, 511ff., 514; Eckhard *Pache,* Die Europäische Grundrechtscharta - ein Rückschritt für den Grundrechtsschutz in Europa, EuR 2001, 475ff., 477; s. aber Torsten *Stein,* "Gut gemeint..." - Bemerkungen zur Charta der Grundrechte der Europäischen Union, in: Hans-Joachim Cremer / Thomas Giegerich / Dagmar Richter / Andreas Zimmermann (Hrsg.), Tradition und Weltoffenheit des Rechts. Festschrift für Helmut Steinberger, 2002, S. 1425ff., S. 1427 (zitiert: *Stein,* FS Steinberger, 2002), der bezweifelt, ob die Grundrechtscharta und die darin ausgewählten unterschiedlichen Formulierungen tatsächlich zur „Sichtbarmachung" der Grundrechte beitragen.

59 *Zuleeg,* EuGRZ 2000, 514; Jürgen *Schwarze,* Der Grundrechtsschutz für Unternehmen in der Europäischen Grundrechtecharta, EuZW 2001, 517ff., 522; Siegfried *Magiera,* Die Grundrechtecharta der Europäischen Union, DÖV 2000, 1017ff., 1020.

60 Art. 11 GRCh.

Recht auf Achtung des Privat- und Familienlebens[62]. Im Kapitel III wird der Gleichheitssatz sowie seine speziellen Ausprägungen verankert, d.h. das Diskriminierungsverbot aus Gründen der Staatsangehörigkeit[63] und der Grundsatz der Gleichbehandlung der Geschlechter[64]. Das IV. Kapitel enthält unter dem Titel Solidarität vor allem soziale Grundrechte, die ihren Ursprung in der Europäischen Sozialcharta und in der Gemeinschaftscharta der sozialen Grundrechte der Arbeitnehmer haben[65]. Das V. Kapitel umfasst die Bürgerrechte, die auch in dem EG-Vertrag - Art. 17f. EG - enthalten sind, sowie das Recht auf eine gute Verwaltung[66]. Im VI. Kapitel sind die justiziellen Rechte verankert.

Die Grundrechtscharta wird erwartungsgemäß unterschiedliche Auswirkungen rechtspolitischer Natur haben[67]. Es soll durch die Charta deutlich gemacht werden, dass die Europäische Union nicht nur wirtschaftliche Integration anstrebt, sondern sich auch um die Gewährleistung der Rechte des Einzelnen bemüht[68]. Auf dieser Weise werden die Demokratie und die Legitimation der Union deutlich gestärkt[69]. Vor allem dient die Grundrechtscharta als Grundlage zur Festlegung der in der Union geltenden Werte, welche im Rahmen der Konstitutionalisierung[70] der Uni-

---

61 Art. 17 GRCh.

62 Art. 7 GRCh.

63 Art. 21 Abs. 2 GRCh.

64 Art. 23 GRCh.

65 Die Aufnahme der sozialen Rechte in die Grundrechtscharta befürwortend Ingolf *Pernice*, Eine Grundrechtscharta für die Europäische Union, DVBl. 2000, 847ff., 853, allerdings nur hinsichtlich der justiziablen Rechte; bejahend auch *Zuleeg*, EuGRZ 2000, 516; sehr kritisch Udo *Di Fabio*, Eine Europäische Charta. Auf dem Weg zur Unionsverfassung, JZ 2000, 737ff., 740.

Die mit den sozialen Grundrechten verbundene Problematik wird von der hier durchgeführten Untersuchung ausgeklammert; nur ihrer kompetenzrechtlichen Auswirkung wird kurz nachzugehen sein, s. zweiter Teil, C III 4 c.

66 Art. 41 GRCh; s. unten, E I 1.

67 S. zum ganzen *Pernice*, DVBl. 2000, 848-849.

68 Vgl. Siegbert *Alber / Ulrich Widmaier*, Die EU-Charta der Grundrechte und ihre Auswirkungen auf die Rechtsprechung, EuGRZ 2000, 497ff., 498.

69 Vgl. dazu bereits Meinhard *Hilf*, in: Grabitz/Hilf (Hrsg.), EUV/EGV, Art. F, Rn. 47; in Bezug auf die Grundrechtscharta *Magiera*, DÖV 2000, 1020; *Zuleeg*, EuGRZ 2000, 516.

70 Im Sinne der Schaffung einer für die Union geltenden Verfassung. Zur einschlägigen Diskussion s. *Di Fabio*, JZ 2000, 737ff.; Stefan *Oeter*, Ansichten zur Gemeinschaftsverfassung, EuR 2002, Bh. 3, 43ff.; *Pernice*, FS Steinberger, 2002, S. 1319ff.

on eine bedeutsame Rolle spielen werden[71]. Die Integrationswirkung der Grundrechte ist schließlich vom Interesse, wobei hier zu Recht der Umstand betont wird, dass die Stärkung der Grundrechte in der Gemeinschaftsrechtsordnung die mitgliedstaatlichen Grundrechtsordnungen nicht übermäßig begrenzen darf[72].

II. Verbindlichkeit der Grundrechtscharta

Fraglich ist, ob die Grundrechtscharta im Gemeinschaftsrecht rechtlich verbindlich ist. Da sie als feierliche Proklamation verabschiedet wurde und in die Verträge nicht aufgenommen wurde, hat sie lediglich deklaratorischen Charakter. Dies hat den Vorteil, dass die Charta kritisch analysiert und korrigiert wird[73], bevor sie rechtliche Verbindlichkeit erlangt.

Der EuGH hat es bisher vermieden, Bezug auf die Charta zu nehmen, obwohl sie von den Generalanwälten öfters herangezogen wird[74]. Das EuG erwähnte dagegen, nach anfänglichem Zögern[75], in zwei Entscheidungen die entsprechenden Artikel der Grundrechtscharta[76].

---

71 Koen *Lenaerts* / Eddy Eddy *De Smijter*, A "Bill of Rights" for the European Union, CMLR 2001, 273ff., 299-300; Peter *Altmaier*, Die Charta der Grundrechte der Europäischen Union, ZG 2001, 195ff., 207; *Zuleeg*, EuGRZ 2000, 516; *Pache*, EuR 2001, 478; eine solche Wirkung der unverbindlichen Charta bestreitet Meinhard *Schröder*, Wirkungen der Grundrechtscharta in der europäischen Rechtsordnung, JZ 2002, 849ff., 850.

72 *Magiera*, DÖV 2000, 1021; zur möglichen Desintegrationswirkung der Grundrechte in der Gemeinschaftsrechtsordnung vgl. bereits Grainne *de Búrca*, The Language of Rights and European Integration, in: Jo Shaw / Gillian More (Hrsg.), New Legal Dynamics of European Union, 1995 (zitiert: *de Búrca*, Language of Rights), S. 29ff., S. 46.

73 Christoph *Grabenwarter*, Die Charta der Grundrechte für die Europäische Union, DVBl. 2001, 1ff., 11; Thomas *Schmitz*, Die EU-Grundrechtecharta aus grundrechtsdogmatischer und grundrechtstheoretischer Sicht, JZ 2001, 833ff., 834, nennt die Grundrechtscharta anspruchsvoll und innovativ, zugleich aber nicht ausgereift; vgl. auch *Magiera*, DÖV 2000, 1026; Christian *Calliess*, Die Charta der Grundrechte der Europäischen Union - Fragen der Konzeption, Kompetenz und Verbindlichkeit, EuZW 2001, 261ff., 268 („nachbesserungsbedürftig").

74 S. Generalanwalt *Alber*, Rs. C-340/99, *TNT Traco*, Slg. 2001, I-4109ff., Rn. 94 der Schlussanträge; GA *Jacobs*, Rs. C-377/98, *Niederlande/Parlament und Rat*, Slg. 2001, I-7079ff., Rn. 197 der Schlussanträge; GA *Jean Mischo*, verb. Rs. C-122/99 P und C-125/99 P, *D und Schweden/Rat*, Slg. 2001, I-4319ff., Rn. 97 der Schlussanträge; GA *Tizzano*, Rs. C-173/99, *BECTU*, Slg. 2001, I-4881ff., Rn. 27 und 28 der Schlussanträge; Generalanwältin *Stix-Hackl*, Rs. C-60/00, *Mary Carpenter/Secretary of State for the Home Department*, Slg. 2002, I-6279ff., Rn. 84 der Schlussanträge.

75 S. die Rs. T-112/98, *Mannesmannröhren-Werke AG/Kommission*, Slg. 2001, II-729ff., Rn. 76: Obwohl die Klägerin sich auf die Grundrechtscharta berief, verneinte das EuG ihre Anwendbarkeit mit dem Argument, dass sie erst am 7. Dezember 2000 proklamiert wurde

Im Schrifttum wird diskutiert, ob der Charta trotz ihrer feierlichen Erklärung rechtliche Bedeutung zukommt. Das könnte der Fall sein, wenn die Grundrechtscharta zu den Rechtserkenntnisquellen der Grundrechte einzuordnen wäre. Art. 6 Abs. 2 EUV bestimmt zwar, dass sich die Grundrechte aus den gemeinsamen Verfassungsüberlieferungen der Mitgliedstaaten[77] und der Europäischen Konvention zum Schutz der Menschenrechte und Grundfreiheiten[78] ergeben.

Im Schrifttum wird jedoch die Existenz von zwei, neben den in Art. 6 Abs. 2 EUV erwähnten, zusätzlichen Rechtserkenntnisquellen der Gemeinschaftsgrundrechte bejaht, nämlich der Erklärungen[79] der Gemeinschaftsorgane[80] sowie der Gemein-

---

und daher keine Auswirkung auf die Beurteilung der angefochtenen Maßnahmen haben konnte, da diese vorher ergangen waren.

76 Rs. T-54/99, *max. mobil Telekommunikations service GmbH,* Slg. 2002, II-313ff., Rn. 48 (Recht auf gute Verwaltung, Art. 41 Abs. 1 GRCh); Rs. T-177/01, *Jégo-Quéré et Cie SA/Kommission,* Slg. 2002, II-2365ff., Rn. 42 (Recht auf wirksamen Rechtsbehelf, Art. 47 GRCh).

77 S. Rs. 11/70, *Internationale Handelsgesellschaft,* Slg. 1970, S. 1125ff., 1135; zur besonderen Bedeutung der Anerkennung der gemeinsamen Verfassungsüberlieferungen der Mitgliedstaaten als Rechtserkenntnisquelle der Grundrechte für die Stärkung der Legitimität der Gemeinschaftsrechtsordnung s. *Pescatore,* EuR 1979, 12.

78 Zu den internationalen Verträgen als Rechtserkenntnisquelle der Gemeinschaftsgrundrechte s. bereits Rs. 4/73, *Nold/Kommission,* Slg. 1974, S. 491ff., 507f.; zur EMRK s. Rs. 36/75, *Rutili/Minister des Innern,* Slg. 1975, S. 1219ff., 1232.

79 S. insbesondere die Gemeinsame Erklärung des Europäischen Parlaments, des Rates und der Kommission vom 5. April 1977, ABl. 1977, Nr. C 103, S. 1, sowie die zwei Entwürfe des Europäischen Parlaments vom Jahr 1989, EuGRZ 1989, 204f. (mit Anmerkung von Bengt *Beutler,* Die Erklärung des Europäischen Parlaments über Grundrechte und Grundfreiheiten vom 12. April 1989, EuGRZ 1989, S. 185f.), und 1994 als Teil der Entschließung über „das Projekt einer europäischen Verfassung", EuGRZ 1994, (ABl. EG 1994, Nr. C 61, S. 155). Umfassend Ellen *Chwolik-Lanfermann,* Grundrechtschutz in der Europäischen Union. Bestand, Tendenzen und Entwicklungen, 1994 (zitiert: *Chwolik-Lanfermann,* Grundrechtsschutz), S. 86ff.

80 So Ingolf *Pernice,* Gemeinschaftsverfassung und Grundrechtsschutz- Grundlagen, Bestand und Perspektiven, NJW 1990, 2409ff., 2413; Günter *Hirsch,* Die Europäische Union als Grundrechtsgemeinschaft, in: Gil Carlos Rodríguez Iglesias / Ole Due / Romain Schintgen / Charles Elsen (Hrsg.), Mélanges en homage à Fernand Schockweiler, 1999 (zitiert: *Hirsch,* Die EU als Grundrechtsgemeinschaft), S. 177ff., S. 180; Hans Werner *Rengeling,* Grundrechtsschutz in der Europäischen Gemeinschaft: Bestandsaufnahme und Analyse der Rechtsprechung des Europäischen Gerichtshofs zum Schutz der Grundrechte als allgemeine Rechtsgrundsätze, 1993 (zitiert: *Rengeling,* Grundrechtsschutz), S. 182-183; Peter *Szczekalla,* § 12: Die Grundrechte, in: Hans Werner Rengeling (Hrsg.), Handbuch des Europäischen und Deutschen Umweltrechts, 1998, Bd. I, § 12, 1998 (zitiert, *Szczekalla,* in: Rengeling (Hrsg.), Hb. EUDUR, 1998, Bd. I, § 12), Rn. 15.

schaftsverträge[81]. Der Charta könnte somit aufgrund ihres Charakters als feierliche Erklärung des Rates, der Kommission und des Europäischen Parlaments die Eigenschaft einer Rechtserkenntnisquelle der Grundrechte zukommen.

Eine Verbindlichkeit der Charta aufgrund ihrer Qualifizierung als Organerklärung und damit als Rechtserkenntnisquelle der Gemeinschaftsgrundrechte ist jedoch abzulehnen: Die Organerklärungen sind nicht als Rechtserkenntnisquelle des Gemeinschaftsrechts zu qualifizieren, da sie in Art. 6 Abs. 2 EUV nicht erwähnt werden. Der EuGH hat lediglich in der Entscheidung *Johnston* auf die Gemeinsame Erklärung der Gemeinschaftsorgane vom Jahr 1977 Bezug genommen und erwähnte sie nur als Bestätigung dafür, dass die EMRK zur Herleitung des Grundrechts auf effektiven Rechtsschutz mitberücksichtigt werden kann[82].

Die Grundrechtscharta stellt zwar wegen der Zusammensetzung des sie ausarbeitenden Konvents[83] die bei weitem wichtigste Organerklärung dar[84]. Bis zur Aufnahme in die Verträge bleibt sie aber lediglich eine Bestätigung der existierenden Gemeinschaftsgrundrechte, wie sie sich aus den gemeinsamen Verfassungsüberlieferungen und der EMRK gemäß Art. 6 Abs. 2 EUV ergeben[85]. Nur durch diesen Umweg über Art. 6 Abs. 2 EUV findet die Grundrechtscharta - mittelbar - Eingang in die Rechtsfindung[86]. Bestimmungen, die über die gemeinsamen Verfas-

---

81 So *Kühling*, Kommunikationsfreiheit, S. 47f.; *Rengeling*, Grundrechtsschutz, S. 182; Theodor *Schilling*, Bestand und allgemeine Lehren der bürgerschützenden allgemeinen Rechtsgrundsätze des Gemeinschaftsrechts, EuGRZ 2000, S. 3ff., 7, namentlich die Grundfreiheiten; *Cirkel*, Bindungen, S. 37f.; *Bleckmann/Pieper*, in: Dauses (Hrsg.), Hdb. des EU-Wirtschaftsrechts, B. I, Rn. 83; *Hirsch*, Die EU als Grundrechtsgemeinschaft, S. 179; wohl auch Ingolf *Pernice*, in: Grabitz/Hilf (Hrsg.), EUV/EGV, Art. 164, Rn. 49f.

82 Rs. 222/84, *Johnston*, Slg. 1986, 1651ff., 1682, Rn. 18; vgl. Peter *Quasdorf*, Dogmatik der Grundrechte der Europäischen Union, 2001 (zitiert, *Quasdorf*, Dogmatik der Grundrechte), S. 138; verneinend auch Stefan *Storr*, Zur Bonität des Grundrechtsschutzes in der Europäischen Union, Der Staat 1997, S. 547ff., S. 555 („lediglich unverbindliche Stellungnahmen"); *Kingreen*, in: Calliess/Ruffert (Hrsg.), EUV/EGV, Art. 6 EUV, Rn. 40; *Cirkel*, Bindungen, S. 37f.; Bengt *Beutler*, Hans von der *Groeben* / Jochen *Thiesing* / Claus-Dieter *Ehlermann* (Hrsg.), Kommentar zum EU-/EG-Vertrag, 5. Auflage, Baden-Baden 1997 (zitiert: *Bearbeiter*, in: GTE, Kommentar zum EU-/EG- Vertrag), Art. F, Rn. 66 („lediglich Bestätigung der Rechtsprechung").

83 Der Konvent setzte sich aus Beauftragten der Staats- und Regierungschefs, dem Kommissionspräsidenten sowie aus Mitgliedern des Europäischen Parlaments und der nationalen Parlamente zusammen.

84 Zur besonderen Stellung der Grundrechtscharta ausführlich *Kingreen*, in: Calliess/Ruffert (Hrsg.), EUV/EGV, Art. 6 EUV, Rn. 40b.

85 *Calliess*, EuZW 2001, 267.

86 *Kingreen*, in: Calliess/Ruffert (Hrsg.), EUV/EGV, Art. 6 EUV, Rn. 35a; *Altmaier*, ZG 2001, 206, spricht vom Konkretisierungsauftrag; *Lenaerts/De Smijter*, CMLR 2001, 299,

sungsüberlieferungen bzw. die EMRK hinausgehen, dürfen nicht berücksichtigt werden[87].

Dabei schadet es nicht, dass die Organe der Gemeinschaft von einer Selbstbindung bei ihrem Handeln ausgehen[88]. Das darf aber nicht so verstanden werden, dass der EuGH in seiner Eigenschaft als Gemeinschaftsorgan die Existenz und den Schutzbereich eines Grundrechts direkt auf die Grundrechtscharta stützen kann. Er muss vielmehr auf die Verfassungsüberlieferungen der Mitgliedstaaten und die EMRK zurückgreifen. Eine rechtliche Verbindlichkeit der Grundrechtscharta, wie sie vor allem von der Kommission angestrebt wird[89], würde dem ausdrücklichen politischen Willen des Konvents und des Europäischen Rates widersprechen[90].

Genau in diesem Sinne hat das EuG in der Rs. *Jégo-Quéré et Cie SA/Kommission*[91] zwischen den zwei Rechtserkenntnisquellen einerseits und der Grundrechtscharta andererseits unterschieden:

> „Insoweit ist daran zu erinnern, dass der Gerichtshof selbst ausgeführt hat, dass der Zugang zu den Gerichten einer der wesentlichen Bestandteile einer Rechtsgemeinschaft ist .... Der Gerichtshof stützt das Recht auf einen wirksamen Rechtsbehelf vor einem zuständigen Gericht auf die gemeinsamen Verfassungsüberlieferungen der Mitgliedstaaten und auf die Artikel 6 und 13 EMRK ...
>
> Das Recht auf einen wirksamen Rechtsbehelf für jede Person, deren durch das Recht der Union garantierte Rechte oder Freiheiten verletzt worden sind, ist auch in Artikel 47 der am 7. Dezember 2000 in Nizza proklamierten Charta der Grundrechte der Europäischen Union (ABl. 2000, C 364, S. 1) unterstrichen worden“[92].

Es muss also festgehalten werden, dass bis zur Verbindlichkeitserklärung der Grundrechtscharta die Verfassungsüberlieferungen der Mitgliedstaaten sowie die EMRK die Rechtserkenntnisquellen für die Ableitung von Gemeinschaftsgrund-

---

betrachten die Grundrechtscharta als Ausdruck der gemeinsamen Verfassungsüberlieferungen der Mitgliedstaaten und räumen ihr auf diese Weise rechtliche Bedeutung ein; so auch *Pache,* EuR 2001, 486; zustimmend auch *Schröder,* JZ 2002, 850.

87 So zu Recht *Schmitz,* JZ 2001, 835.

88 *Pache,* EuR 2001, 486; *Schmitz,* JZ 2001, 836; Siegbert *Alber,* Die Selbstbindung der europäischen Organe an die Europäische Charta der Grundrechte, EuGRZ 2001, 349ff.

89 Mitteilung der Kommission. Zum Status der Grundrechtscharta der Europäischen Union vom 11.10.2000, KOM (2000), 644 endg., S. 6.

90 *Kingreen,* in: Calliess/Ruffert (Hrsg.), EUV/EGV, Art. 6 EUV, Rn. 40a.

91 Rs. T-177/01, *Jégo-Quéré et Cie SA/Kommission,* Slg. 2002, II-2365ff.

92 Rs. T-177/01, *Jégo-Quéré et Cie SA/Kommission,* a.a.O., Rn. 41 und Rn. 42; für eine Mitberücksichtigung der Grundrechtscharta *neben* den zwei Erkenntnisquellen der Grundrechte *Alber*, EuGRZ 2001, 351.

rechten darstellen. Anschließend und angesichts der Unverbindlichkeit des Art. 51 Abs. 1 GRCh wird untersucht, ob eine Rechtsgrundlage zur Begründung der Pflicht der Mitgliedstaaten zur Beachtung der Grundrechte im geltenden Gemeinschaftsrecht existiert (C).

C. Rechtsgrundlagen der Bindung der Mitgliedstaaten an die Gemeinschaftsgrundrechte

I. Art. 6 Abs. 2 EUV als Grundlage der Pflicht

Die gemeinschaftliche Pflicht der Mitgliedstaaten zur Beachtung von Grundrechten könnte Art. 6 Abs. 2 EUV entnommen werden. Diese Vorschrift könnte so ausgelegt werden, dass Adressat der Beachtungspflicht nicht nur die „Union" sei, sondern auch ihre Mitgliedstaaten. Daraus wird der Schluss abgeleitet, dass die Mitgliedstaaten bereits an die Gemeinschaftsgrundrechte gebunden sind. Aus diesem Grund dürfe nach *Wölker* Art. 46 lit. d EUV, der die Grundrechtszuständigkeit des EuGH nur hinsichtlich der Handlungen der Gemeinschaftsorgane bejaht, nicht „im Sinne einer Beschneidung oder gar Abschaffung dieser Rechtsprechung" ausgelegt werden[93].

Art. 6 Abs. 2 EUV kann nicht entnommen werden, dass er die Achtung der Grundrechte seitens der Mitgliedstaaten anordnet. Der Begriff Union bezieht sich auf die die erste Säule bildenden drei Gemeinschaften und umfasst das Handeln der Mitgliedstaaten nur insoweit, als letztere im Rahmen der zwei intergouvernementalen Säulen tätig werden. Dieses Handeln unterliegt zwar einer materiellen Grundrechtsbindung, die aber vom EuGH nur im begrenzten Umfang kontrolliert werden kann[94]. Im Übrigen kann aus Art. 6 Abs. 2 EUV keine (auf das Gemeinschaftsrecht beruhende) Verpflichtung der Mitgliedstaaten abgeleitet werden, Grundrechte im Rahmen ihrer gemeinschaftsrechtsrelevanten Tätigkeit zu beachten[95], zudem der Umfang dieser Bindung nicht bestimmbar wäre.

---

93 *Wölker*, EuR 1999, Bh. 1, 111.

94 Art. 46 lit. b, c und e EUV. Ausführlich unten, dritter Teil, IV 5 d.

95 Thomas *Jürgensen* / Irene *Schlünder*, EG-Grundrechtsschutz gegenüber Maßnahmen der Mitgliedstaaten, AöR 121 (1996), 200ff., 204; *Cirkel*, Bindungen, S. 145f.; Hans-Holger *Herrnfeld*, in: Jürgen Schwarze (Hrsg.), EU-Kommentar, 2000 (zitiert: *Schwarze* (Hrsg.), EU-Kommentar), Art. 46 EUV, Rn. 14; nach Martin *Nettesheim*, Buchbesprechung, ZUM 1995, 350f., 351, spricht sogar der Wortlaut des Art. F Abs. 2 EUV eindeutig *gegen* eine Bindung der Mitgliedstaaten an die Gemeinschaftsgrundrechte.

II. Rechtsprechung zur mitgliedstaatlichen Bindung an die Grundrechte als Teil des gemeinschaftlichen Besitzstandes (Art. 2 lit. e und 47 EUV)

Eine Verpflichtung der Mitgliedstaaten zur Beachtung von Grundrechten könnte aus Art. 2, lit. 5 i.V.m. Art. 47 EUV abgeleitet werden, welche die Europäischen Union zur Wahrung des gemeinschaftlichen Besitzstandes (acquis communautaire) verpflichten. Fraglich ist, ob zu diesem gemeinschaftlichen Besitzstand auch die Rechtsprechung des EuGH bezüglich der mitgliedstaatlichen Pflicht zur Beachtung von Grundrechten gehört[96].

Ein großer Teil der geltenden Grundsätze im Gemeinschaftsrecht ist das Ergebnis der rechtsfortbildenden Rechtsprechung des EuGH. Erst durch diese Rechtsprechung sind die Grundlagen der Europäischen Gemeinschaft als einer eigenständigen Rechtsordnung geschaffen worden[97].

Fraglich ist, ob als Teil des gemeinschaftlichen Besitzstandes neben dem primären geschriebenen und dem sekundären Gemeinschaftsrecht[98] auch die Gesamtheit der Rechtsprechung des EuGH angesehen werden kann[99]. Um diese Frage beantworten zu können, muss nach dem mit Art. 2 Strich 5 EUV zu erreichenden Ziel gefragt werden. Durch die Aufnahme dieser Vorschrift in den EUV wollten die Mitgliedstaaten verhindern, dass die Union im Rahmen der zwischenstaatlichen Zusammenarbeit Maßnahmen trifft, die das bestehende Gemeinschaftsrecht beeinträchtigen[100]. Diese Vorschrift betrifft das Verhältnis zwischen den Gemeinschaften und der Union und verfolgt das Ziel, den bereits erreichten Standard an Vergemeinschaftung von einer Renationalisierung im Sinne einer allein zwischenstaatlichen oder auch alleinstaatlichen Zuständigkeit zu schützen[101].

Diese Vorschrift besagt aber nichts darüber, ob die Gesamtheit der Rechtsprechung des EuGH als Teil des gemeinschaftlichen Besitzstandes angesehen werden kann. Ihr kann nur entnommen werden, dass falls diese Rechtsprechung als ge-

---

96 *Wölker*, EuR 1999, Bh. 1, 111; *Cirkel*, Bindungen, S. 187; vlg. auch *Calliess*, EuZW 2001, 266; so auch Hans-Joachim *Cremer*, in: Calliess/Ruffert (Hrsg.), EUV/EGV, Art. 46, Rn. 7; Oliver *Dörr* / Ute *Mager*, Rechtswahrung und Rechtsschutz nach Amsterdam - zu den neuen Zuständigkeiten des EuGH -, AöR 125 (2000), 386ff., 425.

97 Eine Auflistung der wichtigsten Urteile findet sich bei Jürgen *Schwarze*, in: ders. (Hrsg.), EU-Kommentar, Art. 220, Rn. 4.

98 Vgl. Rudolf *Streinz*, Europarecht, 5. Auflage, 2001, Rn. 80; Hermann-Josef *Blanke*, in: Calliess/Ruffert (Hrsg.), EUV/ EG, Art. 2 EUV, Rn. 14.

99 In diese Richtung *Blanke*, in: Calliess/Ruffert (Hrsg.), EUV/EGV, Art. 2 EUV, Rn. 14.

100 *Blanke*, in: Calliess/Ruffert (Hrsg.), EUV/EGV, Art. 2 EUV, Rn. 15, m.w.N.

101 Meinhard *Hilf* / Eckhard *Pache*, in: Grabitz/Hilf (Hrsg.), EUV/EGV, Art. B, Rn. 17.

meinschaftlicher Besitzstand einzuordnen wäre, diese nicht durch unionsrechtliche Maßnahmen in Frage gestellt werden darf. Eine auf diese Weise vorgenommene extensive Auslegung des gemeinschaftlichen Besitzstandes würde im Ergebnis bedeuten, dass die gesamte Rechtsprechung des EuGH nunmehr als geltendes Recht in der Unionsrechtsordnung anzusehen wäre. Ihr würde dadurch der Rang einer Rechtsquelle des Gemeinschaftsrechts zukommen. Dies muss verneint werden. Der EuGH hat das Recht zu wahren, das aus den Rechtsquellen des Gemeinschaftsrechts fließt, seine Rechtsprechung zählt jedoch nicht selbst zu diesen[102].

Als Teil des gemeinschaftlichen Besitzstandes kann ferner ein vom EuGH entwickelter Grundsatz angesehen werden, wenn er in den Vertragstext aufgenommen und auf diese Weise als Teil des Primärrechts ausdrücklich anerkannt wird. Die Grundrechtsrechtsprechung des EuGH hinsichtlich der Gemeinschaftsorgane (Art. F, jetzt 6 Abs. 2 EUV) oder die aktive Parteifähigkeit des Europäischen Parlaments zur Erhebung von Nichtigkeitsklagen gemäß Art. 230 EG[103] können als Beispiele für die vertragliche Verankerung von vom EuGH entwickelten Grundsätzen angeführt werden.

Aber auch durch die Aufnahme in ein dem Vertrag beigefügtes Protokoll kann ein richterrechtlich entwickelter Grundsatz den Rang des primären Rechts erlangen, da die Protokolle einen Bestandteil des Vertrages darstellen[104]. Im „Protokoll über die Anwendung der Grundsätze der Subsidiarität und der Verhältnismäßigkeit" wird beispielsweise ausdrücklich betont, dass „die vom Gerichtshof aufgestellten Grundsätze für das Verhältnis zwischen einzelstaatlichem Recht und Gemeinschaftsrecht" nicht berührt werden. Als solche können die Grundsätze des Vorrangs[105] und der unmittelbaren Anwendung des Gemeinschaftsrechts verstanden werden[106]. Diese Grundsätze könnten daher, wenn auch nur implizit[107], als Teil des *acquis communautaire* angesehen werden[108].

---

102 *Schwarze*, in: ders., (Hrsg.), EU-Kommentar, Art. 220, Rn. 11.

103 Rs. C-70/88, *Parlament/Rat*, Slg. 1990, I-2041ff.

104 Art. 311 EG.

105 Saša *Beljin*, Die Zusammenhänge zwischen dem Vorrang, den Instituten der innerstaatlichen Beachtlichkeit und der Durchführung des Gemeinschaftsrechts, EuR 2002, 351ff., 351.

106 *Schwarze*, in ders. (Hrsg.), EU-Kommentar, Art. 220, Rn. 40f.

107 Vgl. Helmut *Lecheler*, Einführung in das Europarecht, 2000, S. 56, Fn. 29.

108 Sehr zurückhaltend Peter *Huber*, Recht der Europäischen Integration, 2002, S. 156; Rudolf *Streinz*, „Gemeinschaftsrecht bricht nationales Recht" - Verlust und Möglichkeiten nationaler politischer Gestaltungsfreiheit nach der Integration in eine supranationale Gemeinschaft, aufgezeigt am Beispiel des Lebensmittelrechts, insbesondere der sog. Novel Food -

Eine solche primärrechtliche Verankerung fehlt hinsichtlich der mitgliedstaatlichen Pflicht zur Beachtung von Grundrechten. Es folgt daraus, dass diese Pflicht nicht aus Art. 2 lit. 5 i.V.m. Art. 47 EUV abgeleitet werden kann.

III. Ausschluss der Prüfungskompetenz des EuGH aufgrund von Art. 46 lit. d EUV?

Das einzige Indiz - allerdings in Richtung der Verneinung einer umfassender Bindung - liefert Artikel 46 lit. d EUV. Diese Vorschrift begründet die Zuständigkeit des EuGH bezüglich Artikel 6 Abs. 2 EUV nur hinsichtlich der Handlungen der (Gemeinschafts-)Organe[109]. Es muss daher geklärt werden, ob man Art. 46 lit. d EUV entnehmen kann, dass die Vertragspartner eine Bindung der Mitgliedstaaten ausgeschlossen haben.

Die Mitgliedstaaten haben durch Art. 46 lit. d EUV nur das vertraglich festgelegt, woran es keinen Zweifel gab, d.h. die Zuständigkeit des EuGH in Bezug auf die Gemeinschaftsorgane. Die Nicht-Erwähnung der Handlungen der Mitgliedstaaten in Art. 46 lit. d EUV zeigt zwar, dass letztere diese Rechtsprechung noch nicht als geltendes Recht akzeptieren. Die Mitgliedstaaten hätten jedoch durchaus die Möglichkeit gehabt, wie bereits öfters geschehen, die Rechtswirkungen der Rechtsprechung des EuGH durch ein Protokoll einzugrenzen. Das ist beispielsweise hinsichtlich der zeitlichen Wirkung des *Barber* Urteils im Rahmen des Art. 141 EG der Fall gewesen[110]. Die Mitgliedstaaten könnten auch ein sogenanntes Harmonisierungsverbot festschreiben[111], oder die Zuständigkeit des EuGH ausdrücklich ausschließen, wie es Art. 35 Abs. 5 EUV, Art. 62 Abs. 1 i.V.m. Art. 68 Abs. 2 EG vorsehen[112].

Verordnung, in: Gerhard Köbler / Meinhard Heinze / Wolfgang Hromadka (Hrsg.), Europas universale rechtsordnungs-politische Aufgabe im Recht des dritten Jahrtausends. Festschrift für Alfred Söllner zum 70. Geburtstag, 2000, S. 1148, Fn. 69.

109 *Herrnfeld,* in: Schwarze (Hrsg.), EU-Kommentar, Art. 46 EUV, Rn. 14.

110 S. Rs. C-262/88, *Barber/Guardian Royal Exchange Assurance Group*, Slg. 1990, 1889ff.; die Vertragsparteien haben mit dem Maastrichter Vertrag dem EG-Vertrag das Protokoll Nr. 17 hinzugefügt, und dadurch die Reichweite der Rechtsprechung des EuGH nachträglich reduziert; zu dieser Art der Korrektur der Rechtsfortbildung des EuGH ausführlich Jörg *Ukrow,* Richterrechtliche Rechtsfortbildung durch den EuGH, 1995 (zitiert: *Ukrow,* Rechtsfortbildung), S. 181f.

111 Würden die Mitgliedstaaten mit dieser Vorschrift eine Beschränkung normieren wollen, hätte dies explizit zum Ausdruck kommen müssen, so *Kühling,* Kommunikationsfreiheit, S. 73 (*ders.,* EuGRZ 1997, 299); dieser Ansicht auch *Cirkel,* Bindungen, S. 186.

112 Koen *Lenaerts*, Fundamental Rights in the European Union, ELR 2000, 575ff., 589, der in Anbetracht dieser ausdrücklichen Einschränkung der Zuständigkeit des EuGH den Schluss zieht, dass „except with regard to those measures, the Court has such jurisdiction".

anhand von Gemeinschaftsgrundrechten in der weiteren Rechtsprechung zu bestimmen[113].

Aus diesen Gründen kann der Schluss gezogen werden, dass Art. 46 lit. d EUV nicht so ausgelegt werden kann, dass er eine Bindung der Mitgliedstaaten an die Gemeinschaftsgrundrechte ausschließt[114].

Der EuGH geht übrigens weiterhin von einer Bindung der Mitgliedstaaten an die Gemeinschaftsgrundrechte aus. Er hat mit den Urteilen *Karlsson, Mulligan* und *Carpenter* seine Rechtsprechung bezüglich der Bindung der Mitgliedstaaten bei der Durchführung des Gemeinschaftsrechts sowie im Rahmen der Grundfreiheiten wiederholt und bestätigt[115].

IV. Art. 51 Abs. 1 der Grundrechtscharta

Art. 51 Abs. 1 der unverbindlichen Grundrechtscharta begrenzt den Geltungsbereich der in der Charta enthaltenen Rechte auf den Bereich der Durchführung[116] des Gemeinschaftsrechts.

Die Verwendung des Wortes „Durchführung" bezieht sich auf die eine der inzwischen herauskristallisierten zwei Fallgruppen[117], in denen die Bindung der Mitgliedstaaten an die Gemeinschaftsgrundrechte diskutiert wird.

Die Charta bringt dadurch zum Ausdruck, dass der politische Wille nur in Bezug auf diese Fallgruppe vorhanden ist. Das wird gerade dadurch bestätigt, dass das ursprünglich gewählte Kriterium des „Anwendungsbereichs des Unionsrechts"

---

113 Vgl. *Hirsch*, Die EU als Grundrechtsgemeinschaft, S. 182, Fn. 39: „Dies bedeutet jedoch nicht, dass damit der insoweit weitergehenden Rechtsprechung des EuGH der Boden entzogen werden sollte"; Jürgen *Kühling*, Grundrechtskontrolle durch den EuGH: Kommunikationsfreiheit und Pluralismus im Gemeinschaftsrecht, EuGRZ 1997, 296ff., 299; Leonard F.M. *Besselink*, Entrapped by the maximal standard: on Fundamental Rights, Pluralism and Subsidiarity in the European Union, CMLR 1998, 629ff., 630.

114 *Cremer*, in: Calliess/Ruffert (Hrsg.), EUV/EGV, Art. 46 EUV, Rn. 7; Bruno *de Witte*, The Past and Future Role of the European Court of Justice in the Protection of Human Rights, in: Philip Alston (Hrsg.), The EU and Human Rights, 1999 (zitiert: *de Witte*, The Role of the ECJ in the Protection of Human Rights), S. 859ff., S. 885.

115 Rs. C-292/97, *Karlsson u.a.*, Slg. 2000, I-2737ff., Rn. 37; Rs. C-313/99, *Mulligan u.a./Minister für Agriculture and Food u.a.*, Slg. 2002, I-5719ff., Rn. 33-37; Rs. C-60/00, *Carpenter/Secretary of State for the Home Department*, Slg. 2002, I-6279ff., Rn. 40; s. unten, D II 8 und D III 1 und 2.

116 Vgl. hier bereits *Hilf*, EuR 1991, 29: „Ein Grundrechtskatalog der EU wird jedoch in jedem Fall die Mitgliedstaaten insoweit binden, als sie das Recht der Union vollziehen".

117 S. die bereits dargelegte Rechtsprechung, sowie unten, Dritter Teil.

aus früheren Fassungen in einer späteren Phase der Beratungen des Konvents durch das Kriterium der „Durchführung" des Unionsrechts ersetzt wurde[118].

Trotz dieser ausdrücklichen Festlegung des Geltungsbereichs der Charta besteht bei den Mitgliedern des Konvents sowie im Schrifttum Unklarheit darüber, was unter „Durchführung des Unionsrechts" zu verstehen ist. Die Erläuterungen des Präsidiums des Konvents sind diesbezüglich nicht evident:

> „Mit Artikel 51 soll der Anwendungsbereich der Charta festgelegt werden [...]. Was die Mitgliedstaaten betrifft, so ist der Rechtsprechung des Gerichtshofs eindeutig zu entnehmen, dass die Verpflichtung zur Einhaltung der im Rahmen der Union definierten Grundrechte für die Mitgliedstaaten nur dann gilt, wenn sie im Rahmen des Gemeinschaftsrechts handeln (Urteil vom 13. Juli 1989, Wachauf [...], Urteil vom 18 Juni 1991, ERT [...]). Der Gerichtshof hat diese Rechtsprechung in allerjüngsten Zeit nochmals wie folgt bestätigt: „Die Mitgliedstaaten müssen bei der Durchführung der gemeinschaftsrechtlichen Regelungen aber auch die Erfordernisse des Grundrechtsschutzes in der Gemeinschaftsrechtsordnung beachten." (Urteil vom 13. April 2000, Karlsson [...])".

Diese Erläuterungen sind insoweit unklar, als sie auch das Urteil *ERT* zitieren und die Bindung „im Rahmen des Gemeinschaftsrechts" bejahen. Dieser Begriff ist aber nicht mit dem Begriff „Durchführung des Rechts der Union" identisch. Genauso unklar sind auch die Erläuterungen im Schrifttum[119].

---

118 Vgl. Convent 34 einerseits und Convent 40 andererseits, *Grabenwarter,* DVBl 2001, 2; *de Búrca,* ELR 2001, 136f.; kritisch dazu *Calliess,* EuZW 2001, 266, der diese Änderung als „Rückschritt hinter den geltenden acquis communautaire" bezeichnet; s. auch Ian *Rogers,* From the Human Rights Act to the Charter: Not another Human Rights Instrument to Consider?, ELR 2002, 343ff., 352, der in der Formulierung des Art. 51 Abs. 1 GRCh einen direkten Gegensatz zu Art. 53 GRCh sieht („Keine Bestimmung dieser Charta ist als eine Einschränkung oder Verletzung der Menschenrechte und Grundfreiheiten auszulegen").

119 *Zuleeg*, EuGRZ 2000, 511: „Die Durchführung des Gemeinschaftsrechts ist in großem Umfang dem Mitgliedstaaten anvertraut. Sie setzen Recht auf der Grundlage des Gemeinschaftsrechts, sie wenden es im Verwaltungsvollzug und in der Rechtsprechung an. In diesem Rahmen gelten die Grundrechte des Gemeinschaftsrechts und nicht die des mitgliedstaatlichen Rechts"; seine Ansicht stützt *Zuleeg* nicht nur auf die *Wachauf* sondern auch auf die *ERT* Entscheidung, welche aber nicht einen Fall der Durchführung vom Gemeinschaftsrecht betraf; *Magiera,* DÖV 2000, 1021: „Verpflichtete sind die Mitgliedstaaten, soweit sie das Gemeinschaftsrecht durchführen oder eine nationale Regelung in dessen Anwendungsbereich fällt" (unter Verweis auf die Urteile *Cinéthèque*, *Wachauf*, *ERT*, *Annibaldi*); Koen *Lenaerts* / Petra *Foubert,* Social Rights in the Case-Law of the European Court of Justice The Impact of the Charter of Fundamental Rights of the European Union on Standing Case-Law, LIEI 2001, 267ff., 296, hinsichtlich des Urteils D/Rat (s. unten, E II 3): „Likewise, an appropriate nexus between the prohibition of discrimination on grounds of sexual orientation and substantive Union law would appear to exist if a Member State relied on Art. 39 (3) EC to limit the free movement of a homosexual migrant worker. In such a case, the

V. Ergebnis

Die - allerdings unverbindliche - Grundrechtscharta bejaht grundsätzlich eine Bindung der Mitgliedstaaten. Das ist ein bedeutsamer Schritt, weil die bisher nicht geklärte Frage, ob die Mitgliedstaaten überhaupt an die Gemeinschaftsgrundrechte gebunden sind, zum ersten Mal, wenn auch unverbindlich, eine positive Antwort enthält. Der in der Grundrechtscharta festgelegte Umfang der Bindung ist andererseits ein Indiz für den Stand der politischen Akzeptanz dieser Problematik in den Mitgliedstaaten. Vor diesem Hintergrund ist auch Artikel 46 lit. d EUV zu sehen. Er zeigt eine grundsätzliche Zurückhaltung der Mitgliedstaaten, weshalb der EuGH auf jedem Fall zu Vorsicht gehalten ist[120].

Zusammenfassend muss festgehalten werden, dass die mitgliedstaatliche Pflicht zur Beachtung der Grundrechte zwar keine vertragliche Verankerung gefunden

---

Member State would indeed be „implementing Union law" within the meaning of the ERT jurisprudence and, consequently, the compatibility of its action with fundamental rights protected at the level of the Union could be scrutinised by the Court of Justice"; Peter-Christian *Müller-Graff*, Grundfreiheiten und Gemeinschaftsgrundrechte, in: Hans-Joachim Cremer / Thomas Giegerich / Dagmar Richter / Andreas Zimmermann (Hrsg.), Tradition und Weltoffenheit des Rechts. Festschrift für Helmut Steinberger, 2002 (zitiert: *Müller-Graff*, FS Steinberger, 2002), S. 1281ff., S. 1282, erwähnt beide Fallgruppen, Umsetzung und Anwendungsbereich; Bengt *Beutler*, in: Roland Bieber / Astrid Epiney / Marcel Haag / Bengt Beutler: Beutler, Bieber, Pipkorn, Streil. Die Europäische Union. Rechtsordnung und Politik, 5. Auflage, 2001 (zitiert: *Bearbeiter*, in: BBPS, Rn.), Rn. 658: „Die Vermittlung des Grundrechtsschutzes durch die Grundfreiheiten ist .... durch Art. 51, I der Charta grundsätzlich bestätigt worden"; Hans Werner *Rengeling*, Freizügigkeit in der Europäischen Union - Grundfreiheit und Grundrecht für den Unionsbürger, in: Max-Emanuel Geis/Dieter Lorenz (Hrsg.), Staat, Kirche, Verwaltung: Festschrift für Hartmut Maurer zum 70. Geburtstag, 2001 (zitiert: *Rengeling*, FS Maurer, 2001), S. 973ff., S. 989, der im Rahmen der Fallgruppe der Durchführung des Gemeinschaftsrechts auch die *ERT* Entscheidung zitiert; *Kadelbach/Petersen*, EuGRZ 2002, 215, die das mitgliedstaatliche Handeln im Rahmen der Rechtfertigungsgründe zu den Grundfreiheiten als Anwendungsfall der mitgliedstaatlichen Durchführung des Gemeinschaftsrechts verstehen; anders und richtig Udo *Di Fabio*, Der Verfassungsstaat in der Weltgesellschaft, 2001, S. 75: „Art. 51 der Charta gibt eine klare Antwort... Nur dann wenn die Mitgliedstaaten Europarecht durchführen, haben sie dies auch unter Beachtung der Charta zu tun"; *Alber/Widmaier*, EuGRZ 2000, 498: „Für die Mitgliedstaaten ... ist die Anwendung [der Charta] auf die Umsetzung des europäischen Rechts beschränkt"; *Huber*, Recht der europäischen Integration, S. 128.

120 Darauf deutet *Lenaerts* hin, ELR 2000, 591: er vergleicht den Grundrechtsschutz in den USA und in der Europäischen Union und kommt zu dem Ergebnis: „Europe chose not to follow that course and this is implicitly confirmed by the new wording of Article 46 TEU [...] There is no denying that the signal from the constituent power of the Union is that the Court of Justice should proceed with caution in this respect"; vgl. Georg *Koussis*, Institutionelle Änderungen des Amsterdamer Vertrags (griech.), EEEurD, S. 237: „Die Mitgliedstaaten möchten mit dieser ausdrücklichen Formulierung ihre Zurückhaltung zum Ausdruck bringen".

hat, grundsätzlich aber akzeptiert wird. Deswegen wird der Umfang dieser Bindung im Rahmen des Artikels 220 EG, d.h. unter Beachtung von dessen Voraussetzungen, untersucht[121].

D. Rechtsprechung des EuGH

I. Einleitung

Bereits in den 70er Jahren finden sich in Urteilen des EuGH Ansätze, dass grundrechtliche Erwägungen auch in Bezug auf mitgliedstaatliche Akte von Bedeutung sein können. Obwohl der EuGH mit den Rs. *Cinéthèque* und *Demirel* eine restriktive Position eingenommen hat, stellte er Anfang der 90er Jahre durch die Urteile *Wachauf* und *ERT* fest, dass die Mitgliedstaaten mindestens in zwei Konstellationen die Grundrechte beachten müssen:

- wenn sie Gemeinschaftsrecht *durchführen* und

- wenn sie sich auf im Vertrag vorgesehene Gründe berufen, um die Beschränkung einer *Grundfreiheit* zu rechtfertigen.

Zunächst wird bei der Darstellung der Rechtsprechung nach diesen Fallgruppen differenziert (II und III). Anschließend werden die Rechtssachen erläutert, in denen der EuGH Aussagen hinsichtlich der Grenzen seiner Zuständigkeit getroffen hat (IV).

II. Ausübung der Grundfreiheiten und Grundrechte

1. Die Rechtssache Rutili/Minister des Innern

Die erste Entscheidung, in welcher der EuGH Grundrechtserwägungen zur Kontrolle nationaler Maßnahmen mitberücksichtigte, betraf die Rechtssache *Rutili/Minister des Innern*[122]. Der Kläger besaß die italienische Staatsangehörigkeit, war aber in Frankreich geboren, aufgewachsen, mit einer Französin verheiratet und auch dort berufstätig. Aufgrund seiner Teilnahme an Demonstrationen und seiner politischen Aktivität im Zeitraum 1967-1968, der durch politische Unruhe gekennzeichnet war, wurde ihm ein Aufenthaltsverbot für bestimmte Teile des französischen Staatsgebiets erteilt, wobei sich die Frage stellte, ob dieses Aufenthaltsverbot „gerechtfertigt" im Sinne von Art. 48 Abs. 3 EWGV werden konnte.

---

121 *Lenaerts*, ELR 2000, 588; s. auch *Lenaerts/De Smijter*, CMLR 2001, 277, Fn. 21.

122 Rs. 36/75, *Rutili/Minister des Innern*, Slg. 1975, 1219ff.

Der EuGH hat den Begriff „öffentliche Ordnung“ i.V.m. den Vorschriften der Richtlinie 64/221/EWG[123] und der Verordnung Nr. 1612/68[124] ausgelegt und dann ausgeführt, dass letztere sich als

> „eine besondere Ausprägung eines allgemeinen Grundsatzes dar[stellen], der in den Artikeln 8, 9, 10 und 11 der am 4. November 1950 in Rom unterzeichneten und von allen Mitgliedstaaten ratifizierten Konvention zum Schutz der Menschenrechte und Grundfreiheiten und in Artikel 2 des am 16. September 1963 in Straßburg unterzeichneten Protokolls Nr. 4 zu dieser Konvention verankert ist, die gleichlautend bestimmen, dass die zum Schutz der öffentlichen Sicherheit und Ordnung vorgenommenen Einschränkungen der in den genannten Artikeln zugesicherten Rechte nicht den Rahmen dessen überschreiten dürfen, was für diesen Schutz „in einer demokratischen Gesellschaft“ notwendig ist“[125].

Dieser Aussage ist nur zu entnehmen[126], dass die in der Richtlinie und der Verordnung enthaltenen Vorschriften über die Voraussetzungen der Berufung auf die öffentliche Ordnung im Lichte der EMRK auszulegen sind. Der EuGH hat dementsprechend die französische Maßnahme nicht direkt anhand der EMRK geprüft, sondern letztere herangezogen, um die Auslegung des Begriffs öffentliche Ordnung und die auf der Grundlage des Gemeinschaftsrechts gefundene Lösung zu untermauern[127].

2. Die Rechtssache Watson und Belmann

In der Rs. *Watson und Belmann*[128] befasste sich der EuGH mit dem Fall einer britischen Staatsangehörigen, die nach Italien reiste und sich bei einem italienischen Staatsangehörigen (*Belmann*) aufhielt, ohne der vom italienischen Recht bereits nach kurzer Aufenthaltszeit geforderten polizeilichen Meldepflicht nachzukommen. Die gleiche Verpflichtung ließ auch *Belmann* außer Acht. Es stellte sich dabei die Frage, ob diese Verpflichtung und die wegen der Nicht-Einhaltung ergangenen Sanktionen vereinbar mit Art. 7 und 48 bis 66 EWGV waren.

---

123 Richtlinie 64/221/EWG des Rates vom 25. Februar 1964 zur Koordinierung der Sondervorschriften für die Einreise und den Aufenthalt von Ausländern, soweit sie aus Gründen der öffentlichen Ordnung, Sicherheit oder Gesundheit gerechtfertigt sind, ABl. 1964, Nr. L 56, S. 850.

124 Verordnung 1612/68/EWG vom 15. Oktober 1968 über die Freizügigkeit der Arbeitnehmer innerhalb der Gemeinschaft, ABl. 1968, Nr. L 257, S. 2.

125 Rs. 36/75, *Rutili/Minister des Innern*, a.a.O., Rn. 32.

126 Vgl. *Stein*, EuR 1976, 245.

127 *Jürgensen/Schlünder*, AöR 121 (1996), 214.

128 Rs. 118/75, *Watson und Belmann*, Slg. 1976, 1185ff.

Der EuGH hat die Vereinbarkeit der Vorschriften mit Gemeinschaftsrecht grundsätzlich bejaht, sofern

> „sich die Fristen für die Erfüllung dieser Verpflichtungen in angemessenen Grenzen halten und die Sanktionen, die an die Nichterfüllung geknüpft sind, nicht außer Verhältnis zur Schwere der Tat stehen und die Ausweisung nicht mit umfassen“[129].

Von Interesse sind hier die Ausführungen des Generalanwalts *Trabucchi,* der sich mit der Frage befasste, ob „die Beachtung der Grundprinzipien des Schutzes der Menschenrechte“[130], auch in Bezug auf staatliche Rechtsakte von Bedeutung sein kann. Zwar hat er auf den bereits wirksamen Grundrechtsschutz hingewiesen, den die Gerichte der einzelnen Staaten zusammen mit dem Europäischen Gerichtshof für Menschenrechte (EGMR) gewährleisten. Darüber hinaus bejahte er jedoch die Zuständigkeit des Gerichtshofes, die Verletzung eines Grundrechts durch eine staatliche Behörde zu berücksichtigen,

> „zwar nicht im gleichen Umfang, wie er bei der Prüfung der Gültigkeit von Gemeinschaftsrechtsakten Grundrechtsverletzungen berücksichtigen kann, aber doch zumindest in dem Maße, in dem das Grundrecht, dessen Verletzung behauptet wird, mit dem Schutz eines wirtschaftlichen Rechts verknüpft werden kann, das zum spezifischen Gegenstand des Vertrags gehört“[131].

3. Die Rechtssache Cinéthèque

Obwohl es mit den Entscheidungen *Rutili* und *Watson/Belmann* bereits erkennbar war, dass bei der Verletzung von Grundfreiheiten gleichzeitig Freiheitsrechte des Einzelnen beeinträchtigt werden können, hat der EuGH erst Mitte der 80er Jahre wieder Gelegenheit gehabt, sich mit der Frage der innerstaatlichen Geltung der Gemeinschaftsgrundrechte eingehend zu beschäftigen, und zwar aufgrund des französischen Verbots, den Vertrieb von Videokassetten für einen bestimmten Zeitraum nach der Vorführung der entsprechenden Filme in den Kinos zu untersagen[132]. Das vorlegende Gericht fragte nach der Vereinbarkeit der französischen Vorschriften mit den Artikeln 30, 34, 36 und 59 EWGV. Der EuGH sah nur Art. 30 EWGV als einschlägig an in dem Sinne, dass

> „die Anwendung einer derartigen Regelung [...] wegen der Unterschiede zwischen den in den einzelnen Mitgliedstaaten geltenden Systemen und den Voraussetzun-

---

129 Rs. 118/75, *Watson und Belmann,* a.a.O., 1198.

130 Schlussanträge zur Rs. 118/75, *Watson und Belmann,* a.a.O., 1206f.

131 Schlussanträge zur Rs. 118/75, *Watson und Belmann,* a.a.O., 1207.

132 Verb. Rs. 60 und 61/84, *Cinéthèque/Fédération nationale des cinémas français* (im folgenden *Cinéthèque*), Slg. 1985, 2605ff.

> gen, unter denen die Filme dort in Filmtheatern vorgeführt werden, zu Behinderungen des innergemeinschaftlichen Handels mit Videokassetten führen [kann]“[133].

Ein solches Verbot könne nur dann mit Art. 30 EWG-Vertrag vereinbar sein, wenn es verhältnismäßig zum angestrebten Ziel sei[134], was auch im konkreten Fall vom EuGH bejaht wurde.

Die Kläger hatten sich ferner auf die in Art. 10 EMRK verankerte Meinungsfreiheit berufen. Der EuGH verneinte die Einschlägigkeit des Art. 10 EMRK mit folgender Begründung:

> „Der Gerichtshof hat zwar für die Einhaltung der Grundrechte auf dem Gebiet des Gemeinschaftsrechts zu sorgen; er kann jedoch nicht prüfen, ob ein nationales Gesetz, das wie im vorliegenden Fall zu einem Bereich gehört, der *in das Ermessen des nationalen Gesetzgebers fällt*, mit der Europäischen Menschenrechtskonvention vereinbar ist“[135].

Dagegen war nach Meinung von GA *Slynn* Art. 10 EMRK zwar in dieser Rechtssache nicht einschlägig, da er die Unvereinbarkeit der französischen Maßnahme bereits aus dem Gemeinschaftsrecht abgeleitet hatte. Die Ausnahmen in Artikel 36 EWGV und der Geltungsbereich von „zwingenden Erfordernissen“, aufgrund deren eine Maßnahme nicht unter Artikel 30 EWGV falle, sollten aber nach Meinung des Generalanwalts im Lichte der Konvention ausgelegt werden[136].

4. Grundfreiheiten und Rundfunkwesen

Der EuGH hat Anfang der 90er Jahre mit der ERT-Entscheidung von seiner *Cinéthèque* - Rechtsprechung entschieden Abschied genommen[137]. Das geschah durch eine Reihe von Entscheidungen, die im Rahmen des Rundfunkwesens erlassen worden sind. In der *ERT* Entscheidung[138] musste der EuGH über die Ausle-

---

133 Verb. Rs. 60 und 61/84, *Cinéthèque,* a.a.O., Rn. 22.

134 Ebenda.

135 Verb. Rs. 60 und 61/84, *Cinéthèque,* a.a.O., Rn. 26, Hervorhebung hinzugefügt.

136 Verb. Rs. 60 und 61/84, *Cinéthèque,* a.a.O., 2616.

137 Das Schrifttum hat sich eingehend mit der Frage beschäftigt, welche Bereiche nationalen Handelns nach dem Kriterium der Cinéthèque Entscheidung vom Anwendungsbereich des Gemeinschaftsrechts ausgeschlossen sind, s. Joseph H.H. *Weiler,* The European Court at a Crossroads: Community Human Rights and Member State Action, in: F. Capotorti / C.-D. Ehlermann, J. Frowein, F. Jacobs, R. Joliet, T. Koopmanns, R. Kovar (Hrsg.), Du droit international au droit de l'integration. Liber amicorum Pierre Pescatore, 1987 (zitiert: *Weiler,* Liber amicorum Pescatore, 1987), S. 821ff., S. 831f., der die Cinéthèque Entscheidung sehr restriktiv auslegt; *de Búrca,* OJLS 1993, 301f.

138 Rs. C-260/89, *Elliniki Radiophonia Tileorassi AE/Dimotiki Etairia Pliroforisis und Sotirios Kouvelas* (im folgenden *ERT*), Slg. 1991, I-2925ff.

gung des griechischen Gesetzes über die Gründung eines Unternehmens mit ausschließlichen Rechten im Bereich des Fernsehens mit den Vorschriften des Gemeinschaftsrechts über den freien Warenverkehr, den Wettbewerb, sowie mit Artikel 10 der Europäischen Menschenrechtskonvention entscheiden. In Hinblick auf letzteren hat der EuGH die Aussage getroffen, dass keine Maßnahmen als rechtens angesehen werden können, die mit der Beachtung der so anerkannten und gewährleisteten Menschenrechte unvereinbar sind[139]. Das schließt auch nationale Regelungen ein, wenn sie *in den Anwendungsbereich des Gemeinschaftsrechts fallen*. In diesem Fall hat der Gerichtshof,

> „wenn er im Vorabentscheidungsverfahren angerufen wird, dem vorlegenden Gericht alle Auslegungskriterien an die Hand zu geben, die es benötigt, um die Vereinbarkeit dieser Regelung mit den Grundrechten beurteilen zu können, deren Wahrung der Gerichtshof zu sichern hat und die sich insbesondere aus der Europäischen Menschenrechtskonvention ergeben“[140].

Der Anwendungsbereich ist insbesondere dann eröffnet, wenn ein Mitgliedstaat sich auf die im Vertrag vorgesehenen Ausnahmen beruft, um eine Regelung zu rechtfertigen, die geeignet ist, die Ausübung einer Grundfreiheit (hier der Dienstleistungsfreiheit) zu behindern. Diese Rechtfertigung ist dann *im Lichte der allgemeinen Rechtsgrundsätze und insbesondere der Grundrechte* auszulegen[141]. Der Unterschied zur *Cinéthèque* Rechtsprechung liegt darin, dass die Anwendbarkeit der Grundfreiheit zur Anwendbarkeit auch der Gemeinschaftsgrundrechte führt. In der *Cinéthèque* Entscheidung hatte der EuGH zwar die Grundfreiheit als einschlägig angesehen, die Anwendbarkeit der Grundrechte jedoch verneint.

Den engen Zusammenhang zwischen der Meinungs- und der Dienstleistungsfreiheit im Bereich des Rundfunkwesens hat der EuGH in den Rs. *Gouda*[142], *Kommission/Niederlande*[143] und *TV10*[144] betont. Die Aufrechterhaltung von Pluralismus in dieser Branche wird auch im Rahmen der EMRK geschützt[145] und stellt einen zwingenden Grund des Allgemeininteresses dar, der die Beschränkung der Dienstleistungsfreiheit rechtfertigen kann.

---

139 Rs. C-260/89, *ERT*, a.a.O., Rn. 41.

140 Rs. C-260/89, *ERT*, a.a.O., Rn. 42.

141 Rs. C-260/89, *ERT*, a.a.O., Rn. 43.

142 Rs. C-288/89, *Stichting Collectieve Antennevoorziening Gouda u.a./Commissariaat voor de Media* (im folgenden *Gouda*), Slg. 1991, I-4007ff.

143 Rs. C-353/89, *Kommission/Niederlande*, Slg. 1991, I-4069ff.

144 Rs. C-23/93, *TV 10 SA/Commissariaat voor de Media*, Slg. 1994, I-4795ff.; s. auch die Rs. C-148/91, *Veronica Omroep Organisatie*, Slg. 1993, I-487ff.

145 Rs. 288/89, *Gouda*, a.a.O., Rn.; Rs. C-353/89, *Kommission/Niederlande*, a.a.O., Rn.

5. Die Rechtssache Familiapress

Im Urteil *Familiapress*[146] ging es um das österreichische Gesetz über unlauteren Wettbewerb, das die Teilnahmemöglichkeit von Lesern an Preisrätseln verbot, die von periodischen Druckwerken organisiert wurden. In einer von einem deutschen Verlag herausgegebenen Wochenzeitschrift war ein Kreuzworträtsel enthalten und die Leser, die die richtige Lösung einsandten, konnten an einer Verlosung teilnehmen. Wegen des Verkaufs dieser Zeitschrift in Österreich wurde der deutsche von einem österreichischen Verlag verklagt. Die Vorlagefrage lautete dahin, ob das österreichische Gesetz gegen Art. 30 EGV verstößt. Die österreichische Regierung führte aus, dass das Ziel der fraglichen Regelung, nämlich die Aufrechterhaltung der Medienvielfalt, gefährdet werden könnte, da die kleinen Verleger durch die Erlaubnis solcher Aktionen langfristig nicht im Wettbewerb bestehen könnten.

Der EuGH hat die Maßnahme als vom Schutzbereich des Art. 30 EGV (Maastrichter Nummerierung) erfasst angesehen und daher untersucht, ob die Aufrechterhaltung der Medienvielfalt ein zwingendes Erfordernis darstellt, das die Beschränkung des freien Warenverkehrs rechtfertigt.

Er hat diese Frage bejaht und zum wiederholten Male betont, dass

> „diese Vielfalt [...] zur Wahrung des Rechts der freien Meinungsäußerung bei[trägt], das durch Artikel 10 der Konvention zum Schutze der Menschenrechte und Grundfreiheiten geschützt ist und zu den von der Gemeinschaftsrechtsordnung geschützten Grundrechten gehört“[147].

Der vom Gericht als Rechtfertigungsgrund erwähnte Schutz der Meinungsfreiheit umfasst die Freiheit der Verleger, insbesondere der kleineren, am Markt unter den gleichen Bedingungen wie die Großverleger teilzunehmen. Andererseits wird auch die Rechtsposition des Verlegers der deutschen Zeitschrift von der Meinungsfreiheit erfasst. Letztere ist dann bei der Auslegung der Rechtfertigungsgründe zu berücksichtigen[148].

Der EuGH legte im nächsten Schritt die Kriterien für die Verhältnismäßigkeitsprüfung fest, überließ aber die Beurteilung im konkreten Fall dem staatlichen Gericht[149].

---

146 Rs. C-368/95, *Familiapress*, Slg. 1997, I-3689ff.

147 Rs. C-368/95, *Familiapress*, a.a.O., Rn. 18.

148 Rs. C-368/95, *Familiapress*, a.a.O., Rn. 24f. , insb. Rn. 26.

149 Rs. C-368/95, *Familiapress*, a.a.O., Rn. 27f.

6. Die Rechtssache Kommission/Deutschland (Arzneimittelgesetz)

Das deutsche Arzneimittelgesetz verbot Privatpersonen die Einfuhr von verschreibungspflichtigen Arzneimitteln, die in einem anderen Mitgliedstaat durch einen Arzt verschrieben und in einer Apotheke gekauft worden waren. Die Kommission hat in dieser Regelung einen Verstoß gegen den freien Warenverkehr (Art. 30 EWGV) gesehen und das Vertragsverletzungsverfahren gemäß Art. 169 EWGV eingeleitet.

Der EuGH prüfte in dem daraufhin erlassenen Urteil[150], ob die Regelung, die als Maßnahme mit gleicher Wirkung wie eine Einfuhrbeschränkung (Art. 30 EWGV) galt, gerechtfertigt werden konnte.

Die deutsche Regierung hat zur Rechtfertigung der Regelung den wirksamen Schutz der Gesundheit und des Lebens der Menschen angeführt. Dieser Schutz könne ausreichend nur durch ein (präventives) Verbot gewährleistet werden und nicht durch das mildere Mittel der (repressiven) Kontrollmaßnahmen, da letztere Alternative möglicherweise die Privatsphäre und spezifisch das Recht auf Schutz des Arztgeheimnisses verletzen könnte.

Der EuGH hat dieses Argument nicht akzeptiert. Er hat ausgeführt, dass diese Rechte in der Gemeinschaftsrechtsordnung als Grundrechte anerkannt sind. Sie müssen grundsätzlich bei der Auslegung der Rechtfertigungsgründe berücksichtigt werden. Sie beanspruchen aber keine uneingeschränkte Geltung und können daher Beschränkungen unterworfen werden. Daher ist es den Behörden der Mitgliedstaaten erlaubt, im Interesse des Schutzes der öffentlichen Gesundheit die Einfuhr von Arzneimitteln zu kontrollieren.

In dieser Rechtssache hat der EuGH das Argument der deutschen Regierung zwar anerkannt, dass die nationale Regelung dem Schutz der Gesundheit dienen solle. Er hat sie aber als unverhältnismäßig verworfen, da der Schutz der Gesundheit durch - verhältnismäßige und den Wesengehalt nicht antastende - Einschränkungen der Privatsphäre und des Rechts des Arztgeheimnisses ebenso gut erreicht werden konnte.

7. Die Rechtssache Grogan

Die Entscheidung *Society for the Protection of Unborn Children Ireland Ltd gegen Stephen Grogan*[151] ist paradigmatisch für die Probleme, die sich aus der Aus-

---

150 Rs. C-62/90, *Kommission/Deutschland,* Slg. 1992, I-2575ff.

151 Rs. C-159/90, Slg. 1991, I-4685ff. (im folgenden *Grogan*); dazu Siofra *O'Leary,* Freedom of establishment and freedom to provide services, ELR 1992, 138ff.; *de Búrca,* OJLS 1993, 283ff.; *Langenfeld/Zimmermann,* ZaöRV 1992, 259ff.; Anthony *Arnull,,* The European Union and its Court of Justice, 1999 (zitiert: *Arnull,* The EU and its Court of Justice), S. 354f.

weitung der Kontrollbefugnis der Gemeinschaft hinsichtlich nationaler Maßnahmen ergeben können: Es geht um den Konflikt zwischen gemeinschaftlich geschützten Grundfreiheiten und der in einer nationalen Verfassung festgelegten Abwägung zwischen zwei miteinander kollidierenden Rechtsgütern: Die Grundfreiheit tritt als gleichwertiges schutzbedürftiges Rechtsgut auf, das den in der nationalen Verfassung festgelegten Schutz eines anderen Rechtsgutes einzuschrän-ken droht.

Gemäß Art. 40 Abs. 3 der irischen Verfassung erkennt der Staat das Lebensrecht des Ungeborenen an und gewährleistet „unter gebührender Berücksichtigung des gleichen Lebensrechts der Mutter, dass dieses Recht in seinen Gesetzen beachtet, und, soweit dies durchführbar ist, durch seine Gesetze verteidigt und geschützt wird".

Im Vorlageverfahren handelte es sich um einen Rechtsstreit zwischen einer Gesellschaft, die als Ziel den Schutz des menschlichen Lebens vom Zeitpunkt der Empfängnis an verfolgte und Studentenvereinigungen, die in den von ihnen herausgegebenen Publikationen Informationen über Kliniken im Vereinigten Königreich enthielten, in denen Schwangerschaftsabbrüche durchgeführt werden konnten.

Das vorlegende Gericht (High Court) warf die Frage auf, ob der Schwangerschaftsabbruch eine Dienstleistung im Sinne von Art. 60 EWGV sei und ob das Gemeinschaftsrecht es Irland untersage, die Verbreitung von Informationen über Name und Adresse von Kliniken in einem anderen Mitgliedstaat, in dem Schwangerschaftsabbrüche legal praktiziert werden, zu verbieten.

Der EuGH hat den Dienstleistungscharakter des Schwangerschaftsabbruchs bejaht[152]. Für diese Qualifizierung spielen nach dem Verständnis vom EuGH ethisch-moralische Gesichtspunkte keine Rolle[153]. Es war aber fraglich, ob das Recht über den Erhalt von Informationen über eine Dienstleistung vom Begriff der Dienstleistungsfreiheit erfasst wird (das Recht der schwangeren Frauen), wenn es keine Beziehung zwischen den Informationsverbreitern (Studentenverbindung) und den Dienstleistungserbringern (hier den Ärzten im Vereinigten Königreich) gibt. Der EuGH hat diese Frage negativ beantwortet. Er hat sich auf das Recht der Studen-

---

152 Rs. 159/90, *Grogan*, a.a.O., Rn. 21; ausführlich zur relevanten Rechtsprechung des EuGH *Langenfeld/Zimmermann*, ZaöRV 1992, 282f.

153 Rs. 159/90, *Grogan*, a.a.O., Rn. 20; sehr kritisch zu dieser Einordnung Jason *Coppel / Aidan O'Neill*, The European Court of Justice: Taking Rights seriously?, CMLR 1992, 669ff., 687, die dem EuGH vorwerfen, den symbolischen Aspekt des Abtreibungsverbots ignoriert und nur auf den Dienstleistungscharakter der Abtreibung abgestellt zu haben; s. auch Diarmuid Rossa *Phelan*, Right to Life of the Unborn v Promotion of Trade in Services: The European Court of Justice and the Normative Shaping of the European Union, MLR 1992, 670ff., 686; a.A. *Arnull*, The EU and its Court of Justice, S. 355.

tenvereinigung und das Recht der Ärzte konzentriert und hat dann festgestellt, dass diese Informationen nicht im Auftrag der Dienstleistungserbringer verbreitet worden waren.

GA *van Gerven* hat dagegen die Einschlägigkeit der Dienstleistungsfreiheit bejaht. Für ihn stand nicht das Recht der Studentenverbindungen im Mittelpunkt, sondern das Recht der schwangeren Frauen, in einem anderen Mitgliedstaat Anspruch von einer Dienstleistung nehmen zu dürfen und damit einhergehend sich über diese Dienstleistung zu informieren. Die Beeinträchtigung des Rechts auf Information wird als Beeinträchtigung der Dienstleistungsfreiheit angesehen[154].

Als nächstes untersuchte der GA, ob die von den irischen Gerichten vorgenommene Auslegung des Art. 40 Abs. 3 der irischen Verfassung, nämlich dass auch Informationen über die Möglichkeiten vom Schwangerschaftsabbrüchen im Ausland verboten sind[155], aufgrund von zwingenden Erwägungen der öffentlichen Ordnung gerechtfertigt werden konnte[156]. Dies wurde von ihm bejaht, da diese Regelung als eine ethisch-weltanschauliche politische Entscheidung anzusehen sei, bei der sich die Mitgliedstaaten auf den in Art. 56 i.V.m. Art. 66 EWGV genannten Grund der öffentlichen Ordnung berufen können. Diese Regelung war auch nach Ansicht des GA hinsichtlich des angestrebten Ziels verhältnismäßig.

Der GA prüfte im nächsten Schritt die Vereinbarkeit der Regelung mit den Gemeinschaftsgrundrechten, d.h. die Vereinbarkeit des irischen Werturteils über den Schutz des ungeborenen Lebens mit den Grundrechten[157]. Es ging konkreter um die Frage, ob die Meinungsäußerung des Einzelnen, hier die Verbreitung von Informationen über in anderen Mitgliedstaaten rechtmäßig vorgenommene Abtreibungen, durch die fragliche Regelung in unzulässiger Weise beschränkt wurde. Es handelte sich nach Meinung des GA um eine Kollision des Rechts auf Leben einerseits und der Freiheit der Meinungsäußerung andererseits, welche durch die Anwendung des Verhältnismäßigkeitsgrundsatzes gelöst werden konnte. Unter dem Gesichtspunkt der Grundrechte sah er die nationale Regelung ebenfalls als mit diesen vereinbar an.

154 Dies hat der EuGH hinsichtlich der Warenverkehrsfreiheit bejaht, s. Rs. C-362/88, *GB-INNO-BM*, Slg. 1990, I-667ff., Rn. 7: Der freie Warenverkehr schließe auch die Freiheit des Verbrauchers ein, sich über im freien Warenverkehr befindliche Waren in seinem Heimatstaat entsprechend zu informieren.

155 Rs. 159/90, *Grogan*, a.a.O., Rn. 5.

156 GA *van Gerven*, Schlussanträge zur Rs. C-159/90, *Grogan*, a.a.O., Rn. 22f.

157 GA *van Gerven*, Schlussanträge zur Rs. C-159/90, *Grogan*, a.a.O., Rn. 32f.

Das Urteil des EuGH ist im Gegensatz zu der bisherigen Entwicklung im Bereich der Dienstleistungsfreiheit sehr restriktiv[158]. Das ist dadurch erklärbar, dass vor dem Hintergrund der Einschlägigkeit von Grundrechten für die Beurteilung der Rechtssache und der Erwartung einer Entscheidung des EGMR bezüglich eines ähnlichen Sachverhalts[159] der EuGH keine Entscheidung in den eigentlichen Fragen treffen wollte.

8. Die Rechtssache Carpenter[160]

Mit dem Urteil *Carpenter* bestätigt der EuGH seine bisherige Rechtsprechung zur Bindung der Mitgliedstaaten an die Gemeinschaftsgrundrechte im Rahmen der Berufung auf Rechtfertigungsgründe zur Eingrenzung einer Grundfreiheit.

Dieser Entscheidung lag folgender Sachverhalt zu Grunde:

Frau *Carpenter*, einer philippinischen Staatsangehörige, wurde eine Erlaubnis zur Einreise in das Vereinigte Königreich für sechs Monate erteilt. Sie blieb auch nach Ablauf dieser Zeit im Land. 1996 heiratete sie Peter Carpenter, einen britischen Staatsangehörigen. Letzterer betrieb ein Unternehmen, dessen Kunden in anderen Mitgliedstaaten der Europäischen Union ansässig waren und reiste öfters zu Geschäftszwecken in die anderen Mitgliedstaaten.

Der von Frau Carpenter gestellte Antrag auf die Erteilung einer Aufenthaltserlaubnis als Ehegattin eines britischen Staatsangehörigen wurde abgelehnt. Daraufhin wurde eine Entscheidung über die Ausweisung Frau Carpanters auf die Philippinen erlassen. Frau Carpenter hat Rechtsbehelf gegen diese Entscheidung eingelegt mit der Begründung, dass sie nach Gemeinschaftsrecht über ein Recht zum Aufenthalt im Vereinigten Königreich verfüge. Nach der Ablehnung des Rechtsbehelfs hat das Gericht der zweiten Instanz die Rechtssache dem EuGH zur Vorabentscheidung vorgelegt.

Fraglich war in diesem Zusammenhang, ob Herr Carpenter Gebrauch von seiner Dienstleistungsfreiheit im Sinne des Art. 49 Abs. 1 EG machte und falls dies zu

---

158 Kritisch zu dieser "künstlichen" Differenzierung im Hinblick auf den Ursprung der im Streit stehenden Informationen *Langenfeld/Zimmermann*, ZaöRV 1992, 286; so auch *Arnull*, The EU and its Court of Justice, S. 356: „the reasoning of the Court lacks conviction".

159 S. EGMR, *Open Door Counselling Ltd. And Dublin Well Woman Centre/Irland*, Series A, Vol. 246, wo der EGMR eine Verletzung von Art. 10 EMRK mit der Begründung bejahte, dass die irische Regelung in einer demokratischen Gesellschaft nicht notwendig war.

160 Rs. C-60/00, *Carpenter/Secretary of State for the Home Department*, Slg. 2002, I-6279ff.

bejahen war, ob Frau Carpenter ein Aufenthaltsrecht aus Art. 49 Abs. 1 EG oder aus der RL 73/148/EWG[161] herleiten konnte.

Die Generalanwältin *Stix-Hackl* hat sich auf das Aufenthaltsrecht der Frau Carpenter konzentriert und die Anwendbarkeit des Art. 49 EG verneint, da sie keine Staatsangehörige eines Mitgliedstaats der Europäischen Union war[162].

Sie hat dagegen die RL 73/148/EWG im Lichte der Dienstleistungsfreiheit und des Grundrechts auf Achtung des Familienlebens aus Art. 8 EMRK ausgelegt[163] und ist zu dem Ergebnis gelangt, dass Frau Carpenter ein Aufenthaltsrecht eingeräumt werden muss.

Der EuGH ist zwar zum gleichen Ergebnis gekommen. Dieser hat aber das Aufenthaltsrecht der Frau Carpenter nicht auf die Richtlinie gestützt, sondern aus der Dienstleistungsfreiheit des Ehemanns Carpenter ein Aufenthaltsrecht der Ehefrau Carpenter abgeleitet:

Herr Carpenter habe demnach Gebrauch von der Dienstleistungsfreiheit gemacht, indem er Dienstleistungen entweder im Mitgliedstaat des Empfängers erbracht habe, oder vom Sitz seines Unternehmens im Vereinigten Königreich aus, ohne also ins Ausland zu reisen (sog. cold calling Praxis)[164].

Das Gericht hat die Richtlinie als nicht einschlägig angesehen, da die Voraussetzung für ihre Anwendbarkeit fehlte, nämlich dass der Staatsangehörige eines Mitgliedstaats seinen Herkunftsmitgliedstaat verlässt und sich in einen anderen Mitgliedstaat begibt[165].

Der EuGH hat betont[166], dass die Grundfreiheit von Herrn Carpenter ihre volle Wirkung nicht entfalten könne, wenn dieser von ihrer Wahrnehmung durch Hindernisse abgehalten werde, die in seinem Herkunftsland für die Einreise und den Aufenthalt seines Ehegatten bestehen.

---

161 Richtlinie 73/148/EWG des Rates vom 21. Mai 1973 zur Aufhebung der Reise- und Aufenthaltsbeschränkungen für Staatsangehörige der Mitgliedstaaten innerhalb der Gemeinschaft auf dem Gebiet der Niederlassung und des Dienstleistungsverkehrs, ABl. 1973, Nr. L 172, S. 14.

162 Rs. C-60/00, *Carpenter/Secretary of State for the Home Department*, Slg. 2002, I-6279ff., Rn. 37-39 der Schlussanträge.

163 Rn. 84f.

164 Rs. C-60/00, *Carpenter/Secretary of State for the Home Department*, Slg. 2002, I-6279ff., Rn. 30.

165 Rs. C-60/00, *Carpenter/Secretary of State for the Home Department*, a.a.O., Rn. 35-36.

166 Rs. C-60/00, *Carpenter/Secretary of State for the Home Department*, a.a.O., Rn. 39f.

Er hat wiederholt, dass ein Mitgliedstaat sich nur dann auf Gründe des Allgemeininteresses berufen könne, um eine innerstaatliche Regelung zu rechtfertigen, die geeignet sei, die Ausübung der Dienstleistungsfreiheit zu behindern, wenn diese Regelung mit den Grundrechten im Einklang stehe.

Die Entscheidung über die Ausweisung von Frau Carpenter sei nach den Ausführungen des EuGH ein Eingriff in die Verwirklichung des Rechts von Herrn Carpenter auf Achtung seines Familienlebens aus Art. 8 EMRK.

Der EuGH prüfte schließlich detailliert unter Zugrundelegung der relevanten Rechtsprechung des EGMR, ob dieser Eingriff verhältnismäßig war und gelangte zum Ergebnis, dass die Entscheidung über die Ausweisung von Frau Carpenter einen unverhältnismäßigen Eingriff in das Recht von Herrn Carpenter auf Achtung des Familienlebens darstellte.

Zuzustimmen ist zwar das Ergebnis: Die Entscheidung der britischen Behörden war unverhältnismäßig, da sie verlangte, dass Frau Carpenter das Vereinigte Königreich verließ und aus dem Ausland einen Antrag auf Aufenthalt als Ehegattin eines britischen Staatsangehörigen beantragte[167].

Bemerkenswert ist jedoch, dass der EuGH einen Sachverhalt, der im ersten Blick ein rein interner ist, als gemeinschaftsrechtlich relevant bewertet. Zu diesem Ergebnis kommt der EuGH dadurch, dass er zwei Fragen ausdrücklich bejaht: Der Ehemann Carpenter kommt in den Genuss der Dienstleistungsfreiheit, weil er sich zu Geschäftszwecken in die anderen Mitgliedstaaten der EU begibt. Der Sachverhalt ähnelt zwar demjenigen des Urteils *Alpine Investments*[168]. Insofern wäre eigentlich die Einschlägigkeit der Dienstleistungsfreiheit unproblematisch, wenn die Dienstleistungsfreiheit selber beeinträchtigt gewesen wäre. Hier aber wird die Ausübung der Dienstleistungsfreiheit nur aufgrund der Tatsache erschwert, dass das Privatleben des Dienstleistungserbringers verletzt wird. Das Tor für die Einschlägigkeit des Gemeinschaftsrechts für diese umgekehrte Diskriminierung öffnen dann die Grundrechte, die bei der Einschlägigkeit der Grundfreiheiten automatisch zur Anwendbarkeit kommen sollen. Der Frage, ob der EuGH damit seine Rechtsprechung, dass die Grundrechte „nicht in der Lage sind, eine nationale Maßnahme in den Anwendungsbereich des Gemeinschaftsrechts zu bringen“[169] zunichte macht, wird noch nachzugehen sein.

---

167 Vgl. auch die Ausführungen des Gerichts unter der Rn. 44, dass nämlich Frau Carpenter keineswegs eine Gefahr für die öffentliche Ordnung und Sicherheit darstellte.

168 Rs. C-384/93, Slg. 1995, I-1141ff.

169 Rs. C-249/96, *Grant*, Slg. 1998, I-621ff., Rn. 45; s. unten, E II 3.

III. Durchführung des Gemeinschaftsrechts

Die Mehrheit der Urteile, die sich mit der Frage der Bindung der Mitgliedstaaten an die (Gemeinschafts)grundrechte bei der Durchführung des Gemeinschaftsrechts befasst haben, ist im Bereich des Agrarrechts, insbesondere der Durchführung der Gemeinschaftsregelungen über die Errichtung einer Gemeinsamen Marktorganisation für Milch, erlassen worden.

Die Gemeinschaft sah sich durch zunehmende Milchüberproduktion gezwungen, mit der Verordnung 856/84[170] eine Abgabe einzuführen, die auf gelieferte Milchmengen erhoben wurde, sobald eine bestimmte Referenzmenge überschritten wurde. Wegen der tiefgreifenden Restriktionen[171], sowie der teilweise unvollständig gefassten gemeinschaftsrechtlichen Regelungen, führte diese Quotenregelung sowie die aufgrund dessen erlassenen Durchführungsmaßnahmen zu vielen Rechtsstreitigkeiten.

Der EuGH hat in folgenden Rechtssachen die Bindung der Mitgliedstaaten an die Gemeinschaftsgrundrechte bejaht:

1. Bindung der Mitgliedstaaten an den Gleichheitssatz[172]

In einer Reihe von Urteilen hat sich der EuGH mit der Frage der Bindungsrichtung des Art. 34 Abs. 2 UAbs. 2 EG beschäftigt. Der EuGH qualifiziert das in dieser Vorschrift enthaltene Diskriminierungsverbot als lediglich einen besonderen Ausdruck des allgemeinen Gleichheitssatzes. Aufgrund der Rechtsnatur dieses Verbots als Ausprägung des Gleichheitssatzes sind die Aussagen des Gerichts hinsichtlich einer Bindung der Mitgliedstaaten von Bedeutung für die hier zu behandelnde Frage, da sie eine mitgliedstaatliche Pflicht zur Beachtung des Gleichheitssatzes implizieren.

In der Rechtssache *Klensch*[173] ging es um die Vereinbarkeit der Verteilung von Referenzmengen an luxemburgische Milcherzeuger seitens der luxemburgischen Verwaltung mit dem Diskriminierungsverbot des Art. 40 Abs. 3 UAbs. 2 EWGV

---

170 Verordnung 856/84/EWG des Rates vom 31. März 1984 zur Änderung der Verordnung 804/68/EWG über die gemeinsame Marktorganisation für Milch und Milcherzeugnisse, ABl. 1984, Nr. L 90, S. 10; eine Liste aller relevanten Verordnungen findet sich bei Gereon *Thiele,* Das Recht der Gemeinsamen Agrarpolitik der EG dargestellt am Beispiel des Gemeinsamen Milchmarktes mit Bezügen zum Durchführungsrecht in der Bundesrepublik Deutschland, 1997 (zitiert: *Thiele,* Recht der Gemeinsamen Agrarpolitik), S. 170.

171 Gereon *Thiele,* in: Calliess/Ruffert (Hrsg.), EUV/EGV, Art. 34, Rn. 32.

172 Die Urteile betrafen fast ausschließlich das Diskriminierungsverbot des Art. 40 Abs. 3 UAbs. 2 EWGV bzw. Art. 34 Abs. 2 UAbs. 2 EG.

173 Verb. Rs. 201 und 202/85, Slg. 1986, 3477ff.

(jetzt Art. 34 Abs. 2 UAbs. 2 EG). Art. 2 der VO 857/84[174] überließ es den Mitgliedstaaten, als Referenzjahr das Kalenderjahr 1981, 1982 oder 1983 zu wählen. Fraglich war, ob die Wahl des Jahres 1981 von der luxemburgischen Regierung als gegen das Diskriminierungsverbot des Art. 40 Abs. 3 UAbs. 2 EWGV verstoßend zu qualifizieren war. Entgegen der Ansicht von GA *Slynn* hat der EuGH betont, dass dieses Verbot für alle Maßnahmen gilt, die die gemeinsame Organisation der Agrarmärkte betreffen, und deshalb auch für die Mitgliedstaaten verbindlich ist, wenn sie diese Marktorganisation durchführen[175].

Dieses Ergebnis bekräftigte der EuGH mit dem weiteren Argument, dass Art. 40 Abs. 3 UAbs. 2 EWGV nur der spezifische Ausdruck des allgemeinen Gleichheitsgrundsatzes ist. Aus diesem Grund dürfen die Mitgliedstaaten nicht eine Option ausüben, deren Anwendung zu einer Diskriminierung im Sinne von Art. 40 Abs. 3 EWGV führen könnte[176].

Zu erwähnen sind auch die Urteile *Spronk* und *Cornée,* bei denen die Bindung der Mitgliedstaaten an das Diskriminierungsverbot, allerdings ohne jegliche Erwähnung des Gleichheitssatzes, bestätigt wurde[177]. In der Rs. *Bostock* wird erstmals der Gleichheitssatz als Grundrecht bezeichnet und die Bindung der Mitgliedstaaten nochmals bestätigt[178].

Eine umfassende Aussage trifft das Gericht in der Rechtssache *Karlsson*[179], wo das vorlegende Gericht Fragen bezüglich der Durchführung der Marktorganisation für Milch seitens der schwedischen Regierung aufgeworfen hat. Der EuGH hebt den Grundrechtscharakter des „Grundsatzes der Gleichheit und Nichtdiskriminierung" hervor[180] und bestätigt seine bisherige Rechtsprechung, dass die Mitgliedstaaten die Grundrechte bei der Durchführung des Gemeinschaftsrechts beachten müssen[181].

---

174 Verordnung 857/84/EWG des Rates über Grundregeln für die Anwendung der Abgabe gemäß Art. 5c der VO Nr. 804/68 im Sektor Milch- und Milcherzeugnisse, ABl. 1984, Nr. L 90, S. 13.

175 Verb. Rs. 201 und 202/85, *Klensch,* a.a.O., Rn. 8f.

176 Verb. Rs. 201 und 202/85, *Klensch,* a.a.O., Rn. 9-11.

177 Rs. C-16/89, *Spronk,* Slg. 1990, I- 3185ff., Rn. 17; verb. Rs. 196/88 bis 198/88, *Cornée u.a./Copall u.a.,* Slg. 1989, I-2309ff., Rn. 13.

178 Rs. C-2/92, *Bostock,* Slg. 1994, I-955ff., Rn. 11 (zum Sachverhalt s. gleich unten); s. auch Rs. C-351/92, *Graff,* Slg. 1994, I-3361ff., Rn. 16-18.

179 Rs. C-292/97, *Karlsson u.a.,* Slg. 2000, I-2737ff.

180 Rs. C-292/97, *Karlsson u.a.,* a.a.O., Rn. 38.

181 Rs. C-292/97, *Karlsson u.a.,* a.a.O., Rn. 37.

Der Gleichheitssatz gilt nicht nur im Rahmen der Gemeinsamen Agrarorganisation, sondern auch im Rahmen der Durchführung jeglicher Rechtsakte der EG. Das wurde durch das EuG zum ersten mal in der Rs. *Idéal Tourisme* ausdrücklich bejaht, wo es um die Durchführung der Sechsten Richtlinie zur Harmonisierung der Rechtsvorschriften der Mitgliedstaaten über die Umsatzsteuern ging[182].

2. Die Rechtssachen Wachauf, Bostock[183] und Mulligan

Im Urteil *Wachauf*[184] sahen die relevanten Vorschriften die Möglichkeit einer Vergütung für den Fall einer Betriebsaufgabe vor, wenn ein Marktteilnehmer entschied, seinen Milcherzeugnisbetrieb einzustellen. Der aufgrund einer Ermächtigung in der Verordnung erlassene deutsche Rechtsakt machte bei einer Verpachtung des Betriebs die Gewährung der Vergütung von einer schriftlichen Einwilligung der Verpächters abhängig.

Wachauf pachtete einen Bauernhof, bei dem die technischen Einrichtungen sowie die Tiere in seinem Eigentum standen, da die Verpächterin nie Milcherzeugung betrieben hatte. Sein Antrag auf die Vergütung wegen endgültiger Aufgabe der Milcherzeugung wurde vom zuständigen Bundesamt aufgrund der fehlenden Einwilligung der Verpächterin abgelehnt.

Das vorlegende Gericht äußerte Bedenken gegen eine Auslegung der Gemeinschaftsregelung, die den Pächter „unter Verstoß gegen verfassungsrechtliche Garantien entschädigungslos um die Früchte seiner Arbeit“[185] bringen würde.

Der EuGH prüfte, ob die gemeinschaftliche Regelung mit den Erfordernissen des Grundrechtsschutzes vereinbar war. Nach Bejahung der Frage und nach der Feststellung dass auch die Mitgliedstaaten die Grundrechte bei der Durchführung der gemeinschaftsrechtlichen Regelungen zu beachten haben, gelangte er zu dem Ergebnis, dass diese Regelung den zuständigen nationalen Behörden einen Ermessensspielraum ließ, der weit genug war, um ihnen die Anwendung dieser Regelung in einer mit den Erfordernissen des Grundrechtsschutzes im Einklang stehenden Weise zu ermöglichen[186].

---

182 Rs. C-36/99, *Idéal tourisme SA/Belgischer Staat,* Slg. 2000, I-6049ff., Rn. 36.

183 Zu diesen Urteilen s. *Thiele,* Recht der Gemeinsamen Agrarpolitik, S. 200.

184 Rs. 5/88, *Wachauf/Bundesamt für Ernährung und Forstwirtschaft* (im folgenden *Wachauf*), Slg. 1989, 2609ff.

185 Rs. 5/88, *Wachauf,* a.a.O., Rn. 16.

186 Rs. 5/88, *Wachauf,* a.a.O., Rn. 17ff., insbesondere Rn. 22.

Die Rechtssache *Bostock*[187] wich von der Rechtssache *Wachauf* dahingehend ab, dass Bostock einen bereits mit Tieren und technischen Anlagen ausgestatteten Betrieb gepachtet hatte, dessen Produktion er im Laufe der Pachtungszeit wesentlich erhöhte. Als er den Pachtvertrieb dem Verpächter zurückgab, erhielt er keine Vergütung, da die britischen Rechtsvorschriften erst ab September 1986 eine vom Verpächter an den Pächter zu zahlende Vergütung vorsahen. Bostock erhob Klage unter Berufung unter anderem auf die Verletzung seines Eigentumsrechts.

Der EuGH bestätigte seine in den Rs. *Wachauf* und *ERT* ergangene Rechtsprechung, dass die Mitgliedstaaten bei der Durchführung der gemeinschaftsrechtlichen Regelungen und allgemein im Anwendungsbereich des Gemeinschaftsrechts die Grundrechte zu beachten haben[188]. Er verneinte aber im konkreten Fall die Einschlägigkeit des Eigentumsrechts mit dem Argument, dass das Eigentum nicht das Recht zur kommerziellen Verwertung eines Vorteils umfasst, der - wie die Referenzmengen - weder aus dem Eigentum noch aus der Berufstätigkeit des Betroffenen herrührt[189].

In diesem Zusammenhang muss auch das Urteil *Mulligan*[190] erwähnt werden. Dieser Fall betraf das irische Durchführungsgesetz der Verordnung 3950/92[191]. Art. 7 Abs. 1 der VO sah vor, dass die Referenzmenge eines Betriebs bei Verkauf, Verpachtung oder Vererbung auf die Erzeuger nach den Bedingungen übertragen wird, welche von den Mitgliedstaaten festgelegt werden. Fraglich war, ob der nationale Gesetzgeber, hier der irische Gesetzgeber, befugt war vorzusehen, dass ein Teil dieser Referenzmengen nicht mit dem Betrieb an den Erzeuger übergeht, sondern durch eine Wiedereinziehung der einzelstaatlichen Reserve zugeschlagen wird. In diesem Fall betrug die vom irischen Gesetz festgelegte wiedereinzuziehende Menge 20% der Referenzmenge.

Der EuGH hat diese Regelung als vom Ermessensspielraum der Verordnung grundsätzlich erfasst angesehen. Er hat aber betont, dass die Mitgliedstaaten bei der Festlegung einer solchen Regelung die Ziele der Gemeinsamen Agrarpolitik beachten, nach objektiven Kriterien entscheiden und schließlich die allgemeinen

---

187 Rs. C-2/92, *Bostock*, Slg. 1994, I-955ff.; Rechtsprechung bestätigt auch in der Rs. C-63/93, *Duff u.a.*, Slg. 1996, I-569ff., Rn. 29.

188 Rs. C-2/92, *Bostock*, a.a.O., Rn. 16.

189 Rs. C-2/92, *Bostock*, a.a.O., Rn. 19.

190 Rs. C-313/99, *Mulligan u.a./Minister für Agriculture and Food u.a.*, Slg. 2002, I-5719ff.

191 Verordnung 3950/92/EWG des Rates vom 28. Dezember 1992 über die Erhebung einer Zusatzabgabe im Milchsektor, ABl. 1992, Nr. L 405, S. 1.

Grundsätze des Gemeinschaftsrechts, unter anderem das Recht auf Eigentum und freie Berufsausübung berücksichtigen[192].

Dieses Urteil enthält eine ausdrückliche Bestätigung der bisherigen Rechtsprechung zur Bindung der Mitgliedstaaten an die allgemeinen Grundsätze, u.a. an die Grundrechte. Kritisch anzumerken ist allerdings, dass es nicht ersichtlich ist, ob die vom EuGH festgelegten Kriterien zur Rechtswidrigkeit der nationalen Regelung geführt hätten. Da der EuGH keinerlei Aussagen darüber machte, ob eins dieser Kriterien von der nationalen Regelung nicht beachtet wurde, muss davon ausgegangen werden, dass der EuGH die Regelung als gemeinschaftsrechts- und damit grundrechtskonform ansah.

IV. Allgemeine Aussagen zu den Grenzen der Pflicht der Mitgliedstaaten, Grundrechte zu beachten

1. Die Rechtssache Demirel

Der Fall *Demirel*[193] betraf den Umfang der Verpflichtungen der Mitgliedstaaten aufgrund des zwischen ihnen, der Gemeinschaft und der Türkei abgeschlossenen Assoziationsabkommens[194] und aller mit ihm relevanten erlassenen Rechtsakte[195]. Klägerin des innerstaatlichen Verfahrens war eine türkische Staatsangehörige, die nach Deutschland gereist war, um mit ihrem Mann, einem türkischen Arbeitnehmer, zusammenzuleben. Gegen sie wurde eine Ausweisungsverfügung mit der Begründung erlassen, dass sie die Voraussetzungen für die Familienzusammenführung nicht erfülle, da ihr Ehemann sich noch keine acht Jahre im Bundesgebiet aufhielt[196]. Die Klägerin erhob Klage vor dem Verwaltungsgericht Stuttgart, das dem EuGH die Frage zur Entscheidung vorlegte, ob das Assoziationsabkommen ein unmittelbar anwendbares Verbot der Einführung neuer Freizügigkeitsbeschränkungen gegenüber türkischen Arbeitnehmern enthalte, was der EuGH auf-

---

192 Rs. C-313/99, *Mulligan u.a./Minister für Agriculture and Food u.a.*, Slg. 2002, I-5719ff., Rn. 33-37.

193 Rs. 12/86, *Demirel/Stadt Schwäbisch Gmünd* (im folgenden *Demirel*), Slg. 1987, 3719ff.

194 Abkommen zur Gründung einer Assoziation zwischen der EWG und der Türkei, ABl. 1964, S. 3685ff.

195 Insbesondere das Zusatzprotokoll über die Übergangsphase der Assoziation zwischen der EWG und der Türkei, ABl. 1972, L 293, S. 3f.

196 Diese Voraussetzung war in den Verwaltungsvorschriften zur Durchführung des Ausländergesetzes aus dem Jahr 1984 enthalten. Dadurch wurden die Voraussetzungen verschärft. Gemäß der früheren Rechtslage musste sich der Ausländer drei Jahre in Deutschland aufgehalten haben, bevor er seine Familie nach Deutschland bringen konnte.

grund des im wesentlichen programmatischen Charakters des Abkommens verneinte[197].

Die Klägerin hatte ferner die Verletzung des Artikels 8 der EMRK geltend gemacht. Das Gericht bestätigte seine Aussage im Urteil Cinéthèque unter der Modifizierung, dass es nicht prüfen kann, ob eine nationale Regelung, „die nicht *im Rahmen des Gemeinschaftsrechts* liegt, mit der Europäischen Menschenrechtskonvention vereinbar ist“[198]. Er hat diese Feststellung mit folgenden Argumenten erklärt:

> „Im vorliegenden Fall gibt es aber [...] gegenwärtig keine gemeinschaftsrechtliche Vorschrift, durch die die Voraussetzungen festgelegt werden, unter denen die Mitgliedstaaten die Familienzusammenführung rechtmäßig in der Gemeinschaft wohnender türkischer Arbeitnehmer zulassen müssen. Die im Ausgangsverfahren in Frage stehende nationale Regelung ist demnach nicht zur Durchführung einer gemeinschaftsrechtlichen Vorschrift erlassen worden“[199].

2. Die Rechtssachen Kremzow und Annibaldi

Der EuGH besitzt nach ständiger Rechtsprechung keine Zuständigkeit, mitgliedstaatliches Handeln nach seiner Vereinbarkeit mit den Gemeinschaftsgrundrechten zu überprüfen, wenn es außerhalb des Anwendungsbereichs des Gemeinschaftsrechts liegt.

Dies hat er in der Rs. *Kremzow*[200] bestätigt, bei der das Gericht aus Anlass eines Strafverfahrens gegen einen österreichischen Staatsangehörigen nach der Stellung der EMRK im Gemeinschaftsrecht und der Auslegung bestimmter Artikel der Konvention gefragt wurde. Der EuGH hat seine Zuständigkeit mit folgender Begründung verneint:

> „Der Kläger des Ausgangsverfahrens ist ein österreichischer Staatsangehöriger, dessen Lage keinerlei Bezug zu einer der durch die Freizügigkeitsbestimmungen des Vertrages geregelten Situationen aufweist. Zwar ist jeder Freiheitsentzug geeignet, die Ausübung des Rechts des Betroffenen auf Freizügigkeit zu behindern, doch ergibt sich aus der Rechtsprechung des Gerichtshofes, dass die rein hypothetische Aussicht auf die Ausübung dieses Rechts keinen Bezug zum Gemeinschaftsrecht herstellt, der eng genug wäre, um die Anwendung der Gemeinschaftsbestimmungen zu rechtfertigen“[201].

---

197 Rs. 12/86, *Demirel,* a.a.O., Rn. 24.

198 Rs. 12/86, *Demirel,* a.a.O., Rn. 28.

199 Ebenda.

200 Rs. C-299/95, *Kremzow,* Slg. 1997, I-2629ff.

201 Rs. C-299/95, *Kremzow,* a.a.O., Rn. 16

Das gleiche wurde in der Rs. *Annibaldi*[202] konstatiert. Durch ein Regionalgesetz wurde bei Rom ein Natur- und Archäologiepark eingerichtet, in dessen Gebiet nur bestimmte Tätigkeiten erlaubt waren. Der Antrag des Klägers, in seinem in diesem Park gelegenen Grundstück eine Obstplantage anpflanzen zu dürfen, wurde von der zuständigen Stelle abgelehnt. Das vorlegende Gericht fragte nach der Vereinbarkeit dieser Regelung mit den Gemeinschaftsgrundrechten, insbesondere dem Gleichbehandlungsgrundsatz bzw. Art. 40 Abs. 3 EGV und dem Eigentumsrecht.

Der EuGH wiederholte seine Rechtsprechung, dass auch die Mitgliedstaaten an die Grundrechte gebunden sind und zwar insbesondere an Art. 40 Abs. 3 EGV, wenn sie Gemeinschaftsrecht durchführen[203]. Es lag aber keine Durchführung des Gemeinschaftsrechts vor, da durch das strittige Regionalgesetz andere als die unter die gemeinsame Agrarpolitik fallenden Ziele verfolgt wurden[204].

3. Die Rechtssache Maurin

Der Kläger *Maurin*[205] wurde strafrechtlich verfolgt, da er Lebensmittel zum Verkauf angeboten hatte, obwohl das Datum der Haltbarkeitsdauer bereits überschritten war. In dem Strafverfahren berief sich *Maurin* auf eine Verletzung des Grundsatzes des rechtlichen Gehörs. Das vorlegende Gericht fragte nach der Vereinbarkeit des französischen Gesetzes mit den Gemeinschaftsgrundrechten.

In diesem Bereich war im Gegensatz zu den Rs. *Kremzow* und *Annibaldi* eine gemeinschaftliche Regelung erlassen worden, nämlich die Richtlinie 79/112/EWG über die Etikettierung und Aufmachung von Lebensmitteln[206], die auch bestimmte, dass bei der Aufmachung der Ware deren Mindesthaltbarkeitsdatum anzugeben ist.

Das Gericht hat aber die nationale Regelung als nicht vom Geltungsbereich des Gemeinschaftsrechts erfasst angesehen, da die Richtlinie einem anderen Ziel folgte als die nationale Regelung, nämlich der Beseitigung der Unterschiede in der Etikettierung, die den freien Verkehr von Erzeugnissen behindern und eine ungleiche Wettbewerbslage hervorrufen könnten[207]. Über dieses Ziel hinaus schaffte

---

202 Rs. C-309/96, *Annibaldi*, Slg. 1997, I-7493ff.

203 Rs. C-309/96, *Annibaldi*, a.a.O., Rn. 19.

204 Rs. C-309/96, *Annibaldi*, a.a.O., Rn. 20f.

205 Rs. C-144/95, *Maurin*, Slg. 1996, I-2909ff.

206 Richtlinie 79/112/EWG des Rates vom 18. Dezember 1978 zur Angleichung der Rechtsvorschriften über die Etikettierung und Aufmachung von für den Endverbraucher bestimmten Lebensmitteln sowie die Werbung hierfür, ABl. 1979, Nr. L 33, S. 1.

207 S. *GA La Pergola*, Schlussanträge zur Rs. C-144/95, *Maurin*, a.a.O., Rn.

die Richtlinie für die Mitgliedstaaten keine weitere Verpflichtungen, weshalb der Verkauf von Erzeugnissen, deren Verbrauchsdatum überschritten ist[208], nicht aus Sicht des Gemeinschaftsrechts zu beurteilen war.

4. Die Rechtssache Konstantinidis

Die Rechtssache *Konstantinidis*[209] ist aufgrund der Ausführungen des GA *Jacobs* vom besonderen Interesse. *Konstantinidis* war ein griechischer Staatsangehöriger, der in Deutschland berufstätig war. Er wehrte sich gegen die von den deutschen Behörden gewählte Schreibweise seines Namens. Diese Schreibweise wurde auf ein zwischen Griechenland und Deutschland beschlossenes Übereinkommen gestützt: danach lautete sein Name in lateinischer Schreibweise „Hréstos Kónstantinidés“. Das Gericht hat die Frage gestellt, ob es gegen die Niederlassungsfreiheit verstößt, wenn der Name eines griechischen Staatsangehörigen in einer solchen Schreibweise in die Personenstandsbücher eingetragen wird, dass er in seiner Aussprache entstellt wird. Der EuGH hat eine Beeinträchtigung der Niederlassungsfreiheit bejaht mit dem Argument, dass die Anwendung der fraglichen Vorschriften die freie Ausübung des Niederlassungsrechts in dem Sinne beeinträchtigt, dass der Kläger der Gefahr einer Personenverwechslung bei seinen potentiellen Kunden ausgesetzt wird[210].

Dagegen ist GA *Jacobs* auf die Frage der Vereinbarkeit des strittigen Rechtsaktes mit den Gemeinschaftsgrundrechten eingegangen. Er hat die Existenz eines Rechts auf den Namen geltend gemacht und dann geprüft, ob die Ausübung einer Grundfreiheit durch eine Person diese dazu berechtigt, sich auf die Gemeinschaftsgrundrechte zu berufen. Der GA bejahte diese Frage wie folgt:

> „... [Ein Gemeinschaftsangehöriger] darf davon ausgehen, dass er, wohin er sich in der Europäischen Gemeinschaft zu Erwerbszwecken auch begibt, stets im Einklang mit einer gemeinsamen Ordnung von Grundwerten behandelt wird, insbesondere denen, die in der Europäischen Menschenrechtskonvention niedergelegt sind. Mit anderen Worten, er ist berechtigt, zu sagen „civis europeus sum“ und sich auf diesen Status zu berufen, um sich jeder Verletzung seiner Grundrechte zu widersetzen“[211].

---

208 Rs. C-144/95, *Maurin*, a.a.O., Rn. 11.

209 Rs. C-168/91, *Konstantinidis*, Slg. 1993, I-1191ff.

210 Rs. C-168/91, *Konstantinidis*, a.a.O., Rn. 15-16.

211 GA *Jacobs*, Schlussanträge zur Rs. C-168/91, *Konstantinidis*, a.a.O., I-1212; Francis G. *Jacobs*, European Community Law and the European Convention on Human Rights, in: Derdre Curtin & Ton Heukels (Hrsg.), Institutional Dynamics of European Integration Essays in Honour of Henry G. Schermers Vol. II, 1994 (zitiert: *Jacobs*, Essays in Honour of Henry Schermers, 1994), S. 564; vgl. aber *ders.*, Human rights in the European Union: the role of the Court of Justice, ELR 2001, 331ff., 335f.

V. Ergebnis

Die Darstellung der Rechtsprechung des EuGH, insbesondere die die Durchführung des Gemeinschaftsrechts betreffenden Urteile neueren Datums *Karlsson* und *Mulligan* zeigen, dass der EuGH die Mitgliedstaaten als Verpflichtete der Gemeinschaftsgrundrechte ansieht, so dass man insoweit von einer gefestigten Rechtsprechung sprechen kann.

Das gleiche gilt hinsichtlich der zweiten Fallgruppe, nämlich der Heranziehung der Grundrechte im Rahmen der Rechtfertigungsgründe zu den Grundfreiheiten. Der EuGH hat ferner mit dem Urteil in der Rechtssache *Carpenter* einen Fall umgekehrter Diskriminierung durch die Anwendung der Grundrechte auf der Grundlage des Gemeinschaftsrechts gelöst.

Die Verkündung dieses Urteils nach der Verabschiedung der Grundrechtscharta zeigt, dass sich der EuGH in keinem Fall von der Formulierung des Art. 51 Abs. 1 GRCh beeinflussen lässt, bzw. den Begriff „Durchführung des Unionsrechts" sehr weit versteht.

Es lässt sich zusammenfassend feststellen, dass der EuGH an die Bindung der Mitgliedstaaten an die Gemeinschaftsgrundrechte in den von ihm bereits festgestellten Umfang festhält.

E. Gegenstand der Untersuchung: Grundrechtliche Verbürgungen im Unionsrecht

I. Die als allgemeine Rechtsgrundsätze des Gemeinschaftsrechts entwickelten Grundrechte

1. Grundrechte

Aufgrund der Unverbindlichkeit der Grundrechtscharta bilden die Grundrechte, wie sie vom EuGH als allgemeine Rechtsgrundsätze des Gemeinschaftsrechts entwickelt worden sind, den Gegenstand dieser Untersuchung.

Der EuGH hat unter anderem das Recht auf Eigentum[212], die Berufsfreiheit[213], die Meinungsfreiheit[214], den Schutz der Privatsphäre[215], die Unverletzlichkeit der

---

212 Grundlegend Rs. 44/79, *Hauer,* Slg. 1979, 3727ff.; Rs. 265/87, *Schräder/Hauptzollamt Gronau,* Slg. 1989, 2237ff., Rn. 13f.; vgl. Art. 17 GRCh.

213 Vgl. Art. 15 GR-Ch; Rs. 265/87, *Schräder/Hauptzollamt Gronau,* Slg. 1989, 2237ff., Rn. 13f.

214 S. zuletzt Rs. C-274/99, *Connolly/Kommission,* Slg. 2001, I-1611ff., Rn. 43; vgl. Art. 10 und 11 GRCh.

Wohnung[216], und die Religionsfreiheit[217] als Gemeinschaftsgrundrechte anerkannt[218].

Rechte mit Grundrechtsqualität sind auch die Rechte justiziellen Charakters, die der EuGH in Anlehnung an die französische Tradition als „principes généraux du droit" entwickelte[219]. In den letzten Jahren ist eine zunehmende Orientierung der diesbezüglichen Rechtsprechung des EuGH an die EMRK zu verzeichnen. Der EuGH greift dementsprechend auf die einschlägigen Artikel der EMRK sowie die Rechtsprechung des Europäischen Gerichtshofs für Menschenrechte (EGMR) zurück[220]. Die Grundrechtscharta bestätigt diese Tendenz. So werden darin das Rückwirkungsverbot in Strafsachen[221] und der Grundsatz des „ne bis in idem"[222] im Kapitel über die justiziellen Rechte aufgenommen[223].

---

215 Rs. 29/69, *Stauder/Ulm,* Slg. 1969, 419ff., Rn. 7; Rs. C-404/92, *X/Kommission,* Slg. 1994, I-4737ff., Rn. 17; Vgl. Art. 7, 8 und 9 GRCh.

216 Rs. 136/79, *National Panasonic,* Slg. 1980, 2033ff.; Rs. 46/87 und 227/88, *Hoechst,* Slg. 1989, 2859ff.

217 Rs. 130/75, *Prais,* Slg. 1976, 1589, Rn 12/19.

218 Ausführliche Darstellung der Gemeinschaftsgrundrechte bei *Rengeling,* Grundrechtsschutz, S. 16ff.; dem Aufbau der Grundrechtscharta folgend *Kingreen,* in: Calliess/Ruffert (Hrsg.), EUV/EGV, Art. 6, Rn. 93ff.

219 Ulrich *Everling,* Der Beitrag des Europäischen Gerichtshofs zur europäischen Grundrechtsgemeinschaft, in: Stern, Klaus (Hrsg.), 40 Jahre Grundgesetz Entstehung, Bewährung und internationale Ausstrahlung, 1990 (zitiert: *Everling,* Europäische Grundrechtsgemeinschaft), S. 167ff., 171; vgl. Patrick *Grzybek,* Prozessuale Grundrechte im Europäischen Gemeinschaftsrecht, 1993, S. 24; zu der Unterscheidung zwischen „libertés publiques" und „principes géneraux de droit" s. Ulrich *Hübner* / Vlad *Constantinesco,* Einführung in das französische Recht, 4. Auflage, 2001, S. 15 und 63ff.

220 *Kingreen,* in: Calliess/Ruffert (Hrsg.), EUV/EGV, Art. 6 EUV, Rn. 198; s. Rs. C-185/95 P, *Baustahlgewebe/Kommission,* Slg. 1998, I-8417ff., Rn. 21; Rs. T-112/98, *Mannesmannröhren-Werke AG/Kommission,* Slg. 2001, II-729ff., Rn. 77.

221 Rs. 63/83, *Regina/Kirk,* Slg. 1984, 2689ff., Rn. 22; dazu *Due/Gulmann,* Fundamental rights, S. 412f.

222 Als Verbot der Doppelbestrafung für die selbe Tat s. verb. Rs. 18 und 35/65, *Gutmann,* Slg. 1966, 153ff., 178; Rs. 14/68, *Wilhelm,* Slg. 1969, 1ff., Rn. 10-11; Rs. 7/72, *Boehringer,* Slg. 1972, 1281ff., Rn. 1f.; als Verbot der Einleitung eines Ermittlungsverfahrens zweimal auf der Grundlage desselben Sachverhalts verb. Rs. T-305/94 u.a., *Limburgse Vinyl Maatschappij u.a./Kommission,* Slg. 1999, II-931ff., Rn. 95.

223 Art. 49 Abs. 1 und Art. 50 GRCh.

Das gleiche Kapitel enthält auch den richterrechtlich entwickelten „Grundsatz auf einen fairen Prozess“[224]. Die europäischen Gerichte haben diesen Grundsatz herangezogen, um dem Einzelnen den Zugang zum nationalen Gericht zu ermöglichen[225]. Als Recht auf Zugang zu den europäischen Gerichten hat der Grundsatz dagegen kaum Bedeutung erlangt[226].

Ferner misst das EuG den im Verwaltungsverfahren geltenden Grundsätzen Grundrechtscharakter bei[227]. Der Grundsatz der „ordnungsgemäßen Verwaltung“[228] verpflichtet die Gemeinschaftsorgane, bei einer die Interessen von Privatpersonen beeinträchtigenden Maßnahme mit aller erforderlichen Sorgfalt vorzugehen[229]. Der EuGH hat ferner das rechtliche Gehör[230] bzw. die Achtung der Verteidigungsrechte[231] des Betroffenen als Fundamentalrechte des Gemeinschafts-

---

224 Die Gerichte nehmen keine klare Trennung zwischen den im Verwaltungs- und Gerichtsverfahren geltenden Grundsätzen vor, s. Rs. T-112/98, *Mannesmannröhren-Werke AG/Kommission,* Slg. 2001, II- 729ff., Rn. 77.

225 S. bereits Rs. 36/75, *Rutili,* Slg. 1975, 1219ff., Rn. 37/39; Rs. 222/84, *Johnston/Chief constable of the Royal Ulster Constabulary,* Slg. 1986, 1651ff., Rn. 17f.; Rs. 222/86, *Unectef/Heylens,* Slg. 1987, 4097ff., Rn. 14f.; Rs. C-340/89, *Vlassopoulou,* Slg. 1991, I-2357ff., Rn. 22; Rs. C-19/92, *Kraus,* Slg. 1993, I-1663ff., Rn. 40; ausführlich Gil Carlos *Rodríguez Iglesias,* Zu den Grenzen der verfahrensrechtlichen Autonomie der Mitgliedstaaten bei der Anwendung des Gemeinschaftsrechts, EuGRZ 1997, 289ff., 290.

226 Der Grundsatz wurde in der Rs. 257/85, *Dufay/Parlament,* Slg. 1987, 1561ff., Rn. 9-10, erwähnt; s. jetzt Rs. T-177/01, *Jégo-Quéré et Cie SA/Kommission,* Slg. 2002, II-2365ff., Rn. 41 (extensive Auslegung des Art. 230 Abs. 4 EG betreffend die Voraussetzungen zur Erhebung von Klagen vor den europäischen Gerichten seitens natürlicher und juristischer Personen); diese Auslegung ablehnend EuGH in der Rs. C-50/00 P, *Unión de Pequeños Agricultores/Rat,* Slg. 2002, I-6677ff., Rn. 41; zu dieser Problematik vgl. vom Schrifttum Thomas *von Danwitz,* Die Garantie effektiven Rechtsschutzes im Recht der Europäischen Gemeinschaft, NJW 1993, 1108ff.; Bernhard W. *Wegener,* in: Calliess/Ruffert (Hrsg.), EUV/EGV, Art. 220, Rn. 29f.

227 Grundsatz der Wahrung der Verteidigungsgrundrechte: Rs. C-49/88, *Al Jubail Fertilizer/Rat,* a.a.O., Rn. 15; Grundsatz der ordnungsgemäßen Verwaltung: Verb. Rs. T-305/94 u.a., *Limburgse Vinyl Maatschappij u.a./Kommission,* Slg. 1999, II-931ff., Rn. 120.

228 Rs. 179/82, *Lucchini/Kommission,* Slg. 1983, 3083ff., 3095, Rn. 27; verb. Rs. 96 u.a./82, *IAZ/Kommission,* Slg. 1983, 3369ff., Rn. 12ff.; Rs. T-72/93, *Odigitria/Rat und Kommission,* Slg. 1995, II-2025ff., Rn. 40.

229 Rs. T-73/95, *Oliveira/Kommission,* Slg. 1997, II-381ff., Rn. 32; Rs. T-231/97, *New Europe Consulting und Brown/Kommission,* Slg. 1999, II-2589ff., Rn. 41.

230 Rs. 85/76, *Hofmann-La Roche/Kommission,* Slg. 1979, 461ff., Rn. 9; Rs. 98/79, *Pecastaing/Belgien,* Slg. 1980, 691ff., 710f.; verb. Rs. 100-103/80, *Musique Diffusion Française/Kommission,* Slg. 1983, 1825ff., Rn. 10; Rs. 322/81, *Michelin,* Slg. 1983, 3461, Rn. 7; Rs. 46/87 und 227/88, *Hoechst,* Slg. 1989, 2859ff., Rn. 15.

231 Rs. C-49/88, *Al Jubail Fertilizer/Rat,* Slg. 1991, I-3187ff., Rn. 15.

rechts qualifiziert. Diese Grundsätze haben das Ziel, den Gemeinschaftsorganen in ihrer Funktion als Verwaltungsbehörden bestimmte Pflichten aufzuerlegen. Die Grundrechtscharta fasst diese Rechtsprechung in Art. 41 unter dem Titel „Recht auf gute Verwaltung“ zusammen[232]. Die Aufnahme der Grundsätze in die Charta ist gerechtfertigt, da es sich um Verfahrensrechte handelt, die bei der Verwaltungstätigkeit der europäischen bzw. der mitgliedstaatlichen Organe eine nicht zu unterschätzende Rolle spielen und deshalb auch Gegenstand zahlreicher Entscheidungen der europäischen Gerichte gewesen sind[233].

Die europäischen Gerichte gehen von einer Bindung der Mitgliedstaaten an die rechtsstaatlichen Grundsätze aus. Der EuGH betonte sehr früh, dass die Grundsätze des Gemeinschaftsrechts von jeder innerstaatlichen, mit der Anwendung des Gemeinschaftsrechts betrauten Behörde zu beachten sind[234]. In der Rs. *Deutsche Milchkontor* stellte er fest, dass die Mitgliedstaaten bei der Durchführung der Gemeinschaftsregelungen nach den formellen und materiellen Bestimmungen ihres nationalen Rechts vorgehen, *soweit das Gemeinschaftsrecht einschließlich der allgemeinen gemeinschaftsrechtlichen Grundsätze* hierfür keine gemeinsamen Vorschriften enthält[235]. Neuerdings hat der EuGH bestätigt, dass sämtliche allgemeinen Grundsätze des Gemeinschaftsrechts die Mitgliedstaaten bei der Durchführung des Gemeinschaftsrechts binden[236].

Diese Rechtsgrundsätze werden daher als Grundrechte im Sinne dieser Untersuchung verstanden[237].

---

232 *Kingreen*, in: Calliess/Ruffert (Hrsg.), EUV/EGV, Art. 6 EUV, Rn. 190f., spricht zutreffend von administrativen Grundrechten.

233 A. A. Rupert *Scholz*, Zur Europäischen Grundrechtscharta, in: Max-Emanuel Geis / Dieter Lorenz (Hrsg.), Staat, Kirche, Verwaltung: Festschrift für Hartmut Maurer zum 70. Geburtstag, 2001 (zitiert: *Scholz*, FS Maurer, 2001), S. 993ff., S. 1003, mit dem Argument, dieses Verwaltungsverfahrensrecht stehe nicht auf der systematischen Höhe von Grundrechtsgewährleistungen.

234 Rs. 230/78, *Eridania*, Slg. 1979, 2749ff., Rn. 31, allerdings ohne einen bestimmten Grundsatz zu nennen; der GA *Warner* erwähnte den Verhältnismäßigkeitsgrundsatz, S. 2786.

235 Verb. Rs. 205 bis 215/82, *Deutsche/Milchkontor/Deutschland*, Slg. 1983, 2633ff., Rn. 17.

236 Rs. C-313/99, *Mulligan u.a./Minister für Agriculture and Food u.a.*, Slg. 2002, I-5719ff., Rn. 36, hinsichtlich der Grundsätze der Rechtssicherheit, des Vertrauensschutzes, des Diskriminierungsverbots, des Verhältnismäßigkeitsgrundsatzes und der Grundrechte, s. bereits oben, D III 2.

237 Das Schrifttum unterscheidet nicht zwischen den Grundrechten im engen Sinne und den übrigen allgemeinen Rechtsgrundsätzen und bejaht die Geltung letzterer in den Mitgliedstaaten, so *Cirkel*, Bindungen, S. 67-68; *Langenfeld/Zimmermann*, ZaöRV 1992, 259ff., 299f.; *Jürgensen/Schlünder*, AöR 121 (1996), 205f.; John *Temple Lang*, The sphere in which Member States are obliged to comply with the general principles of law and commu-

2. Grundsätze ohne grundrechtliche Qualität[238]

Der EuGH wendet ferner den Grundsatz der Rechtssicherheit[239] und den Grundsatz des Vertrauensschutzes[240] an. Diese Grundsätze sind jedoch nicht von grundrechtlicher Qualität[241]. Sie werden daher aus der Untersuchung ausgeklammert.

Ohne grundrechtliche Qualität ist schließlich der Verhältnismäßigkeitsgrundsatz[242]. Im Schrifttum wird jedoch des öfteren davon ausgegangen, dass die Reichweite der Anwendung der Gemeinschaftsgrundrechte derjenigen der Anwendung des Verhältnismäßigkeitsprinzips entspricht[243]. Aus diesem Grund ist es erforderlich, diesem Grundsatz kurz nachzugehen.

Der Verhältnismäßigkeitsgrundsatz[244] ist ein bereichsübergreifendes Prinzip: Er wird in allen Bereichen der Rechtsetzungs- und Verwaltungstätigkeit der Gemein-

---

nity fundamental right principles, LIEI 1991/1992, 23ff.; *Craig/de Búrca*, EU Law, S. 317f.; *Schilling*, EuGRZ 2000, S. 33f.; *Tridimas*, General Principles, S. 23f.

238 *Quasdorf*, Dogmatik der Grundrechte, S. 102, spricht zutreffend von objektiven allgemeinen Rechtsgrundsätzen.

239 Rs. C-163/90, *Legros*, Slg. 1992, I-4625ff., Rn. 28f; Rs. C-485/93 und C-486/93, *Simitzi*, Slg. 1995, I-2655ff., Rn. 30; zum Grundsatz ausführlich *Pernice*, in: Grabitz/Hilf (Hrsg.), EUV/EGV, Art. 164, Rn. 89-90; *Schilling*, EuGRZ 2000, 19f.; zur Geltung dieses Gebots gegenüber den Mitgliedstaaten s. Rs. C-144/99, *Kommission/Niederlande*, Slg. 2001, I-3541ff., Rn. 17; Rs. C-217/97, *Kommission/ Deutschland*, Slg. 1999, I-5087ff., Rn. 31-32.

240 Rs. T-489/93, *Unifruit Hellas/Kommission*, Slg. 1994, II-1201ff., Rn. 51; Rs. T-132/96 und T-143/96, *Freistaat Sachsen u.a./Kommission*, Slg. 1999, II-3670ff., Rn. 300; zur Geltung des gemeinschaftlichen Grundsatzes des Vertrauensschutzes im Rahmen des Beihilfenrechts s. Rs. C-24/95, *Alcan Deutschland*, Slg. 1997, I-1607ff., Rn. 24-25.

241 In Deutschland wird der Vertrauensschutz als besondere Ausprägung des Rechtsstaatsprinzips angesehen, das seinerseits in Art. 20 GG verankert ist, Friedrich E. *Schnapp*, Art. 20, in: Ingo von Münch / Philip Kunig (Hrsg.): Grundgesetz-Kommentar, Band 2, 4./5. Auflage, 2001, Rn. 24ff.

242 In der Grundrechtscharta wird dieser Grundsatz in Art. 49 Abs. 3 hinsichtlich des Verhältnisses zwischen Strafmaß und Straftat erwähnt.

243 S. unten, dritter Teil, C II.

244 Allgemein zum Grundsatz *Schwarze*, Europäisches Verwaltungsrecht, S. 661ff.; Uwe *Kischel*, Die Kontrolle der Verhältnismäßigkeit durch den Europäischen Gerichtshof, EuR 2000, 380ff., m.w.N.; *Tridimas*, General Principles, S. 89ff., der auch die Unterschiede zwischen dem Verhältnismäßigkeitsprinzip und dem britischen Konzept der "Wednesbury unreasonableness" hervorhebt, S. 351; zum Begriff der „Wednesbury unreasonableness" ausführlicher Marius *Baum*, EuGRZ 2000, 290.

schaft herangezogen[245]. Der Grundsatz gilt als allgemeiner Rechtsgrundsatz im Gemeinschaftsrecht[246]. Die Verankerung in Art. 5 Abs. 3 EG - der Pflicht der Gemeinschaft, bei ihrem Tätigwerden nicht über das erforderliche Maß hinaus zu gehen - dient vor allem der Wahrung der Interessen der Mitgliedstaaten[247]. Dem Wortlaut des Art. 5 Abs. 3 EG kann darüber hinaus aber nicht entnommen werden, dass er auch den Verhältnismäßigkeitsgrundsatz als Kontrollmaßstab zum Schutz des Einzelnen beinhaltet[248].

Das Erfordernis eines angemessenen Verhältnisses zwischen der Einschränkung der Rechte des Einzelnen und der durch die gemeinschaftliche Maßnahme verfolgten Ziele wurde sehr früh als verbindliche Rechtsnorm vom EuGH hervorgehoben[249]. Hierauf kann sich jeder Bürger vor Gericht berufen. Ausdrücklich in dieser Eigenschaft als „ground of review" wurde der Grundsatz in der Rs. *Internationale Handelsgesellschaft* festgelegt[250].

Wegen seiner zentralen Stellung wird das Verhältnismäßigkeitsprinzip vom EuGH als selbstständiger Prüfungsmaßstab neben den Grundrechten verwendet[251] bzw. wird eine Verhältnismäßigkeitsprüfung im Rahmen der Prüfung einer Grundrechtsverletzung vorgenommen[252].

---

245 *Tridimas,* General Principles, S. 90; vgl. GA *Jacobs* in Rs. C-120/94, *Kommission/ Griechenland,* Slg. 1996, I-1513ff., Rn. 70 der Schlussanträge: "There are few areas of Community law, if any at all where the principle of proportionality is not relevant".

246 *Kingreen,* in: Calliess/Ruffert (Hrsg.), EUV/EGV, Art. 6 EUV, Rn. 8; *Bleckmann/Pieper,* in: Dauses (Hrsg.), Hdb. des EU-Wirtschaftsrechts, B. I, Rn. 102.

247 Georg *Lienbacher,* in: Schwarze (Hrsg.), EU-Kommentar, Art. 5, Rn. 36; Christian *Calliess,* in: ders./Ruffert (Hrsg.), EUV/EGV, Art. 5, Rn. 47.

248 So zutreffend Thorsten *Kingreen,* Die Struktur der Grundfreiheiten des Europäischen Gemeinschaftsrechts, 1999 (zitiert: *Kingreen,* Grundfreiheiten), S. 113; die Geltung des Verhältnismäßigkeitsgrundsatzes im Gemeinschaftsrecht ist allerdings unumstritten; der Klärung der Frage nach der vertraglichen Verankerung kommt aus diesem Grund kein rechtliches Gewicht zu.

249 Rs. 8/55, *Federation Charbonniere Belgique/Hohe Behörde,* Slg. 1955-1956, 292ff., 299.

250 Rs. 11/70, *Internationale Handelsgesellschaft,* Slg. 1970, 1125ff.

251 Rs. 265/87, *Schräder,* Slg. 1989, 2237ff., Rn. 20ff.; Rs. C-22/94, *Irish Farmer Association,* Slg. 1997, I-1809ff., Rn. 30f.; *Rengeling,* Grundrechtsschutz, S. 173; Uwe *Kischel,* EuR 2000, 384; *Bleckmann /Pieper,* in: Dauses (Hrsg.), Hdb. des EU-Wirtschaftsrechts, B. I, Rn. 103.

252 Rs. 44/79, *Hauer/Land Rheinland Pfalz,* Slg. 1979, 3727ff.

Der Grundsatz gilt gegenüber den Mitgliedstaaten im Rahmen der Kontrolle einer nationalen Maßnahme hinsichtlich ihrer Vereinbarkeit mit einer Grundfreiheit[253], einer Schutzklausel[254], dem Diskriminierungsverbot des Art. 12 Abs. 1 EG[255], im Rahmen von Art. 141 Abs. 1 EG[256], oder wenn eine Gemeinschaftsregelung durchgeführt wird[257]. Neuerdings zieht das Gericht den Verhältnismäßigkeitsgrundsatz heran, um die das Aufenthaltsrecht aus Art. 18 Abs. 1 EG beschränkenden nationalen Maßnahmen zu überprüfen[258].

3. Spezialfall: Der Gleichheitssatz

a. Rechtsprechung des EuGH

Die Ableitung des Gleichheitssatzes ist nicht dem üblichen Schema der Gewinnung von Grundrechten in der Gemeinschaftsrechtsordnung gefolgt: Er wurde nicht als allgemeiner Rechtsgrundsatz anerkannt, sondern aus dem geschriebenen Vertragsrecht abgeleitet, nämlich Art. 40 Abs. 3 UAbs. 2 EWGV (Art. 34 Abs. 2 UAbs. 2 EG)[259]. Er gilt jedoch als allgemeiner Rechtsgrundsatz und wird vom EuGH mittlerweile als Grundrecht qualifiziert[260].

---

253 Sowohl im Rahmen der Prüfung der immanenten Schranken, als auch bei der Anwendung der kodifizierten Rechtfertigungsgründe, s. Rs. 120/78, *Rewe (Cassis de Dijon)*, Slg. 1979, 649ff., Rn. 13; verb. Rs. 41, 121, 796/79, *Testa*, Slg. 1980, S. 1979ff., Rn. 21; *Craig/de Búrca*, EU Law, S. 355f.; *Schilling*, EuGRZ 2000, 24; *Kingreen*, Grundfreiheiten, S. 112.

254 *Tridimas*, General Principles, S. 125-126; vgl. Art. 134 Abs. 3 EG; Art. 120 Abs. 1 EG.

255 *Tridimas*, General Principles, S. 126; in der Rs. C-29/95, *Pastoors und Trans-Cap*, Slg. 1997, I-285ff., Rn. 23f., wurde die fragliche Regelung als unverhältnismäßig und daher als mit Art. 12 Abs. 1 EG unvereinbar angesehen; Rs. C-323/95, *Hayes*, Slg. 1997, I-1711ff., Rn. 24.

256 Rs. 222/84, *Johnston*, Slg. 1986, 1651ff., Rn. 38; Rs. C-273/97, *Sirdar*, Slg. 1997, I-7405ff., Rn. 26; Rs. C-285/98, *Kreil*, Slg. 2000, I-69ff., Rn. 23.

257 S. Rs. C-220/98, *Estée Lauder*, Slg. 2000, I-111ff., Rn. 26, unter Verweis auf Rs. C-315/92, *Clinique*, Slg. 1994, I-317ff., Rn. 16 und Rs. C-77/97, *Unilever*, Slg. 1999, I-431ff., Rn. 27.

258 Rs. C-413/99, *Baumbast*, Slg. 2002, I-7091ff., Rn. 91f.

259 Rs. 117/76 und 16/77, *Ruckdeschel*, Slg. 1977, 1753ff., 1769f.; Rs. 201 und 202/85, *Klensch*, Slg.1986, 3477ff., Rn. 9; Rs. C-292/97, *Karlsson u.a.*, Slg. 2000, I-2737ff., Rn. 37-38.

260 Astrid Sybille *Mohn*, Der Gleichheitssatz im Gemeinschaftsrecht Differenzierungen im europäischen Gemeinschaftsrecht und ihre Vereinbarkeit mit dem Gleichheitssatz, 1990 (zitiert: *Mohn*, Gleichheitssatz), S. 30; A.G. *Toth*, Equality, in: The Oxford Encyclopaedia of European Community Law Vol. I Institutional Law, Oxford 1990 (zitiert: *Toth*, Equality), S. 188; Rs. C-2/92, *Bostock*, Slg. 1994, I-955ff., Rn. 11; s. auch Rs. C-292/97, *Karlsson u.a.*, Slg. 2000, I-2737ff., Rn. 37-38.

Der EuGH hat nicht nur die Gemeinschaftsorgane[261] sondern auch die Mitgliedstaaten als Verpflichtete des Gleichheitssatzes angesehen, indem er - wie bereits ausführlich dargestellt - das Diskriminierungsverbot des Art. 34 Abs. 2 UAbs. 2 EG auf nationale Rechtsakte anwendete[262].

In diesem Zusammenhang ist zu beachten, dass der EuGH nicht zwischen geschriebenen Diskriminierungsverboten und dem Gleichheitssatz unterscheidet, da er alle geschriebenen Diskriminierungsverbote als Ausdruck des allgemeinen Gleichheitssatzes qualifiziert[263]; Ferner ist seiner Rechtsprechung oftmals nicht zweifelsfrei zu entnehmen, ob der allgemeine Gleichheitssatz oder die speziellen Diskriminierungsverbote angewendet wurden[264]. Dazu kommt, dass das Gericht ganz generell vom Gleichheitssatz, vom Diskriminierungsverbot oder Gleichbehandlungsgrundsatz spricht, manchmal sogar innerhalb eines Urteils[265].

Vor diesem Hintergrund muss der Versuch unternommen werden, die Zielrichtung der Diskriminierungsverbote und des Gleichheitssatzes näher zu erläutern. Auf diese Weise lässt sich bestimmen, in welchem Umfang die Mitgliedstaaten an die verschiedenen Diskriminierungsverbote bzw. den Gleichheitssatz gebunden sind[266].

---

261 Hinsichtlich Verordnungen, s. Rs. C-122/00, *Omega Air*, Slg. 2002, I-2569ff., Rn. 75f.; im Hinblick auf Richtlinien Rs. C-479/93, *Francovich (II)*, Slg. 1995, I-3843ff., Rn. 22f.; im Rahmen der internen Organisation, s. Rs. C-279/98 P, *Cascades / Kommission*, Slg. 2000, I-9693ff., Rn. 64f.

262 Rs. 201 und 202/85, *Klensch*, Slg.1986, 3477ff., Rn. 8; bestätigt in: Rs. C-16/89, *Spronk*, Slg. 1990, I- 3185ff., Rn. 17; verb. Rs. 196/88 bis 198/88, *Cornée u.a./Copall u.a.*, Slg. 1989, I-2339ff., Rn. 13; Rs. C-2/92, *Bostock*, Slg. 1994, I-955ff., Rn. 23; s. auch Rs. C-351/92, *Graff*, Slg. 1994, I-3361ff., Rn. 15-18; Rs. C-292/97, *Karlsson u.a.*, Slg. 2000, I-2737ff., Rn. 37-38; s. bereits oben, D III 1.

263 In Bezug auf Art. 34 Abs. 2 UAbs. 2 EG: Rs. C-292/97, *Karlsson u.a.*, Slg. 2000, I-2737ff., Rn. 39; in Bezug auf Art. 43 EG: Rs. C-168/98, *Großherzogtum Luxemburg/Parlament und Rat*, Slg. 2000, I-9131ff., Rn. 23; in Bezug auf Art. 12 Abs. 1 EG: Rs. 147/79, *Hochstrass*, Slg. 1980, 3005ff., Rn.7; Rs. C-29/95, *Pastoors und Trans-Cap*, Slg. 1997, I- 285ff., Rn. 14; in Bezug auf Art. 141 Abs. 1 EG: Rs. C-366/99, *Griesmar*, Slg. 2001, I-9383ff., Rn. 39.

264 S. ausführlich Uwe *Kischel*, Zur Dogmatik des Gleichheitssatzes in der Europäischen Union, EuGRZ 1997, 1ff., 3-4.

265 S. verb. Rs. T-222/99, T-327/99 und T-329/99, *Martínez u.a./Parlament*, Slg. 2001, II-2823ff., Rn. 150 und 157; Rs. T-52/99, *T. Port GmbH & Co. KG/Kommission*, Slg. 2001, II-981ff., Rn. 81 und 83.

266 Im Schrifttum ist die Reichweite der Geltung des Gleichheitssatzes gegenüber den Mitgliedstaaten genauso ungeklärt, wie bei den übrigen Grundrechten: Bindung der Mitgliedstaaten ohne Eingrenzung: *Toth*, Equality, S. 193; Bindung bei der Durchführung des Gemeinschaftsrechts: Christine *Langenfeld*, Die Gleichbehandlung von Mann und Frau im Europäischen Gemeinschaftsrecht, 1990 (zitiert: *Langenfeld*, Gleichbehandlung), S. 115;

b. Der Gleichheitsgedanke im Gemeinschaftsrecht

Der Gleichheitsgedanke ist aus zweierlei Hinsicht grundlegend für das Gemeinschaftsrecht.

Einerseits hat er eine funktionelle Stellung, die durch das Diskriminierungsverbot des Art. 12 Abs. 1 EG[267] und die Grundfreiheiten zum Ausdruck kommt: Er zielt auf die Errichtung des gemeinsamen Marktes durch Abschaffung aller Ungleichbehandlungen, die auf der Staatsangehörigkeit beruhen. Die Staatsangehörigkeit, die im nationalen Verfassungsrecht einen Rechtfertigungsgrund für eine unterschiedliche Behandlung darstellt[268], wird auf europäischer Ebene zum verbotenen Differenzierungskriterium. Der Vertrag fixiert daher in Bezug auf bestimmte Tätigkeiten, dass auf diesem Kriterium beruhende unterschiedliche Sachverhalte gleich behandelt werden müssen. Gleichheit wird hier nicht aus subjektiven Überlegungen geschaffen, die auf den Rechten Einzelner gestützt werden, sondern wird funktional als Mittel zur Errichtung des Gemeinsamen Marktes und zur Erreichung der Gemeinschaftsziele verstanden. Daher richten sich das Diskriminierungsverbot des Art. 12 Abs. 1 EG und die Grundfreiheiten primär an die Mitgliedstaaten, die solche Regelungen aufrechterhalten.

Der Gleichheitsgedanke hat selbstverständlich auch eine rechtsstaatliche Funktion[269]: Wie jede Hoheitsgewalt sind die Gemeinschaftsorgane zur Gleichbehandlung gleicher Sachverhalte verpflichtet. Sie müssen im Rahmen der von ihnen getroffenen Maßnahmen alle Teilnehmer gleich behandeln.

Die zwei Funktionen des Gleichheitsgedankens sind zwar in manchen Fällen nicht klar voneinander abzugrenzen. Die Forderung des EuGH, dass das Sekundärrecht möglichst einheitlich angewandt werden muss, ist mit der Sorge verbunden, dass die Bürger ungleich behandelt werden können[270].

Armin v. *Bogdandy*, in: Grabitz/Hilf (Hrsg.), EUV/EGV, Art. 6, Rn. 7; Bindung im Anwendungsbereich des Gemeinschaftsrechts: *Kischel*, EuGRZ 1997, 6; *Tridimas*, General Principles, S. 44; *Mohn*, Gleichheitssatz, S. 42; Manfred *Zuleeg*, Betrachtungen zum Gleichheitssatz im Europäischen Gemeinschaftsrecht, in: Jürgen F. Baur / Peter-Christian Müller-Graff / Manfred Zuleeg (Hrsg.), Europarecht. Energierecht. Wirtschaftsrecht. Festschrift für Bodo Börner, 1992 (zitiert: *Zuleeg*, FS Börner, 1992), S. 473ff., S. 477.

267 Vgl. Helmut *Steinberger*, Der Verfassungsstaat als Glied einer europäischen Gemeinschaft, VVDStRL 50 (1991), 10ff., 24.

268 Rainer *Störmer*, Gemeinschaftsrechtliche Diskriminierungsverbote versus nationale Grundrechte?, AöR 123 (1998), 541ff., 559.

269 Vgl. die Erläuterungen von *Tridimas*, General Principles, S. 40, und den Vergleich zu der englischen Tradition.

270 Den Zusammenhang zwischen der einheitlichen Anwendung und dem Gleichheitsgedanke betonen: Armin *Hatje*, Die gemeinschaftsrechtliche Steuerung der Wirtschaftsverwaltung,

Diese Unterscheidung zwischen der funktionalen und der rechtsstaatlichen Zielrichtung des Gleichheitsgedankens ist jedoch maßgeblich für das Verständnis der Gleichheitssätze und für ihre gegenseitige Abgrenzung im Gemeinschaftsrecht.

c. Abgrenzung zum Diskriminierungsverbot des Art. 34 Abs. 2 UAbs. 2 EG

Von Bedeutung für die hier zu behandelnde Frage ist die Abgrenzung des Gleichheitssatzes vom Art. 34 Abs. 2 UAbs. 2 EG, da der EuGH mehrmals die Bindung der Mitgliedstaaten an das in Art. 34 Abs. 2 UAbs. 2 EG verankerte Diskriminierungsverbot bejaht hat.

Dieses Diskriminierungsverbot ist nach ständiger Rechtsprechung des EuGH nur eine besondere Ausformung des im Gemeinschaftsrecht allgemein enthaltenen Gleichheitsgrundsatzes[271].

Es wird im Hinblick auf Art. 34 EG in der Literatur des öfteren beklagt[272], dass der EuGH Bezug auf Art. 34 Abs. 2 EG bzw. den Gleichheitssatz genommen hat, ohne zu differenzieren, auf welcher Rechtsgrundlage er entschieden hat. Tatsächlich führt das Gericht aus, dass das Diskriminierungsverbot des Art. 34 Abs. 2 Satz 2 EG der spezifische Ausdruck des Gleichheitssatzes sei, bejaht aber dann einen Verstoß allein gegen das Diskriminierungsverbot[273].

Um das Verhältnis zwischen den zwei Gleichheitsgeboten richtig bestimmen zu können, muss das Ziel des geschriebenen Diskriminierungsverbots näher teleologisch untersucht werden: Artikel 34 Abs. 2 Satz 2 EG schreibt eine Gleichbehandlung im Rahmen einer bestimmten Gemeinschaftstätigkeit vor. Die Vor-

---

1998 (zitiert: *Hatje*, Steuerung), S. 36; Martin *Nettesheim*, Der Grundsatz der einheitlichen Wirksamkeit des Gemeinschaftsrechts, in: Albrecht Randelzhofer / Rupert Scholz / Dieter Wilke (Hrsg.) Gedächtnisschrift für Eberhard Grabitz, 1995, (zitiert: *Nettesheim*, GS Grabitz, 1995), S. 447ff., S. 448f.; s. auch Rs. 94/71, *Schlüter/Hauptzollamt Hamburg*, Slg. 1972, 307ff., Rn. 11; Rs. 11/76, *Niederlande/Kommission*, Slg. 1979, 245ff., Rn. 9; verb. Rs. 146, 192 und 193/81, *Baywa/BALM*, Slg. 1982, 1503ff., Rn. 30, wo der EuGH die Existenz eines Ermessensspielraums der Mitgliedstaaten hinsichtlich der Rückforderung von zu Unrecht gewährten Gemeinschaftsmittel verneint hat: „Eine gegenteilige Auslegung würde die Gleichbehandlung der Wirtschaftsteilnehmer in den verschiedenen Mitgliedstaaten und die Anwendung des Gemeinschaftsrechts, die möglichst in der ganzen Gemeinschaft einheitlich erfolgen soll, beeinträchtigen"; zum Grundsatz der einheitlichen Anwendung ausführlich unten, zweiter Teil, B I 4.

271 Rs. C-267285/88, *Wuidart u.a.*, Slg. 1990, I-467ff., Rn. 13; Rs. C-177/90, *Kühn*, Slg. 1992, I-35ff., Rn. 18; Rs. C-98/91, *Herbrink*, Slg. 1994, I-223ff., Rn. 27; C-280/93, *Deutschland/Rat*, Slg. 1994, I-4973ff., Rn. 67.

272 *Kischel*, EuGRZ 1997, 3-4; *Kingreen*, in: Calliess/Ruffert (Hrsg.), EUV/EGV, Art. 6 EUV, Rn. 172.

273 Rs. 245/81, *Edeka/Deutschland*, Slg. 1982, 2745ff., Rn. 11-20; verb. Rs. 201 und 202/85, *Klensch*, Slg. 1986, 3477ff., Rn. 8-12.

schrift bezweckt nicht die Schaffung nicht existierender Gleichheit, sondern verpflichtet vielmehr zur Gleichbehandlung von Gruppen, die als - bereits - gleich bzw. vergleichbar zu qualifizieren sind. Sie erfüllt daher primär eine rechtsstaatliche Funktion. Wegen der Rechtsnatur der Vorschrift ist es nur konsequent, dass Art. 34 Abs. 2 UAbs. 2 EG primär an die Gemeinschaftsorgane adressiert ist[274].

Folglich bleibt festzustellen, dass Art. 34 Abs. 2 Satz 2 EG eine Ausprägung des Gleichheitssatzes im primären Gemeinschaftsrecht bezüglich eines bestimmten Bereichs der Gemeinschaftstätigkeit und innerhalb bestimmter Gruppen von Wirtschaftsteilnehmern ist. Es handelt sich lediglich um ein unvollkommenes Diskriminierungsverbot, da es sich nur auf die Gruppen der Erzeuger und der Verbraucher bezieht und über die übrigen Wirtschaftsteilnehmer, die einer gemeinsamen Marktorganisation unterliegen, schweigt[275]. Der EuGH hat jedoch konsequenterweise die Anwendung des Diskriminierungsverbots bzw. des Gleichheitssatzes auf alle Wirtschaftsteilnehmer im Bereich der Agrarwirtschaft ausgedehnt[276].

Hieraus wird deutlich, dass der einzige Unterschied des Diskriminierungsverbots des Art. 34 Abs. 2 EG zum Gleichheitssatz sein vertraglicher Ursprung ist. Aufgrund der hierarchischen Gleichstellung des Gleichheitssatzes und des Diskriminierungsverbotes und ihrer inhaltlichen teleologischen und strukturellen Übereinstimmung ist es ohne Bedeutung, ob der Gleichheitssatz oder das Verbot des Art. 34 Abs. 2 UAbs. 2 EG angewandt wird. Dies wird auch dadurch deutlich, dass in der Grundrechtscharta das Diskriminierungsverbot nicht aufgenommen wurde, was darauf hindeutet, dass das Diskriminierungsverbot bereits im allgemeinen Gleichheitssatz enthalten ist[277]. Es gibt dann also kein Spezialitätsverhältnis des Art. 34 Abs. 2 UAbs. 2 EG zum Gleichheitssatz in dem Sinne, dass die vorgenommene Prüfung strengeren Maßstäben unterläge. Deswegen ist die Aussage, Art. 34 Abs. 2 EG ginge dem Gleichheitssatz im Umfang seiner Reichweite vor, meines Erachtens unzutreffend[278].

---

274 Peter *Gilsdorf* / Reinhard *Priebe,* in: Grabitz/Hilf (Hrsg.), EUV/EGV, Art. 40, Rn. 73; Joost *Korte / Thomas van Rijn,* in: GTE, Kommentar zum EU-/EG- Vertrag, Art. 40, Rn. 47.

275 Rs. 117/76 und 16/77, *Ruckdeschel,* Slg. 1977, 1753ff., Rn. 7.

276 S. Jan-Peter *Hix,* in: Schwarze (Hrsg.), EU-Kommentar, Art. 34, Rn. 70; *Tridimas,* General Principles, S. 48; Rs. C-280/93, *Deutschland/Rat,* Slg. 1994, I-4793ff., Rn. 68.

277 Vgl. hier *de Witte,* The Role of the ECJ in the Protection of Human Rights, S. 863: "The rich practice of the Court of Justice about this provision blends ... smoothly with the application of the general principle of equality in other fields of EC activity...".

278 So aber ausdrücklich *Kingreen,* in: Calliess/Ruffert (Hrsg.), EUV/EGV, Art. 6, Rn. 172 (vgl. auch Thorsten *Kingreen* / Rainer *Störmer,* Die subjektiv-öffentlichen Rechte des primären Gemeinschaftsrechts, EuR 1998, 263ff., 285); *Mohn,* Gleichheitssatz, S. 46, m.w.N.

Im Ergebnis muss festgehalten werden, dass Art. 34 Abs. 2 UAbs. 2 EG zwar nur eine austauschbare Ausprägung des Gleichheitssatzes ist, was aber aus der Rechtsnatur der Vorschrift ableitbar ist und nicht erst aus den „Unklarheiten bei der Anwendung des allgemeinen Gleichheitssatzes“[279].

Aufgrund der Kongruenz des Diskriminierungsverbots und des Gleichheitssatzes ist die Rechtsprechung des EuGH zur Bindung der Mitgliedstaaten an Art. 34 Abs. 2 UAbs. 2 EG von Bedeutung für die Untersuchung, weil sie eine Bindung der Mitgliedstaaten an den Gleichheitssatz bei der Durchführung des Gemeinschaftsrechts begründet.

d. Abgrenzung zum Diskriminierungsverbot des Art. 12 Abs. 1 EG

Der Gleichheitssatz ist dagegen vom Diskriminierungsverbot des Art. 12 Abs. 1 EG abzugrenzen. Der EG-Vertrag erhebt in Art. 12 Abs. 1 EG die Abschaffung aller Diskriminierungen aufgrund der Staatsangehörigkeit zum Gemeinschaftsziel und zählt dies zu den Grundlagen der Gemeinschaft. Gleichheit muss hier erst geschaffen werden. Aufgrund seines funktionellen Charakters richtet sich das Verbot primär gegen die Mitgliedstaaten[280].

Es muss dementsprechend zwischen der Anwendung des Gleichheitssatzes und derjenigen des Art. 12 Abs. 1 EG strikt differenziert werden[281], da die Reichweite der Bindung der Mitgliedstaaten an diese Grundsätze sehr unterschiedlich ist: Das Diskriminierungsverbot wird im Hinblick auf nationale Maßnahmen kurz gesprochen dann angewendet, wenn der Sachverhalt einen funktionalen Zusammenhang mit dem Gemeinsamen Markt bzw. dem Aufenthaltsrecht aufweist[282]. Der Gleichheitssatz folgt in seiner Eigenschaft als allgemeiner Rechtsgrundsatz dem Lösungsansatz der übrigen Grundrechte[283].

Aufgrund der zum Teil verwirrenden Rechtsprechung des EuGH wird von *Kischel* die Entwicklung eines einheitlichen Gleichheitssatzes gefordert[284]. Die Geltung

---

279 So *Kischel*, EuGRZ 1997, 4.

280 In der Literatur wird überwiegend keine Differenzierung getroffen. Gemeinschaftsorgane und Mitgliedstaaten werden gleichermaßen als Adressaten des Diskriminierungsverbots genannt: Astrid *Epiney*, in: Calliess/Ruffert (Hrsg.), EUV/EGV, Art. 12, Rn. 43; Michael *Holoubek*, in: Schwarze (Hrsg.), EU-Kommentar, Art. 12, Rn. 21-22; Manfred *Zuleeg*, in: GTE, Kommentar zum EU-/EG- Vertrag, Art. 6, Rn. 17, nennt die Gemeinschaft als den primären Adressat des Verbots.

281 So auch Matthias *Rossi*, Das Diskriminierungsverbot nach Art. 12 EGV, EuR 2000, 197ff., 209.

282 Ausführlich dazu unten, dritter Teil, A III 2.

283 Dritter Teil.

284 *Kischel*, EuGRZ 1997, 4.

eines allgemeinen Gleichheitssatzes mit zusätzlichen speziellen Gleichheitssätzen ohne Differenzierung der Adressaten würde de lege ferenda größere Klarheit schaffen. Dies ist aber meines Erachtens kein ausreichender Grund, um einen allgemeinen Gleichheitssatz zu postulieren, weil eine derartige Zusammenfassung gegen die gegenwärtige Aufgabenverteilung verstoßen würde: Art. 12 Abs. 1 EG verbietet Diskriminierungen aufgrund der Staatsangehörigkeit, während der Gleichheitssatz auch andere Differenzierungsmerkmale umfasst[285]. In Anbetracht der Tatsache, dass die Frage der Adressaten des Gleichheitssatzes anhand seiner Rechtsnatur als Grundrecht noch zu klären ist, gebietet sich eine Differenzierung, weil sonst die Mitgliedstaaten verpflichtet wären, zusätzliche, im Gleichheitssatz enthaltene ungeschriebene Diskriminierungsverbote zu beachten, ohne dass zuvor die Frage beantwortet wäre, in welchem Umfang die Mitgliedstaaten an den Gleichheitssatz gebunden sind.

Eine solche Gleichstellung kann dann auch nicht auf die Kongruenz des Gleichheitssatzes und des Art. 34 Abs. 2 UAbs. 2 EG gestützt werden[286].

Ein einheitlicher Gleichheitssatz wird schließlich selbst vom EuGH abgelehnt, der hinsichtlich der Diskriminierungsverbote bzw. des Gleichheitssatzes von gesonderten Klagegründen ausgeht[287].

Dies bedeutet, dass das Diskriminierungsverbot vom allgemeinen Gleichheitssatz abzugrenzen ist. Es ist schließlich zu bezweifeln, inwiefern der Gleichheitssatz zur systematischen Auslegung des Diskriminierungsverbots und umgekehrt herangezogen werden darf[288].

II. Vertragsrechte

Der Vertrag zur Gründung der Europäischen Gemeinschaft enthält das Diskriminierungsverbot aus Gründen der Staatsangehörigkeit[289], die Grundfreiheiten,

---

285 *Holoubek*, in: Schwarze (Hrsg.), EU-Kommentar, Art. 12, Rn. 6.

286 So aber *Kischel*, a.a.O.

287 Verb. Rs. C-122 und 125/99 P, *D und Schweden/Rat*, Slg. 2001, I-4319ff., Rn. 55.

288 Anders aber *Epiney*, in: Calliess/Ruffert (Hrsg.), EUV/EGV, Art. 12, Rn. 28, die den persönlichen Anwendungsbereich des Art. 12 Abs. 1 EG auf die Inländer mit dem Argument ausdehnt, dass auch der Gleichheitssatz alle Rechtssubjekte, folglich auch Inländer, schütze; vgl. auch *Mohn*, Gleichheitssatz, S. 41: Da die geschriebenen Diskriminierungsverbote nur Ausdruck des allgemeinen Gleichheitssatzes seien, müsse folglich der allgemeine Gleichheitssatz neben den Gemeinschaftsorganen auch die Mitgliedstaaten verpflichten.

289 Art. 12 Abs. 1 EG.

den Grundsatz der Gleichbehandlung der Geschlechter hinsichtlich des Entgelts[290], sowie die Rechte aus der Unionsbürgerschaft[291].

1. Das Diskriminierungsverbot aus Gründen der Staatsangehörigkeit und die Grundfreiheiten

In Art. 12 Abs. 1 EG ist das Verbot der Diskriminierung aus Gründen der Staatsangehörigkeit im Anwendungsbereich des Vertrages verankert, welches als „einer der grundlegenden Rechtssätze"[292] des Gemeinschaftsrechts qualifiziert wird. Es wird an verschiedenen Stellen des EG konkretisiert, vor allem durch die Grundfreiheiten, und gilt als „Interpretationsmaxime aller weiteren Bestimmungen"[293].

Die Grundfreiheiten verbieten den Mitgliedstaaten, Einfuhr- und Ausfuhrbeschränkungen von Waren einzuführen oder beizubehalten[294] sowie Maßnahmen zu treffen, die den freien Dienstleistungsverkehr[295] bzw. den freien Kapitalverkehr[296] zwischen den Mitgliedstaaten beschränken. Darüber hinaus enthalten sie eine Gewährleistung der Freizügigkeit der Arbeitnehmer[297], bzw. des Niederlassungsrechts[298]. In allen diesen Fällen ist der grenzüberschreitende Vorgang des Warenverkehrs, der Dienstleistung oder der Person Anwendungsvoraussetzung der relevanten Grundfreiheit[299].

Die individualschützende Qualität des Diskriminierungsverbotes des Art. 12 Abs. 1 EG sowie der Grundfreiheiten konnte dem Gründungsvertrag zur Europäischen Wirtschaftsgemeinschaft nicht entnommen werden. Die drei Verträge (EWGV, EGKS, EAGV) schafften entsprechend ihrem völkerrechtlichen Ursprung ledig-

---

290 Art. 141 Abs. 1 EG.

291 Art. 17f. EG.

292 Rs. 2/74, *Reyners*, Slg. 1974, 631ff., Rn. 27/28.

293 *V. Bogdnandy*, in: Grabitz/Hilf (Hrsg.), EUV/EGV, Art. 6, Rn. 1.

294 Art. 28f. EG.

295 Art. 49f. EG.

296 Art. 56f. EG.

297 Art. 39f. EG.

298 Art. 43f. EG.

299 Hans Dieter *Jarass*, Elemente einer Dogmatik der Grundfreiheiten, EuR 1995, 202ff., 204-205; Albrecht *Randelzhofer* / Ulrich *Forsthoff*, in: Eberhard Grabitz / Meinhard Hilf, (Hrsg.), Das Recht der Europäischen Union (Kommentar), Stand 19. Ergänzungslieferung, Februar 2002 (zitiert: *Bearbeiter*, in: Grabitz/Hilf (Hrsg.), EU-Kommentar), vor Art. 39-55, Rn. 42, hinsichtlich der Arbeitnehmerfreizügigkeit, der Niederlassungs- und Dienstleistungsfreiheit.

lich Rechte und Pflichten für die Mitgliedstaaten[300]. Erst mit dem Urteil *Van Gend & Loos*[301] legte der EuGH den Grundsatz der unmittelbaren Anwendung des Gemeinschaftsrechts fest. Auf der Grundlage dieses tragenden Prinzips bekam der Einzelne die Möglichkeit, sich vor dem EuGH oder den nationalen Gerichten auf Vorschriften des Gemeinschaftsrechts zu berufen, um die Verletzung der darin enthaltenen Rechte geltend zu machen. Die Verleihung der Möglichkeit an den Bürger, unmittelbar anwendbare subjektive Rechte geltend zu machen, darf nicht darüber hinwegtäuschen, dass das damit verfolgte Ziel die effektive Durchsetzung des Gemeinschaftsrechts war[302].

2. Die Rechte aus der Unionsbürgerschaft

Die Einführung der Unionsbürgerschaft durch den Maastrichter Vertrag ist das Ergebnis langjähriger Auseinandersetzung innerhalb der Gemeinschaft in Bezug auf die Rechtsposition des Einzelnen[303]. Es ging darum, den Staatsangehörigen der Mitgliedstaaten Rechte nicht mehr unter der Voraussetzung ihrer Teilnahme am Gemeinsamen Markt zu verleihen, sondern in ihrer Eigenschaft als Angehörige eines Mitgliedstaats und damit als Bürger der Europäischen Gemeinschaften[304].

Gemäß Art. 17 Abs. 1 EG ist Unionsbürger jeder, der die Staatsangehörigkeit eines Mitgliedstaats besitzt. Die Unionsbürger haben das Recht, sich im Hoheitsgebiet der Mitgliedstaaten frei zu bewegen und aufzuhalten[305] und im Aufnahmemit-

---

300 Vgl. *de Búrca,* Language of Rights, S. 29: "...it is arguable that the reason why the familiar critique of "rights talk" has not been seriously considered or applied in the context of Community law is that the legal system established by the EC Treaties in the 1950s was heavily market-driven, and that other moral or social considerations were at best of secondary or subsidiary relevance".

301 Rs. 26/62, Slg. 1963, 1ff., 25.

302 *Kingreen/Störmer,* EuR 1998, 289; von einer doppelten Funktion dieser Rechte spricht *Zuleeg,* in: GTE, Kommentar zum EU-/EG- Vertrag, Art. 1, Rn. 34.

303 Bereits im Jahre 1974 auf dem Gipfeltreffen der Staats- und Regierungschefs in Paris wurde eine Arbeitsgruppe beauftragt zu untersuchen, „unter welchen Voraussetzungen und innerhalb welcher Fristen den Bürgern der neun Mitgliedstaaten besondere Rechte als Angehörige der Gemeinschaft zuerkannt werden könnten", 8. Gesamtbericht über die Tätigkeit der Europäischen Gemeinschaften 1974, S. 337ff., Rn. 11; ausführlich zur Vorgeschichte der Unionsbürgerschaft, Peter *Fischer,* Die Unionsbürgerschaft: Ein neues Konzept im Völker- und Europarecht, Herbert Haller / Christian Koptzki / Richard Novak (Hrsg.), Staat und Recht, Festschrift für Günter Winkler, 1997, (zitiert: *Fischer,* Die Unionsbürgerschaft), S. 237ff., S. 245f.

304 S. die zwei Berichte mit dem Titel „Europa der Bürger" des Ad-hoc-Ausschusses unter dem Vorsitz von *Pietro Adonnino,* BullEG Beilage 7/85, S. 9ff. und 14ff.

305 Art. 18 Abs. 1 EG.

gliedstaat an den Kommunal- und Europawahlen teilzunehmen[306]. Sie haben ferner ein Recht auf diplomatischen Schutz im Hoheitsgebiet dritter Länder sowie ein Petitionsrecht[307].

Die Einführung der Unionsbürgerschaft dient dazu, die Unionsbürger durch die Verleihung von Rechten unterschiedlichen Inhalts stärker an den europäischen Einigungsprozess und an die Europäische Union zu binden[308], m.a.W. die europäische Integration durch subjektive Rechte voranzutreiben (Integration through rights) und sie über den engen wirtschaftlichen Kontext hinaus auszuweiten[309].

Von Bedeutung für die vorliegende Untersuchung ist die Reichweite des in Art. 18 Abs. 1 EG geregelten Aufenthaltsrechts jedes Unionsbürgers[310], da im Schrifttum davon ausgegangen wird, dass die Einschlägigkeit des Aufenthaltsrechts die Einschlägigkeit der Gemeinschaftsgrundrechte impliziert[311].

Art. 18 Abs. 1 EG gewährleistet den Unionsbürgern das Recht, sich im Hoheitsgebiet der Mitgliedstaaten, vorbehaltlich der im Primär- und Sekundärrecht vorgesehenen Beschränkungen und Bedingungen, frei zu bewegen und aufzuhalten. Die rechtliche Stellung von Art. 18 EG im Gemeinschaftsrecht und sein Verhältnis zu den übrigen primär- und sekundärrechtlichen Gewährleistungen von Aufenthalts- und Freizügigkeitsrechten war bis vor kurzem noch ungeklärt.

Der EuGH ging lange Zeit von einem Spezialitätsverhältnis zwischen Art. 18 Abs. 1 EG und den Grundfreiheiten bzw. sekundärrechtlichen Bestimmungen[312] aus,

---

306 Art. 19 EG.

307 Art. 20 und 21 EG.

308 *Fischer*, Unionsbürgerschaft, S. 240; Ulrich *Everling*, Auf dem Weg zu einem europäischen Bürger? Aspekte aus rechtswissenschaftlicher Sicht, in: Rudolf Hrbek (Hrsg.), Bürger und Europa, 1994 (zitiert: *Everling*, Auf dem Weg zu einem europäischen Bürger?), S. 49ff., 63f.; vgl. auch BVerfGE 89, 155ff., 184: „Mit der durch den Vertrag von Maastricht begründeten Unionsbürgerschaft wird zwischen den Staatsangehörigen der Mitgliedstaaten ein auf Dauer angelegtes rechtliches Band verknüpft, das zwar nicht eine der gemeinsamen Zugehörigkeit zu einem Staat vergleichbare Dichte besitzt, dem bestehenden Maß existentieller Gemeinsamkeit jedoch einen rechtlichen verbindlichen Ausdruck verleiht".

309 Marcel *Haag*, in: GTE, Kommentar zum EU-/EG- Vertrag, Art. 8 EG, Rn. 4.

310 S. unten, dritter Teil, A IV 5 b cc.

311 Claus-Peter *Bienert*, Die Kontrolle mitgliedstaatlichen Handelns anhand der Gemeinschaftsgrundrechte, 2001 (zitiert: *Bienert*, Kontrolle mitgliedstaatlichen Handelns), S. 178.

312 Insbesondere den drei Aufenthaltsrichtlinien: Richtlinie 90/366/EWG des Rates vom 28. Juni 1990 zum Aufenthaltsrecht von *Studenten*, ABl. 1990, Nr. L 180, S. 30; diese Richtlinie wurde vom EuGH für nichtig erklärt, Rs. C-295/90, *Europäisches Parlament/Rat*, Slg. 1992, I-4193ff. und durch Richtlinie 93/97/EWG, ABl. 1993, Nr. L 317, S. 59 ersetzt; Richtlinie 90/365/EWG des Rates vom 28. Juni 1990 *von aus dem Erwerbsleben ausge-*

bzw. hatte es lange vermieden, Stellung zu der eigenständigen Bedeutung des Art. 18 Abs. 1 EG zu nehmen. Er betonte zum Beispiel, dass der Sachverhalt des Ausgangsverfahrens unter Artikel 52 EGV (jetzt Art. 43 EG) fiel und daher über die Auslegung des Artikels 8a EGV (jetzt Art. 18 EG) nicht entschieden zu werden brauchte[313]. In einer anderen Entscheidung erwähnte das Gericht Art. 18 Abs. 1 EG neben dem den Grundfreiheiten zugrundegelegten Grundsatz der Freizügigkeit[314], wobei es aufgrund des Letzteren die Rechtssache entschied[315]. In drei Fällen wurde die Rechtswidrigkeit der nationalen Maßnahme auf Art. 12 Abs. 1 i.V.m. Art. 18 Abs. 1 EG gestützt. Ein Aufenthaltsrecht war stets aufgrund der Ausübung einer Grundfreiheit[316], einer sekundärrechtlichen Bestimmung[317] oder aufgrund einer innerstaatlichen Vorschrift[318] vorhanden.

Es könnte also dieser Rechtsprechung entnommen werden, dass zwar das Aufenthalts- und Freizügigkeitsrecht allen Unionsbürgern gewährt werde, seine Ausübung aber von den einschlägigen sekundärrechtlichen Vorschriften abhängen solle, wie es auch der Wortlaut des Art. 18 Abs. 1 EG nahe legt. Die Klärung der Frage, ob die Vorschrift unmittelbar anwendbar war oder nicht[319], war daher von untergeordneter Bedeutung[320].

---

schiedenen Arbeitnehmern und Selbständigen, ABl. 1990, Nr. L 180, S. 28, sowie eine allgemeine *Aufenthaltsrichtlinie* 90/364/EWG des Rates vom 28. Juni 1990, ABl. 1990, Nr. L 180, S. 26; dazu ausführlich Winfried *Kluth,* in: Calliess/Ruffert (Hrsg.), EUV/EGV, Art. 18 EG, Rn. 1.

313 Rs. C-193/94, *Skanavi und Chryssanthakopoulos,* Slg. 1996, I- 929ff., Rn. 22; so auch in der Rs. 348/96, *Calfa,* Slg. 1999, I-11ff., Rn. 30.

314 Rs. 357/98, *Yiadom,* Slg. 2000, I-9265ff., Rn. 23-24.

315 Rs. 357/98, *Yiadom,* a.a.O., Rn. 38.

316 Rs. C-274/96, *Bickel/Franz,* Slg. 1998, I-7637ff., Rn. 15: Art. 59 EGV (heute Art. 49 EG).

317 Rs. C-184/99, *Grzelczyk,* Slg. 2001, I-6193ff., aufgrund des Art. 1 der Richtlinie 93/96/EWG über das Aufenthaltsrecht der Studenten, ABl. 1993, Nr. L 317, S. 59.

318 Das war der Fall bei *Martínez Sala,* die sich aufgrund des Europäischen Fürsorgeabkommens des Europarates vom Jahre 1953 in Deutschland erlaubterweise aufhielt, s. Rs. 85/96, Slg. 1998, I-2691ff.; in diesem Fall antwortete der EuGH auf die Ansicht der Kommission, der Klägerin stehe spätestens seit Inkrafttreten des EUV ein Aufenthaltsrecht zu, dass es nicht geprüft zu werden braucht, ob die Klägerin ein neues Aufenthaltsrecht aus Artikel 8a herleiten kann, da sie sich dort bereits erlaubterweise aufhält (Rn. 59-60).

319 Ablehnend: Matthias *Pechstein* / Artur *Bunk,* Das Aufenthaltsrecht als Auffangrecht. Die fehlende unmittelbare Anwendbarkeit sowie die Reichweite des Art. 8a Abs. 1 EG, EuGRZ 1997, 547ff.; Werner *Kaufmann-Bühler,* in: Lenz (Hrsg.), EG-Vertrag Kommentar, Art. 18, Rn. 1; bejahend: *Haag,* in: GTE, Kommentar zum EU-/EG- Vertrag, Art. 8a, Rn. 4; *Hilf,* in: Grabitz/Hilf (Hrsg.), EU-Kommentar, Art. 18, Rn. 1; *Kluth,* in: Calliess/Ruffert (Hrsg.), EUV/EGV, Art. 18, Rn. 9; Armin *Hatje,* in: Schwarze (Hrsg.), EU-Kommentar, Art. 18,

Das Verständnis des Art. 18 Abs. 1 EG als einer nicht unmittelbar anwendbaren Norm wurde vom EuGH durch das Urteil *Grzelczyk* in Frage gestellt und mit dem Urteil *Baumbast* ausdrücklich verworfen. In der Entscheidung *Grzelczyk*, welche den Antrag eines in Belgien studierenden Franzosen auf Gewährung eines Existenzminimums betraf, stellte das Gericht fest, dass das Aufenthaltsrecht des Klägers durch den grenzüberschreitenden Vorgang begründet worden war. Die in der Richtlinie zum Aufenthaltsrecht der Studenten vorgesehenen Voraussetzungen für die Gewährung eines Aufenthaltsrechts betrafen die Ausübung dieses Rechts und waren gleichzeitig die Grundlage für die Ausweisung des Unionsbürgers im Fall ihres Nichtvorhandenseins. Der EuGH betonte jedoch, dass die Ausweisung keinesfalls die automatische Folge der Tatsache sein durfte, dass der ausländische Student die Sozialhilfe des Aufnahmemitgliedstaats in Anspruch nahm[321]. Durch die zugunsten des Aufenthaltsrechts getroffene Auslegung der Richtlinie trennte der EuGH das Aufenthaltsrecht von den Voraussetzungen seiner Ausübung ab und gab Art. 18 Abs. 1 EG implizit eine eigenständige Stellung im System der Gewährung von Aufenthaltsrechten.

Mit dem Urteil *Baumbast*[322] stellt der EuGH nun klar, dass er Art. 18 Abs. 1 EG als Grundlage für jegliche Aufenthaltsrechte von EU-Ausländern im Aufnahmemitgliedstaat ansieht. Diesem Urteil lag folgender Sachverhalt zu Grunde: Baumbast, ein deutscher Staatsangehörige, wohnte mit seiner Familie im Vereinigten Königreich, wo er auch beruflich tätig war. Nachdem sein Unternehmen in Konkurs ging und er keine Arbeitsstelle mehr finden konnte, arbeitete er für ein deutsches Unternehmen im europäischen Ausland, wohnte aber weiterhin im Vereinigten Königreich. Auf die Frage des vorlegenden Gerichts, ob Baumbast als Unionsbürger ein Aufenthaltsrecht zustehe, das sich aus der unmittelbaren Anwendung von Artikel 18 Abs. 1 EG ergebe, bejahte der EuGH - entgegen den Ausführungen der beteiligten Regierungen und der Kommission - die Einschlägigkeit des Art. 18 Abs. 1 EG:

> „Was namentlich das Recht zum Aufenthalt im Hoheitsgebiet der Mitgliedstaaten nach Artikel 18 Absatz 1 EG angeht, so wird es jedem Unionsbürger durch eine klare und präzise Vorschrift des EG-Vertrags unmittelbar zuerkannt. Allein des-

---

Rn. 5; *Everling*, Auf dem Weg zu einem europäischen Bürger?, S. 54; *Fischer*, Unionsbürgerschaft, S. 256; *Rengeling*, FS Maurer, 2001, S. 986.

320 So Ulrich *Becker*, Freizügigkeit in der EU - auf dem Weg vom Begleitrecht zur Bürgerfreiheit, EuR 1999, 522ff., 529.

321 Rs. C-184/99, *Grzelczyk*, Slg. 2001, I-6193ff., Rn. 43.

322 Rs. C-413/99, *Baumbast*, Slg. 2002, I-7091ff.

> halb, weil er Staatsangehöriger eines Mitgliedstaats und damit Unionsbürger ist, ist Herr Baumbast daher berechtigt, sich auf Artikel 18 Absatz 1 EG zu berufen“[323].

Hinsichtlich der das Aufenthaltsrecht aus Art. 18 Abs. 1 EG beschränkenden sekundärrechtlichen Bestimmungen betonte der EuGH, dass sie der gerichtlichen Kontrolle unterliegen[324] und unter Einhaltung der einschlägigen gemeinschaftsrechtlichen Grenzen und im Einklang mit den allgemeinen Grundsätzen des Gemeinschaftsrechts, insbesondere dem Grundsatz der Verhältnismäßigkeit, anzuwenden seien[325].

Art. 18 Abs. 1 EG ist dementsprechend als Anspruchsgrundlage für das Aufenthaltsrecht der Unionsbürger zu verstehen. Seine Ausübung hängt zwar von den in den sekundärrechtlichen Vorschriften enthaltenen Voraussetzungen ab[326], diese werden aber vom EuGH weit ausgelegt und auf ihnen beruhende beschränkende nationale Maßnahmen unterliegen dem Verhältnismäßigkeitsgrundsatz[327].

Art. 18 Abs. 1 EG geht im Vergleich zu den Grundfreiheiten noch ein Stück weiter: Er hat die Verleihung eines Rechts an den Einzelnen zum Ziel, während bei den Grundfreiheiten das Recht des Einzelnen die Folge ihrer unmittelbaren Anwendbarkeit gewesen ist[328].

3. Spezialfall: Art. 141 Abs. 1 EG

Der Grundsatz des gleichen Entgelts für Männer und Frauen bei gleicher Arbeit wurde schon 1976 zu den „Grundlagen der Gemeinschaft“ gezählt[329]. In Art. 141 Abs. 1 EG wird nur ein Teil des Grundsatzes der Gleichbehandlung der Geschlechter verankert, nämlich die Gleichbehandlung hinsichtlich des Entgelts. Sie stellt das einzige Grundrecht im eigentlichen Sinne dar, das im Vertrag normiert wurde. Art. 141 Abs. 1 EG muss von den Mitgliedstaaten beachtet werden, und zwar nicht nur in Bezug auf grenzüberschreitende Tätigkeiten, sondern umfas-

---

323 Rs. C-413/99, *Baumbast*, a.a.O., Rn. 84.

324 Rs. C-413/99, *Baumbast*, a.a.O., Rn. 86.

325 Rs. C-413/99, *Baumbast*, a.a.O., Rn. 91.

326 So auch José *Martinez Soria*, Die Unionsbürgerschaft und der Zugang zu sozialen Vergünstigungen, JZ 2002, 643ff., 647.

327 Vgl. in dieser Hinsicht *Becker*, EuR 1999, 529; *Haag*, in: GTE, Kommentar zum EU-/EG-Vertrag, Art. 8a, Rn. 4, insbesondere Rn. 9: Die primärrechtliche Verankerung des Aufenthaltsrechts führt zur Erhöhung seines Gewichts im Fall einer Rechtsgüterkollision.

328 S. oben, 1.

329 Rs. 43/75, *Defrenne II*, Slg. 1976, 455f.

send[330]. Der Grundsatz ist vom EuGH bereits 1978 in der Rs. *Defrenne III* als Grundrecht qualifiziert worden[331].

Der Schutzbereich des Grundrechts der Gleichbehandlung der Geschlechter gegenüber- und in den Mitgliedstaaten hängt von seiner primär- und sekundärrechtlichen Konkretisierung ab[332]. So können Grundrechte „als solche nicht dazu führen, dass der Anwendungsbereich der Bestimmungen des Vertrages über die Zuständigkeiten der Gemeinschaft hinaus erweitert wird“[333]. Gegenüber der Gemeinschaft kommt dagegen das Grundrecht der Gleichbehandlung von Männern und Frauen unabhängig von Art. 141 Abs. 1 EG als allgemeiner Rechtsgrundsatz zur Anwendung[334]. In Art. 23 Abs. 1 der Grundrechtscharta wurde dieser Grundsatz nun auch niedergeschrieben.

Der Vertrag verleiht der Gemeinschaft und damit dem EuGH direkt die Befugnis zur Durchsetzung des Gleichbehandlungsgrundsatzes innerhalb der Grenzen des Art. 141 Abs. 1 EG und der sekundärrechtlichen Vorschriften in den Mitgliedstaaten. Wenn daher der EuGH diesen Grundsatz anwendet, handelt es sich nicht um Rechtsfortbildung, sondern um eine vom Vertrag verliehene Aufgabe der Gemeinschaft. Die Erwähnung des Urteils *Defrenne III* als Teil der rechtsfortbilden-

---

330 *Streinz*, Europarecht, Rn. 916.

331 Rs. 149/77, *Defrenne III/Sabena*, Slg. 1978, 1365ff., Rn. 26/29; s. zuletzt Rs. C-13/94, *P./S.*, Slg. 1996, I-2143ff., Rn. 19; Rs. C-185/97, *Belinda Jane Coote/Granada Hospitality Ltd.*, Slg. 1998, I-5211ff., Rn. 23; verb. Rs. C-270/97 und C-271/97, *Sievers und Schrage*, Slg. 2000, I-929ff., Rn. 56.

332 Rs. 149/77, *Defrenne III/Sabena*, Slg. 1978, 1365ff., Rn. 25ff.; *Mohn*, Gleichheitssatz, 15; *Schilling*, EuGRZ 2000, 17.

333 Rs. C-249/96, *Grant*, Slg. 1998, I-621ff., Rn. 45.

334 Rs. 20/71, *Sabbatini*, Slg. 1972, 345ff., Rn. 4f.; s. auch Rs. 32/71, *Bauduin/Kommission*, Slg. 1972, 363ff., Rn. 3f.; Rs. 21/74, *Airola*, Slg. 1975, 221ff., 1f.; Rs. 37/74, *Van den Broeck/Kommission*, Slg. 1975, 235ff., Rn. 1f.; Rs. 75 und 117/82, *Razzouk und Beydoun / Kommission*, Slg. 1984, 1509ff., Rn. 16f.; s. auch Rs. T-45/90, *Speybrouck/Europäisches Parlament*, Slg. 1992, II-33, Rn. 48; Julian *Currall*, in: GTE, Kommentar zum EU-/EG-Vertrag, Art. 119 EG, Rn. 1; *Schilling*, EuGRZ 2000, 17; *Kischel*, EuGRZ 1997, 6; *Streinz*, Europarecht, Rn. 923; Catherine *Barnard*, Gender Equality in the EU: A Balance Sheet, in: Philip Alston (Hrsg.), The EU and Human Rights, 1999 (zitiert: *Barnard*, Gender Equality), S. 215ff., S. 232; *Langenfeld*, Gleichbehandlung, S. 129; anders Sebastian *Krebber*, in: Calliess/Ruffert (Hrsg.), EUV/EGV, Art. 141, Rn. 75f., der die Existenz eines über ein bloßes Diskriminierungsverbot hinausgehenden und auf das Arbeitsrecht erstreckenden Gleichbehandlungsgrundsatzes bezweifelt.

den Rechtsprechung des EuGH hinsichtlich der Bindung der Mitgliedstaaten an die Gemeinschaftsgrundrechte ist aus diesem Grund irreführend[335].

Der EuGH hat dagegen im Urteil *P./S.*[336] eine extensive Auslegung der Gleichbehandlungsrichtlinie[337] vorgenommen. Er dehnte den Anwendungsbereich der Gleichbehandlungsrichtlinie aus, so dass sie nicht nur die Diskriminierungen aufgrund des Geschlechts umfasste, sondern auch Diskriminierungen, die sich „aus der Zugehörigkeit zu dem einen oder dem anderen Geschlecht ergeben“[338]. Auf diese Weise kam ein Angestellter, dem, infolge seiner Entscheidung, sich einer Geschlechtsumwandlung zu unterziehen, vom Arbeitgeber gekündigt wurde, in den Genuss des Art. 141 Abs. 1 EG.

Es muss bezweifelt werden, inwiefern eine Diskriminierung dieser Art als eine Diskriminierung aufgrund des Geschlechts qualifiziert werden kann[339]. Zwar trifft zu, dass sich dem Urteil des EuGH eine Sorge um den Schutz der Gruppe der Transsexuellen entnehmen lässt. Jedoch steht diese Entscheidung extra legem, da der EuGH die in Art. 141 Abs. 1 EG festgelegten Grenzen der Kontrollzuständigkeit der Gemeinschaft überschritten hat. Art. 141 Abs. 1 EG räumt der Gemeinschaft und dadurch dem EuGH die Zuständigkeit ein, Maßnahmen zu unterbinden, die ausschließlich aufgrund des Geschlechts diskriminieren und einen Sachbereich betreffen, der entweder von Art. 141 Abs. 1 EG oder von sekundärrechtlichen Vorschriften erfasst wird. Maßnahmen außerhalb des Anwendungsbereichs des Art. 141 Abs. 1 EG bzw. der Gleichbehandlungsrichtlinie oder Maßnahmen, die zwar in den Anwendungsbereich dieser Vorschriften fallen, aber auf der Grundlage eines anderen Kriteriums diskriminierend wirken, wie zum Beispiel auf der Grundlage der sexuellen Orientierung, des Alters, einer Behinderung oder der ethnischen Herkunft[340], sind nicht auf ihre Vereinbarkeit mit Art. 141 Abs. 1 EG überprüfbar.

---

335 So aber *Temple Lang*, LIEI 1991/1992, 26; *Bleckmann/Pieper*, in: Dauses (Hrsg.), Hdb. des EU-Wirtschaftsrechts, B. I, Rn. 115, Fn. 307.

336 C-13/94, *P./S.*, Slg. 1996, I-2143ff.

337 Richtlinie 76/207/EWG des Rates vom 9. Februar 1976 zur Verwirklichung des Grundsatzes der Gleichbehandlung von Männern und Frauen hinsichtlich des Zugangs zur Beschäftigung, zur Berufsbildung und zum beruflichen Aufstieg sowie in Bezug auf die Arbeitsbedingungen, ABl. 1976, Nr. L 39, S. 40.

338 C-13/94, *P./S.*, Slg. 1996, I-2143ff., Rn. 20.

339 Kritik insbesondere von *Tridimas*, General Principles, S. 70: "In effect, the Court applied a general principle of unwritten human rights law, according to which discrimination on arbitrary criteria is prohibited, rather than the provisions of the Equal Treatment Directive, a literal interpretation of which does not support the Court's finding".

340 Vgl. Art. 13 EG.

Der Fall *P./S.* ist jedoch vereinzelt geblieben. Der EuGH hat seine Haltung aufgegeben und in zwei weiteren Fällen eine eher restriktive Auslegung des Art. 141 EG vorgenommen. So hat er in den Urteilen *Grant* und *D und Schweden/Rat* betont, dass die Ungleichbehandlung aufgrund der sexuellen Orientierung nicht als Diskriminierung im Sinne des Art. 141 Abs. 1 EG zu qualifizieren ist[341].

Diese Unterscheidung zwischen der Diskriminierung aufgrund der sexuellen Orientierung und der Diskriminierung aufgrund des Geschlechts wird auch durch Art. 13 EG sowie die Grundrechtscharta bestätigt, welche zwischen den zwei verbotenen Diskriminierungskriterien unterscheiden[342].

Daher deutet die Tatsache, dass der EuGH die Richtlinie über den Wortlaut hinaus auslegt[343], auf einen Versuch des Gerichts hin, Grundrechtspositionen in den Mitgliedstaaten durchzusetzen, ohne dass dabei die entsprechende Ermächtigung im Vertrag existiert. Die restriktive Auslegung des Grundsatzes der Nichtdiskriminierung durch die Urteile *Grant* und *D und Schweden/Rat* zeigt, dass sich der EuGH der Grenzen seiner Entscheidungsbefugnis bewusst wurde. Die Feststellung des Gerichts im Urteil *Grant*, dass die Grundrechte als solche den Anwendungsbereich des Gemeinschaftsrechts nicht erweitern können, kann so verstanden werden, dass der Gleichbehandlungsgrundsatz in der Reichweite des Art. 141 Abs. 3 EG bzw. des Art. 23 GRCh nur für die Gemeinschaft verbindlich ist[344].

4. Grundrechtliche Qualität der Vertragsrechte

Die bereits im Vertrag verankerten Rechte wurden in die Grundrechtscharta übernommen:

So enthält Kapitel II über die Freiheiten das Recht der Unionsbürger, „in jedem Mitgliedstaat Arbeit zu suchen, zu arbeiten, sich niederzulassen oder Dienstleistungen zu erbringen“[345]. Diese Aussage kann als die Zusammenfassung der Personenverkehrsfreiheiten des EG betrachtet werden[346]. In Art. 21 Abs. 2 wird das Diskriminierungsverbot aus Gründen der Staatsangehörigkeit fixiert[347], während Art. 23 die Gleichheit von Männern und Frauen „in allen Bereichen, einschließ-

---

341 Rs. 249/96, *Grant*, Slg. 1998, I-621ff., Rn. 28; verb. Rs. C-122 und 125/99 P, *D und Schweden/Rat*, Slg. 2001, I-4319ff., Rn. 46.

342 Art. 23 GRCh, Art. 21 Abs. 1 GRCh; Evelyn *Ellis*, Comment, CMLR 2002, 155ff., 156.

343 S. bereits oben, C-13/94, *P./S.*, Slg. 1996, I-2143ff.

344 *Barnard*, Gender Equality, S. 232.

345 Art. 15 Abs. 2 GRCh.

346 Art. 39, 43 und 49 EG.

347 Vgl. Art. 12 Abs. 1 EG.

lich der Beschäftigung, der Arbeit und des Arbeitsentgelts" sicherstellt[348]. Schließlich werden im Kapitel V die Rechte aus der Unionsbürgerschaft normiert[349].

In Art. 52 Abs. 2 GRCh ist die Reichweite der im Vertrag enthaltenen Rechte geregelt:

> „Die Ausübung der durch diese Charta anerkannten Rechte, die in den Gemeinschaftsverträgen oder im Vertrag über die Europäische Union begründet sind, erfolgt im Rahmen der darin festgelegten Bedingungen und Grenzen".

Die Mitberücksichtigung der Vertragsrechte in der Grundrechtscharta folgt dem Ziel, diese Rechte für den Einzelnen sichtbar zu machen[350].

In der Literatur sind die grundrechtsähnlichen Rechte des Vertrages von den Grundrechten getrennt behandelt worden[351]. Einheitliche Untersuchungen aller Grundrechtsgehalte[352] des Gemeinschaftsrechts in früheren Phasen des Einigungsprozesses sind vereinzelt geblieben. In späteren Jahren hat man den grundrechtsähnlichen Charakter der Rechte des geschriebenen Gemeinschaftsrechts anerkannt[353], sie aber einer gemeinsamen Grundrechtsdogmatik entzogen[354]. Ein Verhältnis zwischen geschriebenem Gemeinschaftsrecht und Grundrechten wurde nur

---

348 Vgl. Art. 141 Abs. 1 EG, allerdings mit engerer Formulierung (Gleichstellung nur hinsichtlich des Entgelts); s. auch Art. 141 Abs. 3, der eine weitere Formulierung enthält (Grundsatz der Chancengleichheit und der Gleichbehandlung von Männern und Frauen in Arbeits- und Beschäftigungsfragen); diese Vorschrift ist im Gegensatz zu Abs. 1 nicht unmittelbar anwendbar, sondern stellt eine Gemeinschaftsaufgabe dar. Hierzu ausführlich unten, zweiter Teil, C II 2 b.

349 Vgl. Art. 17ff. EG.

350 *Alber/Widmaier,* EuGRZ 2000, 510: „... so macht sie [die Charta] doch erstmals deutlich, dass es der Mensch ist, der im Mittelpunkt auch der Europäischen Politik steht"; kritisch zu Beinhaltung dieser Rechte in der Grundrechtscharta *Busse,* EuGRZ 2002, 570.

351 Vgl. die differenzierende Betrachtungsweise von *Hummer,* Grundrechte und grundrechtsähnliche Verbürgungen , S. 60ff.

352 Ingolf *Pernice,* Grundrechtsgehalte im europäischen Gemeinschaftsrecht: ein Beitrag zum gemeinschaftsimmanenten Grundrechtsschutz durch den Europäischen Gerichtshof, 1979.

353 *Pescatore,* EuR 1979, 3; Meinhard *Hilf,* Der Gerichtshof der Europäischen Gemeinschaften als Integrationsfaktor, dargestellt anhand der Rechtsprechung zu den Grundrechten, in: Jochen Abr. Frowein, (Hrsg.), Die Grundrechte in der Europäischen Gemeinschaft, 1978, S. 23ff. (zitiert: *Hilf,* Der Gerichtshof), S. 26: „vertragliche Grundrechte".

354 *Hummer,* Grundrechte und grundrechtsähnliche Verbindungen, S. 73; *Beutler,* in: GTE, Kommentar zum EU-/EG- Vertrag, Art. F, Rn. 64f. und 90f.; *Chwolik-Lanfermann,* Grundrechtsschutz, S. 74.

in dem Umfang bejaht, dass das geschriebene Gemeinschaftsrecht von einem Teil der Literatur als Rechtserkenntnisquelle der Grundrechte angesehen wurde[355].

Die Zusammenführung aller Rechte des Einzelnen unter einem Dach und der Versuch der Offenbarung ihrer Gemeinsamkeiten und Unterschiede ist dann in den letzten Jahren zunehmend in den Vordergrund getreten. Im Schrifttum finden sich zunehmend Aufsätze, welche die Rechte des Einzelnen ganzheitlich untersuchen[356] und unterschiedliche Begriffe verwenden, um diese Rechte zusammenzufassen[357]: Rechte des Einzelnen[358], bürgerschützende allgemeine Rechtsgrundsätze[359], Individualgarantien[360], rights of the individual[361], subjektiv-öffentliche Rechte[362].

Es muss gefragt werden, ob die Aufnahme dieser Rechte in die Grundrechtscharta gerechtfertigt ist, m.a.W., ob es sich bei den Vertragsrechten um grundrechtliche Gewährleistungen handelt. Im Schrifttum ist der grundrechtsähnliche Charakter sowohl der Grundfreiheiten[363] bzw. des Diskriminierungsverbots des Art. 12 Abs.

---

355 S. bereits oben, B II.

356 Vgl. *Kingreen/Störmer*, EuR 1998, 263ff.; *Schilling*, EuGRZ 2000, 3f.; *de Búrca*, Language of Rights, S. 29ff.

357 *Beutler*, in: GTE, Kommentar zum EU-/EG- Vertrag, Art. F, Rn. 91, spricht von Grundrechten und grundrechtsähnlichen Verbürgungen; ebenso *Chwolik-Lanfermann*, Grundrechtsschutz, S. 74f.; *Mohn*, Der Gleichheitssatz, S. 4, bezeichnet die Diskriminierungsverbote des Gemeinschaftsrechts als Vertragsnormen mit Grundrechtscharakter; der EuGH hat noch im Urteil *Van Gend & Loos* (Rs. 26/62, Slg. 1963, 1ff.) von individuellen Rechten gesprochen; später gab er diesen Begriff auf, um Parallelitäten zum innerstaatlichen Recht zu vermeiden; jetzt spricht der Gerichtshof von den „Rechten Einzelner"; dazu ausführlich *Schilling*, EuGRZ 2000, 27; Michael *Tonne*, Effektiver Rechtsschutz durch staatliche Gerichte als Forderung des Europäischen Gemeinschaftsrechts, 1997 (zitiert: *Tonne*, Effektiver Rechtsschutz), S. 193.

358 Nikolaos *Kotalakidis*, Von der nationalen Staatsangehörigkeit zur Unionsbürgerschaft. Die Person und das Gemeinwesen, 2000 (zitiert: *Kotalakidis*, Unionsbürgerschaft), S. 227, spricht zutreffend vom gemeinschaftlichen System zur Gewährleistung der Rechte des Einzelnen.

359 *Schilling*, EuGRZ 2000, 4ff., „Bestand und allgemeine Lehren der bürgerschützenden allgemeinen Rechtsgrundsätze des Gemeinschaftsrechts". *Schilling* verwendet damit den Begriff „allgemeine Rechtsgrundsätze" auch für die Vertragsrechte.

360 *Pernice*, in: Grabitz/Hilf (Hrsg.), EUV/EGV, Art. 164, Rn. 42.

361 *Due/Gulmann*, Fundamental rights, S. 405ff.; vgl. auch *de Búrca*, Language of Rights, 29ff.

362 *Kingreen/Störmer*, EuR 1998, 263ff. (*Kingreen*, in: Calliess/Ruffert (Hrsg.), EUV/EGV, Art. 6, Rn. 78ff.).

363 Ulrich *Becker*, in: Schwarze (Hrsg.), EU-Kommentar, Art. 28 EG, Rn. 6, hinsichtlich des Art. 28 EG; *Beutler*, in: GTE (Hrsg.), Kommentar zum EU-/EG- Vertrag, Art. F, Rn. 34;

1 EG[364] als auch der Unionsbürgerrechte[365] unbestritten. Eine formelle Ähnlichkeit ergibt sich aus der spezifischen Normenhierarchie des Gemeinschaftsrechts: Es handelt sich um Rechte, die genauso wie die Grundrechte im Primärrecht[366] angesiedelt sind[367]. Ferner gewähren diese Rechte dem Einzelnen die Möglichkeit, sich in einem anderen Mitgliedstaat aufzuhalten, oder niederzulassen, zu arbeiten oder eine Dienstleistung zu erbringen[368]. Im Anwendungsbereich des Vertrages müssen die Unionsbürger im Vergleich zu den Staatsangehörigen des Aufnahmemitgliedstaates ohne Diskriminierung behandelt werden (Art. 12 Abs. 1 EG).

In dieser Hinsicht können die Rechte des Vertrages zwar nicht als Grundrechte im herkömmlichen Sinne betrachtet werden, da letztere als primäre Funktion die Ge-

---

Winfried *Brechmann*, in: Calliess/Ruffert (Hrsg.), EUV/EGV, Art. 39, Rn. 1; Thomas *Eilmansberger*, Rechtsfolgen und subjektives Recht im Gemeinschaftsrecht: Zugleich ein Beitrag zur Dogmatik der Staatshaftungsdoktrin des EuGH, 1996 (zitiert: *Eilmansberger*, Subjektives Recht), S. 95; Astrid *Epiney*, Umgekehrte Diskriminierungen. Zulässigkeit und Grenzen der discrimination à rebours nach europäischem Gemeinschaftsrecht und nationalem Verfassungsrecht, 1995 (zitiert: Epiney, Umgekehrte Diskriminierungen), S. 126; *Jarass*, EuR 1995, 204; *Kühling*, Kommunikationsfreiheit, S. 101ff., S. 105; Jürgen *Schwarze*, Schutz der Grundrechte in der Europäischen Gemeinschaft - Grundlagen und heutiger Entwicklungsstand, EuGRZ 1986, 293; *ders.*, in: Schwarze (Hrsg.), EU-Kommentar, Art. 220, Rn. 17; Peter *Szczekalla*, Grundfreiheitliche Schutzpflichten - eine "neue" Funktion der Grundfreiheiten des Gemeinschaftsrechts, DVBl. 1998, 219ff., 222, m.w.N.

364 *V. Bogdandy*, in: Grabitz/Hilf (Hrsg.), EUV/EGV, Art. 6 EG, Rn. 2; *Zuleeg*, FS Börner, 1992, S. 477; *Epiney*, in: Calliess/Ruffert (Hrsg.), EUV/EGV, Art. 12 EG, Rn. 2.

365 Hinsichtlich des Aufenthaltsrechts (Art. 18 Abs. 1 EG): *Kingreen/Störmer*, EuR 1998, 271: *Hatje*, in: Schwarze (Hrsg.), EU-Kommentar, Art. 18 EG, Rn. 1; *Hilf*, in: Grabitz/Hilf (Hrsg.), EU-Kommentar, Art. 17, Rn. 21; *Kluth*, in: Calliess/Ruffert (Hrsg.), EUV/EGV, Art. 18 EG, Rn. 9; Guido *Schulz*, Freizügigkeit für Unionsbürger, 1997, S. 98 (vertraglich kodifiziertes Grundrecht). Offen lassend, ob es sich um ein Grundrecht oder um eine Grundfreiheit handelt *Rengeling*, FS Maurer, 2001, S. 987.

366 Nach der herrschenden Meinung haben die Grundrechte als allgemeine Rechtsgrundsätze den gleichen Rang mit dem Vertragsrecht, *Zuleeg*, in: GTE, Kommentar zum EU-/EG-Vertrag, Art. 1, Rn. 12; *Schilling*, EuGRZ 2000, 30; Gudrun *Schmidt*, in: GTE, Kommentar zum EU-/EG- Vertrag, Art. 189, Rn. 21; *Tridimas*, General Principles, S. 33; anders *Szczekalla*, in: Rengeling (Hrsg.), Hb. EUDUR, 1998, Bd. I, § 12, Rn. 17, der die Gemeinschaftsgrundrechte zwischen dem Primär- und dem Sekundärrecht einordnet.

367 Vgl. hierzu *Quasdorf*, Dogmatik der Grundrechte, S. 60f.

368 Vgl. *Schwarze*, EuGRZ 1986, 293; ähnlich *Kirchhof*, EuGRZ 1994, 24; *Huber*, Recht der europäischen Integration, S. 269 (zusätzliche Freiheitssphären gegenüber den Mitgliedstaaten).

währleistung eines Freiraums des Individuums gegenüber dem eigenen Staat haben[369]. Ein (Grund-)Recht über die Staatsgrenzen hinaus besteht nicht.

Die freiheitssichernde Funktion[370] dieser Rechte kann jedoch nicht bezweifelt werden. Diese Rechte stellen ein Novum dar, dessen Wert nicht hoch genug eingeschätzt werden kann. Sie bezeichnen den Wandel von den nationalstaatlich orientierten Rechtsordnungen, innerhalb derer die Grundrechte ihre Rechtswirkungen entfalten, hin zur Schaffung einer supranationalen Rechtsordnung, welche dem Einzelnen Rechte verleiht, die er gegenüber anderen Staaten geltend machen kann. Dadurch darf jeder Unionsbürger bestimmte Freiheiten außerhalb der staatlichen Grenzen ausüben[371].

Vor diesem Hintergrund ist die Aufnahme dieser Rechte in die Charta gerechtfertigt. Die Vertragsrechte bringen sogar das Besondere der Unionsrechtsordnung zum Ausdruck.

Hinsichtlich der hier zu behandelnden Frage muss jedoch zwischen diesen Rechten und den Grundrechten im eigentlichen Sinne unterschieden werden. Die im Vertrag verankerten Rechte stellen eine Befugnis der Gemeinschaft dar: Auf der Grundlage dieser Vorschriften verfügt die Gemeinschaft ausdrücklich über die Kompetenz, diese Rechte gegenüber den Mitgliedstaaten durchzusetzen.

Diese spezielle Eigenschaft der Vertragsrechte sowie ihre damit verbundene begrenzte Reichweite - hauptsächlich Unionsbürger können sich auf die Vorschriften berufen - kommt in der Charta nur unvollständig zum Ausdruck. Die Charta hat die Diskriminierungsverbote bzw. die Grundfreiheiten entsprechend ihrem Inhalt und nicht ihrem Adressatenkreis bzw. ihrer Funktion in die entsprechenden Kapitel integriert[372]. Dadurch wird aber nicht hinreichend deutlich, dass sie nicht Jedermanns- sondern Unionsbürgerrechte sind. Es könnte ferner der falsche Eindruck entstehen, dass Art. 51 Abs. 1 GRCh auch hinsichtlich dieser Rechte gilt.

---

369 Christoph *Kannengießer,* in: Bruno Schmidt-Bleibtreu / Franz Klein, Kommentar zum Grundgesetz, 9. Auflage, 1999, Vorbemerkung vor Art. 1, Rn. 7.

370 *Kühling,* Kommunikationsfreiheit, S. 105; vgl. auch Ulrich *Everling,* Die Stellung des Bürgers in der Europäischen Gemeinschaft, ZfRV 1992, 240ff., 246f

371 Dazu vgl. bereits Hans Peter *Ipsen,* Europäisches Gemeinschaftsrecht, 1972, S. 250f.

372 Anders hinsichtlich des Aufenthaltsrechts (Art. 45 GRCh) *Scholz,* FS Maurer, 2001, S. 1004, der die Stellung dieses Rechts bei den allgemeinen Freiheitsrechten und weniger bei den Bürgerrechten sieht; Angesichts der Träger diesen Rechts (Unionsbürger und nicht Jedermann), kann dem nicht zugestimmt werden.

Es wäre daher systematisch besser gewesen, wenn diese Rechte als Unionsbürgerrechte in das Kapitel über die Bürgerrechte eingeordnet wären[373].

Trotz ihrer Ausklammerung aus der Dogmatik der Grundrechte im eigentlichen Sinne sind diese Rechte in zweifacher Hinsicht von Bedeutung für die folgende Untersuchung:

a. Es muss untersucht werden, inwiefern sie aufgrund ihrer Verankerung im Vertrag die Auslegung der Gemeinschaftsgrundrechte und damit die hier zu behandelnde Frage beeinflussen können. Dies ist insbesondere hinsichtlich der Grundfreiheiten entscheidend, da im Schrifttum aus den Grundfreiheiten Schlüsse hinsichtlich der Bindungsrichtung der Grundrechte gezogen werden[374].

b. Es stellt sich darüber hinaus die Frage, ob die Einschlägigkeit der Vertragsrechte dazu führt, dass nicht nur diese, sondern auch die Grundrechte im Hinblick auf mitgliedstaatliche Rechtsakte angewendet werden. So geht der EuGH und wohl die herrschende Meinung im Schrifttum davon aus, dass die Eröffnung des Anwendungsbereichs der Grundfreiheiten zur Anwendbarkeit der Gemeinschaftsgrundrechte gegenüber den Mitgliedstaaten führt[375].

Darüber hinaus ist fraglich, inwiefern die Gemeinschaftsgrundrechte auch dann die Mitgliedstaaten binden, wenn das Diskriminierungsverbot aus Gründen der Staatsangehörigkeit (Art. 12 Abs. 1 EG) einschlägig ist. Die Aussage des Gerichtshofs über die Anwendung der Grundrechte „im Anwendungsbereich des Gemeinschaftsrechts“[376] impliziert eine parallele Reichweite der Grundrechte und des Diskriminierungsverbots des Art. 12 Abs. 1 EG, da letzteres auch „im Anwendungsbereich des Vertrages“ heranzuziehen ist[377]. Es ist schließlich unklar, ob der Unionsbürger sich auf die Gemeinschaftsgrundrechte im Aufnahmemitgliedstaat berufen kann. Diese Folge der Anknüpfung des Unionsbürgerstatus an die Staatsangehörigkeit eines Mitgliedstaates wurde vom Generalanwalt (GA) *Jacobs*

---

373 Vgl. in diesem Zusammenhang *Hilf*, in: Grabitz/Hilf (Hrsg.), EUV/EGV, Art. 17, Rn. 2, der die Grundfreiheiten und die Diskriminierungsverbote zum Rechtsstatus der Unionsbürgerschaft zählt.

374 S. unten, zweiter Teil, B I 5.

375 Zur Rechtsprechung des EuGH s. bereits oben, D.

376 Rs. C-260/89, *ERT*, Slg. 1991, I-2925ff., Rn. 42, s. bereit oben D II 4.

377 S. unten, dritter Teil, A III.

in seinen Schlussanträgen zur Rs. *Konstantinidis*[378] vorgeschlagen und wird auch im Schrifttum vertreten[379].

III. Ergebnis

Die Untersuchung hat ergeben, dass als Grundrechte nicht nur die explizit als solche anerkannten verstanden werden können, sondern darüber hinaus bestimmte allgemeine Grundsätze mit subjektiver Rechtsqualität, wie das rechtliche Gehör oder der Grundsatz der guten Verwaltung. Dies bestätigt auch die Grundrechtscharta. Es wurde ferner auf die Reichweite der Anwendung des Verhältnismäßigkeitsgrundsatzes gegenüber den Mitgliedstaaten aufmerksam gemacht, da dies für den weiteren Gang der Untersuchung von Bedeutung ist.

Anschließend wurde den unterschiedlichen Diskriminierungsverboten des Gemeinschaftsrechts nachgegangen, und gezeigt, dass die Mitgliedstaaten an keinen umfassenden Gleichheitssatz gebunden sein können, bevor die Frage der Reichweite ihrer Bindung an die Gemeinschaftsgrundrechte abschließend geklärt ist.

Die Grundrechtscharta enthält schließlich die im Vertrag verankerten Rechte des Einzelnen, die grundrechtliche Qualität haben. Sie stellen allerdings gleichzeitig Aufgaben der Gemeinschaft dar. Aus diesem Grund verleihen die einschlägigen Vorschriften der Gemeinschaft direkt die Befugnis, mitgliedstaatliches Handeln, das gegen diese Vorschriften verstößt, zu sanktionieren. Dementsprechend ist in bezug auf die zu behandelnde Problematik eine Differenzierung zwischen diesen Rechten und den übrigen, in der Grundrechtscharta enthaltenen Rechten angezeigt.

Von Bedeutung für die Untersuchung sind diese Rechte insofern, als aus ihnen Schlüsse hinsichtlich einer Bejahung der Bindung der Mitgliedstaaten an die Gemeinschaftsgrundrechte gezogen werden, was im zweiten Teil zu klären sein wird. Abschließend geht es um die Frage, ob ihre Einschlägigkeit die Einschlägigkeit der Gemeinschaftsgrundrechte gegenüber den Mitgliedstaaten impliziert. Dies wird im dritten Teil der Arbeit untersucht.

---

378 Rs. C-168/91, *Konstantinidis*, Slg. 1993, I-1191ff.

379 Zuständigkeit des EuGH, die Einhaltung des EMRK-Standards zu kontrollieren, wenn das Aufenthaltsrecht des Art. 18 EG einschlägig ist, *Bienert*, Kontrolle mitgliedstaatlichen Handelns, S. 178, bzw. S. 204.

Zweiter Teil: Dogmatische Herleitung der Bindung der Mitgliedstaaten an die Grundrechte

A. Einleitung

Eine Auseinandersetzung mit den im Schrifttum vorgeschlagenen Argumenten zur Stützung einer Bindung der Mitgliedstaaten an die Gemeinschaftsgrundrechte gebietet sich aus folgenden Gründen:

- Die Grundrechtscharta beinhaltet zwar eine Eingrenzung der Geltung der Grundrechte nur bei der Durchführung des Gemeinschaftsrechts. Aufgrund der Unverbindlichkeit der Grundrechtscharta kann jedoch nicht ausgeschlossen werden, dass mit der Verabschiedung eines verbindlichen Textes eine Änderung dieser Vorschrift vorgenommen wird.

- Der EuGH verwendet in seiner Rechtsprechung den Begriff „Anwendungsbereich" bzw. „Rahmen" des Gemeinschaftsrechts, was eine Bindung der Mitgliedstaaten über die zwei Fallgruppen hinaus impliziert. Das Schrifttum geht nicht nur vor, sondern auch nach der Verabschiedung der Charta von einer weitergehenden Grundrechtskontrolle mitgliedstaatlichen Handelns seitens der Gemeinschaft aus.

- Darüber hinaus muss der Begriff Durchführung näher erläutert werden, da er im Schrifttum teilweise sehr weit verstanden wird.

Grundsätzlich gilt, dass die Kontrollmaßstäbe für das Handeln eines Hoheitsträgers derjenigen Rechtsordnung zu entnehmen sind, in welcher der Hoheitsträger seine Aufgaben wahrnimmt. Die Gemeinschaftsorgane unterliegen insofern gemeinschaftlichen Grundrechtsbindungen und daher der Zuständigkeit des EuGH, während die mitgliedstaatlichen Organe nationalen Grundrechtsbindungen - in dem Umfang, der im nationalen Verfassungsrecht festgelegt ist - und der Zuständigkeit der nationalen Gerichte unterworfen sind.

Die durch den EG-Vertrag errichtete Gemeinschaft legt den nationalen Hoheitsträgern zahlreiche Verpflichtungen auf, um dadurch die in Art. 2 und 3 EG festgelegten Ziele zu verwirklichen. Die Kontrolle über die Einhaltung dieser Verpflichtungen wurde dem EuGH[380] und der Kommission anvertraut[381]. Auf dieser Weise verfügt die Europäische Gemeinschaft über die Kompetenz, mitgliedstaatliches Handeln in den vom Gemeinschaftsrecht vorgesehenen Fällen zu sanktionieren. Die originäre Kontrollkompetenz für mitgliedstaatliche Akte bleibt trotz dieser Übertragung von Kontroll- und Sanktionierungsbefugnissen weiterhin bei den Mitgliedstaaten.

---

380 Art. 220f. EG.

381 Art. 211 lit. a, Art. 226 EG.

Das bedeutet für die hier zu behandelnde Frage, dass bestimmte Gründe vorliegen müssen, die zwingend zur Anerkennung einer gemeinschaftlichen Zuständigkeit zur Kontrolle mitgliedstaatlichen Handelns führen[382]. Die Voraussetzungen für eine zulässige Rechtsfortbildung seitens des EuGH sind in Art. 220 EG festgelegt.

Gemäß Art. 220 EG ist der EuGH dazu berufen, bei der Auslegung und Anwendung des EG-Vertrags die Wahrung des Rechts zu sichern[383]. Die allgemeinen Rechtsgrundsätze werden als Teil des „Rechts" im Sinne dieser Vorschrift betrachtet[384], die der EuGH im Wege einer richterrechtlichen Rechtsfortbildung[385] entwickelt hat. Voraussetzungen einer zulässigen Rechtsfortbildung sind die Existenz von zwingenden Gründen, die eine solche Rechtsfortbildung rechtfertigen, sowie - im Hinblick auf das Verhältnis zwischen Mitgliedstaaten und Gemeinschaft - die Beachtung des Prinzips der begrenzten Einzelermächtigung[386] und der Subsidiarität[387]. Von Bedeutung ist auch die Klärung der Frage, welche Funktion der EuGH in der Gemeinschaftsrechtsordnung erfüllen soll. Während sein Beitrag zur festen Etablierung der Gemeinschaftsrechtsordnung und als Motor der Integration nicht unterschätzt werden soll, ist der EuGH mehr und mehr zur Wahrung der Kompetenzverteilung zwischen den Mitgliedstaaten und der Union aufgerufen[388].

Insbesondere hinsichtlich der hier zu behandelnden Frage müssen die Gründe der Entwicklung des Grundrechtsschutzes auf europäischer Ebene berücksichtigt werden.

---

382 Albert *Bleckmann*, Europarecht. Das Recht der Europäischen Union und der Europäischen Gemeinschaften, 6. Auflage, 1997 (zitiert: *Bleckmann*, Europarecht), Rn. 613.

383 Ulrich *Everling*, Rechtsvereinheitlichung durch Richterrecht in der Europäischen Gemeinschaft, RabelsZ (50) 1986, 193ff., 206; *Tridimas*, General Principles, S. 11: "It's cardinal importance (Art. 164) lies precisely in that it mandates the Court to work out a system of legal principles in accordance with which the legality of Community and Member State action must be determined".

384 *Pernice*, in: Grabitz/Hilf (Hrsg.), EUV/EGV, Art. 164, Rn. 48; *Bleckmann/Pieper*, in: Dauses (Hrsg.), Hdb. des EU-Wirtschaftsrechts, B. I, Rn. 80; vgl. auch *Pescatore*, EuR 1979, 3.

385 *Bleckmann/Pieper*, a.a.O.

386 Klaus-Dieter *Borchardt*, Richterrecht durch den Gerichtshof der Europäischen Gemeinschaften, in: Albrecht Randelzhofer / Rupert Scholz / Dieter Wilke (Hrsg.) Gedächtnisschrift für Eberhard Grabitz, München 1995 (zitiert: *Borchardt*, GS Grabitz, 1995), S. 28ff., S. 32f.; ausführlich *Ukrow*, Rechtsfortbildung, S. 216f.

387 *Wegener*, in: Calliess/Ruffert (Hrsg.), EUV/EGV, Art. 220, Rn. 17.

388 *Wegener*, in: Calliess/Ruffert (Hrsg.), EUV/EGV, Art. 220, Rn. 16; Ulrich *Everling*, Richterliche Rechtsfortbildung in der Europäischen Gemeinschaft, JZ 2000, 217ff., 227; Thomas *Oppermann*, Die Dritte Gewalt in der Europäischen Union, DVBl. 1994, 901ff., 905-906.

Der Geltungsgrund der Grundrechte liegt in der Feststellung, dass der Bürger aufgrund der unmittelbaren Geltung des Gemeinschaftsrechts in seinen Grundrechten betroffen werden kann[389]. Die Entwicklung von Grundrechten ist daher unabdingbare Voraussetzung der Wahrung des Grundsatzes der *Rechtsstaatlichkeit* auf europäischer Ebene[390].

Die Forderung, die nationalen Grundrechte in der Gemeinschaftsrechtsordnung gelten zu lassen, hat der EuGH zurückgewiesen, um die *einheitliche Anwendung* und den Vorrang des Gemeinschaftsrechts sicherzustellen[391]. Aus diesem Grund hat er Grundrechte als *Gemeinschafts*grundrechte[392] entwickelt[393]. Ziel war die Entwicklung eines in sich geschlossenen Systems, in der alle relevanten Normen im Rahmen des Gemeinschaftsrechts angesiedelt sind. Es geht daher um eine funktionale und eine rechtsstaatliche Ableitung des Grundrechtsschutzes auf Gemeinschaftsebene. Diese zwei Argumente spielen eine wesentliche Rolle auch bei der Klärung der Frage, ob die Gemeinschaft den Mitgliedstaaten grundrechtliche Pflichten auferlegen darf.

Es muss schließlich geklärt werden, ob die Existenz einer Lücke Voraussetzung der zulässigen Rechtsfortbildung ist. So wird aus dem Fehlen einer Lücke hinsichtlich des Grundrechtsschutzes abgeleitet, dass der EuGH die Grenzen der zulässigen Rechtsfortbildung überschritten habe[394].

Dieses Argument ist nur beim ersten Blick zwingend.

---

389 *Bleckmann/Pieper,* in: Dauses (Hrsg.), Hdb. des EU-Wirtschaftsrechts, B. I, Rn. 74; Carl Otto *Lenz,* Der europäische Grundrechtsstandard in der Rechtsprechung des Europäischen Gerichtshofes, EuGRZ 1993, 585.

390 Vgl. *Kühling,* Kommunikationsfreiheit, S. 45. Zum Rechtsstaatsprinzip in der Gemeinschaftsrechtsordnung s. Manfred *Zuleeg,* Die Europäische Gemeinschaft als Rechtsgemeinschaft, NJW 1994, 545f.; zur Wahrung der Menschenrechte als Ausdruck des Rechtsstaatsprinzips s. Karl-Peter *Sommermann,* Art. 20, in: Hermann von Mangoldt / Friedrich Klein / Christian Starck (Hrsg.), Das Bonner Grundgesetz, Kommentar, Band 2, 2000, Rn. 221f.

391 Rs. 11/70, *Internationale Handelsgesellschaft,* Slg. 1971, 1125ff., Rn. 3: Funktionale Ableitung, s. *Beutler,* in: GTE, Kommentar zum EU-/EG- Vertrag, Art. F, Rn. 64; *Epiney,* Umgekehrte Diskriminierungen, S. 126; *Kingreen,* in: Calliess/Ruffert (Hrsg.), EUV/EGV, Art. 6, Rn. 29f.

392 *Bleckmann/Pieper,* in: Dauses (Hrsg.), Hdb. des EU-Wirtschaftsrechts, B. I, Rn. 76; *Pernice,* in: Grabitz/Hilf (Hrsg.), EUV/EGV, Art. 164, Rn. 43.

393 Die Sorge des EuGH für die Wahrung des Vorrangs des Gemeinschaftsrechts aber auch für den Schutz der Rechte des Einzelnen betonen *Beutler,* in: GTE, Kommentar zum EU-/EG-Vertrag, Art. F, Rn. 64, und *de Witte,* The Role of the ECJ in the Protection of Human Rights, S. 866.

394 *Huber,* Recht der europäischen Integration, S. 128.

Die allgemeinen Rechtsgrundsätze dienen nicht nur der Lückenfüllung sondern auch der Auslegung von anderen Vorschriften[395].

Diese Ansicht macht ferner die Rechtsfortbildung von der Existenz einer Lücke am Grundrechtsschutz abhängig. Es gibt jedoch, wie bereits dargelegt, durchaus Unterschiede und daher auch Lücken am Grundrechtsschutz in den Mitgliedstaaten[396]. In diesem Fall müssen konsequenterweise die Gemeinschaftsgrundrechte eingreifen, was gerade diese Ansicht vermeiden will.

Es ist daher festzuhalten, dass die Begründung einer gemeinschaftlichen Kontrolle mitgliedstaatlichen Handelns anhand von Grundrechten nicht von der Existenz einer Lücke abhängt.

Das Schrifttum hat sich intensiv mit der dogmatischen Ableitung der Bindung auseinandergesetzt. Durch die Verwendung von Argumenten funktionaler Natur wird der Versuch unternommen, die vom EuGH entwickelten Auslegungsmethoden, auf deren Grundlage der EuGH im Weg der Rechtsfortbildung die Staatshaftung der Mitgliedstaaten für Verletzungen von gemeinschaftsrechtlichen Vorschriften[397] anerkannt und das Erfordernis eines effektiven Rechtsschutzes des einzelnen[398] betont hat, in Bezug auf die Grundrechte fruchtbar zu machen (funktionale Ableitung der Bindung, unter B). Zusätzlich wird eine Kontrolle des Handelns der Mitgliedstaaten auf Argumente gestützt, die den Schutz des Einzelnen in den Mittelpunkt rücken (rechtsstaatliches Argument, unter C).

Ziel der Darstellung der Argumente ist, ihre Einschlägigkeit für die Beantwortung der hier interessierenden Frage zu beurteilen und ihre rechtliche Tragweite[399] zu ermitteln. Auf diese Weise können Schlüsse hinsichtlich der möglichen Reichweite der Kontrolle mitgliedstaatlichen Handelns anhand von Grundrechten gezogen werden. Je mehrere Gründe für eine solche Kontrolle sprechen, desto weiter kann der Anwendungsbereich der Gemeinschaftsgrundrechte im Sinne der ERT-Entscheidung reichen.

Problematisch hinsichtlich dieses Versuchs ist die Tatsache, dass das Endziel der europäischen Integration nicht festgelegt worden ist[400]. Eine nach dem Telos der

---

395 *Epiney,* Umgekehrte Diskriminierungen, S. 129; ausführlicher *Tridimas*, General Principles, S. 17f.

396 *Bleckmann,* Europarecht, Rn. 612.

397 Verb. Rs. C-6/90 und 9/90, *Francovich,* Slg. 1991, I-5357ff., Rn. 36.

398 Verb. Rs. C-142/88 und C-92/89, *Zuckerfabrik Süderdithmarschen und Zuckerfabrik Soest,* Slg. 1991, I-415ff., Rn. 16f.; Rs. C-393/97 P (R), *Antonissen,* Slg. 1997, I-441ff., Rn. 36.

399 Martin *Nettesheim,* in: Grabitz/Hilf (Hrsg.), EUV/EGV, Art. 4, Rn. 47, spricht vom „argumentativen Gewicht" der Gründe.

400 *Huber,* Recht der europäischen Integration, S. 84f.

Union gerichtete Auslegung des Gemeinschaftsrechts ist daher nicht möglich[401]. Die folgende Untersuchung beschränkt sich darauf, den jetzigen Stand der Integration festzustellen. Das Ergebnis ist dann lediglich eine Momentaufnahme.

B. Das funktionale Argument

I. Lösungsversuche in der Literatur

Das Schrifttum hat den Versuch unternommen, geltende Grundsätze im Gemeinschaftsrecht in bezug auf die zu untersuchende Frage fruchtbar zu machen. So werden Schlüsse für die Frage der Bindung der Mitgliedstaaten an die Gemeinschaftsgrundrechte aus den Grundsätzen der unmittelbaren Anwendung, des Vorrangs des Gemeinschaftsrechts, der (praktischen) Wirksamkeit, der einheitlichen Anwendung des Gemeinschaftsrechts, sowie aufgrund der vertraglichen Vorschriften, vor allem der Grundfreiheiten gezogen. Zunächst werden diese Argumente ausführlicher dargestellt. Es wird untersucht, ob ihre Anwendung überhaupt eine Bindung der Mitgliedstaaten zur Folge haben kann, d.h. ob ihre Eigenschaften logisch zu diesem Ergebnis führen können. Falls dies zu bejahen ist, wird man Stellung hinsichtlich der Übertragbarkeit dieser Auslegungsmethoden auf die Grundrechte im engen Sinne zu nehmen haben. Anschließend wird nach der rechtlichen Tragweite dieser Grundsätze im Gemeinschaftsrecht gefragt, um feststellen zu können, ob sie auch eine Kontrolle seitens der Gemeinschaft begründen können.

1. Der Grundsatz der unmittelbaren Anwendung des Gemeinschaftsrechts

Der Grundsatz der unmittelbaren Anwendung stellt ein Strukturprinzip der Gemeinschaftsrechtsordnung dar. Nach ständiger Rechtsprechung des EuGH[402] kann sich der Einzelne auf Vorschriften des Gemeinschaftsrechts berufen, wenn diese eine klare und uneingeschränkte Handlungs- oder Unterlassungspflicht der Mit-

---

401 Vgl. hier Thomas von *Danwitz*, Verwaltungsgerichtliches System und europäische Integration, 1996, (zitiert: *v. Danwitz*, Europäische Integration), S. 94: „Für eine substantielle Erfassung der Wesenszüge, Struktur und systematischen Verklammerung der Rechtsordnung der Gemeinschaft als Grundlage juristischer Deduktion und teleologischer Auslegung des EG-Primärrechts lässt sich aus einer Untersuchung von Rechtsnatur und Finalität der europäischen Integration somit ein positiver Befund nicht gewinnen, der als umfassendes Leitmotiv oder allgemeines Modell für das Verständnis der Gemeinschaftsrechtsordnung dienen und ein tragfähiges Fundament für die Entwicklung genereller Auslegungsregeln darstellen könnte".

402 Grundlegend in der Rs. 26/62, *Van Gend & Loos*, Slg. 1963, 1ff., 24; Rs. 83/78, *Pigs Marketing Board/Redmond*, Slg. 1978, 2347ff., Rn. 66/67 (Art. 28 EG); Rs. 41/74, *van Duyn*, Slg. 1974, 1337ff., Rn. 5-7 (Art. 39 EG).

gliedstaaten begründen, die keiner Konkretisierung durch den nationalen Gesetzgeber bedarf, m.a.W. den Mitgliedstaaten keinen Ermessensspielraum lässt[403].

Eine Kontrolle mitgliedstaatlichen Handelns anhand von Grundrechten seitens der Gemeinschaft wird auf die Eigenschaft der Grundrechte als unmittelbar anwendbarer Normen gestützt. Nach dieser Ansicht sind die allgemeinen Rechtsgrundsätze von Natur aus unmittelbar anwendbar. Der einzelne könne sich auf sie vor einem Gericht berufen[404]. Die Berufung auf die unmittelbar anwendbaren Gemeinschaftsgrundrechte vor einem innerstaatlichen Gericht gegen nationale Maßnahmen sei daher möglich.

Die Begründung einer Bindung der Mitgliedstaaten an die Gemeinschaftsgrundrechte aufgrund ihres Charakters als unmittelbar anwendbarer Normen ist hier jedoch abzulehnen:

Der Grundsatz ist für Vorschriften des geschriebenen Gemeinschaftsrechts entwickelt worden[405] und hat das Ziel, die effektive Durchsetzung des Gemeinschaftsrechts in den Mitgliedstaaten durch Einbeziehung der Marktbürger sicherzustellen[406]. Dagegen sind die allgemeinen Rechtsgrundsätze von ihrer Grundkonzeption her Vorschriften bzw. Rechte, auf die sich der Einzelne berufen kann[407]. Die Bezeichnung der allgemeinen Rechtsgrundsätze als unmittelbar anwendbarer Normen führt daher zu unnötiger terminologischer Verwirrung.

Darüber hinaus muss beachtet werden, dass die Eigenschaft einer Norm, unmittelbar dem Einzelnen Rechte zu verleihen, nicht automatisch dazu führt, dass ihr personeller Anwendungsbereich uneingeschränkt erweitert wird. Vielmehr muss bei jeder Vorschrift konkret sowohl der Begünstigten- als auch der Adressatenkreis ermittelt werden[408]. Für die allgemeinen Rechtsgrundsätze bedeutet dies,

---

403 *Streinz*, Europarecht, Rn. 349; *Huber*, Recht der europäischen Integration, S. 109.

404 *Temple Lang*, LIEI 1991/1992, 29; die Ansicht von *Temple Lang* bejaht auch Dierk *Schindler*, Die Kollision von Grundfreiheiten und Gemeinschaftsgrundrechten, 2001, (zitiert: *Schindler*, Kollision), S. 142, i.V.m. dem Grundsatz der einheitlichen Anwendung.

405 Im EG-Vertrag sind vor allem die Grundfreiheiten unmittelbar anwendbar, sowie Art. 12 Abs. 1, 141 Abs. 1, und 18 Abs. 1 EG.

406 *Ruffert*, EuGRZ 1995, 523; *Craig/de Búrca*, EU Law, S. 167; *Kingreen/Störmer*, EuR 1998, 289; *Zuleeg*, in: GTE, Kommentar zum EU-/EG- Vertrag, Art. 1, Rn. 34.

407 *Cirkel*, Bindungen, S. 166; *Kischel*, EuGRZ 1997, 8, unterscheidet zu Recht zwischen den Diskriminierungsverboten des Art. 12 Abs. 1 und 141 Abs. 1 EG und dem allgemeinen Gleichheitssatz: Die unmittelbare Anwendbarkeit des Gleichheitssatzes ergebe sich bereits aus seinem Charakter als Grundrecht; *Beutler*, in: GTE, Kommentar zum EU-/EG- Vertrag, Art. F, Rn. 38; unklar dagegen *Hatje*, in: Schwarze (Hrsg.), EU-Kommentar, Art. 10, Rn. 12: „Die allgemeinen Rechtsgrundsätze ... sind ebenfalls unmittelbarer Anwendung fähig".

408 Vgl. *Cirkel*, Bindungen, S. 167.

dass sie uneingeschränkt gegenüber den Gemeinschaftsorganen zur Geltung kommen können, ihre Anwendbarkeit aber im innerstaatlichen Bereich nicht von vornherein gegeben ist. Es müssen vielmehr andere Gründe vorliegen, die die Anwendbarkeit der Rechtsgrundsätze im innerstaatlichen Raum rechtfertigen. Diese Gründe herauszuarbeiten ist gerade Gegenstand dieser Untersuchung.

Aus diesem Grund folgt, dass der Grundsatz der unmittelbaren Anwendbarkeit nicht geeignet ist, eine Kontrolle mitgliedstaatlichen Handelns anhand von Grundrechten seitens der Europäischen Gemeinschaft zu begründen.

2. Der Grundsatz der praktischen Wirksamkeit des Gemeinschaftsrechts

a. Anwendung des Grundsatzes zur Begründung einer Grundrechtskontrolle mitgliedstaatlichen Handelns seitens der Gemeinschaft

Nach einer verbreiteten Ansicht in der Literatur sind aus dem Grundsatz der praktischen Wirksamkeit die Mitgliedstaaten verpflichtet, zumindest im Rahmen der Durchführung des Gemeinschaftsrechts[409], oder auch im Anwendungsbereich des Gemeinschaftsrechts[410], die Gemeinschaftsgrundrechte zu beachten.

Der Grundsatz der praktischen Wirksamkeit des Gemeinschaftsrechts ist eine Auslegungsregel[411], die bewirkt, dass jede Rechtsvorschrift so auszulegen ist, dass sie ihre volle Wirkung entfalten kann[412]. Darüber hinaus kann dieser Grundsatz dazu führen, dass bestimmte Rechtsfolgen eintreten[413].

Der Grundsatz der praktischen Wirksamkeit ist auf die Aufrechterhaltung der Funktionsfähigkeit der Europäischen Gemeinschaft gerichtet. Das Gebot der Funktionsfähigkeit ist im Vertrag nicht ausdrücklich verankert, kann aber in Art. 10 EG erblickt werden, der die Pflicht zur loyalen Zusammenarbeit im Gemeinschaftsrecht festlegt[414]. Auf Art. 10 EG i.V.m. dem Grundsatz der praktischen Wirksamkeit („effet utile“) wurden zahlreiche Rechtsfolgen gestützt, wie zum

---

409 Eingrenzung von *Cirkel*, Bindungen, S. 172; *Bleckmann*, Europarecht, Rn. 617.

410 *Jones*, Bindung, S. 40f.

411 Als Unterfall der teleologischen Auslegungsmethode zu qualifizieren, vgl. *Wegener*, in: Calliess/Ruffert (Hrsg.), EUV/EGV, Art. 220, Rn. 14.

412 Rs. 9/70, *Franz Grand/Finanzamt Traunstein*, Slg. 1970, 825ff., Rn. 5; verb. Rs. C-6/90 und C-9/90, *Francovich*, Slg. 1991, I-5357ff., Rn. 32; dazu Wolfgang *Pühs*, Der Vollzug von Gemeinschaftsrecht, 1997, S. 83.

413 *Eilmansberger*, Subjektives Recht, S. 46.

414 *V. Bogdandy*, in: Grabitz/Hilf (Hrsg.), EUV/EGV, Art. 5, Rn. 7; zu den vom EuGH verwendeten Begriffen zur Umschreibung dieser Pflicht s. Wolfgang *Kahl*, in: Calliess/Ruffert (Hrsg.), EUV/EGV, Art. 10, Rn. 11.

Beispiel die Staatshaftung der Mitgliedstaaten für Verletzungen des Gemeinschaftsrechts oder das Erfordernis eines effektiven Rechtsschutzes des Einzelnen hinsichtlich gemeinschaftsrechtlich gewährter Rechtspositionen.

Die Verpflichtung der Mitgliedstaaten zur Beachtung der Gemeinschaftsgrundrechte ist direkt auf Art. 10 EG gestützt worden[415]. Wegen seines offenen Gehalts kann Art. 10 EG eine direkte Pflicht der Mitgliedstaaten, die Gemeinschaftsgrundrechte zu beachten, nicht entnommen werden. Vielmehr bedarf es eines externen Bezugspunkts zu bereits existierenden Verpflichtungen[416]. Größeren Erfolg verspricht der Versuch, aus Art. 10 EG i.V.m. dem Grundsatz der Effektivität und Einheit[417] der Gemeinschaftsrechtsordnung eine Bindung abzuleiten[418]:

Mit dem Argument der Wirksamkeit des Gemeinschaftsrechts sind zwei unterschiedliche Sachen gemeint: Es wird einerseits argumentiert, dass den Gemeinschaftsgrundrechten selbst als Teil des Gemeinschaftsrechts Wirksamkeit verliehen wird, m.a.W. dass es Aufgabe der Gemeinschaften sei, die Rechtsposition des Unionsbürgers dadurch zu stärken, dass dem Gemeinschaftsrecht gerade auch in seiner spezifisch gemeinschaftsgrundrechtlichen Ausprägung Wirkung verschafft werde[419]. Dieser Schluss setzt voraus, dass der Grundsatz der praktischen Wirksamkeit auch in Bezug auf die allgemeinen Rechtsgrundsätze Anwendung findet, m.a.W. dass die Gemeinschaftsgrundrechte Gemeinschaftsrechtsnormen sind, die im Sinne ihrer größtmöglichen Wirksamkeit ausgelegt werden sollten.

Es wird andererseits das Argument verwendet, dass die Bindung der Gemeinschaftsgewalt an die Gemeinschaftsgrundrechte nur durch Einbeziehung der Bindung der Mitgliedstaaten an sie gewahrt werden kann[420]: Dadurch, dass der Vollzug des Gemeinschaftsrechts den Mitgliedstaaten obliege, würde ihre Befreiung

---

415 John *Temple Lang*, The duties of cooperation of national authorities and Courts under Article 10 E.C.: two more reflections, ELR 2001, 84ff., 88, allerdings unklar da er in S. 91 Art. 10 nur in Verbindung mit einem anderen Grundsatz anwendbar sehen will; *Jones*, Bindung, S. 40f., i.V.m. dem Grundsatz der unmittelbaren Anwendung, s. bereits oben, 1; *Mohn*, Gleichheitssatz, S. 42, hinsichtlich des Gleichheitssatzes; *Langenfeld*, Gleichbehandlung, S. 115.

416 Eine Kompetenzbegründung allein auf Art. 10 EG verneint das Schrifttum ganz überwiegend, s. *Eilmansberger*, Subjektives Recht, S. 43; *Tonne*, effektiver Rechtsschutz, S. 259; so wohl auch *Kahl*, in: Calliess/Ruffert (Hrsg.), EUV/EGV, Art. 10, Rn. 15.

417 Zum Grundsatz der Einheit bzw. einheitlichen Anwendung s. gleich unten, 4.

418 So *Jones*, Bindung, S. 42f.

419 *Cirkel*, Bindungen, S. 171; für eine effektive Durchsetzung der Gemeinschaftsgrundrechte auch *Schindler*, Kollision, S. 142-143.

420 *Cirkel*, Bindungen, S. 171; *Epiney*, Umgekehrte Diskriminierungen, S. 133; in diese Richtung auch *Jones*, Bindung, S. 43.

von Grundrechtsgewahrleistungen die Bindung der Gemeinschaftsorgane an die Grundrechte gefährden. Die effektive Durchsetzung der Geltung gemeinschaftlicher Grundrechte im und für das Gemeinschaftsrecht könne nur durch die Bindung der Mitgliedstaaten an die Gemeinschaftsgrundrechte erreicht werden[421]. Dem diesem Argument zugrundegelegten Gedanken ist beizupflichten: In vielen Fällen ist die Verzahnung vom gemeinschaftlichen und nationalen Handeln so eng, dass die Freistellung des mitgliedstaatlichen Handelns von grundrechtlichen Verpflichtungen zu einer Freistellung auch der gemeinschaftlichen Tätigkeit führen kann. Problematisch bei diesem Argument ist jedoch die Instrumentalisierung der Grundrechte zur Erreichung einer möglichst effektiveren Durchsetzung des Gemeinschaftsrechts.

b. Übertragbarkeit des Grundsatzes der praktischen Wirksamkeit auf die Gemeinschaftsgrundrechte

Beide Argumente haben ein funktionales Element immanent: Das erste wendet den Grundsatz der praktischen Wirksamkeit auf die Gemeinschaftsgrundrechte selbst an. Das zweite verwendet die Grundrechte, um dem Gemeinschaftsrecht möglichst effektive Geltung zu verschaffen.

Hinsichtlich des ersten Arguments muss geklärt werden, ob die Auslegungsmethoden des geschriebenen Vertragsrechts auf die allgemeinen Rechtsgrundsätze übertragen werden sollten[422]. Der EuGH hat diese Auslegungsregeln herangezogen, um den Vertragsvorschriften und dadurch den Gemeinschaftszielen zur möglichst größten Verwirklichung zu verhelfen. Die am *effet utile* orientierte Rechtsprechung des EuGH hat sich angesichts der dynamischen Konzeption des Gemeinschaftsrechts als wesentlicher Beitrag zur Festigung und Entwicklung der Europäischen Gemeinschaften erwiesen. Die Reichweite der Anwendung des *effet utile* Gedankens vom EuGH ist jedoch alles andere als unumstritten. Obwohl diese Form der teleologischen Auslegung des Gemeinschaftsrechts nicht bezweifelt wird, werden kritische Stimmen zur extensiven Anwendung dieses Grundsatzes seitens des EuGH laut[423]. So wird eine stärkere Orientierung an materielle Grundsätze gefordert[424].

---

421 *Epiney*, Umgekehrte Diskriminierungen, S. 133.

422 Zu den Auslegungsmethoden des Gemeinschaftsrechts ausführlich *Bleckmann/Pieper*, in: Dauses (Hrsg.), Hdb. des EU-Wirtschaftsrechts, B. I, Rn. 1ff.; *Nettesheim*, in: Grabitz/Hilf (Hrsg.), EUV/EGV, Art. 4, Rn. 43ff.

423 S. auch die Maastricht-Entscheidung, BVerfGE, 89, 155ff., 210; aus dem Schrifttum s. *Tonne*, Effektiver Rechtsschutz, S. 292ff.

424 *Tonne*, Effektiver Rechtsschutz, S. 297.

Wenn aber Zurückhaltung hinsichtlich der Anwendung des Grundsatzes der praktischen Wirksamkeit auf die Auslegung des geschriebenen Gemeinschaftsrechts geboten ist, dann muss dies um so mehr hinsichtlich der Übertragung des Grundsatzes auf die Gemeinschaftsgrundrechte gelten.

In der Literatur ist die Frage der Übertragbarkeit dieser Grundsätze auf die Auslegung der allgemeinen Rechtsgrundsätze kaum thematisiert worden. Es fällt auf, dass alle Argumente undifferenziert auf Fragen der Dogmatik der Gemeinschaftsgrundrechte übertragen werden.

Aus diesem Grund verdient die Ansicht *Rufferts* Aufmerksamkeit, der auf das Erfordernis der Unterscheidung zwischen geschriebenem Gemeinschaftsrecht und allgemeinen Rechtsgrundsätzen hinsichtlich der anzuwendenden Auslegungsmethoden aufmerksam gemacht hat.

Er hat betont, dass der Grundsatz der unmittelbaren Anwendbarkeit dem Ziel der effektiven Durchsetzung diene, während die Gemeinschaftsgrundrechte ein anderes Ziel verfolgen, nämlich den Schutz des Einzelnen vor Beeinträchtigungen der öffentlichen Gewalt[425]. Es sei daher nicht Ziel der Gemeinschaft, die als allgemeinen Rechtsgrundsätze formulierten Gemeinschaftsgrundrechte in den Mitgliedstaaten „durchzusetzen“[426].

Diese Unterscheidung zwischen den Auslegungsmethoden des geschriebenen Gemeinschaftsrechts einerseits und der Gemeinschaftsgrundrechte andererseits wurde in der Literatur stark kritisiert[427]. Es wurde argumentiert, dass die Gemeinschaftsgrundrechte zur Gemeinschaftsrechtsordnung gehörten, die als ganzes effektiv durchgesetzt werden sollte. Die Unterscheidung von *Ruffert* nähme aber unzulässigerweise einen Teil der Rechtsordnung - d.h. die Gemeinschaftsgrundrechte - von der Anwendung der gemeinschaftsrechtlichen Auslegungsmethoden aus[428]. Die Gemeinschaftsgrundrechte müssten sogar deswegen effektiv durchgesetzt werden, da sie Ziele der Gemeinschaft darstellten[429].

Die Annahme einer einheitlichen Rechtsordnung, die als ganzes effektiv durchgesetzt werden soll, verfehlt den Sinn und Zweck der unterschiedlichen Normen des Gemeinschaftsrechts.

---

425 *Ruffert*, EuGRZ 1995, 523.

426 *Ruffert*, EuGRZ 1995, 523.

427 *Jones*, Bindung, S. 54, Fn. 162; *Schindler*, Kollision, S. 142-143; *Cirkel*, Bindungen, S. 167.

428 *Jones*, Bindung, S. 54, Fn. 162.

429 *Schindler*, Kollision, S. 142.

Es muss konsequent zwischen der Auslegung des geschriebenen Gemeinschaftsrechts, welches Kompetenzvorschriften enthält[430], einerseits und der Auslegung von allgemeinen Rechtsgrundsätzen andererseits differenziert werden.

Die allgemeinen Rechtsgrundsätze sind keine Vertragsvorschriften und können nicht als Kompetenzvorschriften angesehen werden. Ihre Funktion ist die Kontrolle des Handelns der Gemeinschaftsorgane. Aus ihrer unterschiedlichen Zielrichtung im Vergleich zu den vertraglichen (Kompetenz)vorschriften folgt, dass sie auch unterschiedlichen Auslegungsregeln unterliegen.

Die Anwendung des Grundsatzes der praktischen Wirksamkeit impliziert dagegen, dass die allgemeinen Rechtsgrundsätze Ziele darstellen, die verwirklicht werden sollen. Die Frage, ob es sich um solche handelt, wird im nächsten Teil der Arbeit aufgegriffen (C IV). Diese Umwandlung soll aber explizit stattfinden und nicht durch eine unzulässige Auslegung der Gemeinschaftsgrundrechte.

Darüber hinaus folgt aus dieser Auslegungsmaxime, dass die Gemeinschaftsgrundrechte volle Wirkung entfalten sollen, was zwingend zu uneingeschränkter Geltung der Gemeinschaftsgrundrechte im innerstaatlichen Bereich führen wird, da sie nur auf dieser Weise „voll wirksam“ werden können. Dies entspricht aber keinesfalls der Aufgabenverteilung zwischen Gemeinschaft und Mitgliedstaaten. Die Gemeinschaft hätte dadurch die Möglichkeit, mitgliedstaatliches Handeln zu sanktionieren, welches aber keinen anderen Beschränkungen gemeinschaftlichen Ursprungs unterläge[431].

Es könnte der hier vertretenen Ansicht entgegengehalten werden, dass die effektive Durchsetzung von Grundrechten keinesfalls nur eine Eigenschaft der Gemeinschaftsrechtsordnung sei. Der EGMR verwendet auch im Rahmen der EMRK den Grundsatz der Effektivität der Konventionsrechte[432]. Demnach sind sie so auszulegen, dass sie möglichst effektiv geschützt werden. Die Verwendung des Wortes „effektiv“ wird in den zwei Systemen zur Gewährung von Grundrechtsschutz unterschiedlich verwendet: Ziel des durch die EMRK errichteten Systems ist der Schutz der darin enthaltenen Grundrechte. Der EGMR besitzt demzufolge die Zuständigkeit, nationale Maßnahmen als gegen die EMRK verstoßend zu qualifizieren. Dabei orientiert er sich an einer Auslegung der Artikel der EMRK, die die volle Effektivität der darin enthaltenen Rechte fördert.

---

430 Was auch für die vertraglich verankerten Grundrechte im weiten Sinne gilt!

431 Ausführlich unten, dritter Teil, A II.

432 Franz *Matscher*, Methods of Interpretation of the Convention, in: R. St. J. Macdonald / F. Matscher / H. Petzold (Hrsg.), The European System for the Protection of Human Rights, 1993 (zitiert: *Matscher*, Methods of Interpretation), S. 67.

Die Europäische Gemeinschaft dagegen verfolgt andere Ziele und nicht primär die effektive Durchsetzung von Grundrechten. Die effektive *Beachtung* von Grundrechten im Rahmen ihrer Rechtsetzungs- und Verwaltungstätigkeit ist für die Gemeinschaft unabdingbar. Die Beachtung von Grundrechten darf aber nicht mit einer effektiven *Durchsetzung* von Grundrechten in den Mitgliedstaaten verwechselt werden. Letztere ist nur in den Fällen möglich, in denen der Gemeinschaft eine entsprechende Befugnis eingeräumt wird[433].

Es muss also festgehalten werden, dass der Grundsatz der praktischen Wirksamkeit nicht als Auslegungsmethode hinsichtlich der Gemeinschaftsgrundrechte angewendet werden darf[434].

Vor diesem Hintergrund ist auch die Annahme zu beurteilen, die allgemeinen Rechtsgrundsätze dienten der effektiven Durchsetzung des Gemeinschaftsrechts, und sollten aus diesem Grund auch gegenüber den Mitgliedstaaten angewendet werden. Eine solche Instrumentalisierung[435] der Grundrechte ist problematisch. Vielmehr könnte man diese Konstellation als rechtsstaatliches Argument umgestalten. Die Gemeinschaft hätte dann Verantwortung für die Wahrung der durch das sekundäre Gemeinschaftsrecht verliehenen Rechte und wäre auch für Grundrechtsverletzungen seitens der innerstaatlichen Organe zuständig. Das Ergebnis ist das gleiche: Es wird eine gemeinschaftliche Kontrolle mitgliedstaatlichen Handelns anhand von Grundrechten begründet. Das letzte Argument aber entspricht der Auslegungsmethode der Gemeinschaftsgrundrechte und beinhaltet keine funktionalen Momente. In welchem Umfang eine solche Verantwortung existiert, wird noch nachzugehen sein[436].

3. Grundsatz des Vorrangs des Gemeinschaftsrechts

a. Literatur

Der Vorrang des Gemeinschaftsrechts wird als Argument in zwei Konstellationen verwendet: Gemäß der ersten Konstellationen seien die Gemeinschaftsgrund-

---

433 Ausführlich zu den Gemeinschaftskompetenzen grundrechtlichen Charakters gleich unten, C II.

434 Sehr kritisch zu dieser Anwendung auf die Gemeinschaftsgrundrechte Christian *Koenig,* EU-Grundrechtscharta - ein neuer supranationaler Kompetenztitel?, EuZW 2000, 417; irreführend *Zuleeg,* EuGRZ 2000, 513, der von der Wirksamkeit der Grundrechte spricht, sich aber auf Urteile über Vertragsrechte beruft.

435 Vgl. *Tonne,* Effektiver Rechtsschutz S. 279; *O'Leary,* CMLR 1995, 551f.

436 S. unten, C.

rechte integrierender Bestandteil des sekundären Gemeinschaftsrechts[437], so dass die korrekte Anwendung und Durchführung des Gemeinschaftsrechts ihre Beachtung impliziere und sie so am Vorrang des Gemeinschaftsrechts teilhaben[438]. Dieser Vorrang und dadurch die Geltung der Gemeinschaftsgrundrechte erstreckt sich nicht nur auf vollständig determinierte Rechtsakte, sondern auch auf nationale Rechtsakte, die im Rahmen von dem im Gemeinschaftsrechtsakt vorgesehenen Ermessensspielraum erlassen worden sind[439].

In der zweiten Konstellation nehmen die Gemeinschaftsgrundrechte am Vorrang des (sekundären) Gemeinschaftsrechts nicht automatisch teil. Der Vorrang bewirke aber, dass die nationalen Grundrechte nicht herangezogen werden können. An ihrer Stelle sollen zur Schließung der daraus verursachten Lücke *zum Schutze des Gemeinschaftsbürgers*[440] die Gemeinschaftsgrundrechte treten[441].

Der Unterschied zwischen den zwei Konstellationen ist, dass die erste von einem weiteren Verständnis des Vorrangs des Gemeinschaftsrechts ausgeht und daher eine Grundrechtskontrolle mitgliedstaatlicher Akte auch dann bejaht, wenn sie im Rahmen von Ermessensspielräumen erlassen worden sind. Die zweite Konstellation geht von einer Kollision als Voraussetzung der Anwendung des Vorrangs des Gemeinschaftsrechts aus.

b. Vollständig determinierte nationale Rechtsakte

Der Vorrang des Gemeinschaftsrechts ist eine Kollisionsregel, die folgendes besagt: Wenn ein bestimmter Fall bzw. Bereich von einer gemeinschaftlichen Vor-

---

437 So die Formulierung des Generalanwalts *van Gerven* in Rs. C-159/90, Grogan, Slg. 1991, I-4685ff., Rn. 31 in S. 4723 der Schlussanträge.

438 *Epiney*, Umgekehrte Diskriminierungen, S. 136; s. auch *Bleckmann/Pieper*, in: Dauses (Hrsg.), Hdb. des EU-Wirtschaftsrechts, B. I, Rn. 149 (s. auch *Bleckmann*, Europarecht, Rn. 614); *Cirkel*, Bindungen, S. 168; Eckart *Klein*, Gedanken zur Europäisierung des deutschen Verfassungsrechts, in: Joachim Burmeister (Hrsg.), Verfassungsstaatlichkeit, Festschrift für Klaus Stern zum 65. Geburtstag, 1997 (zitiert: *Klein*, FS Stern, 1997), S. 1301ff., S. 1306; *Langenfeld/Zimmermann*, ZaöRV 1992, 300f.; Albrecht *Weber*, Rechtsfragen der Durchführung des Gemeinschaftsrechts in der Bundesrepublik, 1987 (zitiert: *Weber*, Durchführung), S. 17; *Wölker*, EuR 1999, Bh. 1, 112.

439 So i.E. *Wölker*, EuR 1999, Bh. 1, 112-113, der die Kontrolle auch bei Ermessensspielräumen thematisiert und bejaht.

440 *Schilling*, EuGRZ 2000, 8.

441 So *Kingreen/Störmer*, EuR 1998, 280; *Kingreen*, in: Calliess/Ruffert (Hrsg.), EUV/EGV, Art. 6 EUV, Rn. 58; *Störmer*, AöR 1998, 568f.; *Schilling*, EuGRZ 2000, 8, 34; *Streinz*, Europarecht, Rn. 368; *Ruffert*, EuGRZ 1995, 527; Christian *Tomuschat*, Aller guten Dinge sind III? Zur Diskussion um die Solange-Rechtsprechung des BVerfG, EuR 1990, 340ff., 342ff.; *Langenfeld*, Gleichbehandlung, S. 114-115.

schrift sowie einer nationalen Vorschrift - also in diesem Fall einem nationalen Grundrecht - geregelt wird, welche aber unterschiedliche Rechtsfolgen anordnen, dann ist der gemeinschaftlichen Vorschrift der Anwendungsvorrang[442] einzuräumen.

Der Vorrang des Gemeinschaftsrechts führt daher aus gemeinschaftsrechtlicher Sicht zur Unanwendbarkeit von (nationalen) Grundrechten bezüglich aller gemeinschaftlichen Akte[443]. Dieser Vorrang hat dann konsequenterweise auch zur Folge, dass völlig durch Gemeinschaftsrecht determinierte nationale Rechtsakte nicht aufgrund ihrer Unvereinbarkeit mit nationalen Grundrechten verworfen werden können[444].

An ihrer Stelle sollen die Gemeinschaftsgrundrechte treten. Der Grundsatz des Vorrangs besagt aber nur, dass die nationalen Grundrechte nicht herangezogen werden dürfen. Es kann aber aus diesem Grundsatz nicht abgeleitet werden, dass die Gemeinschaftsgrundrechte zur Anwendung kommen müssen[445].

Schilling ist in dieser Hinsicht konkreter, weil er ausdrücklich erwähnt, dass die Gemeinschaftsgrundrechte *zum Schutze des Gemeinschaftsbürgers* herangezogen werden müssen[446]. Das zeigt, dass der Rechtsschutz des Einzelnen und nicht der Vorrang des Gemeinschaftsrechts die Anwendung der Gemeinschaftsgrundrechte erforderlich macht. Aus der Vorrangregel kann nur die Unanwendbarkeit der nationalen Grundrechte abgeleitet werden, nicht aber die Anwendbarkeit der Gemeinschaftsgrundrechte.

Dass von der Vorrangregel keinesfalls zwingend eine Bindung der Mitgliedstaaten abgeleitet werden kann, zeigt sich auch anhand folgender Bemerkung: In nationalen Rechtsordnungen, die eine begrenzte Grundrechtkontrolle kennen[447] oder

---

442 Das Gemeinschaftsrecht genießt Anwendungsvorrang und nicht Geltungsvorrang. Die nationale Vorschrift bleibt zwar in dem bestimmten Fall außer Anwendung, sie gilt aber weiterhin hinsichtlich Sachverhalte ohne Gemeinschaftsbezug, ausführlich *Streinz,* Europarecht, Rn. 200f.

443 *Bleckmann/Pieper,* in: Dauses (Hrsg.), Hdb. des EU-Wirtschaftsrechts, B. I, Rn. 150; *Kingreen,* in: Calliess/Ruffert (Hrsg.), EUV/EGV, Art. 6 EUV, Rn. 58.

444 *Bleckmann/Pieper,* a.a.O., Rn. 152; *Langenfeld /Zimmermann,* ZaöRV 1992, 299.

445 So aber *Bleckmann,* Europarecht, Rn. 614; richtig dagegen *Jones,* Bindung, S. 30.

446 EuGRZ 2000, 8.

447 Beispiel: es gibt im Vereinigten Königreich keine Grundrechte, welche in Widerspruch zum Gesetz zur Ausführung einer Verordnung treten könnten, auch nicht die Konventionsrechte, s. bereits oben, erster Teil, A II.

in denen das relevante Grundrecht nicht geschützt wird[448], gibt es überhaupt keine Kollision zwischen einer gemeinschaftlichen und einer nationalen Rechtsnorm. Dann greift konsequenterweise der Vorrang des Gemeinschaftsrechts nicht ein.

Aber auch wenn von einem Zusammentreffen von Vorrang und Schutz des Einzelnen auszugehen wäre, ist eine gesonderte Bindung der Mitgliedstaaten an die Gemeinschaftsgrundrechte hinsichtlich vollständig determinierter Rechtsakte nicht erforderlich: Diese Akte können zwar von den nationalen Gerichten nach ihrer Vereinbarkeit mit den Gemeinschaftsgrundrechten überprüft werden. Eine mögliche Grundrechtsverletzung ist aber auf die Gemeinschaftsorgane zurückzuführen[449], da die mitgliedstaatlichen Organe keinerlei Möglichkeit haben, den Inhalt der Regelung zu beeinflussen.

Zusammenfassend muss festgehalten werden: Der Vorrang bewirkt nur bei einer Kollision zwischen einer gemeinschaftlichen Norm und einem nationalen Grundrecht, dass das nationale Grundrecht nicht herangezogen werden kann. Aus diesem Prinzip kann die Heranziehung der Gemeinschaftsgrundrechte zur Schließung der Lücke nicht abgeleitet werden.

Auch bei der Annahme einer Anwendung der Gemeinschaftsgrundrechte braucht hinsichtlich dieser Akte nicht eine gesonderte Bindung bejaht zu werden, da mögliche Grundrechtsverletzungen auf die Gemeinschaftsorgane zurückzuführen sind.

c. Nationale Rechtsakte, die Gebrauch von Ermessensspielraum gemacht haben

Die Frage der mitgliedstaatlichen Bindung an Grundrechte wird erst relevant, wenn die Verordnung oder die Richtlinie der nationalen Behörde einen Ermessensspielraum belässt. In den vom EuGH entschiedenen Fällen handelte es sich jeweils um nationale Akte, die Verordnungen konkretisierten und Gebrauch von Ermessensspielraum machten[450]. Fraglich ist daher, ob die Vorrangregel eine Grundrechtskontrolle mitgliedstaatlichen Handelns seitens der Gemeinschaft begründen kann.

Das Gemeinschaftsrecht lässt des öfteren Ermessensspielräume zugunsten der Mitgliedstaaten. Das kann explizit durch eine Ermächtigung im Gemeinschaftsakt geschehen oder implizit, wenn etwa der Gemeinschaftsakt nicht alle relevanten Fragen regelt. Hier tritt die Anwendung des nationalen Rechts nicht im Wider-

---

448 Diese Konstellation, dass ein Grundrecht in der innerstaatlichen Rechtsordnung nicht bekannt oder nur begrenzt geschützt wird, erwähnt *Bleckmann*, Europarecht, Rn. 612.

449 *Ruffert*, EuGRZ 1995, 528.

450 Rs. 5/88, *Wachauf*, Slg. 1989, 2609ff., Rn. 22; verb. Rs. 201 und 202/85, *Klensch*, Slg. 1986, 3477ff., Rn. 10.

spruch zur Anwendung der gemeinschaftlichen Regel[451]. Es gibt also keine Kollision und daher kommt der Vorrang des Gemeinschaftsrechts als Kollisionsregel nicht zum Tragen[452].

Es wird aber, wie bereits erwähnt, argumentiert, dass die Grundrechte integraler Bestandteil der Gemeinschaftsrechtsordnung seien und soweit reichen, wie der Vorrang reiche.

Hier wird der Vorrang nicht als Kollisionsregel verstanden, sondern im Sinne eines Prinzips der Gemeinschaftsrechtsordnung, das möglichst weit verwirklicht werden soll[453].

Es muss bezweifelt werden, in wiefern eine solche Anwendung des Vorrangsprinzips zur Anwendbarkeit der Gemeinschaftsgrundrechte auf mitgliedstaatliche Maßnahmen führen kann. Es geht um den gleichen Einwand wie bei der Heranziehung des Grundsatzes der Wirksamkeit des Gemeinschaftsrechts, nämlich das Problem der Übertragung der Auslegungsmethoden des geschriebenen Gemeinschaftsrechts auf die allgemeinen Rechtsgrundsätze.

Es muss also festgehalten werden, dass der Vorrang keine mitgliedstaatliche Pflicht zur Beachtung von Grundrechten begründen kann. In seiner Eigenschaft als Prinzip kann ihm im Rahmen einer Abwägung rechtliches Gewicht zukommen, es ist aber zweifelhaft, ob er im Rahmen der Abwägung zur Frage der Bindung herangezogen werden kann, da dies eine funktionale Betrachtungsweise der Grundrechte implizieren würde.

Er könnte im Ergebnis in allen Fällen herangezogen werden, in denen das mitgliedstaatliche Handeln irgendeinen Bezug zum Gemeinschaftsrecht aufweist. Dann müssten konsequenterweise die vorrangig geltenden Gemeinschaftsgrundrechte immer Anwendung finden.

---

451 Hans Dieter *Jarass*, Grundfragen der innerstaatlichen Bedeutung des EG-Rechts, 1994 (zitiert: *Jarass*, Innerstaatliche Bedeutung des EG-Rechts), S. 4: „Die Anwendung des nationalen Rechts muss im Widerspruch zur Anwendung des EG-Rechts treten. Diese Voraussetzung kann nur erfüllt sein, wenn das EG-Recht keine ausdrücklichen oder impliziten Vorbehalte zugunsten der Mitgliedstaaten enthält".

452 Zur Kollision zwischen einer gemeinschaftlichen und einer nationalen Norm als Voraussetzung der Anwendung der Vorrangregel Armin von *Bogdandy* / Martin *Nettesheim*, in: Grabitz/Hilf (Hrsg.), EUV/EGV, Art. 1, Rn. 35.

453 Zu dieser Unterscheidung ausführlich *v. Danwitz*, Europäische Integration, S. 112f.

4. Der Grundsatz der einheitlichen Anwendung des Gemeinschaftsrechts

a. Einführung

Die ganz herrschende Meinung stützt die Bindung der Mitgliedstaaten an die Gemeinschaftsgrundrechte auf das Argument der einheitlichen Anwendung des Gemeinschaftsrechts[454]. Dabei wird insbesondere auf die Aufgabe des EuGH gemäß Art. 234 Abs. 1 EG zur Sicherung der einheitlichen Anwendung des Gemeinschaftsrechts, darunter auch die Gemeinschaftsgrundrechte[455], hingewiesen.

Das Gebot der einheitlichen Geltung und Anwendung des Gemeinschaftsrechts wird als grundlegendes Verfassungsprinzip bezeichnet[456]. Der EuGH nennt es ein Grunderfordernis der gemeinschaftlichen Rechtsordnung[457].

An dieser Stelle soll nun versucht werden, den genauen Inhalt und die rechtliche Tragweite dieses Grundsatzes zu bestimmen. Gleichzeitig wird geklärt, ob er hinsichtlich der Gemeinschaftsgrundrechte zur Geltung kommen kann.

---

454 *Arnull,* The EU and its Court of Justice, S. 207, mit weiteren Argumenten; *Bleckmann,* Europarecht, Rn. 615; *Beutler,* EuGRZ 1989, 188; *Cirkel,* Bindungen, S. 169ff., der allerdings auch den Grundsatz der Autonomie/Eigenständigkeit des Gemeinschaftsrechts als Argument für die Bindung nennt, S. 163f.; *Due/Gulmann,* Fundamental rights, S. 421; *Epiney,* Umgekehrte Diskriminierungen, S. 136, Fn. 241; *Jacobs,* ELR 2001, 333; *Jones,* Bindung, S. 40, allerdings i.V.m. dem Grundsatz des Art. 10 EG; Stefan *Kadelbach* / Niels *Petersen,* Die gemeinschaftsrechtliche Haftung für Verletzungen von Grundfreiheiten aus Anlass privaten Handelns, EuGRZ 2002, 213ff., 215; *Kingreen,* in: Calliess/Ruffert (Hrsg.), EUV/EGV, Art. 6, Rn. 56; *Kühling,* EuGRZ 1997, 296ff., 298; *ders.,* Kommunikationsfreiheit, S. 74, in Bezug auf die Durchführung des Gemeinschaftsrechts; *Langenfeld,* Gleichbehandlung, S. 115; Eugenia *Sahpekidou,* Grundrechte und Gemeinschaftsrecht (griech.), EEEurD 1997, Beiheft, 201ff., 205; *Schindler,* Kollision, S. 142f., in Verbindung mit der unmittelbaren Anwendbarkeit (aber auch mit der Aussage, „nachdem die Gemeinschaftsrechtsordnung auf der Achtung und Durchsetzung der Grundrechte beruht"); *Temple Lang,* LIEI 1991/1992, 23ff., 29; Albrecht *Weber,* Die Europäische Grundrechtscharta – auf dem Weg zu einer europäischen Verfassung, NJW 2000, 537ff., 542; *ders.,* Durchführung, S. 17; *Zuleeg,* EuGRZ 2000, 511f.

455 *Bleckmann/Pieper,* in: Dauses (Hrsg.), Hdb. des EU-Wirtschaftsrechts, B. I, Rn. 149; *Temple Lang,* LIEI 1991/1992, 29.

456 *Hatje,* in: Schwarze (Hrsg.), EU-Kommentar, Art. 10, Rn. 8-9; s. auch *Oppermann,* DVBl. 1994, 901ff., 906: „Herzstück der gemeinschaftlichen Rechtsordnung".

457 Verb. Rs. C-143/88 und C-92/89, *Zuckerfabrik Süderdithmarschen und Zuckerfabrik Soest,* Slg. 1991, I-415ff., Rn. 26.

b. Rechtsprechung des EuGH[458]

Die einheitliche Anwendung des Gemeinschaftsrechts ist vom EuGH als das wichtigste Argument zur Begründung des Vorrangs des Gemeinschaftsrechts vor entgegenstehendem nationalen Recht angeführt worden[459].

Den Zusammenhang zwischen Vorrang und einheitlicher Anwendung des Gemeinschaftsrechts hat der EuGH im grundlegenden Urteil *Costa/ENEL*[460] ausdrücklich hervorgehoben. Die einheitliche Anwendung ist kein Selbstzweck, sondern dient der Beibehaltung der Funktionsfähigkeit der Gemeinschaft[461].

Die einheitliche Anwendung des Gemeinschaftsrechts wird vor allem durch das Vorabentscheidungsverfahren des Art. 234 EG sichergestellt, der dem EuGH die Befugnis einräumt, im Rahmen dieses Verfahrens Fragen über die Auslegung der Vertragsvorschriften zu beantworten[462].

Der EuGH hat folgendes aus dem Grundsatz der einheitlichen Anwendung abgeleitet:

- Begriffe gemeinschaftsrechtlichen Ursprungs müssen vom EuGH definiert werden[463]. Dies ist erforderlich, da die Mitgliedstaaten sonst auf den - abweichenden -

---

458 S. auch ausführlich, *Eilmansberger*, Subjektives Recht, S. 59, sowie *Hatje*, Steuerung, S. 37f.

459 *Eilmansberger*, Subjektives Recht, S. 58-59.

460 Rs. 6/64, *Costa/Enel*, Slg. 1964, 1251ff., 1269: „Es würde eine Gefahr für die Verwirklichung der Ziele des Vertrages bedeuten und dem Verbot des Art. 7 [E(W)GV] widersprechende Diskriminierungen zur Folge haben, wenn das Gemeinschaftsrecht je nach der nachträglichen innerstaatlichen Gesetzgebung von einem Staat zum anderen verschiedene Geltung haben könnte“; *v. Bogdandy/Nettesheim*, in: Grabitz/Hilf (Hrsg.), EUV/EGV, Art. 1, Rn. 33.

461 *Hatje*, Steuerung, S. 35-36; vgl. auch *Nettesheim*, GS Grabitz, 1995, S. 454-455, der die enge Verbindung dieses Grundsatzes mit der Doktrin des Vorrangs, der unmittelbaren Anwendung des Gemeinschaftsrechts, sowie des Verbots der Wirksamkeitsbeeinträchtigung hervorhebt.

462 *Schwarze*, in: ders. (Hrsg.), EU-Kommentar, Art. 234, Rn. 1f.; Federico *Mancini* / David *Keeling*, From CILFIT to ERT: the Constitutional Challenge facing the European Court, YEL 1991, S. 1ff., 2; *Hatje*, Steuerung, S. 36, erwähnt auch Art. 10 und 226 EG als Vorschriften, bei denen „ das Ziel der gleichmäßigen Anwendung seinen Ausdruck gefunden hat“.

463 Rs. 327/82, *Ekro*, Slg. 1984, 107, Rn. 11; Rs. C-287/98, *Linster*, Slg. 2000, I-6917ff., Rn. 43; in Bezug auf Verordnungen Rs. 64/81, *Corman*, Slg. 1982, 13ff., Rn. 8; *Eilmansberger*, Subjektives Recht, S. 59-60; *Tonne*, Effektiver Rechtsschutz, S. 309.

Inhalt der Begriffe im innerstaatlichen Raum zurückgreifen und auf diese Weise die Zulässigkeit einer Ausnahmemaßnahme zwingen könnten[464].

- Die Anwendbarkeit der nationalen Grundrechte als Kontrollmaßstab von Gemeinschaftsrechtsakten ist abzulehnen, da sie zur Fragmentierung des Gemeinschaftsrechts führen würde[465]. Der Grundsatz der einheitlichen Anwendung verlangt demnach, dass das Gemeinschaftsrecht nach einheitlichen Grundrechtsregeln zu prüfen ist. Es verlangt aber von sich aus keinen Grundrechtsschutz auf europäischer Ebene. Diese Pflicht wurde, wie bereits erwähnt, aus dem Rechtsstaatsprinzip abgeleitet[466].

- Der Grundsatz spielt eine bedeutsame Rolle im Rahmen des nationalen Gerichtsverfahrens- und Verwaltungsrechts, wo er für die Mitgliedstaaten bestimmte Pflichten begründet. Diese Bereiche fallen zwar in die Zuständigkeit der Mitgliedstaaten. Der EuGH hat jedoch, insbesondere seit Anfang der 90er Jahre, unter Berufung auf den Grundsatz der loyalen Zusammenarbeit (Art. 10 EG), den *effet utile* und/oder den Grundsatz der einheitlichen Anwendung, gemeinschaftliche Maßstäbe entwickelt, die auch von den nationalen Verwaltungsstellen und den innerstaatlichen Gerichten beachtet werden müssen.

So hat der EuGH in der Rs. *Süderdithmarschen* die Tatsache, dass das Verfahrensrecht der Mitgliedstaaten nationales Recht sei und unterschiedliche Regelungen hinsichtlich der Voraussetzungen für die Aussetzung der Vollziehung von Verwaltungsakten beinhalte, als Gefahr für die einheitliche Anwendung angesehen, und daraus den Schluss gezogen, dass für die Aussetzung der Vollziehung von Verwaltungsakten, die auf einer Gemeinschaftsverordnung beruhen, einheitliche Regeln gelten müssen. Das bedeutet konkret, dass der EuGH auf Rechtsberei-

---

464 *Nettesheim*, in: Grabitz/Hilf (Hrsg.), EUV/EGV, Art. 4, Rn. 49.

465 Rs. 11/70, *Internationale Handelsgesellschaft*, Slg. 1970, S. 1125ff.; s. auch Rs. 44/79, *Hauer*, Slg. 1979, 3727: „Die Aufstellung besonderer von der Gesetzgebung oder der Verfassungsordnung eines bestimmten Mitgliedstaates abhängiger Beurteilungskriterien würde die materielle Einheit und die Wirksamkeit des Gemeinschaftsrechts beeinträchtigen und hätte daher unausweichlich die Zerstörung der Einheit des Gemeinsamen Marktes und eine Gefährdung des Zusammenhalts der Gemeinschaft zur Folge"; *Pernice*, NJW 1990, 2411; Albert *Bleckmann*, Die wertende Rechtsvergleichung bei der Entwicklung europäischer Grundrechte, in: Jürgen F. Baur / Peter-Christian Müller-Graff / Manfred Zuleeg (Hrsg.), Europarecht. Energierecht. Wirtschaftsrecht., Festschrift für Bodo Börner, 1992 (zitiert: *Bleckmann*, FS Börner, 1992), S. 29ff., S. 31f.; *Kingreen/Störmer*, EuR 1998, 271; *Hummer*, Grundrechte und grundrechtsähnliche Verbürgungen, S. 67; vgl. *Lenz*, EuGRZ 1993, 586.

466 S. bereits oben, A.

che, die in die Zuständigkeit der Mitgliedstaaten fallen, von ihm geschaffene, mithin gemeinschaftsrechtliche Regeln anwendet[467].

In der Rs. *Brasserie du Pêcheur* hat er die Geltung des Grundsatzes der Staatshaftung auf die nationale Gesetzgebung ausgedehnt[468] und hervorgehoben, dass sonst die Staatshaftung der Mitgliedstaaten von der Verteilung der Zuständigkeiten auf die Verfassungsorgane abhängen würde, was die einheitliche Anwendung gefährden könnte[469].

c. Literatur

Der Grundsatz der einheitlichen Anwendung fand für eine lange Zeit kaum Aufmerksamkeit im Schrifttum[470]. Obwohl er vom EuGH in seiner Urteilsbegründung öfters herangezogen wurde[471], war die Rechtsnatur und die Tragweite des Grundsatzes lange unklar. Erst nachdem der EuGH seine Rechtsprechung zu den Voraussetzungen für die Aussetzung von Gemeinschaftsrechtsakten bzw. zur Reichweite der Staatshaftung der Mitgliedstaaten unter anderem auf die einheitliche Anwendung gestützt hat, hat sich das Schrifttum der Untersuchung des Grundsatzes näher gewidmet[472] und versucht, seine rechtliche Tragweite im Rahmen des Verwaltungsrechts näher zu bestimmen. Die in den letzten Jahren erkennbare „offensive" Anwendung des Grundsatzes, bei der die einheitliche Anwendung als eine eigenständige Zielvorgabe fungiert, wurde überwiegend kritisiert[473].

---

467 Verb. Rs. C-143/88 und C-92/89, *Zuckerfabrik Süderdithmarschen und Zuckerfabrik Soest*, Slg. 1991, I-415ff., Rn. 25-26; die konkrete Art der Voraussetzungen bestimmte der EuGH unter Hinweis auf Art. 242 EG (Art 185 EGV).

468 D.h. außerhalb des Falles der nicht fristgemäßen Umsetzung der Richtlinie, was vom EuGH bereits in den verb. Rs. C-6/90 und C-9/90, *Francovich u.a.*, Slg. 1991, I-5357ff., Rn. 28f. entschieden worden war.

469 Verb. Rs. C-46/93 und C-48/93, *Brasserie du Pêcheur und Factortame*, Slg. 1996, 1029ff., Rn. 33.

470 S. aber hinsichtlich des Grundrechtsschutzes *Beutler*, in: GTE, Kommentar zum EU-/EG-Vertrag, Art. F, Rn. 64.

471 S. die Rechtsprechungsübersicht bei *Eilmansberger*, Subjektives Recht, S. 59f.

472 S. *Eilmansberger*, Subjektives Recht, S. 58f.; *v. Danwitz*, Europäische Integration, S. 118f.; *Hatje*, Steuerung, S. 35f.; *Nettesheim*, GS Grabitz, 1995, S. 447f.; vgl. auch *Nettesheim*, in: Grabitz/Hilf (Hrsg.), EUV/EG, Art. 4, Rn. 57, der vom Grundsatz der einheitlichen Tragweite spricht.

473 *V. Danwitz*, Europäische Integration, S. 120; ablehnend zur Qualifizierung des Grundsatzes als Ziel der Europäischen Gemeinschaft *Hatje*, in: Schwarze (Hrsg.), EU-Kommentar, Art. 10, Rn. 11; *Nettesheim*, GS Grabitz, 1995, S. 464, der ein Verständnis des Grundsatzes als Optimierungsverbot ablehnt; nach *Eilmansberger*, Subjektives Recht, S. 60, ist dieser

d. Stellungnahme

Der Grundsatz der einheitlichen Anwendung besagt, dass die nationalen Stellen nicht nationale Grundrechte heranziehen dürfen, um völlig vom Gemeinschaftsrecht determinierte Rechtsakte unanwendbar zu erklären, weil sonst die einheitliche Anwendung der Gemeinschaftsrechtsakte gefährdet würde.

In Fällen, die primär in der Zuständigkeit der Mitgliedstaaten liegen, könnte aus dem „Prinzip" der einheitlichen Anwendung die Befugnis des EuGH abgeleitet werden, einheitliche Regeln, also gemeinschaftliche Grundrechtsnormen, heranzuziehen, wie dies für das nationale Gerichts- und Verwaltungsverfahren geltend gemacht worden ist[474].

Es steht zwar fest, dass bei großer Regelungsintensität auch das Erfordernis nach einheitlicher Anwendung des Gemeinschaftsrechts steigt.

Die einheitliche Anwendung ist andererseits keinesfalls das oberste Ziel der Gemeinschaft, da der EGV keine absolute Uniformität des Gemeinschaftsrechts fordert[475]. Die Verleihung von Gestaltungsspielräumen zugunsten der Mitgliedstaaten im EGV oder die Anwendung der Richtlinie als wichtigstes Rechtsetzungsinstrument der Europäischen Gemeinschaft zeigen, dass die Notwendigkeit, den Mitgliedstaaten Möglichkeiten zur differenzierten Regelung zu geben, durchaus anerkannt worden ist[476]. Das gilt insbesondere hinsichtlich grundrechtlicher Gewährleistungen: Das Gemeinschaftsrecht greift nicht in den mitgliedstaatlichen Grundrechtsschutz ein. Die Tatsache, dass ein in den verschiedenen Mitgliedstaaten unterschiedliches Niveau an Grundrechtsschutz anzutreffen ist, ist kein Zustand, der aufgrund des Erfordernisses der einheitlichen Anwendung des Gemeinschaftsrechts gemeinschaftsrechtlich zu lösen ist[477].

Darüber hinaus hängt das rechtliche Gewicht des Grundsatzes der einheitlichen Anwendung von anderen Argumenten ab, die diesem Prinzip entgegenlaufen[478].

Grundsatz nicht in der Lage, überzeugend zu begründen, dass eine bestimmte Rechtsfolge eintreten soll.

474 Also parallel zur Rechtsprechung des EuGH bezüglich des nationalen Verwaltungs- und Verfahrensrechts.

475 *V. Danwitz*, Europäische Integration, S. 121; vgl. auch *Tonne*, Effektiver Rechtsschutz, S. 308, speziell hinsichtlich des Gleichheitssatzes.

476 *V. Danwitz*, Europäische Integration, S. 121-122.

477 *Epiney*, Umgekehrte Diskriminierungen, S. 135.

478 Vgl. *v. Bogdandy*, in: Grabitz/Hilf (Hrsg.), EUV/EG, Art. 5, Rn. 34: „Die Entscheidung für oder gegen eine gemeinschaftsrechtliche Disziplinierung beruht hier regelmäßig auf einer Abwägung des Prinzips der einheitlichen und umfassenden Geltung des Gemeinschaftsrechts mit dem Prinzip mitgliedstaatlicher Gestaltungsfreiheit im Bereich des Organisati-

So wird vor allem eingewandt, dass das Verwaltungs- und Gerichtsverfahrensrecht in der Zuständigkeit der Mitgliedstaaten liege und daher jeder Eingriff des EuGH unzulässig sei[479]. In Bezug auf die Gemeinschaftsgrundrechte geht es vor allem um die Wahrung der nationalen Verfassungen und der nationalen Grundrechtsgerichtsbarkeit[480]. Letzterer Umstand, gebietet dann eine größere Vorsicht[481], da hier das Verfassungsrecht der Mitgliedstaaten berührt und verdrängt wird.

Zusammenfassend muss festgehalten werden, dass der Grundsatz der einheitlichen Anwendung ein funktionales Argument ist, dessen rechtliches Gewicht hinsichtlich der hier behandelnden Frage sehr begrenzt ist. Eine Kontrolle mitgliedstaatlichen Handelns anhand von Gemeinschaftsgrundrechten kann daher nicht allein auf dieses Argument gestützt werden.

5. Die Grundfreiheiten

a. Grundfreiheiten als Anknüpfungspunkte zur Bejahung einer mitgliedstaatlichen Pflicht

Die Grundfreiheiten sind nach dem in der Literatur herrschenden Verständnis Rechte mit grundrechtsähnlichem Charakter[482]. So werden sie im Schrifttum als Anknüpfungspunkte für eine mitgliedstaatliche Pflicht zur Beachtung von Grund-

---

ons-, Verwaltungs- und Prozessrechts"; der gleichen Ansicht *Nettesheim,* in: Grabitz/Hilf (Hrsg.), EUV/EGV, Art. 4, Rn.

479 So Thomas von *Danwitz,* Die Eigenverantwortung der Mitgliedstaaten für die Durchführung von Gemeinschaftsrecht, DVBl. 1998, 421ff., 429ff., hinsichtlich des nationalen Verwaltungs- und Gerichtsverfahrensrechts; nach *Tonne,* Effektiver Rechtsschutz, S. 308, hat dieses Argument kein so großes Gewicht; Rudolf *Streinz,* Bundesverfassungsgerichtlicher Grundrechtsschutz und Europäisches Gemeinschaftsrecht, 1989, S. 381: die einheitliche Anwendung sei ein funktionelles Argument, das allenfalls als stützende, nicht aber als tragende Begründung einer Kompetenz des EuGH anerkannt werden könne.

480 *Kingreen,* in: Calliess/Ruffert (Hrsg.), EUV/EGV, Art. 6 EUV, Rn. 62, spricht von der „fortbestehenden mitgliedstaatlichen Autonomie bei der Gewährung von Grundrechten".

481 Vgl. *Nettesheim,* in: Grabitz/Hilf (Hrsg.), EUV/EGV, Art. 4, Rn. 61: „Im Rechtsstreit um die Zulässigkeit einer nationalen Maßnahme ist „judicial self-restraint" gegenüber den Einwänden des Mitgliedstaates insbesondere dann nicht zu erwarten, wenn dadurch die einheitliche Tragweite des Gemeinschaftsrechts oder die Wirksamkeit der Freiheiten beeinträchtigt zu werden droht; eine beschränkte Ausnahme von diesem Grundsatz lässt sich allerdings in Bereichen nachweisen, die besonders sensibel sind" (mit Hinweis auf das Urteil *Grogan,* vgl. bereits oben, erster Teil, D II 7).

482 S. bereits oben, erster Teil, E II 4.

rechten verstanden[483]. Aus der Existenz von grundfreiheitlichen Schutzpflichten wird ferner die Existenz von grundrechtlichen Schutzpflichten abgeleitet[484].

Es muss vor diesem Hintergrund gefragt werden, ob diese Einordnung die logische Folge hat, dass die Grundfreiheiten der Dogmatik der Grundrechte im engen Sinne folgen müssen. Es kann dadurch die Frage beantwortet werden, ob die Grundfreiheiten zur systematischen und teleologischen Auslegung der Grundrechte im engen Sinne herangezogen werden können, wie es in der Literatur üblich ist.

Es gibt folgende Unterschiede zwischen Grundfreiheiten und Grundrechten, die gegen eine dogmatische Gleichbehandlung sprechen:

Ziel der Grundfreiheiten ist die Errichtung des Binnenmarktes[485], der eins der im Artikel 3 EG erwähnten Ziele der Gemeinschaft darstellt. Durch die „Beseitigung der Hindernisse für den freien Waren-, Personen-, Dienstleistungs- und Kapitalverkehr" wird ein Markt ohne innere Grenzen geschaffen. Auf dieser Weise wird ein gemeinschaftsweiter Wettbewerb ermöglicht[486] und langfristig die in Artikel 2 EG genannten Aufgaben der Gemeinschaft ein wesentliches Stück weiter verwirklicht[487].

Die Grundfreiheiten stellen Vorschriften dar, die der Gemeinschaft die Befugnis verleihen, mitgliedstaatliches Handeln im Fall ihrer Einschlägigkeit zu kontrollieren und zu sanktionieren. Aufgrund des offenen Integrationszieles werden die vertraglichen Vorschriften vom EuGH dynamisch ausgelegt. Aufgrund ihrer Stellung im Gemeinschaftsgefüge sind die Grundfreiheiten primär an die Mitgliedstaaten gerichtet. Dieser Unterschied zu den Gemeinschaftsgrundrechten, die ihrerseits

---

483 *Cirkel,* Bindungen, S. 147ff.; vgl. das von *Bleckmann,* Europarecht, Rn. 618, verwendete Argument zur Bejahung der Bindung der Mitgliedstaaten an die Gemeinschaftsgrundrechte, der auf die Grundfreiheiten und das Diskriminierungsverbot zurückgreift, um eine Bindung der Mitgliedstaaten an die allgemeinen Rechtsgrundsätze zu stützen; s. auch *Mohn,* Gleichheitssatz, S. 41, speziell in Bezug auf die Bindungsrichtung des Gleichheitssatzes; eine bereits existierende Verknüpfung von geschriebenen und ungeschriebenen Grundrechten bejaht auch *Beutler,* in: GTE, Kommentar zum EU-/EG- Vertrag, Art. F, Rn. 82.

484 Dazu ausführlich unten, C III 5.

485 Ausführlich zu den Zielen des EG-Vertrages und zum Gemeinsamen Markt, Peter-Christian *Müller-Graff,* in: Dauses (Hrsg.), Hdb. des EU-Wirtschaftsrechts, A. I, Rn. 122 I; s. auch *ders.,* FS Steinberger, 2002, S. 1288: „rechtsnormative Leitfunktion".

486 Peter-Christian *Müller-Graff,* in: GTE, Kommentar zum EU-/EG- Vertrag, Art. 30, Rn. 2.

487 *Zuleeg,* in: GTE, Kommentar zum EU-/EG- Vertrag, Art. 2, Rn. 13; ausführlich zu Art. 2 und 3 EG Jürgen *Basedow,* Zielkonflikte und Zielhierarchien im Vertrag über die Europäische Gemeinschaft, in: Ole Due / Marcus Lutter / Jürgen Schwarze (Hrsg.), Festschrift für Ulrich Everling, Band I, 1995, S. 49ff. (zitiert, *Basedow,* FS Everling, 1995), S. 49ff.

primär die Gemeinschaftsgewalt binden, wird oft als das wesentliche Unterscheidungsmerkmal von Grundfreiheiten und Grundrechten angesehen[488]. Ausschlaggebend ist jedoch die Stellung der Grundfreiheiten in der Gemeinschaftsrechtsordnung und ihre Eigenschaft als Aufgaben der Gemeinschaft[489].

Eine Auslegung der Grundrechte im Lichte der Grundfreiheiten würde dazu führen, dass die Grundrechte als verbindliche Vorgaben von den Mitgliedstaaten zu beachten wären, was aber im Vertrag nicht vorgesehen ist.

Der zweite Unterschied liegt darin, dass die Grundfreiheiten nicht primär ein Recht des Einzelnen gewähren, wie dies insbesondere bei dem Aufenthaltsrecht des Art. 18 Abs. 1 EG der Fall ist, sondern der Verwirklichung des Gemeinsamen Marktes dienen. Den Grundfreiheiten als subjektiven Rechten fehlt ein eigenständiger Inhalt und eine eigenständige, auf den Schutz des Einzelnen zielende Auslegung[490].

Dies muss geklärt werden:

Die relevanten Vertragsvorschriften sind unmittelbar anwendbar: Der Einzelne kann sich auf diese Vorschriften vor Gericht berufen[491]. Die Personen erhalten daher ein materielles Recht[492], dessen Inhalt von den unterschiedlichen Vorschriften

---

488 *Hummer,* Grundrechte und grundrechtsähnliche Verbürgungen, S. 74; *Beutler,* in: GTE, Kommentar zum EU-/EG- Vertrag, Art. F, Rn. 91, 107f.; *Kühling,* Kommunikationsfreiheit, S. 102.

489 Anders *Quasdorf,* Dogmatik der Grundrechte, S. 116, der Grundrechte und Grundfreiheiten gleichstellt und letztere als Untergruppe der Grundrechte qualifiziert.

490 *Kühling,* Kommunikationsfreiheit, S. 103; Winfried *Kluth,* Die Bindung privater Wirtschaftsteilnehmer an die Grundfreiheiten des EG-Vertrages - Eine Analyse am Beispiel des Bosman - Urteils des EuGH, AöR 122 (1997), 557ff., 574; *Randelzhofer/Forsthoff,* in: Grabitz/Hilf (Hrsg.), EU-Kommentar, vor Art. 39-55, Rn. 3.

491 S. explizit Rs. 118/75, *Watson und /Belmann,* Slg. 1976, 1185ff., 11/12; in Bezug auf die Grundfreiheiten Rs. 74/76, *Ianelli/Meroni,* Slg. 1977, 557ff., Rn. 13; Rs. 83/78 *Pigs Marketing Board,* Slg. 1978, S. 2347ff., Rn. 66/67; weitere Nachweise der Rechtsprechung bei *Schilling,* EuGRZ 2000, 26.

492 *Kühling,* Kommunikationsfreiheit, S. 75: „Die Grundfreiheiten enthalten subjektivrechtliche Elemente“; vgl. Udo *Di Fabio,* Werbeverbote - Bewährungsprobe für europäische Grundfreiheiten und Grundrechte, AfP 1998, 564ff., 566: „Die Grundfreiheiten könnten über ihre Gleichheitsfunktion hinaus einen materiellen Kerngehalt aufweisen, der sich bei zunehmender Integrationsdichte um so deutlicher herausschält“; *Everling,* ZfRV 1992, 246f.; *Rengeling,* FS Maurer, 2001, S. 982: „Anspruch auf Abwehr diskriminierender und beschränkender Maßnahmen“; a.A. Peter *Troberg,* in: GTE, Kommentar zum EU-/EG-Vertrag, Art. 59, Rn. 45 und Art. 52, Rn. 68; ihm folgend *Kluth,* in: Calliess/Ruffert (Hrsg.), EUV/EGV, Art. 50, Rn. 34.

näher beschrieben wird[493]. Dieses Recht kann unter den in den Vorschriften enthaltenen Voraussetzungen ausgeübt werden.

Dieser Umstand darf nicht darüber hinweg täuschen, dass die Gewährung von materiellen Rechten das Ergebnis und nicht das Ziel der vertraglichen Vorschriften gewesen ist.

Der Anwendungsbereich der Grundfreiheiten wird nämlich im Zusammenhang mit den zu erreichenden wirtschaftlichen Zielen bestimmt. Die wirtschaftliche Funktion ist bei allen Grundfreiheiten das hauptsächliche Kriterium zur Bestimmung der Reichweite und der Grenzen der Grundfreiheiten[494].

So betont der EuGH zwar in seiner neueren Rechtsprechung, dass die Grundfreiheiten

> „Nicht nur die Beseitigung jeder Diskriminierung des in einem anderen Mitgliedstaat ansässigen Dienstleistenden aufgrund seiner Staatsangehörigkeit [verlangen], sondern auch die Aufhebung aller Beschränkungen, ... sofern sie geeignet sind, die [von den Grundfreiheiten geschützten] Tätigkeiten ... zu unterbinden, zu behindern oder weniger attraktiv zu machen“[495].

Es ist aber zweifelhaft, ob der EuGH in seiner Rechtsprechung einen möglichst weitgehenden Schutz des Einzelnen erstrebt. So scheint diese Rechtsprechung vielmehr von dem Motiv geprägt zu sein, die Grundlagen eines funktionierenden Gemeinsamen Marktes zu festigen. Aus diesem Grund fällt die Entscheidung über den sachlichen und personellen Anwendungsbereich der Grundfreiheiten anders, als wenn es sich um Gewährleistungen von Rechten des Einzelnen handelte.

Dies wird durch folgende Beispiele deutlich:

Auf die Grundfreiheiten können sich nicht nur Personen berufen, welche die relevante Tätigkeit ausüben wollen, sondern auch Personen, die geltend machen können, dass eine nationale Maßnahme eine Grundfreiheit beeinträchtigt. Die Unvereinbarkeit einer nationalen Maßnahme mit einer Grundfreiheit ist in vielen Fällen festgestellt worden, ohne dass dabei dem Kläger ein subjektives Recht aus der

---

493 So auch *Eilmansberger*, Subjektives Recht, S. 94: „Recht auf die Ausübung der liberalisierten Tätigkeit“; Peter *Behrens*, Die Konvergenz der wirtschaftlichen Freiheiten im europäischen Gemeinschaftsrecht, EuR 1992, 145ff., 147.

494 Vgl. *Troberg*, in: GTE, Kommentar zum EU-/EG- Vertrag, Art. 59, Rn. 3: „Dieses Kapitel ist unter dem Gesichtspunkt der freien Standortwahl konzipiert und deshalb nach wie vor von diesem Ausgangspunkt her zu interpretieren. Fragen nach der besten Auslegung der entsprechenden Vertragsartikel sind im Zweifel so zu beantworten, dass die angedeutete wirtschaftliche Funktion des Niederlassungsrechts als „ratio legis“ grundsätzlich erhalten bleibt“.

495 Rs. C-58/98, *Corsten*, Slg. 2000, I-7919ff., Rn. 33, m.w.N. aus der Rechtsprechung.

Grundfreiheit zustand[496]. So hat sich ein französisches Unternehmen in der Rs. *Pistre* auf Art. 30 EG (Art. 28 EG n.F.) berufen, um die Vereinbarkeit einer französischen Regelung, die die Bezeichnung „montagne" nur bestimmten - im Inland ansässigen - Unternehmen vorbehielt, zu beanstanden, obwohl es keinerlei Gebrauch von der Warenverkehrsfreiheit gemacht hatte. Der EuGH hat die Einschlägigkeit des Art. 30 EG (Art. 28 EG n.F.) mit dem Argument bejaht, dass eine solche nationale Maßnahme auf den freien Warenverkehr zwischen den Mitgliedstaaten Auswirkungen haben könnte, insbesondere dann, wenn die fragliche Maßnahme den Vertrieb von Waren inländischen Ursprungs zum Nachteil eingeführter Waren begünstige[497].

Die Grundfreiheiten schützen nicht nur den Erbringer einer Dienstleistung, sondern auch den Dienstleistungsempfänger. In den Rs. *Kohll* ging es um die Pflicht eines Versicherten, zum Zweck der ärztlichen Behandlung im Ausland eine Genehmigung von der Krankenkasse einzuholen. Der EuGH konzentrierte sich nicht auf die Beschränkung der Grundfreiheit des Klägers, sondern zog in der Kontrolle auch die Empfänger der Grundfreiheit mit ein[498]. Auch Käufer können sich auf die Warenverkehrfreiheit berufen[499].

Diese Schwerpunktverschiebung zugunsten der objektiven Bedeutung der Grundfreiheiten ist primär in Bezug auf die Warenverkehrs- und die Dienstleistungsfreiheit zu verzeichnen. Das liegt daran, dass die Warenverkehrsfreiheit und in den meisten Fällen auch die Dienstleistungsfreiheit ihrem Wesen nach primär einen Gegenstand / eine Leistung und nicht eine Person betreffen. Die Gleichstellung ausschliesslich der Person des Einfuhrhändlers oder des Dienstleistungserbringers mit den Inländern würde daher nur mangelhaft alle möglichen Konstellationen der Beschränkung der Grundfreiheiten abdecken[500]. Aber auch im Rahmen der Arbeit-

496 Hier wird der Unterschied zwischen der unmittelbaren Anwendung und der Gewährung subjektiver Rechte deutlich: Die unmittelbare Anwendung ist notwendige Voraussetzung zur Verleihung eines subjektiven Rechts. Andererseits kann sich der Einzelne auf eine unmittelbar anwendbare Vorschrift berufen, ohne daraus ein subjektives Recht herzuleiten.

497 Rs. C-321, 322, 323, 324/94, *Pistre*, Slg. 1997, I-2343ff., Rn. 54; ausführlich zur Entscheidung Hartmut *Weyer*, Freier Warenverkehr, rein innerstaatliche Sachverhalte und umgekehrte Diskriminierung, EuR 1998, 439f.; vgl. auch Rs. C-254/98, *TK Heimdienst Sass GmbH*, Slg. 2000, I-151ff.

498 Rs. C-158/96, *Kohll*, Slg. 1998, I-1931ff., Rn. 35; genauso Rs. C-118/96, *Safir*, Slg. 1998, I- 1897ff., Rn. 30; s. dazu ausführlich Vassilis *Hatzopoulos*, Recent Developments of the Case - Law of the ECJ in the Field of Services, CMLR 2000, 43ff., 58f.

499 *Jarass*, EuR 1995, 209.

500 *Troberg*, in: GTE, Kommentar zum EU-/EG- Vertrag, Vorb. zu den Art. 59 bis 66, Rn. 20f., der vom produktbezogenen (funktionalen) Ansatz spricht, der an die Stelle des personenbezogenen Blickwinkels rückt.

nehmerfreizügigkeit hat der EuGH entschieden, dass nicht nur die Arbeitnehmer, sondern auch die Arbeitgeber sich auf Art. 39 EG berufen können[501].

Ein zweites Beispiel, das die objektive Zielsetzung der Grundfreiheiten belegt, ist, dass der Adressatenkreis bei der Warenverkehrs- und Dienstleistungsfreiheit sich nicht mit dem Kreis der Unionsbürger deckt:

Die Dienstleistungsfreiheit hat als primäres Ziel die Abschaffung der mit dem zwischenstaatlichen Verkehr zusammenhängenden Maßnahmen und nicht die Gewährung eines Rechts an alle Unionsbürger als solche: Berechtigte der Dienstleistungsfreiheit sind zwar die Unionsbürger, aber eben nur jene, die innerhalb der EU ansässig sind. Staatsangehörige eines Mitgliedstaates, die im EU-Ausland ansässig sind, haben kein Recht aus der Dienstleistungsfreiheit, weil es an einem grenzüberschreitenden Vorgang innerhalb der Europäischen Gemeinschaft fehlt[502].

Hinsichtlich der Warenverkehrsfreiheit gilt dagegen, dass nach der herrschenden Meinung alle Personen unabhängig von ihrer Staatsangehörigkeit vom personellen Anwendungsbereich des Art. 28 erfasst werden können[503]. Die Ausgestaltung der Warenverkehrsfreiheit als ein subjektives Recht der Unionsbürger würde bedeuten, dass die Drittstaatsangehörigen, deren Waren innerhalb der Union zirkulieren, sich nicht auf Art. 28 EG berufen können[504].

Diese Beispiele belegen, dass die Entscheidung über den personellen und sachlichen Anwendungsbereich der Grundfreiheiten aufgrund ihrer funktionalen Zielsetzung anders ausfällt als wenn es sich um Rechte handelte, die den Unionsbürgern als solchen zustünden[505]. Die objektive Seite der Grundfreiheiten überwiegt[506].

---

501 Rs. C-350/96, *Clean Car Autoservice,* Slg. 1998, I-2521, Rn. 24f.; *Streinz,* Europarecht, Rn. 622a.

502 *Kluth,* in: Calliess/Ruffert (Hrsg.), EUV/EGV, Art. 50, Rn. 31.

503 *Becker,* in: Schwarze (Hrsg.), EU-Kommentar, Art. 28, Rn. 8; *Bleckmann/Pieper,* in: Dauses (Hrsg.), Hdb. des EU-Wirtschaftsrechts, B I, Rn. 118 bzw. 139; *Jarass,* EuR 1995, 208.

504 Für eine Begrenzung des personellen Anwendungsbereichs des Art. 28 EG nur auf die Unionsbürger bereits *Kingreen,* Grundfreiheiten, S. 79-80.

505 So mit Recht *Kluth,* in: Calliess/Ruffert (Hrsg.), EUV/EGV, Art. 50, Rn. 31.

506 Vgl. auch *Kluth,* AöR 122 (1997), 574: „Insofern besteht bei den Grundfreiheiten des EG-Vertrages ein sachlogischer Vorrang der institutionellen vor der individuellen Gewährleistung“.

Aus diesem Grund muss bezweifelt werden, inwiefern man aus der Tatsache, dass die Grundfreiheiten subjektive Rechte gewähren, ableiten kann, dass sie mit den Grundrechten dogmatisch gleichgesetzt werden können[507].

Das bedeutet, dass die Grundfreiheiten einer anderen Dogmatik unterliegen und somit keine Parallelen zwischen Grundfreiheiten und Grundrechten gezogen werden können[508]. Die Bezeichnung der Grundfreiheiten vom Schrifttum[509] und gelegentlich vom EuGH[510] als Grundrechte ist insoweit ohne praktische Konsequenz, wenn man sich die oben beschriebenen Sonderfunktion der Vertragsrechte vor Augen hält[511].

---

507 So aber *Quasdorf,* Dogmatik der Grundrechte, S. 113.

508 Zurückhaltend auch *Epiney,* Umgekehrte Diskriminierungen, S. 137, Fn. 245.

509 Vor allem Albert *Bleckmann,* Die Freiheiten des Gemeinsamen Marktes als Grundrechte, in: Roland Bieber / Albert Bleckmann / Francesco Capotorti u.a. (Hrsg.), Das Europa der zweiten Generation - Gedächtnisschrift für Christoph Sasse, 1981, Bd. II, 1981, S. 665ff.; s. auch *Bleckmann/Pieper,* in Dauses (Hrsg.) Handbuch des EG-Wirtschaftsrechts, B. I, Rn. 109f.; *Pernice,* Grundrechtsgehalte, insb. S. 125ff.; *ders.,* in: Grabitz/Hilf (Hrsg.), EUV/EGV, Art. 164, Rn. 49; zustimmend auch *Everling,* Europäische Grundrechtsgemeinschaft, S. 171; s. aber *ders.,* Von der Freizügigkeit der Arbeitnehmer zum Europäischen Bürgerrecht?, EuR 1990 Bh. 1, 81ff., 102; *Rengeling,* Grundrechtsschutz, S. 172; weitere Nachweise bei *Kingreen,* Grundfreiheiten, S. 24, *Due/Gulmann,* Fundamental Rights, S. 407; *Lenz,* EuGRZ 1993, 585, qualifiziert die Grundfreiheiten als die ursprünglichen Grundrechte der Gemeinschaft, die auch nach klassischem Verständnis als Grundrechte anzuerkennen seien; Martin *Nettesheim,* Die europarechtlichen Grundrechte auf wirtschaftliche Mobilität (Art. 48, 52 EG), NVwZ 1996, S. 342f., 342, nennt aufgrund des Bosman-Urteils die Personenverkehrsfreiheiten Grundrechte auf wirtschaftliche Mobilität; Thomas *Oppermann,* Europarecht, 2. Auflage, 1999, Rn. 490; s. auch Alexander *Scheuer,* in: Lenz (Hrsg.), EG-Vertrag Kommentar, Art. 39, Rn. 65; Klaus *Lackhoff,* Die Niederlassungsfreiheit des EGV - nur ein Gleichheits- oder auch ein Freiheitsrecht?, 2000 (zitiert: *Lackhoff,* Niederlassungsfreiheit), S. 485, bezeichnet die Niederlassungsfreiheit, wegen ihrer gleichheits- und freiheitsstiftenden Funktion, ihrer Struktur und ihrer Absicherung gegen Änderungen durch die Mitgliedstaaten als Grundrecht; *Ress/Ukrow,* EuZW 1990, S. 499ff., 499-500.

510 Rs. 222/86, *Heylens,* Slg. 1987, S. 4097ff., Rn. 15; in Bezug auf die Freizügigkeit der Arbeitnehmer; Rs. C-415/93, *Bosman,* Slg. 1995, I-4921ff., Rn. 129; Rs. 340/89, *Vlassopoulou,* Slg. 1991, S. I-2357ff., Rn. 22, im Hinblick auf die Niederlassungsfreiheit; in der Rs. C-416/96, *El-Yassini,* Slg. 1999, I-1209, Rn. 45, ist vom "Grundrecht der Freizügigkeit innerhalb der Gemeinschaft" die Rede.

511 Vgl. auch *Epiney,* Umgekehrte Diskriminierungen, S. 127, Fn. 195: „Inwieweit man die Grundfreiheiten als echte Grundrechte oder aber aufgrund ihrer funktionalen Ausrichtung nur als grundrechtsähnliche Rechte bezeichnet, ist dann wohl nur noch eine eher terminologische Frage".

b. Schaffung eines homogen geltenden Grundrechtskatalogs

In diesem Zusammenhang sind Ansichten in der Literatur zu betrachten, welche die Grundfreiheiten allgemein als Anknüpfungspunkte verstehen, um eine Grundrechtskontrolle mitgliedstaatlichen Handelns seitens der Gemeinschaft zu begründen: Der erste Anknüpfungspunkt ist die Bindungsrichtung der Grundfreiheiten: Sie richten sich demnach nicht nur gegen die Mitgliedstaaten sondern auch gegen die Gemeinschaft. Dann sei es nur konsequent, auch eine Bindung der Mitgliedstaaten an die Grundrechte zu bejahen. Dieses Argument wird auf eine rechtspolitische Erwägung gestützt. So könne durch die Vereinheitlichung der Adressaten von Grundrechten und Grundfreiheiten ein „universell und homogen geltender Kanon von subjektiven Rechten im Bereich der Gemeinschaftsrechtsordnung entstehen“[512].

Diese Ansicht ist jedoch abzulehnen: Die Gleichstellung von Grundrechten und Grundfreiheiten kann nicht als Argument verwendet werden, um eine Vereinheitlichung von Grundrechten und Grundfreiheiten und damit ihrer Adressaten zu rechtfertigen. Es soll vielmehr dem umgekehrten Weg gefolgt werden: Erst wenn bewiesen werden kann, dass die Mitgliedstaaten als Adressaten der Gemeinschaftsgrundrechte gelten, kann dieses Argument als weiterer Hinweis für eine Gleichstellung von Gemeinschaftsgrundrechten und Grundfreiheiten genutzt werden[513].

Vor diesem Hintergrund ist auch die Annahme zu beurteilen, dass ein geschriebener Grundrechtskatalog zur Konvergenz von Grundrechten und Grundfreiheiten führen kann[514]: Die Verabschiedung der Grundrechtscharta zeigt, dass die Schaffung eines Katalogs nicht unbedingt die Vereinheitlichung der Dogmatik der darin enthaltenen Rechte zur Folge hat. Voraussetzung zur Mitberücksichtigung eines Rechts in der Grundrechtscharta war sein Menschenrechtsgehalt im weiten Sinne[515]. Diese Berücksichtigung führt nicht automatisch dazu, dass die Adressaten vereinheitlicht werden. Art. 52 Abs. 2 der Grundrechtscharta geht in diesem Zusammenhang Art. 51 Abs. 1 vor. Die Ausübung der in den Verträgen enthaltenen Rechte erfolgt im Rahmen der darin festgelegten Bedingungen und Grenzen. Für

---

512 *Cirkel*, Bindungen, S. 150; so auch *Schindler*, Kollision, S. 145.

513 *Jones*, Bindung, S. 168-169.

514 *Kühling*, Kommunikationsfreiheit, S. 109; *Beutler*, in: GTE, Kommentar zum EU-/EG-Vertrag, Art. F, Rn. 82f.; in diese Richtung wohl auch Bernhard *Wegener*, Rechte des Einzelnen. Die Interessenklage im europäischen Umweltrecht, 1998, S. 67, der die Vereinheitlichung der Grundrechtsadressaten im Gemeinschaftsrecht von einem geschriebenen Grundrechtskatalog abhängig macht.

515 S. bereits oben, erster Teil, E II 4.

die Rechte vertraglichen Ursprungs gilt daher die Beschränkung der Bindungswirkung hinsichtlich der Mitgliedstaaten nicht.

II. Ergebnis

Ziel dieses Kapitels war, mögliche Gründe aufzuzeigen, die als Grundlage einer Grundrechtskontrolle mitgliedstaatlichen Handelns seitens der Europäischen Gemeinschaft herangezogen werden können.

Die unmittelbare Anwendbarkeit von gemeinschaftlichen Vorschriften ist ohnehin nicht in der Lage, eine Grundrechtskontrolle mitgliedstaatlichen Handelns seitens der Gemeinschaft zu begründen. Das gleiche gilt hinsichtlich des Grundsatzes des Vorrangs des Gemeinschaftsrechts, wenn er als Kollisionsregel zur Anwendung kommt.

Vorrang, Wirksamkeit und Einheitlichkeit des Gemeinschaftsrechts sind vom EuGH öfters herangezogen worden, um eine bestimmte Rechtsfolge dogmatisch zu stützen. Sie sind aber nicht geeignet, bezüglich der Grundrechte eine solche Rechtsfolge hervorzurufen, da es sich um Auslegungsmethoden handelt, die auf das geschriebene Gemeinschaftsrecht Anwendung finden.

Der einzige Grundsatz, dem insoweit Bedeutung zukommt, ist derjenige der einheitlichen Anwendung. Aus ihm können manche Argumente zur Bejahung der Kontrolle abgeleitet werden. Obwohl die einheitliche Anwendung des Gemeinschaftsrechts ein wünschenswertes Ziel darstellt, um die Funktionsfähigkeit der Gemeinschaft zu wahren, ist sie nicht in der Lage, allein eine Grundrechtskontrolle mitgliedstaatlichen Handelns zu begründen.

Die Grundfreiheiten stellen schließlich zwar grundrechtsähnliche Rechte dar, die auch in der Grundrechtscharta verankert sind. Sie können aber nicht als Auslegungsmethoden für die Gemeinschaftsgrundrechte angewendet werden. Sie sind daher genauso wenig geeignet, zur Beantwortung der Frage hinsichtlich der Pflicht der Mitgliedstaaten, Grundrechte zu beachten, herangezogen zu werden.

C. Das rechtsdogmatische Argument - Rechtsschutz des Einzelnen

I. Einführung

Es wurde ausführlich dargelegt, dass die Notwendigkeit, den Einzelnen ausreichend vor Akten der gemeinschaftlichen öffentlichen Gewalt zu schützen, der eigentliche Grund für die Entwicklung von Gemeinschaftsgrundrechten gewesen ist[516].

---

516 S. oben, A.

In den untersuchten Fällen macht der Einzelne die Verletzung von Rechten mit Bezug zum Gemeinschaftsrecht durch die nationalen Behörden geltend. Im Zusammenhang mit diesen Rechten stellt sich dann die Frage, ob, und wenn ja in welchem Umfang die Europäische Union für den Schutz dieser Rechte gegenüber den Mitgliedstaaten verantwortlich ist[517].

Um eine solche Verantwortung bejahen zu können, muss man sie zunächst in einen Rechtsbegriff umwandeln, um sich dann zu fragen, ob dieser im europäischen Kontext Anwendung findet. Im Schrifttum ist diese Frage unter den Stichworten „Grundrechtskompetenz", bzw. „Grundrechte als Ziele der EU" oder „Existenz einer objektiven Wertordnung und daraus entwickelte Schutzpflicht" diskutiert worden.

Es wird daher die Existenz von Gemeinschaftsbefugnissen in Bezug auf die Grundrechte im europäischen Unionsrecht untersucht und gefragt, ob sich bereits aus den Verträgen eine Kompetenz der Union zur Wahrung der Grundrechte ableiten lässt (II). Anschließend wird die Ableitung von Schutzpflichten im Gemeinschaftsrecht thematisiert (III). Schließlich wird der Frage nachzugehen sein, ob die Gemeinschaftsgrundrechte bereits als Ziele der Unionstätigkeit anzusehen sind und auf diese Weise Geltung auch gegenüber den Mitgliedstaaten beanspruchen (IV). Anhand dieser Untersuchungen soll der Umfang der Verantwortung der Gemeinschaft hinsichtlich des Schutzes der Grundrechte gegenüber den Mitgliedstaaten bestimmt werden.

Zuvor ist es jedoch erforderlich, zu untersuchen, ob die Rechtsnatur der Gemeinschaftsgrundrechte als allgemeine Rechtsgrundsätze, die integraler Bestandteil des Gemeinschaftsrechts sind[518], dazu führen kann, dass der EuGH bei der Anwendung des Gemeinschaftsrechts auf sie zurückgreifen kann.

---

517 Im Schrifttum wird teilweise aus der Existenz einer gemeinsamen Verfassungstradition der Mitgliedstaaten eine Bindung der Mitgliedstaaten an die Gemeinschaftsgrundrechte als „Ausdruck ihrer eigenen Verfassungen" angenommen, so *Temple Lang,* LIEI 1991/1992, 29; *Jones,* Bindung, S. 130; dieses Argument stellt auf eine Homogenität der mitgliedstaatlichen Grundrechtsbestimmungen ab, die jedoch nicht existiert, da jede Verfassung in unterschiedlichem Umfang Grundrechte gewährleistet, *Ruffert,* EuGRZ 1995, 524; *Cirkel,* Bindungen, S. 192; *Craig/de Búrca,* EU Law, S. 317; s. bereits oben, erster Teil, A; aber auch wenn man von Gemeinschaftsgrundrechten ausgehen könnte, die in allen nationalen Rechtsordnungen im gleichen Umfang geschützt würden, ist nicht ersichtlich, aufgrund welches Argumentes der EU die Zuständigkeit eingeräumt werden darf, nationale Akte auf der Grundlage der Grundrechtsverletzung zu sanktionieren, so *Craig/de Búrca,* EU Law, S. 317.

518 Vgl. auch oben die Ausführungen im Rahmen des Arguments des Vorrangs des Gemeinschaftsrechts, B I 3.

Dem EuGH obliegt gemäß Art. 220 EG die Aufgabe der Wahrung des Rechts, daher auch der allgemeinen Rechtsgrundsätze[519]. Der EuGH legt also die Maßstäbe für die Rechtmäßigkeit der gemeinschaftlichen Rechtsakte sowie bestimmter mitgliedstaatlicher Akte fest. Da es sich hier um gemeinschaftliche Maßstäbe handelt, ist es nach einer im Schrifttum vertretenen Ansicht folgerichtig, dass die Gemeinschaftsgrundrechte als Maßstäbe für die Beurteilung der Rechtmäßigkeit der mitgliedstaatlichen Rechtsakte angewendet werden[520].

Diese Annahme kann aber eine Grundrechtskontrolle mitgliedstaatlichen Handelns nicht begründen. Der Zweck der Entwicklung der Gemeinschaftsgrundrechte liegt in der Begrenzung der Ausübung der gemeinschaftlichen öffentlichen Gewalt. Die Berücksichtigung der Grundrechte als Maßstab für die Beurteilung mitgliedstaatlichen Handelns muss aus bestimmten Gründen tatsächlich geboten sein. Allein die Tatsache, dass die Gemeinschaftsgrundrechte integraler Bestandteil der Gemeinschaftsrechtsordnung sind, rechtfertigt nicht ihre Heranziehung zur Kontrolle mitgliedstaatlichen Handelns.

II. Grundrechtsbefugnisse der Europäischen Union im Unionsrecht

Es werden im folgenden zunächst die Bereiche genannt, bei denen sich eine Kompetenz der Europäischen Union hinsichtlich der Wahrung bestimmter Grundrechte ableiten lässt (1, 2, 3). Anschließend wird gefragt, ob eine allgemeine Kompetenz aus den Vertragsvorschriften abgeleitet werden kann (4).

1. Art. 7 EUV

Die Europäische Union verfügt über eine politische Kontrollbefugnis in Bezug auf schwerwiegende und anhaltende Verletzungen der in Art. 6 Abs. 1 genannten Grundsätze[521] durch die Mitgliedstaaten.

Diese Kontrollbefugnis wurde durch den Vertrag von Nizza um ein Frühwarnverfahren ergänzt[522]. Dieser Kontrollmechanismus ist in Art. 7 EUV detailliert um-

---

519 S. bereits oben, A.

520 *Cirkel*, Bindungen, S. 165; *Epiney*, Umgekehrte Diskriminierungen, S. 136; *Kühling*, Kommunikationsfreiheit, S. 69; *Ruffert*, EuGRZ 1995, 527; s. auch Federico *Mancini* / Vittorio *di Bucci*, Die Entwicklung der Grundrechte als Teil des Gemeinschaftsrechts, in: Julia Iliopoulos-Strangas (Hrsg.), Grundrechtsschutz im europäischen Raum: Der Beitritt der Europäischen Gemeinschaften zur Europäischen Menschenrechtskonvention; Referate des internationalen Seminars der Marangopoulos-Stiftung für Menschenrechte, Athen, vom 14. Januar bis 12. Februar 1991, 1993, (zitiert: *Mancini/di Bucci*, Entwicklung der Grundrechte), S. 208ff., S. 219-220.

521 Grundsätze der Freiheit, der Demokratie, der Achtung der Menschenrechte und Grundfreiheiten und der Rechtsstaatlichkeit. Die „Menschenrechte und Grundfreiheiten" beziehen sich auf die Europäische Konvention zum Schutz der *Menschenrechte und Grundfreiheiten.*

schrieben. Art. 7 EUV kann nicht so verstanden werden, dass er der Europäischen Union eine umfassende Zuständigkeit verleiht, in jedem einzelnen Fall mitgliedstaatliche Maßnahmen nach dem Grundrechtsmaßstab zu überprüfen. Er verleiht der Union nur eine auf politischer Ebene angesiedelte Sicherungsaufgabe bezüglich der mitgliedstaatlichen Rechtsordnungen: Die Union hat die nationalen Verfassungen zu schützen, sofern deren Schutzmechanismen versagen[523]. Der politische Charakter dieser Kontrolle wird im übrigen durch die vom Vertrag von Nizza vorgenommene Änderung der Art. 7 und 46 EUV bestätigt, welche zwar dem EuGH eine Prüfungskompetenz einräumen, aber eben nur in Bezug auf die reinen *Verfahrens*bestimmungen des Art. 7 EUV[524].

Fraglich ist, nach welchem Maßstab eine schwerwiegende und anhaltende Verletzung speziell der Grundrechte zu beurteilen ist. Diesen Maßstab könnte auch gerade die Grundrechtscharta liefern[525]. Der Wortlaut der Vorschrift lässt dagegen erkennen, dass sich der beschriebene Kontrollmechanismus auf schwerwiegende Verletzungen beschränkt und in keiner Weise das von Art. 6 Abs. 2 EUV bzw. von der Grundrechtscharta für die Gemeinschaftsorgane festgelegte Niveau fordert[526].

2. Art. 13 und 141 EG[527]

a. Art. 13 EG

In Art. 13 EG werden bestimmte Diskriminierungskriterien, welche Inhalt des Gleichheitssatzes sind, vertraglich verankert[528]. Die Vorschrift ermächtigt dem Rat, auf entsprechenden Vorschlag der Kommission und nach Anhörung des Europäischen Parlaments einstimmig Maßnahmen zu beschliessen, um Diskriminierungen aufgrund der in der Vorschrift genannten Kriterien zu bekämpfen[529]. Diese

---

522 S. Klemens H. *Fischer*, Der Vertrag von Nizza Text und Kommentar, 2001 (zitiert: *Fischer*, Der Vertrag von Nizza), S. 88.

523 Armin von *Bogdandy*, Grundrechtsgemeinschaft als Integrationsziel?, JZ 2001, 157f., 162.

524 Art. 46 lit. e EUV, in der Fassung des Nizzavertrages.

525 *V. Bogdandy*, JZ 2001, 158.

526 *Pernice*, FS Steinberger, 2002, S. 1335-1336.

527 Das Diskriminierungsverbot des Art. 12 Abs. 1 EG und die Grundfreiheiten sind keine Grundrechtskompetenzen in dem hier untersuchenden Sinne, weil es sich hierbei nicht um Grundrechte im engen Sinne handelt, s. bereits oben, erster Teil, E II 4.

528 *Lenaerts*, ELR 2000, 578.

529 In Art. 13 EG wurde durch den Vertrag von Nizza folgender Absatz eingefügt: „Abweichend von Absatz 1 beschließt der Rat gemäß dem Verfahren des Artikels 251, wenn er gemeinschaftliche Fördermaßnahmen unter Ausschluss jeglicher Harmonisierung der

Kompetenz unterliegt insofern einer Einschränkung, als dass sie nur „im Rahmen der durch den Vertrag auf die Gemeinschaft übertragenen Zuständigkeiten“ wahrgenommen werden darf.

Art. 13 EG ist als Kompetenznorm zum Erlass von Maßnahmen zur Bekämpfung von Diskriminierungen zu verstehen[530]. Der Rat hat durch die Verabschiedung zweier Richtlinien von dieser Kompetenz Gebrauch gemacht[531]. Dadurch wird ein einheitlicher Grundrechtsstandard speziell hinsichtlich dieser Diskriminierungen in allen Mitgliedstaaten erreicht.

Die unmittelbare Anwendbarkeit des Art. 13 EG wird zu Recht von der herrschenden Meinung verneint[532]. Art. 13 EG ist keine vertragliche Verankerung von unmittelbar anwendbaren Diskriminierungsverboten, sondern eine Ermächtigungsgrundlage an den Rat, geeignete Maßnahmen zur Bekämpfung von Diskriminierungen zu treffen[533]. Erst wenn die Maßnahmen getroffen werden, kann sich der Einzelne auf das spezifische Diskriminierungsverbot gegenüber den Mitgliedstaaten berufen.

Fraglich ist, ob die Diskriminierungsverbote trotz der fehlenden unmittelbaren Anwendbarkeit des Art. 13 EG durch einen anderen Weg direkte Wirkung gegenüber der Gemeinschaft bzw. den Mitgliedstaaten entfalten können.

Das könnte der Fall sein, wenn man sie als spezielle Diskriminierungskriterien ansehen würde, die vom gemeinschaftlichen Gleichheitssatz erfasst werden[534]: Als spezielle Ausprägung des Gleichheitssatzes könnten dann die Diskriminierungs-

---

Rechts- und Verwaltungsvorschriften der Mitgliedstaaten – zur Unterstützung der Maßnahmen annimmt, die die Mitgliedstaaten treffen, um zur Verwirklichung der in Absatz 1 genannten Ziele beizutragen“.

530 *Holoubek,* in: Schwarze (Hrsg.), EU-Kommentar, Art. 13, Rn. 12.

531 Richtlinie 2000/43/EG vom 29. Juni 2000 zur Anwendung des Gleichbehandlungsgrundsatzes ohne Unterschied der Rasse oder der ethnischen Herkunft, ABl. EG 2000, Nr. L 180, S. 22ff.; Richtlinie 2000/78/EG vom 27. November 2000 zur Festlegung eines allgemeinen Rahmens für die Verwirklichung der Gleichbehandlung in Beschäftigung und Beruf, ABl. EG 2000, Nr. L 303, S. 16ff.

532 *Epiney,* in: Calliess/Ruffert (Hrsg.), EUV/EGV, Art. 13, Rn. 1; Leo *Flynn,* The implications of Article 13 EC- After Amsterdam, will some forms of discrimination be more equal than others?, CMLR 1999, 1127ff., 1132; Georg *Jochum,* Der neue Art. 13 EGV oder "political correctness" auf europäisch?, ZRP 1999, 279ff., 280; *Lenaerts,* ELR 2000, 579; *Lenz,* in: ders. (Hrsg.), EG-Vertrag Kommentar, Art. 13, Rn. 12; *Rossi,* EuR 2000, 197, Fn. 6; vgl. den deutlichen Wortlaut bestätigend etwa EuGH Rs. C-249/96, *Grant,* Slg. 1998, I-621ff., Rn. 31 und 48.

533 *Craig/de Búrca,* EU Law, S. 334.

534 *Cirkel,* Bindungen, S. 207-208.

verbote gegenüber der Gemeinschaft sowie gegenüber den Mitgliedstaaten im Anwendungsbereich des Gemeinschaftsrechts zur Geltung gebracht werden[535].

Es stimmt zwar, dass der Gleichheitssatz sowohl gegenüber den Gemeinschaftsorganen als auch gegenüber den Mitgliedstaaten in einem - noch zu untersuchenden - Umfang gilt. Das bedeutet aber nicht, dass jegliche Diskriminierungsverbote, die den Gleichheitssatz konkretisieren, unmittelbar gegenüber der Gemeinschaft bzw. den Mitgliedstaaten gelten können. Die Diskriminierungsverbote führen zu einer strengeren Prüfung des Sachverhaltes als der Gleichheitssatz, der sich auf eine Willkürprüfung beschränkt. Während diese Intensivierung der Prüfung gegenüber der Gemeinschaft vor dem Hintergrund der Kompetenzverteilung unproblematisch bleibt, führt die unmittelbare Anwendung des Verbots dieser Diskriminierungen in den Mitgliedstaaten zu einer Kompetenzerweiterung der Gemeinschaft, da sie nationale Maßnahmen kontrollieren kann, obwohl ihr die Befugnis vom Vertrag nicht verliehen wurde. Die unmittelbare Anwendung des Art. 13 EG mittels der unmittelbaren Anwendung des Gleichheitssatzes ist daher abzulehnen. Der unmittelbar geltende Gleichheitssatz und die Diskriminierungsverbote im Sinne von Art. 13 EG als Kompetenzgrundlage zum Erlass von Rechtsetzungsmaßnahmen sind von einander abzugrenzen.

Problematisch ist schließlich das Verhältnis zwischen Art. 13 EG und Art. 21 Abs. 1 der Grundrechtscharta. Letztere Vorschrift beinhaltet verbotene Diskriminierungskriterien, die in Art. 13 EG nicht erwähnt werden, wie die politische oder sonstige Anschauung, die Zugehörigkeit zu einer nationalen Minderheit, das Vermögen und die Geburt. Fraglich ist, ob bei dieser Vorschrift Art. 52 Abs. 2 GRCh heranzuziehen ist. Wenn dies der Fall ist, dann erfolgt die Ausübung der Rechte des Art. 21 Abs. 1 der Grundrechtscharta im Rahmen der im Vertrag festgelegten Bedingungen und Grenzen.

Die Heranziehung des Art. 52 Abs. 2 GRCh führt dazu, dass mit der Verbindlichkeit der Grundrechtscharta diejenigen Diskriminierungskriterien, die auch in Art. 13 EG beinhaltet sind, keine unmittelbare Anwendung entfalten, während alle anderen vom Bürger geltend gemacht werden können[536]. Man gelangt dann zu dem absurden Ergebnis, dass diejenigen Kriterien, die von den Mitgliedstaaten die größte Zustimmung gefunden haben, um eine Rechtsetzungstätigkeit der Gemeinschaft zu ermöglichen, nicht unmittelbar anwendbar sind, während andere Kriterien, bei denen es diesbezüglich keine Einigkeit der Mitgliedstaaten gab, gegen-

---

535 *Cirkel*, a.a.O.; in diese Richtung tendiert auch *Lenaerts*, ELR 2000, 579; *Holoubek*, in: Schwarze (Hrsg.), EU-Kommentar, Art. 13, Rn. 9, bejaht die unmittelbare Anwendbarkeit des Art. 13 EG mit dem Argument, dass Artikel 13 nicht so verstanden werden könne, dass bis zum Erlass der einschlägigen Akten Diskriminierungen zulässig seien; für eine künftige unmittelbare Anwendbarkeit Peter *Szczekalla*, Anmerkung, EuZW 1998, 215ff., 216.

536 So *Lenaerts/De Smijter*, CMLR 2001, 284.

über den Mitgliedstaaten bei der Durchführung des Gemeinschaftsrechts gemäß Art. 51 Abs. 1 GRCh unmittelbar anwendbar sein sollen.

Dieses Ergebnis lässt sich jedoch korrigieren, wenn man annimmt, dass Art. 13 EG, - wenn auch durch weitere Diskriminierungskriterien erweitert - in die Grundrechtscharta aufgenommen wurde. Das bedeutet, dass Art. 52 Abs. 2 der Grundrechtscharta auf Art. 21 Abs. 1 Anwendung findet, der auch im Fall der Verbindlichkeitserklärung der Grundrechtscharta weiterhin keine Rechte des Einzelnen begründet.

b. Art. 141 EG

Der Amsterdamer Vertrag hat entscheidende Änderungen des EG hinsichtlich der Geschlechtergleichheit vorgenommen. Gemäß Art. 2 EG ist die Gleichstellung von Männern und Frauen nunmehr Aufgabe der Gemeinschaft. Diese Aufgabe wird in Art. 3 Abs. 2 EG konkretisiert: Die Gemeinschaft muss in allen ihren Tätigkeiten zur Beseitigung von Ungleichheiten und zur Förderung der Gleichstellung von Männern und Frauen hinwirken. In dieser Vorschrift sowie in dem durch den Amsterdamer Vertrag eingefügten Abs. 3 des Art. 141 EG wird deutlich, dass die Gemeinschaft eine echte Kompetenz grundrechtlichen Inhalts besitzt, in dem sie in dem in Art. 141 EG festgelegten Rahmen eine Gleichheit zwischen Männern und Frauen durch aktives Handeln herbeizuführen hat. Art. 141 EG enthält daher nicht nur ein Diskriminierungsverbot aufgrund des Geschlechts (Abs. 1) sondern stellt eine Ermächtigungsgrundlage zu positiven Förderungsmaßnahmen dar (Abs. 3)[537].

3. Entwicklungszusammenarbeit und Gemeinsame Aussen- und Sicherheitspolitik

Die Europäische Gemeinschaft verfolgt auf dem Gebiet der Entwicklungszusammenarbeit gemäß Art. 177 Abs. 2 EG das Ziel der Festigung der Demokratie, des Rechtsstaates und der Menschenrechte. Das gleiche Ziel ist auch für die Tätigkeit der Europäischen Union im Rahmen der Gemeinsamen Aussen- und Sicherheitspolitik (GASP) in Art. 11 Abs. 1 lit. e EUV festgelegt.

Art. 177 Abs. 2 EG verleiht der Europäischen Gemeinschaft die Befugnis, in ihren Kooperationsabkommen mit Drittstaaten Menschenrechtsklauseln aufzunehmen[538].

Die Förderung der Menschenrechte kann nicht als das einzige Ziel für den Erlass von Maßnahmen seitens der Gemeinschaft verstanden werden. Es müssen viel-

---

537 Martin *Coen*, in: Lenz (Hrsg.), EG-Vertrag Kommentar, Art. 141, Rn. 3, spricht vom Wechsel des Gleichbehandlungsrechts von einem Abwehr- zu einem Teilhaberrecht.

538 Bestätigt in der Rs. C-268/94, *Portugal/Rat*, Slg. 1996, I-6177ff., Rn. 23f.

mehr durch diese Maßnahmen auch die Ziele des Art. 177 Abs. 1 EG verfolgt werden. Angesichts der schwierigen Trennung zwischen wirtschaftlichen und politischen Zielen ist jedoch davon auszugehen, dass die Gemeinschaft Maßnahmen ergreifen kann, die primär der Besserung der politischen Rahmenbedingungen dienen[539]. Dies ist der Fall bei der Verordnung 975/1999[540], welche der Gemeinschaft die Möglichkeit einräumt, finanzielle und technische Hilfe zur Förderung der Ziele des Art. 177 Abs. 2 EG zu leisten.

Die Gemeinschaft verfügt daher über eine Kompetenz, zur Stärkung des Grundrechtsschutzes in den Drittstaaten beizutragen. Durch die Menschenrechtsklauseln kann sie Assoziationsabkommen außer Kraft setzen, wenn Menschenrechtsverletzungen in dem betreffenden Drittstaat vorliegen.

Es ist nicht geklärt, in welchem Umfang die Union die Grundrechtscharta in ihren internationalen Beziehungen heranziehen darf[541]. Ein solches Vorgehen würde jedoch gegen den Grundsatz des Verbots der Staatenintervention verstoßen[542]. Es ist vielmehr davon auszugehen, dass die Grundrechtscharta zwar als Orientierungspunkt[543] hilfreich sein kann, nicht aber als rechtlicher Maßstab verwendet werden darf[544]. Die von Art. 177 EG verliehene Gemeinschaftskompetenz begrenzt sich daher auf einer Kontrolle von schwerwiegenden Menschenrechtsverletzungen[545].

---

539 Andreas *Zimmermann* / Bernd *Martenczuk*, in: Schwarze (Hrsg.), EU-Kommentar, Art. 177, Rn. 24.

540 Verordnung Nr. 975/1999/EG des Rates vom 29. April 1999 zur Festlegung der Bedingungen für die Durchführung von Maßnahmen auf dem Gebiet der Entwicklungszusammenarbeit, die zu dem allgemeinen Ziel der Fortentwicklung und Festigung der Demokratie und des Rechtsstaats sowie zur Wahrung der Menschenrechte und Grundfreiheiten beitragen, ABl. 1999, Nr. L 120, S. 1.

541 Bejahend die Kommission in ihrer Mitteilung vom 8.5.2001 über die Rolle der EU bei der Förderung der Menschenrechte: „Die außenpolitische Aktion der Kommission wird von der Wahrung der Rechte und Grundsätze geprägt werden, die in der Europäischen Grundrechtscharta enthalten sind, die die Übereinstimmung zwischen dem internen und externen Vorgehen der EU gewährleisten wird“, Kom (2001) 252 endg., S. 3, Fn. 27.

542 Kirsten *Schmalenbach*, in: Calliess/Ruffert (Hrsg.), EUV/EGV, Art. 177, Rn. 17.

543 *Busse*, EuGRZ 2002, 560.

544 *V. Bogdandy*, JZ 2001, 162.

545 So *v. Bogdandy*, JZ 2001, 162; nach *Schmalenbach*, in: Calliess/Ruffert (Hrsg.), EUV/EGV, Art. 177, Rn. 17, ist der Mindeststandard des Völkergewohnheitsrechts (z.B. Internationaler Pakt für bürgerliche und politische Rechte von 1966) als Maßstab heranzuziehen.

4. Allgemeine Grundrechtskompetenz der Union?

a. Vertragliche Vorschriften

Es muss zunächst untersucht werden, ob eine Vorschrift, die der Union eine allgemeine Befugnis in Bezug auf die Verwirklichung der Grundrechte verleiht, bereits vorliegt. Dies ist jedoch mit zahlreichen Stimmen in der Literatur zu verneinen[546]. Die einzige allgemeine Formulierung findet sich insofern in Art. 6 Abs. 2 EUV, welcher die Pflicht der Union zur *Beachtung* der Grundrechte festschreibt. Art. 6 Abs. 2 EUV verleiht jedoch keine Kompetenz zur Förderung von Grundrechten[547].

In der Literatur wird aus unterschiedlichen Bestimmungen, darunter den Präambeln zu den europäischen Verträgen und Art. 2 und 3 EG abgeleitet, dass die Grundrechte ein Ziel der Tätigkeit der Europäischen Union darstellen[548]. Es stellt sich somit die Frage, ob diese Vorschriften in diesem Sinne ausgelegt werden können.

---

546 Philip *Alston* / Joseph H.H *Weiler*, An "Ever Closer Union" in Need of a Human Rights Policy: The European Union and Human Rights, in: Philip Alston (Hrsg.), The EU and Human Rights, 1999 (zitiert: *Alston/Weiler*, The EU and Human Rights), S. 22.

547 Hans-Joachim *Glaesner*, Eine unendliche Geschichte, in: Ole Due / Marcus Lutter / Jürgen Schwarze (Hrsg.), Festschrift für Ulrich Everling, Band I, 1995 (zitiert: *Glaesner*, FS Everling, 1995), S. 327ff., S. 330; Liv *Jaeckel*, Schutzpflichten im deutschen und europäischen Recht. Eine Untersuchung der deutschen Grundrechte, der Menschenrechte und Grundfreiheiten der EMRK sowie der Grundrechte und Grundfreiheiten der Europäischen Gemeinschaft, 2001 (zitiert: *Jaeckel*, Schutzpflichten), S. 198; *v. Bogdandy*, JZ 2001, 169; s. auch *Besselink*, CMLR 1998, 669; a.A. Meinhard *Hilf*, Europäische Union und Europäische Menschenrechtskonvention, in: Ulrich Beyerlin / Michael Bothe / Rainer Hofmann / Ernst-Ulrich Petersmann (Hrsg.), Recht zwischen Umbruch und Bewahrung Völkerrecht Europarecht Staatsrecht Festschrift für Rudolf Bernhardt, 1995, (zitiert: *Hilf*, FS Bernhardt, 1995), S. 1193ff., S. 1209, der Art. F Abs. 2 EUV als ausreichende Rechtsgrundlage für den Beitritt zur EMRK hält; in diesem Sinne auch Wolfgang *Peukert*, The importance of the European Convention on Human Rights for the European Union, in: Paul Mahoney / Franz Matscher / Herbert Petzold / Luzius Wildhaber (Hrsg.), Protecting Human Rights: The European Perspective Studies in memory of Rolv Ryssdal, 2000 (zitiert: *Peukert*, Studies in memory of Rolv Ryssdal, 2000), S. 1107ff., S. 1109.

548 *Jaeckel*, Schutzpflichten, S. 208; Barbara *Brandtner* / Allan *Rosas*, Human Rights and the External Relations of the European Community: An Analysis of Doctrine and Practice, EJIL 1998, 468ff., 472: „...it is submitted that the combined effect of the human rights declarations made by the Community institutions, the Preamble of the SEA, the Preamble and provisions of the TEU, including Article F (2), and the case law of the ECJ on human rights as part of the general principles of Community law, is to make human rights a „transverse" objective of the Community".

Eine umfassende Kompetenz könnte aus den Präambeln der Gemeinschaftsverträge abgeleitet werden[549]. Sie enthalten Formulierungen, welche sich auf den Schutz des Einzelnen beziehen. So streben die Vertragsparteien nach dem dritten Erwägungsgrund der Präambel zum EG-Vertrag eine stetige Besserung der Lebens- und Beschäftigungsbedingungen ihrer Völker als wesentliches Ziel an. Im achten Erwägungsgrund betonen sie ihre Entschlossenheit, „Frieden und Freiheit zu wahren und zu festigen“. In der Präambel zur Einheitlichen Europäischen Akte äußern die Vertragsparteien ihren Willen, „gemeinsam für die Demokratie einzutreten, wobei sie sich auf die in den Verfassungen und Gesetzen der Mitgliedstaaten, in der Europäischen Konvention zum Schutze der Menschenrechte und Grundfreiheiten und der Europäischen Sozialcharta anerkannten Grundrechte, insbesondere Freiheit, Gleichheit und soziale Gerechtigkeit, stützen“[550]. In der Präambel zum EU-Vertrag bestätigen sie ihr Bekenntnis zu den Grundsätzen der Freiheit, der Demokratie und der Achtung der Menschenrechte und Grundfreiheiten und der Rechtsstaatlichkeit[551].

In den Präambeln zu den Gemeinschaftsverträgen, die sich gegenseitig ergänzen und als „einheitlicher Ausdruck der grundlegenden Leitgedanken der europäischen Integration“[552] verstanden werden können, werden die Beweggründe, die Ziele und die Absichten der Vertragsparteien festgelegt. Die stetige Besserung der Lebens- und Beschäftigungsbedingungen der Völker der Mitgliedstaaten und die Sicherung des Friedens und der Freiheit in Europa sind demnach Ziele der Europäischen Gemeinschaft und damit der Europäischen Union insgesamt, welche durch die in Art. 2 und 3 EG erwähnten konkreten Aufgaben und Tätigkeiten verwirklicht werden sollen. Diese Aussagen können aber nicht als Kompetenznormen verstanden werden, da die Präambeln zu völkerrechtlichen Verträgen keine rechtliche Verpflichtungen begründen[553]. Ihre rechtliche Bedeutung beschränkt sich vielmehr auf ihre Anwendung als Auslegungshilfen bezüglich der einzelnen Vertragsbestimmungen[554]. So hat der EuGH mehrmals Bestimmungen der Präam-

---

549 Zur rechtlichen Würdigung der Präambel s. *Busse*, EuGRZ 2002, 563f.

550 3. Erwägungsgrund.

551 3. Erwägungsgrund.

552 *Hilf/Pache*, in: Grabitz/Hilf (Hrsg.), EUV/EGV, Präambel zum EUV, Rn. 2.

553 *Zuleeg*, in: GTE, Kommentar zum EU-/EG- Vertrag, Präambel, Rn. 3.

554 *Zuleeg*, a.a.O.; *Busse*, EuGRZ 2002, 563; nach Ivo E. *Schwartz*, in: GTE, Kommentar zum EWG-Vertrag, Art. 235, Rn. 102, stellen die in den Präambeln enthaltenen Ziele rechtsverbindliche Rechtsvorschriften des Vertrages dar, die mit Hilfe des Art. 235 EGV (Art. 308 EG) verwirklicht werden können; daraus zieht *Schwartz* den Schluss, dass der 8. Erwägungsgrund der Präambel i.V.m. Art. 235 EGV (Art. 308 EG) den Beitritt der Gemeinschaft zur EMRK ermöglicht, Rn. 104; a.A. *Glaesner*, FS Everling, 1995, S. 329; zurückhaltender jetzt *Schwartz*, in: GTE, Kommentar zum EU-/EG- Vertrag, Art. 235, Rn. 161.

bel zum E(W)GV herangezogen, um den Bedeutungsgehalt der Vertragsvorschriften zu ermitteln[555].

Insbesondere hinsichtlich der Grundrechte ist ihre Erwähnung in der Präambel zur Einheitlichen Europäischen Akte (EEA) und zum EU-Vertrag im historischen Kontext zu betrachten. Bis zur Verabschiedung der EEA gab es keine vertragliche Verankerung des Grundrechtsschutzes. In der Präambel zur EEA wird die Achtung der Grundrechte seitens der Europäischen Gemeinschaften zum ersten Mal ausdrücklich bestätigt. In diesem Zusammenhang ist auch die Erwähnung der Menschenrechte in der Präambel zum EU-Vertrag zu sehen[556]. Die Mitgliedstaaten bekräftigen damit lediglich ihre Bindung, aber auch die Bindung der Gemeinschaft an die Grundsätze der Demokratie, der Rechtsstaatlichkeit und der Menschenrechte[557].

Es muss festgehalten werden, dass sich die Erwähnung der Grundrechte auf ihre negative Dimension bezieht. Jede weitere Auslegung kann jedenfalls nicht aus der historischen und systematischen Auslegung abgeleitet werden. Aus diesem Grund ist eine Interpretation der Grundrechte als Ziele der Gemeinschaften und der Union aufgrund dieser Formulierungen zumindest zweifelhaft[558].

Eine allgemeine Befugnis der Europäischen Gemeinschaft, in Bezug auf den Schutz der Grundrechte tätig zu werden, kann auch nicht aus Art. 2 bzw. Art. 3 EG entnommen werden[559], da es gemäß dem Prinzip der begrenzten Einzelermächtigung einer Vertragsvorschrift bedarf, welche den Gemeinschaftsorganen die Befugnis verleiht, in grundrechtsrelevanten Bereichen tätig zu werden.

b. Art. 308 EG als Rechtsgrundlage grundrechtsschützender Gemeinschaftstätigkeit?

Da keine spezifische Vorschrift existiert, die als Rechtsgrundlage der Gemeinschaftskompetenz zur Wahrung der Grundrechte dienen könnte, bleibt zu untersuchen, ob diese auf Art. 308 EG gestützt werden kann.

---

555 S. nur Rs. 43/75, *Defrenne/Sabena,* Slg. 1976, 455ff., Rn. 8-11; Rs. 136/79, *National Panasonic,* Slg. 1980, 2033ff., Rn. 20; Rs. 12/82, *Trinon,* Slg. 1982, 4089ff., Rn. 7; verb. Rs. C-72/91, *Sloman Neptun /Seebetriebsrat Bodo Ziesemer,* Slg. 1993, I-887ff., Leitsatz 2 und Rn. 28.

556 *Hilf/Pache,* in: Grabitz/Hilf (Hrsg.), EUV/EGV, Präambel zum EUV, Rn. 4; *Zuleeg,* in: GTE, Kommentar zum EU-/EG- Vertrag, Präambel, Rn. 7.

557 *Glaesner,* FS Everling, 1995, S. 330.

558 So aber *Jaeckel,* Schutzpflichten, S. 195.

559 So auch *Glaesner,* FS Everling, 1995, S. 327; *v. Bogdandy,* JZ 2001, 169.

Der EuGH hat sich im Gutachten zum Beitritt zur EMRK mit der Anwendbarkeit des Art. 308 EG als Rechtsgrundlage für eine Gemeinschaftskompetenz zur Wahrung und Sicherung der Grundrechte beschäftigt.

Das Gericht hat, entsprechend seiner bisherigen Rechtsprechung, die Existenz einer Gemeinschaftsbefugnis zum Abschluss von völkerrechtlichen Verpflichtungen von der entsprechenden internen Zuständigkeit der Gemeinschaft abhängig gemacht. Er hat insofern dann aber eine Grundrechtszuständigkeit der Gemeinschaft verneint, als dass keine Bestimmung des Vertrages den Gemeinschaftsorganen allgemein die Befugnis verleiht, Vorschriften auf dem Gebiet der Menschenrechte zu erlassen oder völkerrechtliche Verträge in diesem Bereich zu schließen[560].

Hinsichtlich der Anwendbarkeit des Art. 235 (jetzt 308) EG als Rechtsgrundlage für den Beitritt betonte der EuGH:

> „Eine solche Änderung des Systems des Schutzes der Menschenrechte in der Gemeinschaft, die grundlegende institutionelle Auswirkungen sowohl auf die Gemeinschaft als auch auf die Mitgliedstaaten hätte, wäre von verfassungsrechtlicher Dimension und ginge daher ihrem Wesen nach über die Grenzen des Artikels 235 hinaus. Sie kann nur im Wege einer Vertragsänderung vorgenommen werden"[561].

Der EuGH hat damit festgestellt, dass die Wahrung der Grundrechte kein Ziel der Gemeinschaft ist[562].

Bezüglich des Gutachtens wird nun aber auch die Meinung vertreten, dass der EuGH nicht die Existenz einer allgemeinen Grundrechtskompetenz der Gemeinschaft, sondern die Ausübung der speziellen Kompetenz zum Beitritt zur EMRK aufgrund der damit verbundenen institutionellen Auswirkungen auf die Gemeinschaft und die Mitgliedstaaten verneint hat. Das Schrifttum zieht daraus den Schluss, dass die EU über eine spezielle Kompetenz zum Schutz von Grundrechten verfügen kann, vorausgesetzt, dass diese Kompetenz keine Auswirkungen auf das institutionelle Gefüge der Gemeinschaft hat[563]. Diese Annahme wird ferner auf

---

560 Gutachten 2/94, Slg. 1996, I-1759ff., Rn. 27.

561 Gutachten 2/94, a.a.O., Rn. 35.

562 Kritisch dazu und ein Gemeinschaftsziel „Grundrechtsschutz" bejahend Matthias *Ruffert*, Anmerkung, JZ 1996, 624ff., 625; so auch *Peukert*, Studies in memory of Rolv Ryssdal, S. 1109; kritisch auch Georg *Ress*, Menschenrechte, europäisches Gemeinschaftsrecht und nationales Verfassungsrecht, in: Herbert Haller / Christian Koptzki / Richard Novak (Hrsg.), Staat und Recht, Festschrift für Günter Winkler, 1997 (zitiert: *Ress*, FS Winkler, 1997), S. 897ff., S. 918, der aber richtig auf die abwehrrechtliche Seite der Grundrechte abstellt und untersucht, ob die *Beachtung* der Grundrechte zu den Zielen der EU gehört und ob der Beitritt zur EMRK die erforderliche Maßnahme war, um das Ziel der *Beachtung* der Grundrechte zu erreichen.

563 *Craig/de Búrca*, EU Law, S. 336; *Alston/Weiler*, The EU and Human Rights, S. 27; Joseph H.H. *Weiler* / Sybilla *Fries*, A Human Rights Policy for the European Community and Un-

das Subsidiaritätsprinzip gestützt, da eine gemeinschaftliche Grundrechtspolitik besser als die Mitgliedstaaten in der Lage sei, Grundrechte zu fördern[564].

Hinsichtlich einer allgemeinen Grundrechtskompetenz auf der Grundlage des Art. 308 EG muss beachtet werden, dass die Anerkennung einer solchen Zuständigkeit dazu führen würde, dass der Gemeinschaft die Kompetenz verliehen würde, Regelungen zur Verwirklichung von Grundrechten im innerstaatlichen Bereich zu erlassen. Dies hätte auf jeden Fall Auswirkungen auf das institutionelle Gefüge, da die Europäische Gemeinschaft in allen Lebensbereichen mit dem Ziel der Wahrung der Grundrechte tätig werden könnte[565]. Das käme einer umfassenden Rechtssetzungskompetenz nahe[566].

Es muss also festgehalten werden, dass Art. 308 EG, unabhängig davon, wie man das Gutachten des EuGH interpretiert, nicht als Rechtsgrundlage zur Ableitung einer allgemeinen Grundrechtskompetenz verstanden werden kann.

5. Zwischenergebnis

Die Untersuchung hat gezeigt, dass die Europäische Union zunehmend Grundrechtsbefugnisse bekommt. Diese Befugnisse sind aber sowohl in Bezug auf den Gegenstand als auch hinsichtlich der Adressaten genau umschrieben und führen beim gegenwärtigen Stand der Integration zu keiner umfassenden Grundrechtskompetenz, aufgrund deren die Europäische Union Rechtsakte erlassen könnte, die den Schutz von Grundrechten als Gegenstand hätten[567]. Genauso wenig steht ihr die Befugnis zu, jegliche nationalen Maßnahmen grundrechtlich überprüfen zu können. Das bedeutet speziell für den EuGH, dass er keine Befugnis hat, die Grundrechte als Maßstab für die Beurteilung der Rechtsmäßigkeit des mitgliedstaatlichen Handelns heranzuziehen.

---

ion: The Question of Competences, in: Philip Alston (Hrsg.), The EU and Human Rights, 1999 (zitiert: *Weiler/Fries*, Competences and Human Rights), S. 147ff., S. 159f.; speziell hinsichtlich der Aussenpolitik *Brandtner/Rosas*, EJIL 1998, 472.

564 *Alston/Weiler*, The EU and Human Rights, S. 27; zur Auswirkung des Subsidiaritätsprinzips auf die hier zu behandelnde Frage ausführlicher unten, VII.

565 Zu Recht nennt *Glaesner*, FS Everling, 1995, S. 331, die Wahrung der Grundrechte ein horizontales Rechtsprinzip in der Gemeinschaftsrechtsordnung.

566 Die Vorschläge von *Alston/Weiler*, The EU and Human Rights, S. 3f., sowie *Weiler/Fries*, Competences and Human Rights, S. 154f., führen auch zu tiefgreifenden institutionellen Auswirkungen, obwohl die Autoren dies verneinen; vgl. hierzu die berechtigte Kritik von *v. Bogdandy*, JZ 2001, 158f.

567 Zu einem anderen Ergebnis gelangt *Cirkel*, Bindungen, S. 174: Die neuen Artikel 13 und 141 Abs. 3 EG, sowie die Grundfreiheiten und die Diskriminierungsverbote zeigen, dass die Gemeinschaften „über eine erhebliche, zumindest grundrechtsähnliche Regelungskompetenz" verfügen.

III. Die Existenz einer objektiven Wertordnung bzw. Schutzpflicht auf europäischer Ebene

1. Problemstellung

Die Verantwortung der Gemeinschaftsorgane, den Bürgern in der Europäischen Union Grundrechtsschutz auch gegenüber den Mitgliedstaaten zu gewähren (rechtsstaatliches Argument), könnte als Schutzpflicht gedeutet werden. Die Gemeinschaft würde demnach mit dieser Verantwortung eine Schutzpflicht im Sinne des im deutschen Verfassungsrecht verwendeten Begriffs bezüglich der Gemeinschaftsgrundrechte übernehmen, welche sie dann auch gegen Grundrechtsverletzungen seitens der Mitgliedstaaten erfüllen müsste[568].

Die Schutzpflicht bildet eine der Dimensionen, die das BVerfG und die deutsche Literatur den Grundrechten jenseits ihres abwehrrechtlichen Charakters beimisst. Diese Dimensionen werden unter anderem unter den Begriffen „objektive Wertordnung" oder „objektiv-rechtliche Grundrechtsgehalte"[569] zusammengefasst. Darunter werden verschiedenartige Fallgruppen gebündelt[570]. Die Grundrechte werden zu Fundamentalprinzipien nicht nur der Verfassung, sondern der gesamten Rechtsordnung, was zu einer grundrechtskonformen Auslegung des einfachen Gesetzes, vor allem des Privatrechts führt[571]. Darüber hinaus setzen sie Maßstäbe „für eine den Grundrechtsschutz effektuierende Organisations- und Verfahrensgestaltung sowie für eine grundrechtsfreundliche Anwendung vorhandener Verfahrensvorschriften[572].

Im Rahmen der objektiv-rechtlichen Grundrechtsdimensionen wird die grundrechtliche Schutzpflicht zunehmend als der Zentralbegriff angesehen[573]. Sie ist

---

568 Zu dieser speziell gemeinschaftsrechtlichen Konstellation der Schutzpflichtdogmatik s. *Tonne,* Effektiver Rechtsschutz, S. 278.

569 Horst *Dreier,* Grundgesetz-Kommentar, Band I, Art. 1-19, 1996, Vorb. vor Art. 1 GG, Rn. 55; Erwähnung aller in der Rechtsprechung und Literatur auftauchenden Begriffe bei Hans Dieter *Jarass,* Die Grundrechte: Abwehrrechte und objektive Grundsatznormen. Objektive Grundrechtsgehalte, insbes. Schutzpflichten und privatrechtsgestaltende Wirkung, Peter Badura / Horst Dreier (Hrsg.), Festschrift 50 Jahre Bundesverfassungsgericht, 2001, S. 35ff., S. 37.

570 *Dreier,* a.a.O.; Hans H. *Klein,* Die grundrechtliche Schutzpflicht, DVBl. 1994, 489f.

571 Ausstrahlungswirkung der Grundrechte, *Dreier,* a.a.O., Rn. 57.

572 BVerfGE 69, 315ff., 355: Grundrechtsverwirklichung durch Organisation und Verfahren.

573 *Dreier,* GG-Kommentar, Vorb. vor Art. 1 GG, Rn. 63, m.w.N.; zur Drittwirkung der Grundrechte als Unterfall der „Schutzgebotsfunktion" der Grundrechte s. Klaus *Stern,* Das Staatsrecht der Bundesrepublik Deutschland, Band III/1, Allgemeine Lehren der Grundrechte, 1988, § 76, IV 5 (S. 1572f.).

umfassend und gebietet dem Staat, sich schützend und fördernd vor die Grundrechte zu stellen, vor allem sie auch vor rechtswidrigen Eingriffen zu bewahren[574]. Das heißt konkret, dass der Staat verpflichtet ist, seine Rechtsordnung so zu gestalten, dass in ihr und durch sie die Grundrechte gesichert sind und die sich von ihnen gewährleisteten Freiheiten wirksam entfalten können[575]. Die Schutzpflicht findet ihre dogmatische Grundlage in zwei Ansätzen: In der Existenz einer den Grundrechten immanenten objektiven Wertordnung[576] und in der Friedenssicherungsfunktion des Staates[577]. Es ist heute selbstverständlich, dass der Staat die Befugnis und die Pflicht hat, die Beziehungen zwischen seinen Bürgern zu regeln, mit anderen Worten, dass er „Regeln für die Lösung von Konflikten zu schaffen und sie auch durchzusetzen hat"[578]. Mittels der Schutzpflichten wird aber diese Staatsaufgabe insofern mit den Grundrechten verbunden, als dass die mit der Friedenssicherungsfunktion verbundenen Handlungspflichten des Staates aus den Grundrechten abgeleitet werden[579]. Diese Verbindung wird damit gerechtfertigt, dass die Grundrechte diejenigen Rechtsgüter sind, die in einer konkreten staatlichen Ordnung für die staatliche Friedensordnung unabdingbar sind[580].

In dieser Funktion bilden die Grundrechte Staatsziele[581]. Aufgabe des Staates ist demnach, ihnen zu einer optimalen Verwirklichung zu verhelfen[582].

---

574 BVerfGE 39, 1ff., S. 42, *Schwangerschaftsabbruch;* BVerfGE 46, 160ff., S. 164, *Schleyer.*

575 *Klein,* DVBl. 1994, 491.

576 BVerfGE 49, 89ff., S. 141f., *Kalkar;* 53, 30ff., S. 57, *Mühlheim-Kärlich;* 56, 54ff., S. 73, *Fluglärm;* 77, 170, 214, *C-Waffen.*

577 Eckart *Klein,* Grundrechtliche Schutzpflichten des Staates, NJW 1989, 1633ff., 1636; Albert *Bleckmann,* Die Entwicklung staatlicher Schutzpflichten aus den Freiheiten der Europäischen Menschenrechtskonvention, in: Ulrich Beyerlin / Michael Bothe / Rainer Hofmann / Ernst-Ulrich Petersmann (Hrsg.), Recht zwischen Umbruch und Bewahrung Völkerrecht Europarecht Staatsrecht Festschrift für Rudolf Bernhardt, 1995 (zitiert: *Bleckmann,* FS Bernhardt, 1995), S. 309ff., S. 312, spricht vom Staat als dem primären Garant der Freiheiten des Einzelnen.

578 Claus Dieter *Classen,* Die Ableitung von Schutzpflichten des Gesetzgebers aus Freiheitsrechten - ein Vergleich von deutschem und französischem Verfassungsrecht sowie der Europäischen Menschenrechtskonvention, JöR (n.F) 1987, 29ff., 30; Christian *Calliess,* Sicherheit im freiheitlichen Rechtsstaat. Eine verfassungsrechtliche Gratwanderung mit staatstheoretischem Kompass, ZRP 2002, 1ff., 4, m.w.N.

579 *Dreier,* a.a.O., Rn. 63; das Verhältnis zwischen staatlicher Sicherheit, Rechtsstaatlichkeit und Grundrechten betont *Calliess,* ZRP 2002, 5.

580 *Klein,* NJW 1989, 1636.

581 Ernst-Wolfgang *Böckenförde,* Grundrechte als Grundsatznormen. Zur gegenwärtigen Lage der Grundrechtsdogmatik, Der Staat, 1990, 1ff., 23; Karl-Peter *Sommermann,* Staatsziele und Staatszielbestimmungen, 1997 (zitiert: *Sommermann,* Staatsziele), S. 420, mit zahlrei-

Es wird hinsichtlich dieser nicht mehr in Zweifel gezogenen Entwicklung von der Konstitutionalisierung der Rechtsordnung gesprochen. Damit wird gemeint, dass die Grundrechte Prinzipien sind, welche die ganze Rechtsordnung prägen[583]. Das einfache Gesetzesrecht wird als Ausdruck der Verfassungsprinzipien angesehen: „Die Grundrechte geben dem Gesetzgeber nicht einen Rahmen, innerhalb dessen er grundrechtlich frei ist, politische Entscheidungen zu treffen, sondern setzen dem Gesetzgeber Vorgaben, die dieser möglichst weitgehend zu verwirklichen hat. Einen grundrechtlich nicht mehr determinierten Freiraum des Gesetzgebers gibt es in diesem Sinne in diesem Verständnis nicht"[584].

So erfuhr diese Entwicklung dann auch erheblich Kritik mit dem Argument, dass sie zu einer Verschiebung des Verhältnisses zwischen Recht und Politik führt: Das Bundesverfassungsgericht mache dem Gesetzgeber inhaltliche Vorgaben, welcher dann lediglich als Verfassungsvollzieher anzusehen sei[585].

Vor dem Hintergrund der in Deutschland stattgefundenen Entwicklung stellt sich dann aber die Frage, ob bereits eine objektive Wertordnung auf europäischer Ebene existiert. Ist diese Frage zu verneinen, wird zu untersuchen sein, ob aus der EMRK bzw. aus den gemeinsamen Verfassungsüberlieferungen eine solche Entwicklung in der Unionsrechtsordnung möglich ist.

2. Existenz von Elementen einer objektiven Wertordnung auf europäischer Ebene

Der EuGH ist in seiner Grundrechtsrechtsprechung von einem abwehrrechtlichen Verständnis der Gemeinschaftsgrundrechte ausgegangen[586]. Die vom EuGH ge-

---

chen weiteren Hinweisen; Udo *Di Fabio*, Das Recht offener Staaten, 1999, S. 80; Winfried *Brohm*, Soziale Grundrechte und Staatszielbestimmungen in der Verfassung, JZ 1994, 213ff., 218.

582 Das Optimierungsgebot ist das Merkmal der Prinzipien im Gegensatz zu Regeln nach dem bekannten Modell von Robert *Alexy*, Theorie der Grundrechte, 1. Auflage, 1986, S. 75-77.

583 *V. Bogdandy*, JZ 2001, 169.

584 So die Einschätzung von - dem österreichischen Betrachter - Michael *Holoubek*, Grundrechtliche Gewährleistungspflichten. Ein Beitrag zu einer allgemeinen Grundrechtsdogmatik, 1997 (zitiert: *Holoubek*, Grundrechtliche Gewährleistungspflichten), S. 92; s. auch die Kritik von *Di Fabio*, Das Recht offener Staaten, S. 76f., bzw. 79.

585 *Classen*, JöR n.F. 36 (1987), 43; *Holoubek*, Gewährleistungspflichten, S. 93; *Böckenförde*, Der Staat 1990, 26f.

586 Eine ausführliche Darstellung der Rechtsprechung des EuGH bietet der Aufsatz von Hubertus *Gersdorf*, Funktionen der Gemeinschaftsgrundrechte im Lichte des Solange II-Beschlusses des Bundesverfassungsgerichts, AöR (119) 1994, 400ff., allerdings gelangt er zum unterschiedlichen Ergebnis, s. gleich unten.

prüften gemeinschaftlichen und mitgliedstaatlichen Akten waren immer als Eingriff in grundrechtliche Positionen zu qualifizieren[587].

Es wird zwar in der Literatur auf vereinzelte Entscheidungen des EuGH hingewiesen, welche Anhaltspunkte für die Existenz von Schutzpflichten auf europäischer Ebene beinhalten sollen[588]. In diesen Urteilen[589], welche mitgliedstaatliches Handeln betrafen, hat der EuGH jedoch nicht die Existenz einer gemeinschaftlichen Pflicht zum Schutz der Grundrechte bejaht, sondern lediglich geprüft, ob der Mitgliedstaat schützend tätig geworden ist[590].

Eine künftige Ausweitung der Funktionen der Gemeinschaftsgrundrechte wird im Schrifttum überwiegend befürwortet, das in sofern von der Anerkennung einer objektiven Wertordnung auf Gemeinschaftsebene spricht[591], bzw. der Schaffung von Schutzpflichten positiv gegenübersteht[592].

Es muss daher untersucht werden, ob sich in Zukunft weitere Funktionen der Grundrechte auf europäischer Ebene entwickeln können. Diese Entwicklung könnte richterrechtlich nach dem bis heute verwendeten Schema stattfinden, d.h. unter Verweis auf die EMRK und die gemeinsamen Verfassungstraditionen der Mitgliedstaaten.

---

587 Stephan *Gerstner* / Burkhart *Goebel*, Grundrechtsschutz in Europa, Jura 1993, 626ff., 630; *Müller-Graff*, FS Steinberger, 2002, S. 1288.

588 So *Gersdorf*, AöR 119 (1994), 411ff.; ihm folgend *Schindler*, Kollision, S. 141, S. 152f.; *Jaeckel*, Schutzpflichten, S. 214, in Bezug auf die Rs. C-288/89, *Gouda*, Slg. 1991, I-4007ff., Rn. 23; *Beutler*, in: GTE, Kommentar zum EU-/EG- Vertrag, Art. F, Rn. 88, spricht von einem Handlungsauftrag; wohl auch *Pernice*, in: Grabitz/Hilf (Hrsg.), EUV/EGV, Art. 164, Rn. 62e.

589 S. bereits oben, erster Teil, D II 4.

590 So zutreffend *Kingreen*, in: Calliess/Ruffert (Hrsg.), EUV/EGV, Art. 6 EUV, Rn. 47a.; ihm folgend *Schmitz*, JZ 2001, 839; *Holoubek*, Gewährleistungspflichten, S. 69, Fn. 254.

591 *Beutler*, in: GTE, Kommentar zum EU-/EG- Vertrag, Art. F, Rn. 83: „Diese Entwicklungen legen es nahe, die Struktur der Grundrechte als eine „objektive“ Grundrechtsordnung zu prüfen“; *Jones*, Bindung, S. 134ff., m.w.N.; *Hirsch*, Die EU als Grundrechtsgemeinschaft, S. 182; *Bleckmann/Pieper*, in: Dauses (Hrsg.), Hdb. des EU-Wirtschaftsrechts, B. I, Rn. 124; *Rengeling*, Grundrechtsschutz, S. 205f.; speziell hinsichtlich der Grundrechtscharta *Pernice*, DVBl. 2000, 856; so wohl auch *v. Bogdandy*, JZ 2001, 169, ohne allerdings diesen Aspekt zu benennen; *Pernice*, in: Grabitz/Hilf (Hrsg.), EUV/EGV, Art. 164, Rn. 62e.

592 Vor allem *Jaeckel*, Schutzpflichten, S. 216f.; *Szczekalla*, DVBl. 1998, 221f.; *Tonne*, Effektiver Rechtsschutz, S. 279.

3. Schutzpflichten in der EMRK und als gemeinsame Verfassungstradition der Mitgliedstaaten

a. Positive Pflichten aus der EMRK

Es liegt eine umfangreiche Rechtsprechung des EGMR in Bezug auf Verletzungen von Konventionsrechten vor, die nicht auf einen staatlichen Eingriff zurückzuführen waren[593]. Der EGMR hat anfangs gezögert, solche Akte der Mitgliedstaaten als gegen die EMRK verstoßend zu qualifizieren. Die vorsichtige Änderung seiner Rechtsprechung ist in den Urteilen *Marckx*[594] und *Young, James und Webster* zu verzeichnen. Im letzteren Urteil hat er festgestellt:

> „Under Article 1 of the Convention, each Contracting State shall „secure to everyone within [its] jurisdiction the rights and freedoms defined in ... [the] Convention"; hence, if a violation of one of those rights and freedoms is the result of non-observance of that obligation in the enactment of domestic legislation, the responsibility of the State for that violation is engaged"[595].

Der Gerichtshof hat seitdem die Staaten mehrmals verurteilt, weil sie ihrer aus den Konventionsrechten resultierten positiven Pflicht[596] nicht nachgekommen sind[597]. Diese Pflicht kann daraus resultieren, dass der nationale Gesetzgeber

---

593 Ausführlich zu dieser Rechtsprechung des EGMR Evert Albert *Alkema,* The third-party applicability of the Convention, in: Franz Matscher / Herbert Petzold, Protecting Human Rights: The European Dimension Studies in honour of Gérard J. Wiarda, 1988 (zitiert: *Alkema,* The third-applicability of the Convention), S. 33ff.; *Bleckmann,* FS Bernhardt, 1995, S. 163f.; Andrew *Clapham,* The „Drittwirkung" of the Convention, in: Ronald St. J. Macdonald, Franz Matscher / Heribert Petzold (Hrsg.), The European System for the Protection of Human Rights, 1993 (zitiert, *Clapham,* The "Drittwirkung" of the Convention), S. 163ff.; *Classen,* JÖR n.F. 36 (1987), 29ff.; Jochen Abr. *Frowein,* in: *ders.* / Wolfgang *Peukert,* EMRK - Kommentar, 2. Auflage, 1996, Art. 1, Rn. 9ff.; *ders.,* a.a.O., Art. 8, Rn. 9; David *Harris* / Michael *O'Boyle* / Chris *Warbrick,* Law of the European Convention on Human Rights, 1995, S. 19ff.; *Jaeckel,* Schutzpflichten, S. 124ff.

594 EGMR, *Marckx/Belgium,* Series A, Vol. 31, § 31 = EuGRZ 1979, 454ff., 455, 457.

595 EGMR, *Young, James and Webster/United Kingdom,* Series A, Vol. 44, § 49 = EuGRZ 1981, 559ff. Die deutsche Übersetzung lautet: „Wenn ein Staat unter Verletzung seiner Schutzpflicht die Rechte und Freiheiten der Konvention in seiner Gesetzgebung nicht absichert, ist er für die daraus resultierenden Verletzungen dieser Rechte und Freiheiten verantwortlich".

596 Der EGMR spricht in allen Fällen von „positive obligations".

597 Bezüglich der Lücke im irischen Recht, die Trennung von Tisch und Bett mangels entsprechender finanzieller Mittel gerichtlich durchzusetzen EGMR, *Airey/Ireland,* Series A, Vol. 32, § 32-33 = EuGRZ 1979, 626ff., 629; zu der im niederländischen Strafrecht nicht vorgesehenen Möglichkeit der strafrechtlichen Verfolgung des Vergewaltigers einer geistig behinderten Minderjährigen EGMR, *X und Y / Netherlands,* Vol. 91, § 23, § 30 = EuGRZ 1985, 297ff., 298.

Straf- oder Zivilrechtsvorschriften unter Missachtung der Konventionsrechte erlassen hat bzw. untätig geblieben ist[598]. Auch kann sie daraus resultieren, dass der Staat seine Aufsichtspflicht über privates Verhalten, insbesondere im Rahmen der Zulassung von privaten Einrichtungen, welche die Umwelt belasteten, verletzt hat[599].

Hinsichtlich der Prüfungsschritte zur Feststellung der Konventionsverletzung, differenziert der EGMR dabei nicht zwischen „negativen" und „positiven" Pflichten[600]. Er hat im Fall *Keegan/Irland* betont, dass keine eindeutige Grenze zwischen Handlungs- und Unterlassungspflichten des Staates gezogen werden könne. In beiden Fällen müsse ein gerechter Ausgleich zwischen den widerstreitenden Interessen des einzelnen und der Gesamtgesellschaft erreicht werden, und in beiden Fällen verfüge der Staat über einen gewissen Ermessensspielraum[601].

Das Schrifttum hat diese Rechtsprechung positiv aufgenommen[602]. Als Grund für die Anerkennung der positiven Pflichten ist der *effektive* Schutz der Konventionsrechte genannt worden[603].

---

598 Indirect State responsibility, so *Alkema,* The third-party applicability of the Convention, S. 42; s. die in der letzten Fn. erwähnten Urteile sowie EGMR, *Keegan/Ireland,* Series A, Vol. 290, § 49ff. = EuGRZ 1995, 113ff., § 49; vgl. in Bezug auf Art. 8 EMRK auch EGMR, *Stubbings and others/United Kingdom,* Reports 1996-IV, S.1487ff., § 62f., wo er allerdings eine positive Pflicht des Staates aus Art. 8 EMRK zur Schaffung uneingeschränkter zivilrechtlicher Rechtsbehelfe, wo strafrechtliche Sanktionen bereits vorhanden waren, verneinte (§ 66).

599 EGMR, *López Ostra/Spain,* Series A, Vol. 303, S. 38f., § 50f., insb. § 58 = EuGRZ 1995, 530; EGMR, *Guerra/Italy,* Reports 1998-I, S. 210ff., § 56ff., § 60.

600 *Szczekalla,* in: Rengeling (Hrsg.), Hb. EUDUR, 1998, Bd. I, § 12, Rn. 26.

601 EGMR, *Keegan/Ireland,* Series A, Vol. 290, § 49 = EuGRZ 1995, 113ff.,; vgl. auch EGMR, *López Ostra/Spain,* Series A, Vol. 303, § 51 = EuGRZ 1995, 530; noch zurückhaltend EGMR, *Rees,* Series A, Vol. 106, § 37.

602 S. die Nachweise, oben in Fn. 595; anders *Classen,* JöR n.F. 36 (1987), 39, der die Existenz einer Schutzpflicht im Rahmen der EMRK mit dem Argument verneint, dass die Konventionsorgane die Drittwirkung aus der Schutzpflicht ableiteten und nicht umgekehrt.

603 Im Rahmen der effet utile Auslegungsmethode des EGMR, *Matscher,* Methods of Interpretation, S. 67; *Alkema,* The third-party applicability of the Convention, S. 42; ausführlich *Jaeckel,* Schutzpflichten, S. 131f. m.w.N.; vgl. auch EGMR, *Stubbings and others/United Kingdom,* Reports 1996-IV, S. 1487ff., § 62: „It is to be recalled that although the object of Article 8 is essentially that of protecting the individual against arbitrary interference by the public authorities, it does not merely compel the State to abstain from such interference: there may, in addition to this primary negative undertaking, be positive obligations inherent in an *effective respect for* private or family life..." (Hervorhebung hinzugefügt).

Fraglich ist, ob diese Pflichten als Schutzpflichten im Sinne der deutschen Dogmatik zu verstehen sind[604].

Es handelt sich jedenfalls um Sachverhalte, die der Grundrechtsproblematik inhärent sind, wie bspw. die Abgrenzung eines Trägers öffentlicher Gewalt von Privaten, die Verträge zwischen Parteien mit ungleichen Machtpositionen, die Erteilung von Zulassungen seitens des Staates für private Tätigkeiten / Einrichtungen usw.[605] In allen diesen Fällen unterscheidet der EGMR nicht zwischen Eingriff und Unterlassung[606].

Von Interesse ist hier die Frage, ob der EGMR die Ableitung von positiven Pflichten von bestimmten Voraussetzungen abhängig macht, m.a.W. ob er ein in sich geschlossenes System der positiven Pflichten herausgearbeitet hat. Das ist nicht der Fall. Der Gerichtshof hat ausdrücklich betont, dass es nicht seine Aufgabe sei, eine generelle Theorie der positiven Verpflichtungen, die sich aus der Natur der Konvention ergäben, zu erarbeiten[607].

Diese Zurückhaltung ist aus der Natur der EMRK erklärbar[608]. Es handelt sich um ein internationales Rechtsschutzsystem zur Überprüfung möglicher Menschenrechtsverletzungen seitens der Vertragsparteien. In diesem Rahmen wurde ein Gerichtshof mit bestimmten Befugnissen eingerichtet, der im Einzelfall entscheidet und dogmatische Ausführungen allgemeiner Art vermeidet[609], vor allem weil die von ihm zu beurteilenden Fälle aus unterschiedlichen Rechtssystemen stammen[610]. Er muss zwar ein kohärentes System des Menschenrechtsschutzes im gesamten Europa schaffen, er ist jedoch nicht befugt zu entscheiden, unter welchen allgemeinen Voraussetzungen und in welchen Fällen eine positive Pflicht des Staates existiert. Er braucht keinerlei Stellung in Bezug auf die Frage zu nehmen, ob die Grundrechte eine objektive Wertordnung bilden, bzw. ob sie in den nationalen Rechtsordnungen die zentrale Stellung im gesamten Rechtssystem haben (sol-

---

604 So die überwiegende Ansicht in der deutschsprachigen Literatur, die von Schutzpflichten spricht, so *Jaeckel,* Schutzpflichten, S. 125; *Schilling,* EuGRZ 2000, S. 32, Fn. 466; *Szczekalla,* in: Rengeling (Hrsg.), Hb. EUDUR, 1998, Bd. I, § 12, Rn. 20.

605 Vgl. im deutschen Recht BVerfGE 49, 89ff., 141, *Kalkar;* BVerfGE 53, 30ff., 57, *Mühlheim-Kärlich.*

606 S. bereits oben.

607 EGMR, *Plattform „Ärzte für das Leben" / Austria,* Series A, Vol. 139, § 31 = EuGRZ 1989, 522ff., 524.

608 Ausführlich s. *Matscher,* Methods of Interpretation, S. 63f.

609 *Holoubek,* Grundrechtliche Gewährleistungspflichten, S. 46-47.

610 *Matscher,* Methods of Interpretation, S. 63-64.

len)[611]. Vielmehr gehen die Konventionsorgane - mit Inkrafttreten des 11. Zusatzprotokolls also der Gerichtshof[612] - vom „subsidiären Charakter“ der EMRK aus. Dies bedeutet, dass der Grundrechtsschutz primär den nationalen Rechtsordnungen obliegt und die EMRK nur „subsidiär“ eingreift, um das nationale Grundrechtssystem zu ergänzen und zu korrigieren[613]. Es ist also verfehlt, Schlussfolgerungen über die Existenz von Schutzpflichten im deutschen Sinne zu ziehen[614].

Es muss daher festgehalten werden, dass die Rechtsprechung des EGMR positive Pflichten der Vertragsparteien bejaht. Diese Pflichten sind zwar mit den Schutzpflichten im deutschen Sinne vergleichbar. Es muss jedoch beachtet werden, dass die Schutzpflichtendogmatik aus der Anerkennung der Grundrechte als objektive Wertordnung abgeleitet wird, während der EGMR sich auf den effektiven Schutz der Konventionsrechte konzentriert und keine Aussagen darüber trifft, welche Bedeutung die Konventionsrechte in einer innerstaatlichen Rechtsordnung haben sollen.

b. Gemeinsame Verfassungstraditionen der Mitgliedstaaten

Eine Untersuchung der *Verfassungen* bzw. Verfassungstraditionen der übrigen Mitgliedstaaten zeigt, dass die Problematik der Drittwirkung der Grundrechte in vielen Mitgliedstaaten existent ist[615]. In vielen Verfassungstexten wird auch von

---

611 Vgl. in diesem Zusammenhang die Ausführungen von *Holoubek,* Grundrechtliche Gewährleistungspflichten, S. 79: „... [es] finden sich Ausführungen zur „grundsätzlichen“ Bedeutung der Konventionsrechte für die Ausgestaltung einer Rechtsordnung so gut wie kaum. Positive konventionsrechtliche Gewährleistungspflichten werden hier relativ strikt am Einzelgrundrecht entwickelt und auf die Konstellation des Einzelfalls bezogen“.

612 Seit dem Inkrafttreten des 11. Zusatzprotokolls zur EMRK am 01.01.1998 werden alle Aufgaben der Kommission vom Gerichtshof wahrgenommen.

613 *Matscher,* Methods of Interpretation, S. 76; vgl. in diesem Zusammenhang auch Herbert *Petzold,* The Convention and the Principle of Subsidiarity, in: R. St. J. Macdonald / F. Matscher / H. Petzold (Hrsg.), The European System for the Protection of Human Rights, Martinus Nijhoff Publishers, 1993 (zitiert: *Petzold,* The Convention and the Principle of Subsidiarity), S. 41ff., S. 44: „Indeed, because the Convention lays down standards of conduct rather than uniform solutions, it leaves to each Contracting State a spectrum of choices for implementing within its own domestic legal order the various guaranteed rights and freedoms. What is essential is that the law of the Contracting States secures *in substance* those rights and freedoms to everyone within their jurisdiction regardless of the form in which they chose to do so“ (Hervorhebung im Original).

614 So im Ergebnis auch *Holoubek,* Grundrechtliche Gewährleistungspflichten, S. 49, der insoweit von einem Schrankenverständnis der Grundrechte ausgeht.

615 Vgl. zunächst die Untersuchungen/Länderberichte in: Eberhard *Grabitz* (Hrsg.), Grundrechte in Europa und USA, 1986 (zitiert: *Bearbeiter,* Bericht ..., in: Grabitz (Hrsg.), Grundrechte in Europa und USA).

der Pflicht des Staates gesprochen, die Grundrechte zu schützen. Die irische Verfassung enthält beispielsweise in § 40 Abs. 3 Nr. 1 die Pflicht des Staates, die Rechte der Bürger nicht nur zu achten, sondern soweit dies durchführbar ist, auch zu verteidigen und zu schützen[616]. Es kann auch auf die Änderung der Rechtsprechungslinie des *österreichischen Verfassungsgerichtshofs* (VfGH) hingewiesen werden[617]. Aber auch der *Conseil Constitutionnel* hat in Frankreich einen Gesetzesartikel als verfassungswidrig verworfen, da er der in Art. 11 der Deklaration geschützten Meinungsfreiheit den gesetzlichen Schutz nahm[618]. Weitere Nachweise über relevante Vorschriften in den nationalen Verfassungen oder in der Verfassungsrechtsprechung[619] werden von vielen Autoren als Beweis für die Anerkennung von Schutzpflichten in den übrigen Mitgliedstaaten angeführt[620].

---

616 Matthias *Ruffert*, Subjektive Rechte im Umweltrecht der Europäischen Gemeinschaft: Unter besonderer Berücksichtigung ihrer prozessualen Durchsetzung, 1996 (zitiert: *Ruffert*, Subjektive Rechte), S. 54; über die Geltung der Grundrechte zwischen Privaten s. *Duncan S. J. Grehan*, Bericht Irland, in: Grabitz (Hrsg.), Grundrechte in Europa und USA, S. 318f.

617 EuGRZ 1995, 664ff.; mehrere Hinweise bei *Szczekalla*, in: Rengeling (Hrsg.), Hb. EUDUR, 1998, Bd. I, § 12, Rn. 20; *Holoubek*, Grundrechtliche Gewährleistungspflichten, S. 29f.; zur Lage in Österreich s. *Jaeckel*, Schutzpflichten, S. 136 m.w.N.

618 *Classen*, JöR n.F. 36 (1987), 30f. Ausführlich zur Anerkennung von Schutzpflichten in Frankreich und allgemein zur Stellung der Grundrechte *Jaeckel*, Schutzpflichten, S. 136; *Ruffert*, Subjektive Rechte, S. 52f.; *Eric Savoie*, Bericht Frankreich, in: Grabitz (Hrsg.), Grundrechte in Europa und USA, S. 233; *Grewe*, EuGRZ 2002, 209f.

619 Die *portugiesische* Verfassung enthält in Art. 18 Abs. 2 folgende Formulierung: „Die Verfassungsbestimmungen über die Rechte, Freiheiten und Garantien finden unmittelbare Anwendung und binden die öffentlich-rechtlichen und privatrechtlichen Einrichtungen“, s. dazu *André Thomashausen*, Bericht Portugal, in: Grabitz (Hrsg.), Grundrechte in Europa und USA, S. 627.

Zu der von der *niederländischen* Rechtsprechung anerkannten „indirekten Drittwirkung“ der Grundrechte durch Heranziehung bei der Interpretation von Generalklauseln s. die Nachweise bei *Jaeckel*, Schutzpflichten, S. 135 und *Matthijs de Blois/ Aalt Willem Herringa*, Bericht Niederlande, in: Grabitz (Hrsg.), Grundrechte in Europa und USA, S. 541f.

Art. 9 Abs. 2 der *spanischen* Verfassung verpflichtet die öffentliche Gewalt, „die Bedingungen dafür zu schaffen, dass Freiheit und Gleichheit des einzelnen und der Gruppen, denen er angehört, real und wirksam sind“.

Zum unterschiedlichen Ausgangspunkt des *englischen* Rechtsdenkens, das die civil liberties als gegen jedermann gerichtete negatorische Rechte versteht, s. *Baum*, EuGRZ 2000, 284; zur Lage im Vereinigten Königreich, *Jaeckel*, Schutzpflichten, S. 136, m.w.N.

In *Italien* wird eine unmittelbare Drittwirkung der Grundrechte angenommen, s. *Luciano Monaco*, Bericht Italien, in: Grabitz (Hrsg.), Grundrechte in Europa und USA, S. 406.

620 So *Jaeckel*, Schutzpflichten, S. 137; positiv zur Existenz der Schutzpflichtkonzeption in den übrigen Mitgliedstaaten auch *Tonne*, Effektiver Rechtsschutz, S. 276; *Gersdorf*, AöR

Solche Erwähnungen in den nationalen Verfassungen sind jedoch kein Beweis für die Existenz von „Schutzpflichten". So fehlt es an einem Verständnis der Grundrechte als objektive Grundsatznormen, welche die gesamte Rechtsordnung prägen sollen. Darüber hinaus ist die Stellung der Grundrechte in jeder nationalen Rechtsordnung sehr stark differenziert und hängt wesentlich von der bisherigen Verfassungsgeschichte und -entwicklung ab[621]. Frankreich und das Vereinigte Königreich können hier als Beispiel dienen. Im Vereinigten Königreich, das bekanntlich keine Verfassung im formellen Sinne hat, wird der Grundrechtsschutz durch das Anvertrauen an den politischen Prozess[622] verwirklicht. In Frankreich wird das Gesetz selbst als Garant der Grundrechte angesehen, da es die „volonté générale" nach Rousseau's Tradition zum Ausdruck bringt[623]. Gleichzeitig ist die Grundrechtskontrolle der Gesetze in Frankreich sehr begrenzt und nur präventiv. Die Verfassung besaß dadurch lange Zeit nur politische Bedeutung[624]. So wird zwar in Frankreich die Drittwirkung der „libertés publiques" allgemein anerkannt[625], dagegen werden konkrete Handlungspflichten des Staates jedoch abgelehnt. Solange der Staat keine entsprechenden Maßnahmen beschlossen habe, habe das Recht keinen Inhalt[626].

Es kann also hinsichtlich der Existenz von Schutzpflichten keineswegs die Rede von einem „europäischen Gemeingut" sein[627].

---

119 (1994), 420, bejaht auch die Existenz von Hinweisen zur Drittwirkung der Grundrechte in den nationalen Rechtsordnungen; *Jones*, Bindung, S. 134, bejaht die Existenz einer westeuropäischen Tradition bezüglich der objektiven Wertordnung; *Ruffert*, Subjektive Rechte, S. 59, spricht dagegen von „spärlichen Hinweisen in den mitgliedstaatlichen Rechtsordnungen".

621 Vgl. Francis G. *Jacobs*, The Interaction of European law and national constitutional law: A comment with special reference to the United Kingdom, EuR 2000, Bh. 1, 41ff., 43.

622 *Kingston/Imrie*, Bericht England, in: Grabitz (Hrsg.), Grundrechte in Europa und USA, S. 719: „Die praktischen Garantien gegen einen Machtmissbrauch sind zu einem großen Teil im politischen Prozess zu sehen, von dem man annimmt, dass er das Parlament von einer die Freiheiten der Bürger vernichtenden Machtzuweisung an die Exekutive abhalten werde".

623 Marco *Itin*, Grundrechte in Frankreich, 1992, S. 33; *Classen*, JöR n.F. 36 (1987), 43.

624 *Classen*, JöR n.F. 36 (1987), 45.

625 *Eric Savoie*, Bericht Frankreich, in: Grabitz (Hrsg.), Grundrechte in Europa und USA, S. 232-233; *Itin*, Grundrechte in Frankreich, S. 47-48.

626 *Classen*, JöR n.F. 36 (1987), 39 m.w.N.

627 So aber Rainer *Hofmann*, Die Bindung staatlicher Macht, in: Rainer Hofmann / Joseph Marko / Franz Merli / Ewald Wiederin (Hrsg.), Rechtsstaatlichkeit in Europa, 1996, S. 3ff., S. 13; ihm folgend *Szczekalla*, in: Rengeling (Hrsg.), Hb. EUDUR, 1998, Bd. I, § 12, Rn. 20 (DVBl. 1998, 221).

Europäisches Gemeingut ist zwar der Sachverhalt, d.h. die Tatsache, dass Grundrechtsfragen öfters in bestimmten Konstellationen auftreten können, kein europäisches Gemeingut ist jedoch die Lösung, welche die jeweilige Rechtsordnung bestimmt. Insbesondere hinsichtlich der Ableitung von Schutzpflichten aus den Grundrechten muss darauf hingewiesen werden, dass die Friedenssicherungspflicht in anderen Mitgliedstaaten nicht unbedingt durch die Grundrechte angestrebt wird[628]. Ein Rechtsvergleich über die möglichen Funktionen der Grundrechte in den nationalen Rechtsordnungen, welche aus der wörtlichen Erwähnung des Schutzes der Grundrechte Schlüsse in Bezug auf die Existenz einer Schutzpflicht im Sinne des ausschließlich im deutschen Recht entwickelten Begriffs ziehen, geben kein der tatsächlichen Stellung der Grundrechte in den europäischen Verfassungsordnungen entsprechendes Bild wieder[629]. Insbesondere die Annahme, die Drittwirkung der Grundrechte bedeute gleichzeitig die Existenz einer Schutzpflicht, kann nicht akzeptiert werden. So ist im griechischen Recht die Annahme einer mittelbaren Drittwirkung der Grundrechte in Anlehnung an die deutsche Grundrechtsdogmatik bereits anerkannt[630]. Die in Art. 25 Abs. 1 der griechischen Verfassung festgelegte Pflicht des Staates zur Gewährleistung der Grundrechte hat dagegen in der Verfassungspraxis kaum Bedeutung erlangt[631].

Es muss also festgehalten werden, dass die EMRK positive Verpflichtungen der Mitgliedstaaten anerkennt, die auch Drittwirkungsprobleme umfassen, während die nationalen Verfassungen zwar die Drittwirkung der Grundrechte in unterschiedlichem Umfang anerkennen, keinesfalls aber umfassend Schutzpflichten / positive Pflichten aus den Grundrechten ableiten. Das Verständnis der Schutz-

---

628 Vgl. *Rivers,* JZ 2001, 127: „Historisch gesehen haben die Haupttraditionen der britischen Verfassungspolitik die Verwirklichung der Gerechtigkeit grundsätzlich nicht durch ein System subjektiver Rechte verstanden".

629 Vgl. aber den Versuch von *Jaeckel,* Schutzpflichten, S. 134ff., alle Erwähnungen in nationalen Verfassungen in Bezug auf „Schutz der Grundrechte" als Hinweis für die Existenz von „Schutzpflichten" zu verstehen; in diesem Sinne auch *Schilling,* EuGRZ 2000, 32, der davon ausgeht, dass ungeschriebene Schutzpflichten der völkerrechtlichen wie der nationalen Literatur und Praxis bekannt seien, d.h. dass der Begriff „Schutzpflichten" einen konkreten, europaweiten Inhalt hat.

630 Vgl. den mit der Verfassungsänderung neu eingefügten Satz in Art. 25 Abs. 1: [Die Rechte des Menschen als Einzelner und als Mitglied der Gesellschaft] ... gelten auch in Bezug auf die Beziehungen zwischen Privaten, soweit sie ihrem Wesen nach auf diese anwendbar sind".

631 Vassilios *Voutsakis,* Das Rechtsstaatsprinzip und die Grundrechte (griech.), Nomiko Vima 2002, 22.

pflichten[632] als ein zentraler Begriff der objektiven Gehalte der Grundrechte ist in anderen nationalen Rechtsordnungen wenig ausgeprägt und nur vereinzelt anzutreffen. Aus diesem Grund scheint es zweifelhaft, inwiefern die Übertragung einer solchen Grundrechtslehre, zumindest in der Art und Weise, wie sie in Deutschland existiert, auf europäischer Ebene stattfinden kann. Das Fehlen einer gemeinsamen Verfassungstradition schließt zwar eine solche Entwicklung nicht aus[633]. Es macht jedoch deutlich, dass diese Entwicklung nicht unbedingt positiv von den Mitgliedstaaten bewertet wird[634].

4. Einfügen in die Struktur und die Ziele der Europäischen Gemeinschaft

a. Allgemeine Schutzpflicht

Die Entwicklung einer Schutzpflichtdogmatik muss sich ferner in die Struktur und Ziele der Europäischen Gemeinschaft einfügen. Dies scheint aus folgenden Gründen nicht möglich:

Die Schutzpflicht des Staates wird, wie bereits erwähnt, auf die Friedenssicherungsfunktion des Staates und die Existenz einer objektiven Wertordnung zurückgeführt.

Hinsichtlich der Friedenssicherungsfunktion muss beachtet werden, dass die Unionsrechtsordnung keine Rechtsordnung mit umfassender Kompetenz-Kompetenz zur Regelung jeglicher Materien ist. Sie unterliegt dem Prinzip der begrenzten Einzelermächtigung. Aufgrund der fehlenden Staatsqualität der Union, fehlt es ferner an dem grundsätzlichen Status-, Schutz- und Gehorsamsverhältnis, wie er für das Verhältnis eines Staates zu seinen Angehörigen kennzeichnend ist. Aus diesem Grund hat sie keine direkte Verantwortung für den Schutz der in der Europäischen Union lebenden Bürger[635]. Diese Verantwortung liegt weiterhin bei den Mitgliedstaaten.

---

632 Von einer „institutional duty" des EuGH zum Schutz der Grundrechte gegenüber den Mitgliedstaaten sprechen *Weiler/Fries*, Competences and Human Rights, S. 156-157, s. bereits oben.

633 Anders *Szczekalla*, DVBl. 1998, 221, der die Existenz eines Rechtsquellenproblems verneint.

634 Vgl. zum Problem der Orientierung nur an eine nationale Rechtsordnung *Ruffert*, Subjektive Rechte, S. 59-60; vgl. auch *Schmitz*, JZ 2001, 840, der befürchtet, dass die Diskussion im deutschen Schrifttum den anderen zu abstrakt und zu kompliziert erscheine.

635 So *Steinberger*, VVDStRL 50 (1991), S. 28f.; *Ruffert*, Subjektive Rechte, S. 61; grundsätzlich zustimmend auch *Rengeling*, Grundrechtsschutz, S. 207; wohl auch *Müller-Graff* FS Steinberger, 2002, S. 1289.

Im Schrifttum ist zum Teil argumentiert worden, dass die Unionsbürgerschaft ein solches Schutzverhältnis schafft[636]. Dies ist jedoch zu verneinen. Die Unionsbürgerschaft beinhaltet nach dem heutigen Stand der Integration lediglich bestimmte Elemente, wie die Begründung eines unmittelbar anwendbaren allgemeinen Aufenthaltsrechts und das Recht, sich auf das Diskriminierungsverbot zu berufen. Eine umfassende Schutzpflicht lässt sich daraus nicht entnehmen.

Auch eine Begründung der Schutzpflicht im Hinblick auf eine objektive Wertordnung der Gemeinschaftsgrundrechte ist abzulehnen[637]. Die Grundrechte stellen nämlich, wie bereits ausführlich dargelegt, keine Aufgaben der Gemeinschaft dar[638]. Sie nehmen nicht die zentrale Stellung ein, die ihnen die deutsche Verfassungsordnung einräumt.

Es muss schließlich beachtet werden, dass die Annahme von Schutzpflichten auf europäischer Ebene eine Übertragung der deutschen Grundrechtsdogmatik im vollen Umfang impliziert. Es ist jedoch fraglich, ob eine Konstitutionalisierung der Gemeinschaftsrechtsordnung, wie sie in der deutschen Rechtsordnung stattgefunden hat[639], möglich bzw. wünschenswert ist.

Zusammenfassend muss festgehalten werden, dass die Entwicklung einer objektiven Wertordnung im Sinne der deutschen Grundrechtsdogmatik auf europäischer Ebene nicht mit der existierenden Aufgabenverteilung zwischen Union und Mitgliedstaaten zu vereinbaren ist. Es sollte vor diesem Hintergrund die Verwendung des Begriffs „Schutzpflichten“ auf europäischer Ebene vermieden werden. Somit wird deutlich, dass man von einer umfassenden Schutzpflichtdogmatik auf europäischer Ebene nur dann sprechen kann, wenn die Europäische Union eine umfassende Kompetenz besitzt.

b. Entwicklung von positiven Pflichten im Rahmen der bereits existierenden Befugnisse der Gemeinschaft

Die Frage der Existenz einer allgemeinen Schutzpflicht der Gemeinschaft gegenüber den Mitgliedstaaten muss von der Frage getrennt behandelt werden, ob die Gemeinschaft im Rahmen der ihr bereits zugewiesenen Kompetenzen eine positive Pflicht zum Schutz der Grundrechte hat. Letztere Pflicht muss bejaht wer-

---

636 Die Existenz eines Gehorsamverhältnisses aufgrund der Einführung der Unionsbürgerschaft bejahen *Tonne*, Effektiver Rechtsschutz, S. 278; *Bleckmann/Pieper*, in: Dauses (Hrsg.), Hdb. des EU-Wirtschaftsrechts, B. I, Rn. 127.

637 S. auch *Ruffert*, Subjektive Rechte, S. 61.

638 *Schilling*, EuGRZ 2000, 32, der die Schutzpflichtfunktion der Grundrechte verneint.

639 Konstitutionalisierung in dem Sinne, dass die Verfassungsgrundsätze, insbesondere die Grundrechte, auf die gesamte Rechtsordnung einwirken, *v. Bogdandy*, JZ 2001, 169.

den[640]. Dabei können diese Pflichten nur in solchen Bereichen existieren, die in die Zuständigkeit der Gemeinschaft fallen[641]. Eine Gemeinschaftsbefugnis kann durch sie nicht begründet werden. Aus diesem Grund darf die Annahme einer Schutzpflicht nicht dazu führen, dass eine vertragliche Vorschrift extensiv ausgelegt wird. Wenn dies geschieht, dann wendet der EuGH Grundrechte auf mitgliedstaatliches Handeln an, obwohl ihm die Zuständigkeit fehlt[642].

Es gehört beispielsweise nicht zu den Zuständigkeiten der EU, die vom EuGH festgelegte oder jetzt in der Grundrechtscharta enthaltene Religions- oder Meinungsfreiheit in allen Mitgliedstaaten auf das von ihr festgelegte Schutzniveau zu bringen. Die strikte Parallelität von Gemeinschaftskompetenzen und erlaubter Rechtsetzungstätigkeit wird in Bezug auf die durch den EuGH[643] für ungültig erklärte Tabakrichtlinie[644] deutlich. Eine solche implizite Zuständigkeit wird auch nicht von Art. 95 EG verliehen. Wenn keine Zuständigkeit der Gemeinschaft existiert, Rechtsetzungsakte zum Schutz der Gesundheit auf der Grundlage des Art. 95 EG zu erlassen, steht ihr genauso wenig die Befugnis zu, auf der Grundlage des Art. 95 EG Maßnahmen zum Schutz der Grundrechte zu treffen[645].

Eine ausdrückliche Bestätigung der Existenz positiver gemeinschaftlicher Pflichten in der Rechtsprechung des EuGH liegt soweit ersichtlich nicht vor. Eine implizite Anerkennung einer Pflicht zum Tätigwerden enthält eine Aussage des EuGH in der Rechtssache *T. Port*[646], welche die Auslegung des Art. 30 der Bana-

---

640 So auch *Kingreen,* in: Calliess/Ruffert (Hrsg.), EUV/EGV, Art. 6 EUV, Rn. 48; *Holoubek,* Grundrechtliche Gewährleistungspflichten, S. 70; *Szczekalla,* in: Rengeling (Hrsg.), Hb. EUDUR, 1998, Bd. I, § 12, Rn. 30: „Soweit die Sperrwirkung v.a. des sekundären Gemeinschaftsrechts reicht, muss auch die Gemeinschaft an die Grundrechte in ihrer Schutzfunktion gebunden sein".

641 So auch richtig *Bleckmann,* FS Bernhardt, 1995, S. 321; *Cirkel,* Bindungen, S. 42, betont zu Recht, dass „die Entfaltung der Gemeinschaftsgrundrechte in ihrer objektiv-rechtlichen Funktion durch die Kompetenzgrenzen des Gemeinschaftsrechts eingeschränkt wird"; *Gersdorf,* AöR 119 (1994), 417; *Jaeckel,* Schutzpflichten, S. 219; *Szczekalla,* DVBl. 1998, 222; *Kingreen,* in: Calliess/Ruffert (Hrsg.), EUV/EGV, Art. 6 EUV, Rn. 48; allerdings gehen alle Autoren von einer Schutzpflicht im deutschen Sinne aus.

642 Positiv dagegen zu diesem Vorgehen des EuGH *Jaeckel,* Schutzpflichten, S. 213, und *Szczekalla,* DVBl. 1998, 222, in Bezug auf die Rs. *P./S.,* Slg. 1996, I-2143ff., Rn. 18ff., Rn. 22; ausführlich zu diesem Urteil oben, erster Teil, E II 3.

643 Rs. C-376/98, *Deutschland/Parlament und Rat,* Slg. 2000, I-8419ff.

644 Richtlinie 98/43/EG des Parlaments und des Rates vom 6. Juli 1998 zur Angleichung der Rechts- und Verwaltungsvorschriften der Mitgliedstaaten über Werbung und Sponsoring zugunsten von Tabakerzeugnissen, ABl. 1998, Nr. L 213, S. 9.

645 A.A. *Weiler/Fries,* Competences and Human Rights, S. 158.

646 Rs. C-68/95, *T. Port,* Slg. 1996, I-6065ff.

nenmarktverordnung[647] betraf. Das vorlegende Gericht fragte, ob die Kommission verpflichtet war, unter Art. 30 die geeigneten Übergangsmaßnahmen zu treffen. Der EuGH betonte, dass die Kommission über einen Ermessensspielraum verfüge. Sie sei aber zum Tätigwerden verpflichtet, wenn die mit dem Übergang von den nationalen Regelungen zur gemeinsamen Marktordnung verbundenen Schwierigkeiten dies erfordern. Dies sei insbesondere der Fall, wenn beim Übergang zur gemeinsamen Marktorganisation die gemeinschaftsrechtlich geschützten Grundrechte bestimmter Marktbeteiligten, etwa das Eigentumsrecht oder das Recht auf freie Berufsausübung, beeinträchtigt werden[648].

Eine andere Frage ist, ob der EuGH bereit sein wird, den Gemeinschaftsorganen solche Pflichten aufzuerlegen:

Die Bereiche, die am meisten ein Tätigwerden der hoheitlichen Gewalt erforderlich machen, wie das Leben oder die körperliche Unversehrtheit, liegen außerhalb des Zuständigkeitsbereichs der Gemeinschaft[649].

Der EuGH greift nicht auf grundrechtliche Erwägungen zurück, wenn die fragliche Maßnahme durch Normen des geschriebenen Gemeinschaftsrechts sanktioniert werden kann. Das Grundrecht auf Gesundheit dienst als Beispiel: Aufgrund der Erwähnung des Gesundheitsschutzes in Art. 30 EG sieht der EuGH keine Notwendigkeit, ein ungeschriebenes Grundrecht auf Gesundheit anzuerkennen[650]. Der EuGH versteht ferner nicht jede Position und jedes Recht als grundrechtliches Problem. Er bevorzugt, andere Rechtsgrundsätze, wie den Verhältnismäßigkeitsgrundsatz oder den Vertrauensschutz, anzuwenden[651].

---

647 Verordnung Nr. 404/93/EG des Rates vom 13. Februar 1993 über die gemeinsame Marktorganisation für Bananen, ABl. 1993, L 47, S. 1.

648 Rs. C-68/95, *T. Port*, Slg. 1996, I-6065ff., Rn. 38-40; s. aber T-251/97, *T. Port/Kommission*, Slg. 2000, II-1775ff., Rn. 69ff., bei dem das EuG einen Härtefall und damit eine Pflicht der Kommission zum Tätigwerden ohne jegliche Erwähnung von Grundrechten verneinte.

649 *Kingreen*, in: Calliess/Ruffert (Hrsg.), EUV/EGV, Art. 6, Rn. 48; nach Martin *Nettesheim*, Grundrechtliche Prüfdichte durch den EuGH, EuZW 1995, 106ff., 108, ist das Fehlen einer schutzbezogenen Rechtsprechung des EuGH auf die begrenzte und auf grenzüberschreitende Vorgänge beschränkte Tätigkeit der Gemeinschaft zurückzuführen.

650 *Gersdorf*, AöR 119 (1994), 404.

651 *Everling*, Europäische Grundrechtsgemeinschaft, S. 171; *Holoubek*, Gewährleistungspflichten, S. 70: „es gibt kein entsprechend ausgeprägtes Problembewusstsein gegenüber der Grundrechtsbindung des Gemeinschaftsgesetzgebers".

Der EuGH ist schließlich bedeutend weniger bereit als etwa das BVerfG, dem gemeinschaftlichen Gesetzgeber konkrete inhaltliche Vorgaben zu machen und erkennt ihm einen weiten Ermessensspielraum zu[652].

Zusammenfassend ist davon auszugehen, dass die EU bereits in vielen Bereichen eine - teils auch ausschließliche - Kompetenz besitzt. Sie ist dann auch verantwortlich für Grundrechtsverletzungen in diesen Bereichen, auch durch die Mitgliedstaaten[653]. Es muss abgewartet werden, ob der EuGH in der Zukunft positive Pflichten anerkennen wird.

c. Die Grundrechtscharta

Es muss schließlich gefragt werden, ob die Grundrechtscharta im Fall ihrer Rechtsverbindlichkeit hieran etwas ändern wird.

Die Präambel bestimmt, dass die Union die Person in den Mittelpunkt ihres Handelns stellt, indem sie die Unionsbürgerschaft und einen Raum der Freiheit, der Sicherheit und des Rechts begründet. Der Wortlaut statuiert zwar keine ausdrückliche Pflicht zum Schutz der Grundrechte, schließt aber auch eine schutzbezogene Auslegung der in der Grundrechtscharta niedergelegten Rechte nicht aus[654].

Art. 1 GRCh enthält eine absolute Garantie der Menschenwürde. Diese Vorschrift könnte, entsprechend Art. 1 Abs. 1 GG, als Hinweis auf die zwei Dimensionen der Grundrechte, die abwehrrechtliche und die auf Schutz des Einzelnen gerichtete, bewertet werden[655]. Vielen Vorschriften könnte ein Schutzauftrag entnommen werden[656]. Darüber hinaus enthält die Grundrechtscharta soziale Grundrechte, die als Rechtsgrundlage für die Rechtsetzungstätigkeit dienen können[657]. Art. 51 Abs. 1 der Grundrechtscharta verpflichtet die Union und die Mitgliedstaaten nicht

---

652 Vgl. auch hier die Ausführungen von *v. Bogdandy*, JZ 2001, 165: Der EuGH sei zurückhaltend hinsichtlich einer Steuerung des europäischen Rechtsetzungsprozesses; er weise daher wenig Gemeinsamkeiten mit der Rolle mächtiger Verfassungsgerichte im nationalen, politischen Prozess auf.

653 *Holoubek*, Gewährleistungspflichten, S. 70.

654 *Jaeckel*, Schutzpflichten, S. 207; zum Verständnis des Satzes in beide Richtungen auch *v. Bogdandy*, JZ 2001, 169; nach *Schröder*, JZ 2002, 851, ist die Präambel deutlich als schutzbezogen zu verstehen.

655 So *Calliess*, EuZW 2001, 263; *Jaeckel*, Schutzpflichten, S. 207.

656 *Jaeckel*, Schutzpflichten, S. 208: Art. 17 Abs. 2, geistiges Eigentum; Art. 24 Abs. 1, Rechte des Kindes; Art. 32, Jugendliche am Arbeitsplatz.

657 Art. 27-38 der Grundrechtscharta.

nur zur Einhaltung der Grundrechte, sondern auch zur Förderung ihrer Anwendung[658].

Eine solche Interpretation der Bestimmungen der Grundrechtscharta als Schutzaufträge ist jedoch nicht zwingend. Ziel der Schaffung der Grundrechtscharta war gemäß dem Beschluss des Europäischen Rates in Köln nicht die Begründung einer neuen Kompetenz, sondern die Sichtbarmachung der in der EU geltenden Grundrechte in Bezug auf die Unionsbürger[659]. Das wird in der Präambel ausdrücklich bestätigt. So geht der Europäische Rat und wohl auch die Grundrechtscharta selbst von einem ausreichenden Grundrechtsschutz aus. Es fehlt in der Präambel jegliche Erwähnung von Mängeln bei dem Schutz der Grundrechte[660].

Die Präambel erwähnt ferner ausdrücklich, dass die Charta unter Achtung der Zuständigkeiten und Aufgaben der Gemeinschaft und der Union und des Subsidiaritätsprinzips die Grundrechte bekräftigt[661]. Das gleiche wird in Art. 51 Abs. 2 bestätigt.

Es ist daher festzuhalten, dass sowohl eine schutzbezogene als auch eine ausschließlich abwehrbezogene Auslegung der Charta möglich ist. Es würde jedoch Art. 51 Abs. 2 GRCH widersprechen, wenn man auf der Grundlage der Grundrechtscharta eine allgemeine Schutzpflicht der Gemeinschaft hinsichtlich der Grundrechte annehmen würde[662]. Nur positive Pflichten im bereits besprochenen Sinne könnten entwickelt werden, d.h. Pflichten der Gemeinschaft zum Schutz der Grundrechte, die bereits auf eine existierende Kompetenz gestützt werden können[663].

5. Ableitung von grundrechtlichen Schutzpflichten aufgrund der Existenz von grundfreiheitlichen Schutzpflichten

Es bleibt zu untersuchen, ob aus vergleichbaren Konstellationen hinsichtlich der Grundfreiheiten Schlüsse hinsichtlich der Gemeinschaftsgrundrechte gezogen werden können.

---

658 *V. Bogdandy*, JZ 2001, 170.

659 *De Búrca*, ELR 2001, 130.

660 *V. Bogdandy*, JZ 2001, 170.

661 5. Erwägungsgrund der Präambel zur Grundrechtscharta.

662 Zur möglichen Verwendung der Grundrechtscharta zur Schaffung einer „objektiven Grundrechtsordnung" sehr kritisch *Koenig*, EuZW 2000, 417.

663 *Schmitz*, JZ 2001, 840.

Speziell hinsichtlich der Grundfreiheiten wird in ihnen meistens die Existenz einer objektiven Wertordnung erblickt[664] und die Existenz von Pflichten der Gemeinschaftsorgane, aber auch der Mitgliedstaaten zum Schutz der Grundfreiheiten bejaht.

Wie bereits dargelegt, geht diese Untersuchung von der Prämisse aus, dass die Dogmatik der Grundfreiheiten nicht ohne weiteres auf diejenige der Grundrechte übertragen werden kann[665]. Es wird trotzdem kurz der parallelen Problematik im Rahmen der Grundfreiheiten nachgegangen, da das Schrifttum die Existenz von Schutzpflichten hinsichtlich der Grundfreiheiten überwiegend bejaht[666] und hieraus auch Schlüsse hinsichtlich grundrechtlicher Schutzpflichten ableitet[667].

a. Ableitung von Schutzpflichten aus den Grundfreiheiten in Bezug auf die Mitgliedstaaten

Die Existenz von mitgliedstaatlichen Schutzpflichten in Bezug auf die Grundfreiheiten wird von der herrschenden Meinung bejaht, die sich insofern auf ein bedeutsames Urteil des EuGH stützen kann. Im Urteil *Kommission/Frankreich* wurde die Verletzung von Art. 30 EGV festgestellt, da Frankreich keine Maßnahmen getroffen hatte, um jahrelang anhaltende Proteste und damit verbundene Störungen von Einfuhren ausländischer Landwirtschaftsprodukte zu verhindern.

Der EuGH hat betont, dass nicht nur das Tätigwerden eines Mitgliedstaates die Grundfreiheit verletzen kann, sondern auch ein Untätigbleiben, wenn ein Mitgliedstaat es versäumt, ausreichende Maßnahmen zur Beseitigung von Hemmnissen für den freien Warenverkehr zu treffen[668]. Aus diesem Grund verpflichtet Art. 30 i.V.m. Art. 5 EGV (Art. 28 i.V.m. Art. 10 EG) die Mitgliedstaaten zum Ergrei-

---

664 Vgl. *Pernice,* DVBl. 2000, 852; *Schindler,* Kollision, S. 156; *Gersdorf,* AöR 119 (1994), 406f.; *Bleckmann/Pieper,* in: Dauses (Hrsg.), Hdb. des EU-Wirtschaftsrechts, B I, Rn. 124; *Rengeling,* FS Maurer, 2001, S. 983.

665 S. bereits oben, B I 5.

666 *Szczekalla,* DVBl. 1998, 222, leitet aus der Existenz von grundrechtlichen Schutzpflichten die Existenz grundfreiheitlicher Schutzpflichten ab; *Calliess,* ZRP 2002, 4, bejaht die Existenz von Schutzpflichten auf europäischer Ebene unter Heranziehung des Urteils Kommission/Frankreich.

667 *Weiler/Fries,* Competences and Human Rights, S. 155: Nachdem der EuGH Handeln und Unterlassen in Bezug auf die Grundfreiheiten gleichgestellt habe, müsse das gleiche auch bezüglich der Grundrechte gelten: Die Gemeinschaftsorgane müssen in jeder Maßnahme, die den Zielen des Art. 3 EG folgt, die Grundrechte beachten. Daraus folge, dass das Unterlassen des Mitgliedstaates, Grundrechte zu schützen, wie ein Grundrechtseingriff zu beurteilen sei.

668 Rs. C-265/95, *Kommission/Frankreich,* Slg. 1997, I-6959ff., Rn. 31.

fen aller geeigneten Maßnahmen zur Sicherstellung der (Beachtung der) Grundfreiheiten.

Diese Pflicht der Mitgliedstaaten wird Handlungs-[669], Garanten-[670] oder Schutzpflicht[671] genannt.

Eine mitgliedstaatliche Schutzpflicht bezüglich der Grundfreiheiten wird ferner von der wohl herrschenden Meinung im Hinblick auf eine weitere Konstellation bejaht. Die unmittelbare Drittwirkung der Grundfreiheiten wird abgelehnt[672], auch unter dem Gesichtspunkt der Grundrechte der Privaten. Es wird daher der Versuch unternommen, die unmittelbare Drittwirkung durch eine grundfreiheitliche Schutzpflicht von Mitgliedstaaten und Gemeinschaftsorganen zu ersetzen[673]. Diese Schutzpflicht wird mit derjenigen verbunden, die vom EuGH im Agrarblockaden-Urteil festgestellt worden ist[674].

---

669 Jürgen *Kühling*, Staatliche Handlungspflichten zur Sicherung der Grundfreiheiten, NJW 1999, 403.

670 Martin *Burgi*, Mitgliedstaatliche Garantenpflicht statt unmittelbare Drittwirkung der Grundfreiheiten, EWS 1999, 327ff., 330.

671 *Szczekalla*, DVBl. 1998, 220, der die Schutzpflicht aus der objektivrechtlichen Deutung der Grundfreiheiten ableitet, mit der Begründung, dass diese „objektivrechtliche Schicht" die ursprünglichere ist; *Becker*, in: Schwarze (Hrsg.), EU-Kommentar, Art. 28, Rn. 12-13.

672 Für eine unmittelbare Drittwirkung Ted Oliver *Ganten*, Die Drittwirkung der Grundfreiheiten, 2000, S. 94f.; Ernst *Steindorff*, Drittwirkung der Grundfreiheiten im europäischen Gemeinschaftsrecht, in: Peter Badura / Rupert Scholz (Hrsg.), Wege und Verfahren des Verfassungslebens, Festschrift für Peter Lerche zum 65. Geburtstag, 1993, S. 575; Philipp *Steinberg*, Zur Konvergenz der Grundfreiheiten auf der Tatbestands- und Rechtfertigungsebene, EuGRZ 2002, 13ff., 15f.; *Rengeling*, FS Maurer, 2001, S. 980 (Gebot der einheitlichen Geltung des Gemeinschaftsrechts); für eine nur hinsichtlich Maßnahmen der sogenannten intermediären Gewalten begrenzte Drittwirkung *Müller-Graff*, in: GTE, Kommentar zum EU-/EG- Vertrag, Art. 30, Rn. 305; *Jarass*, EuR 1995, 210; eine unmittelbare Bindung der Privaten an die Grundfreiheiten bejahend jetzt *Müller-Graff*, FS Steinberger, 2002, S. 1298f.

673 *Burgi*, EWS 1999, 327ff.; zustimmend auch *Kluth*, in: Calliess/Ruffert (Hrsg.), EUV/EGV, Art. 50, Rn. 49; *Holoubek*, in: Schwarze (Hrsg.), EU-Kommentar, Art. 49, Rn. 41; ihnen folgen auch Dirk *Ehlers*, Die Grundfreiheiten des europäischen Gemeinschaftsrechts, Jura 2001, 266ff., 274; *Randelzhofer/Forsthoff*, in: Grabitz/Hilf (Hrsg.), EU-Kommentar, vor Art. 39-55, Rn. 71; *Kingreen*, Grundfreiheiten, S. 195f.

674 *Schindler*, Kollision, S. 109f.; Rudolf *Streinz* / Stefan *Leible*, Die unmittelbare Drittwirkung der Grundfreiheiten, EuZW 2000, 459ff., 466.

b. Ableitung von Schutzpflichten aus den Grundfreiheiten in Bezug auf die Gemeinschaftsorgane

Nach einer im Schrifttum verbreiteten Ansicht entfalten die Grundfreiheiten eine objektive Dimension[675], die derjenigen der Schutzpflichten entspricht[676]. Dies vor allem weil die Grundfreiheiten sich auch an die Gemeinschaftsorgane richten[677].

Es ist im Schrifttum umstritten, ob, und wenn ja in welchem Umfang die Grundfreiheiten die Gemeinschaftsorgane binden. Die wohl herrschende Meinung bejaht die Pflicht der Gemeinschaftsorgane zur Beachtung der Grundfreiheiten[678]. Dieser Ansicht ist beizupflichten: Die Auferlegung von neuen Pflichten auf die Gemeinschaftsorgane bedeutet keinen Kompetenzverlust zu Lasten der Mitgliedstaaten und führt zu keinerlei institutionellen Änderungen des Gemeinschaftssystems.

Die Gegenansicht steht einer Bindung der Gemeinschaftsorgane an die Grundfreiheiten ablehnend bzw. sehr zurückhaltend gegenüber, mit dem Argument, dass die gemeinschaftlichen Regelungen die Grundfreiheiten nicht berühren bzw. wegen ihrer Rechtsnatur nicht geeignet sind, Maßstäbe für die Gemeinschaftsrechtsetzung zu bilden[679].

---

675 *Schilling,* EuGRZ 2000, 33; *Szczekalla,* DVBl. 1998, 220.

676 *Schilling,* a.a.O.; *Beutler,* in: GTE, Kommentar zum EU-/EG- Vertrag, Art. F, Rn. 85-86; *Gersdorf,* AöR 119 (1994), 406: „... die Grundfreiheiten enthalten über ihren ausgrenzenden Charakter hinaus Handlungsaufträge, sofern positive Maßnahmen erforderlich sind, um den Freiheiten in der Lebenswirklichkeit zur Entfaltung zu verhelfen. Dieser Bedeutungszuwachs der Grundfreiheiten ist mit den nach dem Grundgesetz bestehenden staatlichen Schutzpflichten für die grundrechtlichen Verbürgungen vergleichbar".

677 *Beutler,* in: GTE, Kommentar zum EU-/EG- Vertrag, Art. F, Rn. 85-86.

678 *Di Fabio,* AfP 1998, 566; *Jarass,* EuR 1995, 211; *Rengeling,* Grundrechtsschutz, S. 181 *(Rengeling,* FS Maurer, 2001, S. 983); *Kingreen,* Grundfreiheiten, S. 176 (*Kingreen/Störmer,* EuR 1998, 277); *Schilling,* EuGRZ 2000, 10; *Bleckmann/Pieper,* in: Dauses (Hrsg.), Hdb. des EU-Wirtschaftsrechts, B I, Rn 110ff.; *Jaeckel,* Schutzpflichten, S. 237-238. *Quasdorf,* Dogmatik der Grundrechte, S. 146, stützt eine Bindung der Organe der EU an die Grundfreiheiten auf Art. 6 Abs. 2 EUV, da die Grundfreiheiten auch als Grundrechte bezeichnet werden müssen. Diese dogmatische Gleichstellung kann wie ausführlich dargestellt (erster Teil, E II 4) nicht akzeptiert werden.

679 Sehr zurückhaltend gegenüber einer Überprüfung von Gemeinschaftsrechtsakten anhand der Grundfreiheiten GA *Fennely,* Schlussanträge zur Rs. C-376/98, *Deutschland/Parlament und Rat,* Slg. 2000, I-8419ff., Rn. 150; Markus *Möstl,* Grenzen der Rechtsangleichung im europäischen Binnenmarkt - Kompetenzielle, grundfreiheitliche und grundrechtliche Schranken des Gemeinschaftsgesetzgebers -, EuR 2002, 318ff., 322, m.w.N. der vertretenen Ansichten; nach *Randelzhofer/Forsthoff* sind die Maßnahmen der Gemeinschaft nicht unmittelbar an den Freiheiten überprüfbar (in: Grabitz/Hilf (Hrsg.), EU-Kommentar, vor Art. 39-55, Rn. 50); s. auch *v. Bogdandy,* in: Grabitz/Hilf (Hrsg.), EUV/EGV, Art. 3 EG,

Der EuGH hat mehrmals die Bindung der Gemeinschaftsorgane an die Grundfreiheiten bestätigt[680]. Er hat in ständiger Rechtsprechung wiederholt, dass das Verbot von mengenmäßigen Beschränkungen sowie von Maßnahmen gleicher Wirkung nicht nur für nationale Maßnahmen, sondern auch für Maßnahmen der Gemeinschaftsorgane gilt[681].

Die Gemeinschaftsorgane können vor allem durch ihre Rechtsetzungstätigkeit die Grundfreiheiten beeinträchtigen, insbesondere im Rahmen des Erlasses von Rechtsangleichungsvorschriften gemäß Art. 95 EG[682]. Um Eingrenzungen der Grundfreiheiten vorzunehmen, müssen sich die Gemeinschaftsorgane auf die im Vertrag vorgesehenen Rechtfertigungsgründe und zwingende Erfordernisse stützen. Ferner müssen sie den Verhältnismäßigkeitgrundsatz beachten[683]. Dabei wird den Gemeinschaftsorganen ein Ermessensspielraum eingeräumt[684].

Alle diese Fälle betreffen die Bindung der Gemeinschaftsorgane an die negative Seite der Grundfreiheiten. Fraglich ist aber in diesem Zusammenhang, ob die Gemeinschaftsorgane nicht nur an die Grundfreiheiten als Beeinträchtigungsverbote gebunden sind, sondern auch aufgrund einer existierenden Schutzpflicht verpflichtet sein sollen, „alle geeigneten Maßnahmen allgemeiner oder besonderer Art zum Schutz der Freiheit [des Warenverkehrs] zu treffen“[685].

Wie bereits dargelegt, stellen die Grundfreiheiten durch die Errichtung des Binnenmarktes eines der wesentlichen Ziele der Gemeinschaftstätigkeit dar. Welche Verpflichtungen die Gemeinschaftsorgane bezüglich der Grundfreiheiten über ein

---

Rn. 5: „Die jeweilige institutionelle Garantie unterbindet nur flagrante Verstöße, zumeist eine Diskriminierung von Marktteilnehmern“.

680 Rs. 15/83, *Denkavit Nederland,* Slg. 1984, 2171ff., Rn. 15; Rs. C-51/93, *Meyhui,* Slg. 1994, I-3879ff., Rn. 11; verb. Rs. C-427/93, 429/93 und 436/93, *Bristol-Myers Squibb u.a.,* Slg. 1996, I-3457ff., Rn. 36; die Gemeinschaftsorgane sind auch im Rahmen der Agrarpolitik an das Verbot des Art. 30 EWGV gebunden, s. Verb. Rs. 80/77 und 81/77, *Commisssionnaires Réunis und Ramel,* Slg. 1978, 927ff., Rn. 38.

681 Eine Grundfreiheitsverletzung bejahte der EuGH in der Rs. 41/84, *Pinna,* Slg. 1986, 17ff, Rn. 21f. (Freizügigkeit der Arbeitnehmer); vgl. auch Verb. Rs. 80/77 und 81/77, *Commisssionnaires Réunis und Ramel,* Slg. 1978, 927ff., Rn. 38, wo der EuGH Art. 31 Abs. 2 der Verordnung 816/70 für ungültig erklärte, soweit er die Mitgliedstaaten ermächtigt, einfuhrbegrenzende Maßnahmen zu treffen.

682 Bezüglich der Niederlassungsfreiheit s. Rs. C-233/94, *Deutschland/Parlament und Rat,* Slg. 1997, I-2405ff., Rn. 41f.

683 Rs. C-51-93, *Meyhui,* Slg. 1994, I-3879ff., Rn. 20; Rs. C-114/96, *Kieffer und Thill,* Slg. 1997, I-3629ff., Rn. 33f.

684 Rs. C-51-93, *Meyhui,* Slg. 1994, I-3879ff., Rn. 21.

685 *Schilling,* EuGRZ 2000, 33.

Beeinträchtigungsverbot hinaus haben[686], bestimmen die vertraglichen Vorschriften. Gemäß Art. 14 Abs. 1 EG hat die Europäische Gemeinschaft die Aufgabe, einen Binnenmarkt zu verwirklichen. Aus diesem Grund kann sie *Rechtsangleichungs*maßnahmen ergreifen, welche die Errichtung und das Funktionieren des Binnenmarktes zum Gegenstand haben[687]. Der Vertrag verleiht daher den Gemeinschaftsorganen eine Befugnis zur inhaltlichen Gestaltung der Grundfreiheiten[688].

Darüber hinaus ist den Gemeinschaftsorganen vertraglich eine *Garantie*funktion hinsichtlich der Grundfreiheiten eingeräumt worden. Die Kommission übt als Hüterin des Gemeinschaftsrechts die Funktion der Aufsicht über Umsetzung und Vollzug des Gemeinschaftsrechts sowie der Einhaltung der Urteile des EuGH aus[689]. Der EuGH erfüllt diese Funktion durch die im Vertrag vorgesehenen Verfahren.

Es muss also festgehalten werden, dass der Vertrag selbst die Grundfreiheiten zu Zielen erklärt und die Gemeinschaft beauftragt, rechtsetzend tätig zu werden und über die Einhaltung der Grundfreiheiten seitens der Mitgliedstaaten zu wachen. Die Frage, ob gleichzeitig eine Gemeinschaftspflicht zum Tätigwerden besteht, ist zu bejahen[690]. Diese Pflicht ist allerdings nur dann justiziabel, wenn sie durch bestimmte „hinreichend konkretisierte" Maßnahmen erfüllt werden kann[691].

Vor diesem Hintergrund erübrigt sich der Rückgriff auf die Annahme einer Schutzpflicht, da der Vertrag selber den Gemeinschaftsorganen eine solche Be-

---

686 Vgl. *Zuleeg*, in: GTE, Kommentar zum EU-/EG- Vertrag, Art. 3, Rn. 3: „Die Zielvorgabe bindet alle Organe im Bereich ihrer Zuständigkeit, die nötigen Maßnahmen zu ergreifen, die für die Errichtung des Binnenmarktes erforderlich sind und solche Maßnahmen zu unterlassen, die seiner Verwirklichung abträglich sind".

687 Art. 95 EG.

688 S. beispielweise Art. 40 und 41 EG hinsichtlich der Arbeitnehmerfreizügigkeit.

689 Matthias *Ruffert*, in: Calliess/Ruffert (Hrsg.), EUV/EGV, Art. 211, Rn. 2.

690 Vgl. hinsichtlich des Art. 40 EG Hartmut *Schneider* / Nina *Wunderlich*, in: Schwarze (Hrsg.), EU-Kommentar, Art. 40, Rn. 1.

691 Rs. 13/83, *Parlament/Rat*, Slg. 1985, 1513ff., Rn. 36; ausführlich zur Rechtssache und zur Pflicht des Rates, Maßnahmen im Bereich der Verkehrspolitik zu erlassen *Schilling*, EuGRZ 2000, 32.

fugnis und Pflicht einräumt[692]. Es ist daher missverständlich, wenn aus geschriebenen Aufgabennormen Schutzpflichten abgeleitet werden[693].

Die Existenz von grundfreiheitlichen Schutzpflichten der Gemeinschaftsorgane muss somit also verneint werden.

c. Bewertung

Die Untersuchung hat gezeigt, dass die Bejahung einer Pflicht der Gemeinschaftsorgane zum Schutz der Grundfreiheiten nicht erforderlich ist, da bereits der Vertrag der Gemeinschaft die Aufgabe zur inhaltlichen Gestaltung verleiht und ihr die Befugnis einräumt, über die Wahrung der Grundfreiheiten seitens der Mitgliedstaaten zu wachen. Die Bejahung von mitgliedstaatlichen Schutzpflichten hinsichtlich der Grundfreiheiten bewegt sich im Rahmen der bereits im Vertrag vorgesehenen Pflichten der Mitgliedstaaten.

Die Annahme einer objektiven Wertordnung in der Unionsrechtsordnung, die aus Grundfreiheiten und Grundrechten besteht, berücksichtigt nicht die unterschiedliche Zielrichtung dieser beiden Kategorien von grundrechtlichen Verbürgungen und birgt die Gefahr, dass die Pflichten der Mitgliedstaaten bzw. der Gemeinschaftsorgane in Hinblick auf diese Rechte verwischt werden. Dies führt dazu, dass die Gemeinschaft eine umfassende Aufgabe zum Schutz der Grundrechte verliehen bekommt, ohne dass ihr diese Befugnis beim jetzigen Stand der Integration zusteht.

6. Zwischenergebnis

Hinsichtlich der hier zu beantwortenden Frage gilt folgendes:

Es existiert im Gemeinschaftsrecht keine Schutzpflicht der Gemeinschaft im Sinne der deutschen Konzeption, die geeignet wäre, eine Befugnis der Gemeinschaft zu begründen, Grundrechte in und gegenüber den Mitgliedstaaten zu schützen. Es existiert insofern keine objektive Wertordnung in der europäischen Gemeinschaft. Die Grundrechte haben nicht die zentrale Stellung wie im deutschen Recht. Die Charta ändert daran nichts, da eine Auslegung in diesem Sinne den existierenden Zielen der Unionstätigkeit widersprechen würde.

---

692 So aber *Gersdorf,* AöR 119 (1994), 406, der die Grundfreiheiten aufgrund der in ihnen enthaltenen Handlungsaufträge mit den Schutzpflichten vergleicht; vgl. auch *Szczekalla,* DVBl. 1998, 223, der die Existenz einer Schutzpflicht bejaht, sie aber inhaltlich mit der vertraglichen Pflicht der Kommission gleichsetzt, was darauf hinweist, dass die Annahme einer Schutzpflicht der *Gemeinschaft* hinsichtlich der Grundfreiheiten überflüssig ist.

693 So beispielsweise *Schilling,* EuGRZ 2000, 32, der von ungeschriebenen Schutzpflichten in Bezug auf Art. 141 EG spricht; *Bleckmann/Pieper,* in: Dauses (Hrsg.), Hdb. des EU-Wirtschaftsrechts, B I, Rn. 125.

Insbesondere aus der EMRK ist abzuleiten, dass die Entwicklung von sogenannten positiven Pflichten auf europäischer Ebene möglich ist, aber nur unter der Voraussetzung, dass eine Kompetenz der Gemeinschaft zur Ausgestaltung des betroffenen Bereichs bereits existiert. Die im Rahmen der Grundfreiheiten thematisierten Schutzpflichten ändern nichts an dem hier vertretenen Lösungsansatz, da die Struktur der Grundfreiheiten anders angelegt ist als diejenige der Grundrechte.

IV. Grundrechte als Ziele der Gemeinschaftstätigkeit

In den letzten Jahren wird eine Tendenz deutlich, den Grundrechten eine zentrale Rolle im Rahmen der Tätigkeit der Europäischen Union zu verleihen. Dieser „Umbau“[694] der Unionsrechtsordnung könnte auf unterschiedliche Weise verwirklicht werden.

So könnte dieser durch die Einführung einer umfassenden Grundrechtspolitik stattfinden mit dem Versprechen, dass dabei die Kompetenzverteilung zwischen Gemeinschaft und Mitgliedstaaten nicht beeinträchtigt wird[695].

Auch ein „weniger offensichtlicher“[696] Umbau wäre möglich. Das wäre der Fall, wenn richterrechtlich die Gemeinschaftsgrundrechte als Schutzpflichten interpretiert würden.

Ein wesentliches Argument für die starke Betonung der Grundrechte ist die Stärkung der Legitimität der Union: „Die Grundrechte könnten der Union –anders als der Gemeinsame Markt und die ihn begleitenden technizistischen Politiken- eine starke, sichtbare und unbestreitbare *raison d'être* bieten[697]“.

Die Legitimationsfunktion[698] der Grundrechte hat bereits bei dem Wandel der Europäischen Gemeinschaft zu einer Rechtsgemeinschaft eine große Rolle gespielt. Die richterrechtliche Entwicklung von Gemeinschaftsgrundrechten vor drei Jahrzehnten hat wesentlich zur Stärkung der Legitimität der Gemeinschaftsrechtsordnung beigetragen[699].

---

694 *V. Bogdandy,* JZ 2001, 157.

695 *Alston/Weiler,* The EU and Human Rights, S. 3ff.; Kritik von *v. Bogdandy,* JZ 2001, 157ff.

696 So *v. Bogdandy,* JZ 2001, 169, in Bezug auf den „Umbau der unionalen Rechtsordnung nach Maßgabe der Grundrechte“.

697 *V. Bogdandy,* JZ 2001, 158.

698 S. hierzu ausführlich, Albrecht *Weber,* Die Grundrechte im Integrationsprozeß der Gemeinschaft in vergleichender Perspektive, JZ 1989, 965ff., 970f.; *de Búrca,* Language of rights, S. 40ff.; *Kingreen,* in: Calliess/Ruffert (Hrsg.), EUV/EGV, Art. 6 EUV, Rn. 18.

699 Vgl. Günter *Hirsch,* Der EuGH im Spannungsverhältnis zwischen Gemeinschaftsrecht und nationalem Recht, NJW 2000, 1817f., 1820; *Schwarze,* EuGRZ 1986, 293.

Hier wird aber nicht die Abwehrfunktion der Grundrechte angesprochen, sondern deren Funktion als Ziele des hoheitlichen Handelns[700]. Zur Stärkung der Legitimität der EU soll die Verabschiedung der Grundrechtscharta und ihre künftige Aufnahme in die EU-Verfassung eine nicht zu unterschätzende Rolle spielen[701].

Das Legitimitätsargument ist ein Argument, dessen rechtspolitische Kraft nicht geleugnet werden kann. Die Grundrechte sind Normen, welche die europäische Gesellschaft entscheidend prägen:

> "The international status of human rights [has] ... become such that no state and no developed political entity, especially not such an ambitious emerging supranational order, could afford to eschew its language or its values"[702].

Ihr starkes moralisches Gewicht[703] verleiht daher der Gemeinschaft mehr an Legitimität[704], als der Gemeinsame Markt jemals im Stande sein wird[705]. Vor diesem Hintergrund ist die Hervorhebung der Grundrechte als wichtigstes Ziel der Europäischen Gemeinschaft, „aufgrund dessen sie überhaupt existiert", wünschenswert.

Andererseits muss beachtet werden, dass das Legitimitätsargument einen Versuch darstellt, Mängel im Struktursystem der Gemeinschaftsrechtsordnung, wie beispielsweise das viel diskutierte Demokratiedefizit, durch stärkere Grundrechtsbin-

---

700 *Beutler,* in: GTE, Kommentar zum EU-/EG- Vertrag, Art. F, Rn. 84, spricht von einer umfassenden Grundrechtsordnung, die den Legitimations- und Verfassungscharakter der Grundrechte verstärken wird; vgl. *Schindler,* Kollision, S. 156.

701 So ausdrücklich der Beschluss des *Europäischen Rates* in Köln: „...der Schutz der Grundrechte ist ein Grundprinzip der Europäischen Union und unverzichtbare Voraussetzung ihrer Legitimität"; s. statt aller *de Búrca,* ELR 2001, 130: „[The drafting of a bill of rights] ... was clearly to be a visibility exercise or a „showcase" ..., a way of pronouncing and proving both what the European Union already claimed to have done in the area of human rights, and a way of declaring ist commitments in a public process which would help to secure a degree of popular legitimacy for a political entity which continues to be contested and questioned"; s. bereits früher Gerd *Langguth,* Grundrechtsschutz und Politische Union, EuZW 1991, 393ff., 394 und *Hilf,* EuR 1991, S. 24.

702 *De Búrca,* Language of Rights, S. 41.

703 Erhard *Denninger,* Menschenrechte und Staatsaufgaben - ein "europäisches" Thema, JZ 1996, 585ff., 589.

704 *De Búrca,* Language of Rights, S. 40f.; *Denninger,* a.a.O.; *Weiler,* Liber Amicorum Pescatore, 1987, S. 841: "By protecting, in the sphere of application of Community law, even if only in the scrutiny of derogations, the freedoms of the individual, the Court will be enhancing this sense of a belonging to the European entity and, as a "bonus", creating a solidarity between itself and the individual".

705 Vgl. in diesem Zusammenhang *Di Fabio,* Der Verfassungsstaat in der Weltgesellschaft, S. 83.

dung zu kompensieren. Insofern erscheint eine Korrektur dieser Mängel zwar durchaus möglich, völlig abschaffen wird man diese aber auf diese Art und Weise nicht[706]. Die Akzeptanz der Europäischen Gemeinschaft hängt nicht nur von der Verabschiedung von Grundrechtskatalogen ab. Aus rechtsdogmatischer Sicht reicht allerdings das Argument der Stärkung der Legitimität nicht aus, um einen solchen Umbau zu rechtfertigen[707]. Die Hervorhebung der Grundrechte als Ziel der Unionstätigkeit hat zum Ergebnis nicht nur die Stärkung der Legitimität. Sie kann auch zu Desintegrationseffekten führen, wenn und gerade weil die Grundrechte auch gegenüber den Mitgliedstaaten durchgesetzt werden[708].

V. Zwischenergebnis

Die Untersuchung hat somit ergeben, dass aus den funktionalen Auslegungsmethoden des Gemeinschaftsrechts nur eingeschränkt Schlüsse hinsichtlich der Pflicht der Mitgliedstaaten zur Beachtung der Grundrechte gezogen werden dürfen, da dies ein Verständnis der Grundrechte als Ziel der Gemeinschaftstätigkeit implizieren würde.

Hinsichtlich der Frage, wie weit die Gemeinschaft eine Verantwortung zur Wahrung von Grundrechten gegenüber den Mitgliedstaaten hat, ist auch festgehalten worden, dass diese nur über begrenzte Grundrechtsbefugnisse verfügt. Darüber hinaus kann ihr weder eine implizite Grundrechtskompetenz zugesprochen werden, noch existieren in der Unionsrechtsordnung aus einer objektiven Wertordnung abzuleitende Schutzpflichten. Den Verträgen kann ferner nicht entnommen werden, dass die Grundrechte Ziele der Gemeinschaftstätigkeit darstellen. Im übrigen ist auch zweifelhaft, inwiefern die Grundrechtscharta bei ihrer Verbindlichkeit eine Konstitutionalisierung der Gemeinschaftsrechtsordnung im Sinne der Hervorhebung der Grundrechte als Ziele der Union schaffen kann.

VI. Verantwortung im abwehrrechtlichen Sinne

Aus diesen Gründen kann eine Grundrechtskontrolle nur im begrenzten Umfang stattfinden. Dies kann nur ausnahmsweise in den Fällen angenommen werden, in denen der Union eine (Mit)Verantwortung für die Verletzung von Grundrechten zugesprochen werden kann. Eine Verantwortung der Europäischen Union für die Kontrolle mitgliedstaatlichen Handelns anhand von Grundrechten kann nur in den Fällen bejaht werden, in denen eine Verneinung der Bindung als Verletzung der Grundrechte seitens der Gemeinschaft bewertet werden könnte. In der Unionsrechtsordnung kommt insofern am ehesten der Bereich der Durchführung des

---

706 *Weber*, JZ 1989, 972.

707 So auch *Epiney*, Umgekehrte Diskriminierungen, S. 132.

708 *De Búrca*, Language of Rights, S. 46.

Gemeinschaftsrechts in Betracht. In diesem Fall sind die Mitgliedstaaten zur Ausführung und Anwendung von gemeinschaftsrechtlichen Vorgaben verpflichtet.

Darüber hinaus könnte die Gemeinschaft eine Pflicht zur Wahrung von bestimmten, im Vertrag enthaltenen Rechtspositionen des Einzelnen haben. Das bedeutet, dass Rechtspositionen, die der Vertrag verleiht, in ihrem Verantwortungsbereich liegen. Falls diese Rechtspositionen von den Mitgliedstaaten beeinträchtigt werden, hätte die Gemeinschaft dann die Befugnis, mitgliedstaatliches Handeln zu sanktionieren[709].

Der Frage, ob in diesen zwei Fällen tatsächlich eine Verantwortung der Gemeinschaft für die Beachtung der Grundrechte existiert, sowie der Frage, ob in anderen Bereichen der mitgliedstaatlichen gemeinschaftsrechtlich relevanten Tätigkeit eine Verantwortung der Gemeinschaft bejaht werden kann, wird im dritten Teil der Arbeit nachgegangen.

VII. Sich aus dem Subsidiaritätsprinzip ergebende Grenzen

Es muss schließlich gefragt werden, welche Grenzen sich hinsichtlich der Gemeinschaftskontrolle mitgliedstaatlichen Handelns anhand von Grundrechten aus dem Subsidiaritätsprinzip ergeben. Als erstes müsste geklärt werden, ob das Subsidiaritätsprinzip in diesem Zusammenhang überhaupt Anwendung findet.

Das kann nur dann bejaht werden, wenn das Subsidiaritätsprinzip nicht nur hinsichtlich der legislativen Kompetenzen der Gemeinschaft angewendet, sondern auch bei der Anwendung und Auslegung des Primärrechts herangezogen wird.

Richtiger ist davon auszugehen, dass es auch im letzteren Fall heranzuziehen ist[710]: Der Wortlaut des Art. 5 Abs. 2 EG spricht zwar vom Tätigwerden der Gemeinschaft und von Maßnahmen, die innerhalb dieses Tätigwerdens getroffen werden. Es könnte damit nur eine Rechtsetzungstätigkeit gemeint sein. Es würde aber die Anwendung des Subsidiaritätsprinzips und insgesamt die Durchsetzung des Subsidiaritätsgedankens[711] beeinträchtigen, wenn Art. 5 Abs. 2 EG so eng auszulegen wäre. Dies würde bedeuten, dass der EuGH, dem die Aufgabe der An-

---

709 *Langenfeld/Zimmermann,* ZaöRV 1992, 303; *Mancini/di Bucci,* Entwicklung der Grundrechte, S. 219.

710 So *Tonne,* Effektiver Rechtsschutz, S. 317 m.w.N.; *v. Bogdandy,* in: Grabitz/Hilf (Hrsg.), EUV/EGV, Art. 5, Rn. 22; *Borhardt,* GS Grabitz, 1995, S. 33; *Kingreen,* Grundfreiheiten, S. 109, m.w.N. aus der Literatur und unter Verweis auf die Rs. *Bosman,* Slg. 1995, I-4921ff., Rn. 81; a.A. Manfred *Zuleeg,* Justiziabilität des Subsidiaritätsprinzips, in: Knut Wolfgang *Nörr* / Thomas *Oppermann* (Hrsg.), Subsidiarität: Idee und Wirklichkeit, 1997, S. 185ff., S. 204; Peter-Christian *Müller-Graff,* Binnenmarktauftrag und Subsidiaritätsprinzip?, ZHR 1995, 34ff., 73f.; unklar *Cirkel,* Bindungen, S. 180.

711 S. 12. Erwägungsgrund der Präambel zum EUV.

wendung und Auslegung des Primärrechts obliegt, bei seinen Erwägungen das Subsidiaritätsprinzip nicht heranziehen könnte. Das würde zu dem absurden Ergebnis führen, dass die Rechtsetzungsorgane aufgrund des Subsidiaritätsprinzips verhindert wären, eine Maßnahme zu treffen bzw. eine Vereinheitlichung zu erzielen, die demgegenüber der EuGH ungehindert vornehmen könnte[712].

Die grundsätzliche Anwendbarkeit des Subsidiaritätsprinzips auf die Anwendung und Auslegung des Primärrechts darf nicht darüber hinweg täuschen, dass es schwierig ist, aus ihm konkrete Aussagen hinsichtlich der hier zu behandelnden Problematik abzuleiten. So könnte hieraus abgeleitet werden, dass die Bindung der Mitgliedstaaten nur dann gerechtfertigt wäre, wenn dieses Ziel (Individualrechtsschutz) auf der Ebene der Mitgliedstaaten durch Gewährleistung dortigen Grundrechtsschutzes nicht ausreichend erreicht werden könnte[713].

Das könnte dazu führen, dass in den Fällen, in denen ein Mitgliedstaat ein Grundrecht nicht kennt oder die Grundrechtskontrolle begrenzt ist, oder der tatsächliche Grundrechtsschutz den durchschnittlichen Grundrechtsstandard unterschreitet, der Gemeinschaft eine Kompetenz zur Wahrung der Grundrechte gegenüber den Mitgliedstaaten aufgrund des Subsidiaritätsprinzips zukäme.

Somit kann das Subsidiaritätsprinzip auch dazu führen, dass eine Gemeinschaftskompetenz begründet wird[714].

D. Ergebnis

Es wurde in diesem Teil der Arbeit der Versuch unternommen, die Gründe aufzuzeigen, aufgrund derer der Gemeinschaft die Befugnis zukommen kann, mitgliedstaatliches Handeln anhand von Grundrechten zu überprüfen. Im ersten Abschnitt dieses Teils wurde aufgezeigt, dass die Grundrechte anderen Auslegungsmethoden als die vertraglichen Vorschriften folgen müssen, will man nicht das Prinzip der begrenzten Einzelermächtigung und der Aufgabenverteilung zwischen Gemeinschaft und Mitgliedstaaten unterlaufen, indem man die Grundrechte als verbindliche Ziele versteht und auf diese Weise gegenüber den Mitgliedstaaten durchzusetzen versucht.

Im zweiten Abschnitt dieses Teils wurde gefragt, ob die Gemeinschaft eine grundsätzliche Verantwortung für den Grundrechtsschutz der in der Union lebenden Bürger hat. Über eine allgemeine Kompetenz verfügt die Gemeinschaft jedoch nicht. Ebenso wenig kann eine Schutzpflicht und somit eine objektive Wertordnung auf europäischer Ebene angenommen werden. Die Grundrechte sind nach

---

712 So zutreffend *Kingreen*, Grundfreiheiten, S. 109.

713 *Kingreen/Störmer*, EuR 1998, 279.

714 Zu diesem Ergebnis gelangen *Alston/Weiler*, The EU and Human Rights, S. 27.

dem heutigen Stand der Integration keine Ziele der Gemeinschaftstätigkeit. Eine Kontrolle mitgliedstaatlichen Handelns kann nur in den Fällen bejaht werden, in denen die Verletzung von Grundrechten der Gemeinschaft zuzurechnen ist. Das könnte der Fall sein, wenn eine Verantwortung für eine Regelung nicht klar den Mitgliedstaaten oder der Gemeinschaft zuzurechnen ist, bzw. wenn ein von der Gemeinschaft gewährtes Rechtsgut durch mitgliedstaatliche Maßnahmen gefährdet wird.

Dritter Teil: Umfang der Verpflichtung der Mitgliedstaaten zur Beachtung der Gemeinschaftsgrundrechte

A. Problemstellung

I. „Im Anwendungsbereich" des Gemeinschaftsrechts

Es gehört zur ständigen Rechtsprechung des EuGH, dass

> „der Gerichtshof eine nationale Regelung, die nicht im Rahmen des Gemeinschaftsrechts ergangen ist, nicht im Hinblick auf die Europäische Menschenrechtskonvention beurteilen [kann]. Fällt eine solche Regelung dagegen in den *Anwendungsbereich* des Gemeinschaftsrechts, so hat der Gerichtshof, wenn er im Vorabentscheidungsverfahren angerufen wird, dem vorlegenden Gericht alle Auslegungskriterien an die Hand zu geben, die es benötigt, um die Vereinbarkeit dieser Regelung mit den Grundrechten beurteilen zu können, deren Wahrung der Gerichtshof zu sichern hat und die sich insbesondere aus der Europäischen Menschenrechtskonvention ergeben"[715].

Es muss vor dem Hintergrund der bereits gewonnenen Ergebnisse bestimmt werden, was unter dem Begriff „Anwendungsbereich des Gemeinschaftsrechts" zu verstehen ist[716].

II. Umfassende Bindung der Mitgliedstaaten an die Gemeinschaftsgrundrechte

Nach der ganz herrschenden Meinung im Schrifttum finden die europäischen Grundrechte keine Anwendung bei rein nationalen Sachverhalten[717]. Es existiert

---

715 Rs. 260/89, *ERT*, Slg. 1991, I-2925ff., Rn. 42 (Hervorhebung hinzugefügt); bestätigt in: Rs. C-159/90, *Grogan*, *Slg.* 1991, I-4685ff., Rn. 31; Rs. C-2/92, *Bostock*, Slg. 1994, I-955f., Rn. 16.

716 Auf englisch wird der Terminus „sphere of Community law", (so *Temple Lang*, ELR 1997, 9, *Demetriou*, EHRLR 1999, 487), bzw. „scope of application" (*Due/Gulmann*, Fundamental rights, S. 416) verwendet.

717 Karel *De Gucht*, Bericht im Namen des Institutionellen Ausschusses über die Erklärung der Grundrechte und Grundfreiheiten, EuGRZ 1989, 207ff., 211; *Chwolik-Lanfermann*, Grundrechtsschutz, S. 77; *Due/Gulmann*, Fundamental rights, S. 416; *Epiney*, Umgekehrte Diskriminierungen, S. 133; *Everling*, Europäische Grundrechtsgemeinschaft, S. 172; *Jürgensen/Schlünder*, AöR 121 (1996), 222; *Pernice*, in: Grabitz/Hilf (Hrsg.), EUV/EGV, Art. 164, Rn. 45; *Rengeling*, Grundrechtsschutz, S. 187; *Ruffert*, EuGRZ 1995, 529; *Quasdorf*, Dogmatik der Grundrechte, S. 149; Irmgard *Wetter*, Die Grundrechtscharta des EuGH Die Konkretisierung der gemeinschaftlichen Grundrechte durch die Rechtsprechung des EuGH zu den allgemeinen Rechtsgrundsätzen, 1998 (zitiert: *Wetter*, Die Grundrechtscharta des EuGH), S. 91.

keine umfassende Bindung der Mitgliedstaaten, weshalb der EuGH insofern auch keine umfassende Kontrollmöglichkeit ausübt[718].

Nur vereinzelt wird eine umfassende Bindung der Mitgliedstaaten an die Gemeinschaftsgrundrechte postuliert[719]. Nach dieser Ansicht ist jedoch gleichzeitig ein höherer Grundrechtsstandard der Mitgliedstaaten nicht ausgeschlossen, soweit dieser mit Gemeinschaftsrecht vereinbar ist[720]. Das einzige Kriterium für die Bejahung einer umfassenden Bindung stellen dabei die Vorteile dar, die der Einzelne daraus ziehen kann: Die Erweiterung der Bindung sei gerade aus der Sicht des Bürgers geboten, der den gleichen, mehrstufigen Rechtsschutz[721] genießen könne, ohne dass dabei die Grundlage für den Erlass der staatlichen Maßnahme - aus eigener Kompetenz oder gemeinschaftsrechtlich bedingt - eine Rolle spielte.

Die Ausweitung des - gemeinschaftlichen - Grundrechtsschutzes in allen möglichen Fällen und Sachbereichen, nimmt wenig Rücksicht auf das existierende und ausdifferenzierte System der Gewährung von Grundrechtsschutz in Europa:

Umfassenden, besser gesagt primären/grundsätzlichen, Grundrechtsschutz gewähren die nationalen Verfassungen. Grundrechte werden zusätzlich im Rahmen des Systems der EMRK und der Europäischen Gemeinschaft geschützt. Es handelt sich aber hier um die Gewährung von Rechtsschutzmöglichkeiten unter bestimmten Voraussetzungen, und diese Möglichkeiten dienen in jedem System sehr unterschiedlichen Zielen:

Das im Rahmen des Europarates errichtete System gewährt nur „subsidiär" Schutz, um den von den nationalen Rechtssystemen gewährten Schutz zu ergänzen und zu korrigieren[722]. Dieser ergänzende Schutz wird dann jedoch nur hinsichtlich der in der EMRK verankerten Rechte gewährt und erfolgt erst nach Erschöpfung des innerstaatlichen Rechtswegs[723].

---

718 Rs. C-144/95, *Maurin*, Slg. 1996, I-2909ff., Rn. 12; Rs. C-299/95, *Kremzow*, Slg. 1997, I-2629ff., Rn. 15f.; *Kühling*, Kommunikationsfreiheit, S. 68; Alexander *Schmitt-Glaeser*, Grundgesetz und Europarecht als Elemente europäischen Verfassungsrechts, 1996 (zitiert: *Schmitt-Glaeser*, Europäisches Verfassungsrecht), S. 205; ausführlich zu den zwei Extrempositionen der Verneinung jeglicher Bindung und der Bejahung einer umfassenden Bindung *Epiney*, Umgekehrte Diskriminierungen, S. 132ff.

719 So *Busse*, EuGRZ 2002, 575; *Szczekalla*, Grundrechte, in: Rengeling (Hrsg.), Hb. EUDUR, 1998, Bd. I, § 12, Rn. 31.

720 *Busse*, a.a.O.; *Szczekalla*, a.a.O.

721 *Szczekalla*, a.a.O., nämlich die mitgliedstaatlichen Grundrechte, die gemeinschaftlichen Grundrechte und die EMRK-Garantien.

722 *Matscher*, Methods of Interpretation, S. 76.

723 *Petzold*, The Convention and the Principle of Subsidiarity, S. 46.

Die Europäische Gemeinschaft besitzt andererseits eine Zuständigkeit zur Kontrolle mitgliedstaatlichen Handelns unter eng umschriebenen Voraussetzungen. Diese Zuständigkeit erklärt sich aus der Verflechtung der gemeinschaftlichen und der nationalen Rechtsordnungen und aus der *primären* Verantwortung der Gemeinschaft für gemeinschaftsrechtliche Bereiche bzw. Rechtsgüter, die noch zu bestimmen sind.

Vor allem spricht gegen eine umfassende Bindung der Mitgliedstaaten an die Gemeinschaftsgrundrechte die Tatsache, dass die von ihr vertretene Verteilung der Kontrollzuständigkeit vor allem die Aufgabenverteilung zwischen der Europäischen Gemeinschaft und den Mitgliedstaaten zunichte macht[724]. Durch das Gemeinschaftsrecht sind auf die Gemeinschaften bestimmte, wenn auch weitreichende Hoheitsrechte übertragen worden. In Bereichen, bei denen eine Zuständigkeit der Europäischen Gemeinschaft nicht existiert[725], unterliegen die Mitgliedstaaten keinerlei gemeinschaftlicher Kontrolle. Diese Selbstverständlichkeit wird zu wenig von der oben angeführten Ansicht beachtet. Eine umfassende Bindung bedeutet gleichzeitig auch eine umfassende Zuständigkeit des EuGH. Das Gericht müsste dann nationales Handeln grundrechtlich überprüfen können, das sonst keinen anderen Vorgaben gemeinschaftlichen Ursprungs unterläge[726].

Es muss also festgehalten werden, dass die Bindung der Mitgliedstaaten an die Gemeinschaftsgrundrechte nur so weit reicht, wie der Anwendungsbereich des Gemeinschaftsrechts eröffnet ist. Die Beantwortung der Frage, was unter Anwendungsbereich zu verstehen ist, ist Gegenstand der folgenden Ausführungen.

III. Bestimmung des Anwendungsbereichs des Gemeinschaftsrechts

1. Problemstellung

Der Umfang der Bindung der Mitgliedstaaten an die Gemeinschaftsgrundrechte wird im Schrifttum sehr unterschiedlich beantwortet. Als gesichert kann die Bindung im Rahmen der Durchführung gelten[727], die auch von Art. 51 Abs. 1 der

---

724 *Epiney*, Umgekehrte Diskriminierungen, S. 132.

725 Und das kann durchaus in einem Verfahren vor dem EuGH festgestellt werden!

726 So auch *Due/Gulmann*, Fundamental rights, S. 416.

727 *Cirkel*, Bindungen, S. 78f.; *Epiney*, Umgekehrte Diskriminierungen, S. 137; *Hirsch*, Die EU als Grundrechtsgemeinschaft, S. 187; *Jürgensen/Schlünder*, AöR 121 (1996); *Kühling*, Kommunikationsfreiheit, S. 74; *Langenfeld/Zimmermann*, ZaöRV 1992, 299f.; *Streinz*, Europarecht, Rn. 368; *Temple Lang*, LIEI 1991/1992, 30; *Tridimas*, General Principles, S. 225f.; *Rengeling*, Grundrechtsschutz, S. 200; *Kingreen*, in: Calliess/Ruffert (Hrsg.), EUV/EGV, Art. 6 EUV, Rn. 57f.; *ders./Störmer*, EuR 1998; *Störmer*, AöR 123 (1998), 568; *Jones*, Bindung, S. 69; *Huber*, Recht der europäischen Integration, S. 125; *Schilling*, EuGRZ 2000, 9.

Grundrechtscharta bestätigt wird. Die Mehrheit des Schrifttums bejaht eine Bindung der Mitgliedstaaten an die Gemeinschaftsgrundrechte nicht nur bei der Durchführung des Gemeinschaftsrechts, sondern auch im Rahmen der Grundfreiheiten[728]. Eine Verneinung der Bindung der Mitgliedstaaten an die Gemeinschaftsgrundrechte[729] wird hingegen meistens in älteren Beiträgen[730] vertreten. Ob vom Begriff „Anwendungsbereich" nur die zwei Fallgruppen der „Durchführung" und der „Ausnahmen zu den Grundfreiheiten" erfasst werden oder darüber hinaus

728 *Cirkel,* Bindungen, S. 78f. und 98f.; *Chwolik-Lanfermann,* Grundrechtsschutz, S. 78; *Hirsch,* Die EU als Grundrechtsgemeinschaft, S. 187; *Jürgensen/Schlünder,* AöR 121 (1996), 207f.; Juliane *Kokott,* Der Grundrechtsschutz im europäischen Gemeinschaftsrecht, AöR 121 (1996), 599ff., 604; *Kühling,* Kommunikationsfreiheit, S. 75-77; *Langenfeld/Zimmermann,* ZaöRV 1992, 259ff., 303; Nikolaus *Petersen,* Rundfunkfreiheit und EG-Vertrag: Die Einwirkungen des Europäischen Rechts auf die Ausgestaltung der nationalen Rundfunkordnungen, 1994, S. 176ff., S. 183f.; *Streinz,* Europarecht, Rn. 368; *Quasdorf,* Dogmatik der Grundrechte, S. 154f.; *Rengeling,* Grundrechtsschutz, S. 189f., S. 200; *Temple Lang,* LIEI 1991/1992, 30; *Tridimas,* General Principles, S. 228f.; *Wetter,* Die Grundrechtscharta des EuGH, S. 84f.; in diese Richtung wohl auch *Epiney,* Umgekehrte Diskriminierungen, S. 136, die diese Fallgruppe als Anwendung von primärem Gemeinschaftsrecht auffasst; wohl auch *Schilling,* EuGRZ 2000, 8-9, der allerdings von einer mittelbaren mitgliedstaatlichen Bindung ausgeht, dazu ausführlich unten, V 2; ablehnend dagegen *Huber,* Recht der europäischen Integration, S. 126f.; *Kingreen,* in: Calliess/Ruffert (Hrsg.), EUV/EGV, Art. 6 EUV, Rn. 61-62; *ders./Störmer,* EuR 1998; *Störmer,* AöR 123 (1998), 567; *Weber,* JZ 1989, 971.

729 Bengt *Beutler,* Grundrechtsschutz, in: Hans von der *Groeben* / Jochen *Thiesing* / Claus-Dieter *Ehlermann* (Hrsg.), Kommentar zum EWG-Vertrag, 4. Auflage, 1991, Anhang C, Rn. 65 (s. aber *Beutler,* in: GTE, Kommentar zum EU-/EG- Vertrag, Art. F, Rn. 27 bzw. 91); *Hummer,* Grundrechte und grundrechtsähnliche Verbürgungen, S. 69; *Coppel/O'Neill,* CMLR 1992, 669ff.; Gert *Nicolaysen,* Europarecht I, 1. Auflage, 1991, S. 55; *Nettesheim,* ZUM 1995, 351, der nur eine mittelbare Bindung im Rahmen der Grundfreiheiten bejaht; sehr zurückhaltend Martin *Nettesheim,* Auslegung und Fortbildung nationalen Rechts im Lichte des Gemeinschaftsrechts, AöR 120 (1995), 261ff., 273; Guido *Perau,* Werbeverbote im Gemeinschaftsrecht, 1997, S. 173; *Ukrow,* Rechtsfortbildung, S. 170.

730 Sehr restriktiv *Stein,* FS Steinberger, 2002, S. 1434, der bis zur Verbindlichkeitserklärung der Grundrechtscharta von einer Bindung der Mitgliedstaaten ausschließlich an die nationalen Grundrechte ausgeht; s. auch hinsichtlich Art. 51 Abs. 1 GRCh *Scholz,* FS Maurer, 2001, S. 1000, der dem von der Charta postulierten „Vorrang der Europäischen Grundrechtscharta" ablehnend gegenübersteht.

auch sonstiges Handeln der Mitgliedstaaten erfasst wird[731], ist ebenfalls in der Literatur umstritten[732].

Zunächst wird gefragt, ob der Anwendungsbereich ein Begriff ist, der einen bestimmten Bereich der gemeinschaftlichen und mitgliedstaatlichen Aktivität umfasst und daher unabhängig von der anzuwendenden Vorschrift bestimmt werden kann (unter 2). In diesem Fall würden bestimmte und von den jeweiligen Vorschriften unabhängige Kriterien zur Eröffnung des Anwendungsbereichs des Gemeinschaftsrechts führen.

Hiervon gehen die Ansichten, die in Anlehnung an die Problematik im Rahmen des Art. 12 Abs. 1 EG die Kompetenzverteilung als Kriterium zur Abgrenzung des Anwendungsbereichs hinsichtlich der Gemeinschaftsgrundrechte anwenden (unter IV 1), oder aus Art. 12 Abs. 1 EG Schlüsse für die Reichweite des Anwendungsbereichs hinsichtlich der Gemeinschaftsgrundrechte ziehen (unter IV 2), stillschweigend aus.

Ein anderer Lösungsansatz konzentriert sich auf das Handeln der Mitgliedstaaten und versucht dementsprechend Fallgruppen zu bilden (unter IV 3).

Letztere Vorgehensweise wird für die Herausarbeitung des eigenen Lösungsansatzes zugrunde gelegt (unter IV 5).

2. Anwendungsbereich im Sinne von Art. 12 Abs. 1 EG

Fraglich ist, ob der „Anwendungsbereich des Gemeinschaftsrechts" ein fester und vordeterminierter Begriff ist, der beim jeweiligen Stand der Integration einen bestimmbaren Bereich der gemeinschaftsrechtlichen und der mitgliedstaatlichen Aktivität umfasst[733]: Unabhängig davon, in welchem Zusammenhang vom „Anwendungsbereich des Gemeinschaftsrechts" die Rede wäre, hätte dieser Begriff die gleiche Reichweite. Da bereits im Art. 12 Abs. 1 EG die Anwendung des Diskriminierungsverbots von der Eröffnung des Anwendungsbereichs des Vertrages ab-

---

731 So *Cirkel,* Bindungen, S. 104ff.; *Rengeling,* Grundrechtsschutz; S. 200; *Temple Lang,* LIEI 1991/1992, 30f.; *Mohn,* Gleichheitssatz, S. 42; eingrenzend dagegen (nur Durchführung und Ausnahmen zu den Grundfreiheiten) *Kühling,* Kommunikationsfreiheit, S. 80; *Weiler,* Fundamental rights and fundamental boundaries, S. 120; *Schilling,* EuGRZ 2000, 8.

732 Im Schrifttum werden teilweise weitere Begriffe zur Umschreibung der Fallgruppe zu den Grundfreiheiten verwendet, die aber über diese Fallgruppe hinausgehen: *Quasdorf,* Dogmatik der Grundrechte, S. 147: „Regelung von Sachverhalten, die durch die Rechtsordnung der EU geregelt werden"; *Wetter,* Die Grundrechtscharta des EuGH, S. 90: „Nationale Maßnahmen, die gemeinschaftsrechtsspezifische Regelungsmaterien betreffen"; *Gersdorf,* AöR 119 (1994), 408: „Bezug zum (primären) Gemeinschaftsrecht".

733 Diese Annahme wird von *Epiney,* Umgekehrte Diskriminierungen, S. 135, implizit als geltend angenommen und anschließend kritisiert.

hängig gemacht wird, muss untersucht werden, ob der Anwendungsbereich des Vertrages im Sinne des Art. 12 Abs. 1 EG mit demjenigen der Grundrechte übereinstimmt[734]. Es ist deshalb erforderlich, den sachlichen Anwendungsbereich des Vertrags im Sinne des Art. 12 Abs. 1 EG zu bestimmen.

a. Lösungsansätze in der Literatur

In der Literatur wird der Versuch unternommen, eine allgemeine Aussage zur Bestimmung des Anwendungsbereichs zu treffen.

- Nach einer ersten Ansicht umfasst der Anwendungsbereich alle in Artikeln 2 und 3 EG erwähnten Bereiche[735], bzw. „alle mitgliedstaatlichen Akte in Sachbereichen, in denen die Gemeinschaft Aufgaben wahrnimmt"[736].
- Es wird oft auf das Kompetenzkriterium zurückgegriffen: Der Anwendungsbereich sei eröffnet, wenn ein Bereich der Kompetenz der Gemeinschaft zugeordnet sei. Dabei ist umstritten, ob die Gemeinschaft die Kompetenz ausgeübt haben muss[737], oder ob die Existenz einer Kompetenzvorschrift ausreicht[738], insbesondere Art. 95ff. EG[739].

---

734 Dieser Ansicht wohl *Hatje,* in: Schwarze (Hrsg.), EU-Kommentar, Art. 2, Rn. 3: „Die Ziele (des Art. 2) bestimmen den sachlichen Anwendungsbereich des EG-Vertrages und damit des gesamten Gemeinschaftsrechts. Der sachliche Anwendungsbereich entscheidet insbes. über die Reichweite der Handlungsbefugnisse der Organe, soweit nicht spezielle Ermächtigungen eingreifen, die Geltung des Verbots einer Diskriminierung aus Gründen der Staatsangehörigkeit, die Geltung der allgemeinen Rechtsgrundsätze einschließlich der gemeinschaftlichen Grundrechte für das Handeln der Mitgliedstaaten"; *Demetriou,* EHRLR 1999, 489f., 490-492, greift auch auf das Diskriminierungsverbot des Art. 12 Abs. 1 EG zurück, um das „scope of application" der Grundrechte näher zu definieren. Sie bejaht aber keine Gleichstellung, sondern betont, dass diese Gleichstellung explizit vom EuGH ausgesprochen werden soll.

735 Hartwin *Bungert,* Die Entwicklung der Dogmatik von Art. 6 Abs. 1 EGV anhand des deutschen Urheberrechts, IStR 1994, 134ff., 137; bzgl. Art. 3 EG *Bleckmann,* Europarecht, Rn. 1764; in diese Richtung auch *Hatje,* in: Schwarze (Hrsg.), EU-Kommentar, Art. 2, Rn. 3.

736 Rudolf *Geiger,* EG-Vertrag: Kommentar zu dem Vertrag zur Gründung der Europäischen Gemeinschaft, 3. Auflage, 2000, Art. 6, Rn. 10.

737 So *Kischel,* EuGRZ 1997, 7; *Störmer,* AöR 123 (1998), 555.

738 *Bungert,* IStR 1994, 137; *v. Bogdandy,* in: Grabitz/Hilf (Hrsg.), EUV/EGV, Art. 6, Rn. 38; *Bleckmann,* Europarecht, 6. Auflage, 1991, Rn. 1765.

739 *V. Bogdandy,* a.a.O.; s. auch *Bleckmann,* Europarecht, 6. Auflage, 1991, Rn. 1766: „Überhaupt enthält nun Art. 100 das Einfallstor für einen fast grenzenlosen Anwendungsbereich des Art. 7 I, der alle individuellen Abgrenzungsversuche hinsichtlich einzelner Materien überrollt".

- Es wird ferner vertreten, dass der Anwendungsbereich nicht abstrakt bestimmt werden kann, sondern nur einzelfallbezogen[740].
- Eine andere Meinung stellt auf das funktionale Kriterium ab. Alle Gebiete, die im Zusammenhang mit der Errichtung und dem Funktionieren des Gemeinsamen Marktes stehen, und insbesondere die Grundfreiheiten, werden vom sachlichen Anwendungsbereich erfasst[741].
- Neuerdings findet sich auch die Ansicht, dass „in den Anwendungsbereich des Vertrages ... mitgliedstaatliche Vorschriften nur dann [nicht fallen], wenn vertraglich ihre Ausnahme aus dem Anwendungsbereich vorgezeichnet ist (etwa Art. 19 für Wahlrechtsvorschriften „oberhalb“ der kommunalen Ebene)“[742].

b. Rechtsprechung des EuGH

Der EuGH spricht ganz allgemein davon, dass aus dem in Art. 6 EGV (Art. 12 EG) niedergelegten Verbot „jeder Diskriminierung aus Gründen der Staatsangehörigkeit“ folge, dass Personen, die sich in einer *gemeinschaftsrechtlich geregelten Situation* befinden, genauso behandelt werden müssen wie Angehörige des betreffenden Mitgliedstaats[743].

Es können folgende Kompetenzbereiche erwähnt werden, bei denen der EuGH die nationale Maßnahme bzw. Vorschrift als vom Anwendungsbereich des Vertrages erfasst ansieht:

α. Nationale Vorschriften prozessrechtlicher Natur sind am Maßstab des Art. 12 Abs. 1 EG gemessen worden[744], da sie sich - wenn auch nur mittelbar - auf

---

740 *Epiney,* Umgekehrte Diskriminierungen, S. 122 (*dies.,* in: Calliess/Ruffert (Hrsg.), EUV/EGV, Art. 12, Rn. 22); zustimmend auch *Cirkel,* Bindungen, S. 108.

741 Michael *Schweitzer,* Art. 12 EGV - Auf dem Weg zum "allgemeinen" Gleichheitssatz?, in: Hans-Wolfgang Arndt / Franz-Ludwig Knemeyer / Dieter Kugelmann / Werner Meng / Michael Schweitzer (Hrsg.), Völkerrecht und deutsches Recht Festschrift für Walter Rudolf zum 70. Geburtstag, 2001 (zitiert: *Schweitzer,* FS Rudolf, 2001), S. 189ff., S. 193.

742 *Holoubek,* in: Schwarze (Hrsg.), EU-Kommentar, Art. 12, Rn. 31.

743 Rs. C-274/96, *Bickel/Franz,* Slg. 1998, I-7637ff., Rn. 14; s. bereits Rs. 186/87, *Cowan,* Slg. 1989, 195ff., Rn 10; s. auch verb. Rs. C-92/92 und 326/92, *Phil Collins,* Slg. 1993, I-5145ff., Rn. 32.

744 Rs. C-398/92, *Mund & Fester,* Slg. 1994, I-467ff., Rn. 11; Rs. C-20/92, *Hubbard,* Slg. 1993, I-3777ff., Rn. 9f., allerdings gegen die Dienstleistungsfreiheit verstoßend; Rs. C-323/95, *Hayes,* Slg. 1997, I-1711ff., Rn. 17; Rs. C-43/95, *Data Delecta,* Slg. 1996, I-4661ff., Rn. 12-13; Rs. C-122/96, *Saldanha,* Slg. 1997, I-5325ff., Rn. 17f.; vgl. in diesem Zusammenhang auch die Rs. C-274/96, *Bickel/Franz,* Slg. 1998, I-7637ff., Rn.16 (Straf-

den innergemeinschaftlichen Austausch von Gütern und Dienstleistungen auswirken[745].

β. Das Urheberrecht und verwandte Schutzrechte fallen ebenfalls *aufgrund ihrer Auswirkungen auf den innergemeinschaftlichen Austausch* von Gütern und Dienstleistungen in den Anwendungsbereich des Vertrages[746].

γ. Bildungspolitik: Der EuGH hat in der Rs. *Gravier* festgestellt, dass die Organisation des Bildungswesens und die Bildungspolitik als solche zwar nicht zu den Materien gehören, die in die Zuständigkeit der Gemeinschaftsorgane fallen, da der Zugang zum berufsbildenden Unterricht aber geeignet sei, die *Freizügigkeit innerhalb der gesamten Gemeinschaft zu fördern*, werde die Abgabe, Einschreibe- oder Studiengebühr vom Anwendungsbereich des Art. 6 Abs. 1 EGV erfasst und verstoße daher gegen das Diskriminierungsverbot[747]. Aus dem selben Grund dürfen die Mitgliedstaaten keine Quoten für ausländische Studenten beibehalten[748].

In seiner früheren Rechtsprechung sah der EuGH die Förderung von Studenten für den Lebensunterhalt und die Ausbildung vom Anwendungsbereich des Diskriminierungsverbots nicht erfasst mit der Begründung, dass sie in einem engeren Verhältnis zur Bildungs- und Sozialpolitik standen, die in die Zuständigkeit der Mitgliedstaaten fiel[749]. Von dieser Rechtsprechung ist der EuGH im Urteil *Grzelczyk*[750] abgewichen. Entscheidendes Argument für die Bejahung einer Gemeinschaftskompetenz hinsichtlich der Bildung war die Einführung eines Kapitels über die allgemeine und berufliche Bildung und Jugend durch den Vertrag von Maastricht[751] sowie die Verabschiedung der Richtlinie über das Aufenthaltsrecht der

---

prozessführung in der deutschen Sprache im deutschsprachigen Teil Italiens); vgl. auch Rs. 186/87, *Cowan*, Slg. 1989, 195ff., Rn. 17.

745 Rs. 323/95, *Hayes*, a.a.O., Rn. 17.

746 Verb. Rs. C-92/92 und 326/92, *Phil Collins*, Slg. 1993, I-5145ff., Rn. 27; zuletzt bestätigt in der Rs. C-360/00, *Land Hessen/G. Ricordi & Co. Bühnen- und Musikverlag GmbH*, Urteil vom 6. Juni 2002, n.n.v., Rn. 24.

747 Rs. 293/83, *Gravier*, Slg. 1985, 593ff., Rn. 24.

748 Rs. 42/87, *Kommission/Belgien*, Slg. 1988, 5445ff., Rn. 8f.

749 Rs. 39/86, *Lair*, Slg. 1988, 3161ff., Rn. 11f.; Rs. C-357/89, *Raulin*, Slg. 1992, I-1027, Rn. 23f.; kritisch zur „Verneinung eines unmittelbaren Zusammenhangs zwischen dem Zugang zur Ausbildung und ihrer notwendigen Finanzierung" *v. Bogdandy*, in: Grabitz/Hilf (Hrsg.), EUV/EGV, Art. 6, Rn. 41.

750 Rs. C-184/99, *Grzelczyk*, Slg. 2001, I-6193ff.

751 Art. 149f. EG.

Studenten im Rahmen der Bildungspolitik[752]. Aus diesen Gründen hat der EuGH den Anwendungsbereich des Vertrages im Sinne von Art. 12 Abs. 1 EG dann als eröffnet angesehen.

δ. In seiner jüngsten Rechtsprechung verbindet der EuGH Art. 12 Abs. 1 EG und Art. 18 Abs. 1 EG in dem Sinne, dass ein Unionsbürger, der sich rechtmäßig im Gebiet eines Mitgliedstaates aufhält, sich in allen vom sachlichen Anwendungsbereich des Vertrages erfassten Fällen auf Art. 12 Abs. 1 EG berufen kann[753].

Die Einschlägigkeit des Art. 18 Abs. 1 EG eröffnet somit den persönlichen Anwendungsbereich für die Anwendung des Diskriminierungsverbots. Dieses Verhältnis zwischen Unionsbürgerschaft und Diskriminierungsverbot hat der EuGH erstmals in der Rs. *Bickel und Franz* implizit vorausgesetzt, in der Rs. *Martínez Sala* ausdrücklich festgelegt und in der Rs. *Grzelczyk* fortgeführt.

Der EuGH hat dabei in der Rs. *Bickel und Franz* das aus den Grundfreiheiten abgeleitete Aufenthaltsrecht mit Art. 8a EGV a.F. (Art. 18 EG) verbunden und ausgeführt, dass die Möglichkeit für die Unionsbürger, mit den Behörden eines Mitgliedstaates in einer bestimmten Sprache kommunizieren zu können, geeignet sei, die Ausübung des Freizügigkeits- und Aufenthaltsrechts zu erleichtern[754]. Aus diesem Grund haben diese nach Art. 6 Abs. 1 EGV a.F. (Art. 12 EG) Anspruch darauf, gegenüber den Angehörigen dieses Staates gleich behandelt zu werden.

Der Fall *Martínez Sala*[755] dagegen betraf eine spanische Staatsangehörige, die seit 1968 in Deutschland lebte und deren Situation nicht vom Anwendungsbereich einer Grundfreiheit erfasst war. Ihr Antrag auf Gewährung von Kindergeld für ihr minderjähriges Kind wurde abgelehnt, da das deutsche Gesetz die Gewährung des Kindergelds von der Existenz einer gültigen Aufenthaltserlaubnis abhängig machte, welche jedoch die Klägerin nicht besaß. Der EuGH hat auf die Frage des vorlegenden Gerichts, ob dies eine verbotene Diskriminierung darstelle, ausgeführt:

> „Artikel 8 Absatz 2 des Vertrages knüpft an den Status eines Unionsbürgers die im Vertrag vorgesehenen Pflichten und Rechte, darunter das in Artikel 6 des Vertrages festgelegte Recht, im sachlichen Anwendungsbereich des Vertrages nicht aus Gründen der Staatsangehörigkeit diskriminiert zu werden“[756].

---

752 Rs. C-184/99, *Grzelczyk*, Slg. 2001, I-6193ff., Rn. 34f.

753 *Epiney*, in: Calliess/Ruffert (Hrsg.), EUV/EGV, Art. 12, Rn. 19.

754 Rs. C-274/96, *Bickel und Franz*, Slg. 1998, I-7637ff., Rn. 16.

755 Rs. C-85/96, *Martínez Sala*, Slg. 1998, I-2691ff.

756 Rs. C-85/96, *Martínez Sala*, Slg. 1998, I-2691ff., Rn. 62.

In der Rechtssache *Grzelczyk* sah das belgische Gesetz vor, dass nur belgische Staatsangehörige, sowie Personen, welche die Voraussetzungen der VO Nr. 1612/68 erfüllten, Anspruch auf die Gewährung eines Existenzminimums hatten. Der Kläger hielt sich in Belgien in seiner Eigenschaft als Student rechtmäßig auf. Er konnte sich, entsprechend den Ausführungen des EuGH im Urteil *Martínez Sala*, als Unionsbürger auf Art. 12 Abs. 1 EG berufen.

c. Stellungsnahme

Der EuGH verwendet also zwei Kriterien[757], nämlich die Existenz einer Gemeinschaftskompetenz (Kompetenzkriterium) und die Auswirkungen der fraglichen Regelung auf die Ausübung einer Grundfreiheit (funktionales Kriterium). Das rechtliche Gewicht dieser Kriterien ist unterschiedlich. Es können folgende Fallgruppen unterschieden werden:

aa. Existenz einer Gemeinschaftskompetenz: Wenn eine ausgeübte Gemeinschaftskompetenz existiert, ist der sachliche Anwendungsbereich des Vertrages eindeutig eröffnet. In diesem Fall braucht nicht auf das funktionale Kriterium zurückgegriffen zu werden. Die Anwendung des Kompetenzkriteriums reicht aus, um die nationale Maßnahme in den Anwendungsbereich des Vertrags im Sinne des Art. 12 Abs. 1 EG zu bringen.

bb. Es existiert keine Gemeinschaftskompetenz. Hier nun kommt das funktionale Kriterium zur Anwendung und reicht auch aus, um eine nationale Regelung in den Anwendungsbereich des Vertrages im Sinne des Art. 12 Abs. 1 EG zu ziehen. Der EuGH hat beispielsweise Regelungen des Prozessrechts wegen ihrer - sei es auch mittelbaren - Auswirkungen auf die Ausübung der Grundfreiheiten als vom sachlichen Anwendungsbereich des Vertrages erfasst angesehen[758]. Dadurch wird deutlich, dass das Kompetenzkriterium nicht konstitutiv für die Anwendung des Diskriminierungsverbots ist. Auch beim Fehlen einer Zuständigkeit der Europäischen Gemeinschaft kann auf das funktionale Kriterium zurückgegriffen werden, welches somit als das *ausschlaggebende* Kriterium zur Bestimmung des Anwendungsbereichs des Vertrages angesehen werden muss[759].

cc. Bereiche, die nicht eindeutig in den Zuständigkeitsbereich der Gemeinschaft fallen. Als Beispiel kann die Bildungspolitik angeführt werden: Der EuGH greift in diesem Fall auf beide Kriterien zurück. Der EuGH hat die Existenz der begrenzten Gemeinschaftskompetenz im Rahmen des Art. 128 EWGV (Fassung vor dem Vertrag von Maastricht) verwendet, um die Gemeinschaftsrelevanz der Vor-

---

757 Vgl. auch *Bungert*, IStR 1994, 137: Doppelter Ansatz.

758 S. bereits oben, b.

759 So auch *Schweitzer*, FS Rudolf, 2001, S. 193; *Rossi*, EuR 2000, 204; Christian *Tomuschat*, Comment, CMLR 2000, 449ff., 451.

aussetzungen für den Zugang zur Berufsausbildung zu bejahen[760], wobei das entscheidende Argument für die Eröffnung des Anwendungsbereichs die Auswirkungen dieses Zugangs auf die Freizügigkeit war[761]. Problematisch ist in diesen Fällen, dass die Existenz einer Kompetenz nicht unumstritten ist, insbesondere wenn der EuGH auf Regelungen zurückgreift, die unverbindlich sind[762] oder auf Vertragsvorschriften, die sehr begrenzte Befugnisse einräumen und im übrigen die Kompetenz der Mitgliedstaaten zu sichern versuchen[763].

dd. Unionsbürgerschaft: Die grundsätzliche Anwendbarkeit des Diskriminierungsverbots auf alle Fälle, die Unionsbürger betreffen, bedeutet auch, dass das funktionale Kriterium nicht mehr angewendet werden kann, da das Aufenthaltsrecht des Art. 18 Abs. 1 EG vor allem dem wirtschaftlich untätigen Bürger gewährt wird.

Der EuGH bemüht sich auch in diesem Fall um die Heranziehung des Kompetenzkriteriums, indem er die Frage nach dem sachlichen Anwendungsbereich des Vertrages stellt. Seine Begründung hinsichtlich der Existenz einer Gemeinschaftskompetenz ist jedoch unbefriedigend.

Martínez Sala fiel als Unionsbürgerin in den persönlichen Anwendungsbereich von Art. 12 Abs. 1 EG, nicht aber in den sachlichen, da soziale Vergünstigungen in der Zuständigkeit der Mitgliedstaaten liegen. Andererseits fiel das Erziehungsgeld in den sachlichen, die Klägerin aber nicht in den persönlichen Anwendungsbereich der Verordnung. Es ging also um die Frage, ob diese zwei unterschiedlichen Rechtsgrundlagen mit einander verbunden werden konnten. Der EuGH hat diese Frage positiv beantwortet. Dadurch dass das Erziehungsgeld eine soziale Vergünstigung, bzw. als Familienleistung im Sinne der VO Nr. 1612/68, bzw. der VO Nr. 1408/71 qualifiziert wurde[764], fiel es auch in den sachlichen Anwendungsbereich des Gemeinschaftsrechts im Sinne des Art. 6 EGV (heute 12 EG)[765]. Der Klägerin wurde also ein Recht eingeräumt, das bisher nur bestimmten Unionsbürgergruppen vorbehalten war[766].

---

760 Rs. 293/83, *Gravier*, Slg. 1985, 593ff., Rn. 19f.

761 Rs. 293/83, *Gravier*, a.a.O., Rn. 24.

762 Rs. 293/83, *Gravier*, a.a.O., Rn. 21-22.

763 Rs. C-184/99, *Grzelczyk*, Slg. 2001, I-6193ff., Rn. 35; s. gleich unten.

764 Rs. C-85/96, a.a.O., Rn. 28.

765 A.a.O., Rn. 57.

766 Sehr kritisch zu der Vorgehensweise des Gerichts, *Becker*, EuR 1999, 532; so auch *Tomuschat*, CMLR 2000, 452; positiv dagegen Catherine *Jacqueson*, Union citizenship and the Court of Justice: something new under the sun? Towards social citizenship, ELR 2002, 260ff., 265f.: „What I aimed to conclude from the foregoing is that the principle of equal

In der Rs. *Grzelczyk* bejahte der EuGH die Gemeinschaftszuständigkeit mit dem Argument, dass die Bildungspolitik gemäß Art. 149f. EG in die Zuständigkeit der EG fällt. Der EuGH begreift das Kompetenzargument sehr weit, da die durch den Maastrichter Vertrag eingeführten Befugnisse der Gemeinschaft lediglich Kooperationsbefugnisse sind[767]. Der EuGH bejaht dann aber eine Kompetenz der Europäischen Gemeinschaft, die nicht existiert[768].

Die Ausführungen des Gerichts in beiden Urteilen zeigen, dass für den EuGH nicht die Kompetenzverteilung die entscheidende Rolle zur Eröffnung des Anwendungsbereichs des Vertrages i.S.d. Art. 12 Abs. 1 EG spielt, sondern das Ziel „Erleichterung des Aufenthaltsrechts" [769]. Jede nationale Maßnahme, die geeignet ist, das Aufenthaltsrecht zu beeinträchtigen und eine Kompetenz der Gemeinschaft, sei es auch am Rande, betrifft, fällt in den Anwendungsbereich des Art. 12 Abs. 1 EG.

Es muss also festgehalten werden, dass die genaue Abgrenzung der Kompetenzen der Europäischen Gemeinschaft nicht in der Lage ist, den sachlichen Anwendungsbereich des Vertrags im Sinne des Art. 12 Abs. 1 EG zu umschreiben, da das Diskriminierungsverbot sehr oft in Bereichen des autonomen Handelns der Mitgliedstaaten Anwendung findet[770]: Es ging in den meisten Fällen um Maßnahmen bzw. Vorschriften, die in einem engen Verhältnis zu einer Grundfreiheit standen[771] oder Auswirkungen auf sie hatten[772], bzw. nicht unter dem Begriff einer Grundfreiheit fallen konnten[773]. Der enge Zusammenhang des Diskriminierungs-

---

treatment is not perceived anymore as a means to ensure the principle of free movement and the achievement of the internal market but as a goal in itself. This is the contribution of the citizenship provisions leading towards more social justice".

767 *Jacqueson,* ELR 2002, 272.

768 *Jacqueson,* ELR 2002, 272-273.

769 So *Schweitzer,* FS Rudolf, 2001, S. 197; *Kluth,* in: Calliess/Ruffert (Hrsg.), EUV/EGV, Art. 18, Rn. 5, über die Reichweite des Anspruches auf Inländergleichbehandlung nach Art. 18 i.V.m. Art. 12 Abs. 1 EG: ein solcher Anspruch besteht „nur bei solchen Handlungen, die in einem engen Zusammenhang mit dem Aufenthalt stehen und seiner effektiven Ausübung dienen".

770 *Holoubek,* in: Schwarze (Hrsg.), EU-Kommentar, Art. 12, Rn 29: „I.d.S. hat es der EuGH insbes. ausreichen lassen, wenn ein einschlägiger Konnex zu Sachverhalten besteht, die in den Anwendungsbereich einer der Grundfreiheiten fallen".

771 Wie die Bildungspolitik; s. auch Rs. 186/87, *Cowan,* Slg. 1989, 195ff., Rn. 17; *v. Bogdandy,* in: Grabitz/Hilf (Hrsg.), EUV/EGV, Art. 6, Rn. 44; *Epiney,* in: Calliess/Ruffert (Hrsg.), EUV/EGV, Art. 12, Rn. 18.

772 *Rossi,* EuR 2000, 203; *Tomuschat,* CMLR 2000, 451; *Schweitzer,* FS Rudolf, 2001, S. 191.

773 S. Rs. C-411/98, *Ferlini,* Slg. 2000, I-8081ff., Rn. 50, in Bezug auf Beamte der Europäischen Gemeinschaften: Der EuGH hat das Diskriminierungsverbot des Art. 12 Abs. 1 EG

verbots zu den Grundfreiheiten wird auch dadurch bestätigt, dass der EuGH sehr oft das Diskriminierungsverbot des Art. 12 Abs. 1 EG zusammen mit den Artikeln über die Grundfreiheiten heranzieht, um eine Diskriminierung zu bejahen[774].

Dass der Begriff „Anwendungsbereich" nicht - nur - als die Summe der übertragenen Kompetenzen verstanden werden darf, wird ferner durch einen Vergleich mit dem Wortlaut des neuen Art. 13 EG bestätigt. Während im Art. 13 EG der Erlass von Maßnahmen von der tatsächlichen Übertragung von Rechtsetzungsbefugnissen abhängt („im Rahmen der durch den Vertrag auf die Gemeinschaft übertragenen Zuständigkeiten"), spricht Art. 12 Abs. 1 EG ganz allgemein von „Anwendungsbereich". Daraus folgt, dass er nicht mit der Summe aller existierenden Kompetenzen gleichzusetzen ist, sondern weiter ausgelegt werden kann[775].

Andererseits ist die Annahme, der Anwendungsbereich müsse einzelfallbezogen bestimmt werden, um alle Gesichtspunkte zu berücksichtigen, nicht präzise genug, da sie nicht sagt, welche Gesichtspunkte genau berücksichtigt werden müssen[776].

Der Ansicht, welche die Eröffnung des sachlichen Anwendungsbereichs als die Regel ansieht, muss entgegengehalten werden, dass sie dem Prinzip der begrenzten Einzelermächtigung widerspricht, und dazu führen kann, dass Bereiche, die nicht vom Kompetenzbereich erfasst sind, vor allem aber Bereiche, die in keinem „funktionalen" Zusammenhang zum Gemeinsamen Markt bzw. zum Aufenthaltsrecht stehen, als vom Diskriminierungsverbot erfasst angesehen werden[777].

3. Ergebnis

Es muss zusammenfassend festgehalten werden, dass der Anwendungsbereich des Vertrages i.S.d. Art. 12 Abs. 1 EG unter Zugrundelegung zweier Kriterien als er-

---

herangezogen, da sich die Beamten der Europäischen Gemeinschaften weder auf die Grundfreiheiten noch auf die Verordnung Nr. 1612/68 berufen konnten, um eine Diskriminierung hinsichtlich der sozialen Sicherheit abzuwehren; *Streinz*, Europarecht, Rn. 668.

774 S. z.B. Rs. C-151/96, *Kommission/Irland*, Slg. 1997, I-3327ff., Rn. 15, unter Verweis auf Rs. 334/94, *Kommission/Frankreich*, Slg. 1996, I-1307ff.; in diesem Sinne auch *Schweitzer*, FS Rudolf, S. 190.

775 Anders wohl *Epiney*, in: Calliess/Ruffert (Hrsg.), EUV/EGV (1. Auflage), Art. 13, Rn. 5, die den "Anwendungsbereich" i.S.d. Art. 12 Abs. 1 EG und die Formulierung in Art. 13 EG inhaltlich gleichsetzte; richtig jetzt *Epiney*, in: Calliess/Ruffert (Hrsg.), EUV/EGV, Art. 13, Rn. 4.

776 *Epiney*, in: Calliess/Ruffert (Hrsg.), EUV/EGV, Art. 12, Rn. 22, erwähnt zwar, dass Ausgangspunkt die Tätigkeit der Gemeinschaft sowie die Verpflichtungen der Mitgliedstaaten sein müssen, dies führt aber nicht unbedingt weiter.

777 *Kluth*, in: Calliess/Ruffert (Hrsg.), EUV/EGV, Art. 18, Rn. 5.

öffnet angesehen wird: Es muss ein funktionaler Bezug zum Gemeinsamen Markt existieren. Des weiteren muss die Kompetenz der Gemeinschaft gegeben sein. Diese Kriterien müssen nicht unbedingt kumulativ vorliegen. Je enger ein Bezug zum Gemeinsamen Markt existiert, desto mehr tritt das Kompetenzkriterium zurück[778]. Und umgekehrt in Bezug auf die Unionsbürger: Hier hängt die Anwendung des Diskriminierungsverbots von der Existenz einer Kompetenz der Gemeinschaft im fraglichen Bereich ab, in dem der Unionsbürger tätig gewesen ist[779], wobei das Kompetenzkriterium vom EuGH sehr weit verstanden wird.

Dass der Anwendungsbereich des Vertrages im Sinne des Art. 12 Abs. 1 EG so weit reichen kann, erklärt sich aus der hervorgehobenen Stellung des Diskriminierungsverbots in der Gemeinschaftsrechtsordnung, sowie aus seiner funktionalen Zielrichtung[780]. Das bedeutet, dass der Anwendungsbereich des Vertrages in Bezug auf das Diskriminierungsverbot - punktuell - weiter reicht als die existierenden Rechtsetzungskompetenzen der Gemeinschaft.

Das bedeutet wiederum, dass der „Anwendungsbereich" des Diskriminierungsverbots nicht automatisch auf andere Vorschriften übertragen werden kann.

Daraus sind zwei Folgerungen abzuleiten:

Der Anwendungsbereich im Sinne von Art. 12 Abs. 1 EG ist mit dem Anwendungsbereich des Gemeinschaftsrechts, bei dem die Gemeinschaftsgrundrechte die Mitgliedstaaten binden, *nicht* gleichzusetzen[781].

Eine Gleichsetzung des Anwendungsbereichs im Sinne von Art. 12 Abs. 1 EG mit dem Anwendungsbereich hinsichtlich der Anwendung der Gemeinschaftsgrundrechte würde zu einer Anwendung der Gemeinschaftsgrundrechte in jedem Fall führen, in dem das Diskriminierungsverbot herangezogen wird, nach der neuesten Rechtsprechung also auch in Bezug auf alle Unionsbürger. Dies hätte die Begründung einer umfassenden Bindung der Mitgliedstaaten an die Gemeinschaftsgrundrechte zur Folge, da jeder Unionsbürger sich nicht nur auf das Diskriminierungsverbot, sondern auch auf die Gemeinschaftsgrundrechte berufen könnte[782]. Es

---

778 Vgl. hierzu die Urteile hinsichtlich der nationalen Vorschriften prozessrechtlicher Natur, oben, Fn. 747.

779 S. Rs. C-184/99, *Grzelczyk*, Slg. 2001, I-6193ff.

780 S. bereits oben, erster Teil, E I 3 b.

781 Dieser Ansicht auch *Epiney*, Umgekehrte Diskriminierungen, S. 135; missverständlich, bzw. unklar *Schilling*, EuGRZ 2000, 9, der eine Passage aus dem Urteil *Data Delecta* (Rs. C-43/95, Slg. 1996, I-4661ff.) im Rahmen der Fallgruppe „Ausnahmen zu den Grundfreiheiten" erwähnt.

782 Die Anwendbarkeit der Rechte der EMRK im Fall der Einschlägigkeit des Art. 18 Abs. 1 EG bejaht Claus-Peter *Bienert*, Die Kontrolle mitgliedstaatlichen Handelns anhand der

muss also festgehalten werden, dass der Anwendungsbereich des Vertrags im Sinne des Art. 12 Abs. 1 EG auf jedem Fall weiter als derjenige hinsichtlich der Gemeinschaftsgrundrechte ist[783].

Andererseits ist gerade diese Abhängigkeit des Inhalts dieses Begriffs von dem jeweiligen Kontext, in dem er sich befindet, von Bedeutung für die Frage der Bindung. Diese Abhängigkeit des Begriffs von der jeweiligen Vorschrift ist auch auf die Gemeinschaftsgrundrechte zu übertragen:

Der Anwendungsbereich des Gemeinschaftsrechts mit Blick auf die Anwendung der Gemeinschaftsgrundrechte ist nach alldem kein Begriff, der von vornherein bestimmte Tätigkeitsfelder umfasst, sondern vielmehr ein offener Begriff, der es dem EuGH ermöglicht, in jedem einzelnen Fall und auf der Grundlage von zwingenden Gründen getrennt zu prüfen, ob eine bestimmte Handlung in den Anwendungsbereich des Gemeinschaftsrechts fällt oder nicht. Das heißt andererseits nicht, dass keine Kriterien zur Bestimmung des Anwendungsbereichs existieren bzw. verwendet werden können[784]. Wie bereits ausführlich dargestellt, hängt die Eröffnung des Anwendungsbereichs von der Bejahung einer Verantwortung der Gemeinschaft für den fraglichen Bereich bzw. das in Frage stehende Rechtsgut ab.

IV. Lösungsansätze zur Bestimmung des Anwendungsbereichs

Im folgenden sollen verschiedene Lösungsansätze zur Bestimmung des Anwendungsbereichs untersucht werden.

Zwei dieser Lösungsansätze (unter 1, 2) gehen von der gleichen Prämisse aus: Der Anwendungsbereich des Gemeinschaftsrechts hinsichtlich der grundrechtlichen Bindung der Mitgliedstaaten sei mit dem Anwendungsbereich im Sinne des Art. 12 Abs. 1 EG gleichzusetzen. Diese Lösungsansätze versuchen dann auf unterschiedliche Weise, diesen Anwendungsbereich näher zu definieren. Während *Cirkel* nach Fallgruppen unterscheidet, ohne ein bestimmtes Kriterium zu Grunde zu legen (unter 1), verwenden *Jürgensen/Schlünder* das Kriterium der Kompetenzverteilung (unter 2).

Ein weiterer Lösungsansatz konzentriert sich auf das Tätigwerden der Mitgliedstaaten, um den Anwendungsbereich des Gemeinschaftsrechts im Sinne der Rechtsprechung des EuGH bestimmen zu können (unter 3).

Gemeinschaftsgrundrechte, 2001, (zitiert: *Bienert*, Kontrolle mitgliedstaatlichen Handelns), S. 178.

783 So auch *Jacobs*, ELR 2001, 337; *Temple Lang*, LIEI 1991/1992, 33.

784 So aber *Epiney*, Umgekehrte Diskriminierungen, S. 135.

1. „Parallelität des Anwendungsbereichs des Vertrags im Sinne von Art. 12 Abs. 1 EG und des Anwendungsbereichs des Gemeinschaftsrechts hinsichtlich der Gemeinschaftsgrundrechte"

Cirkel[785] geht von der Prämisse aus, dass der Anwendungsbereich des Vertrags im Sinne von Art. 12 Abs. 1 EG mit dem Anwendungsbereich hinsichtlich der Grundrechtsbindung der Mitgliedstaaten gleichzusetzen sei[786]. Er verwendet dabei eine von mehreren vorgeschlagenen Methoden zur Bestimmung des Anwendungsbereichs im Rahmen des Art. 12 Abs. 1 EG, welche den Anwendungsbereich einzelfallbezogen zu bestimmen versucht[787]. Diese Methode überträgt *Cirkel* auf die Frage der Bindung. Er kommt dabei zu dem Ergebnis, dass sich der Anwendungsbereich der Bindung der Mitgliedstaaten an die Gemeinschaftsgrundrechte über die zwei Fallgruppen hinaus erstreckt.

Cirkel geht von einer absoluten Parallelität zwischen dem Anwendungsbereich des Gemeinschaftsrechts und demjenigen der Gemeinschaftsgrundrechte aus. Aus diesem Grund hält er es für ausreichend, das Handeln der Mitgliedstaaten als im Anwendungsbereich des Gemeinschaftsrechts liegend zu qualifizieren, um die Grundrechtsbindung der Mitgliedstaaten in diesem Rahmen bejahen zu können.

Diese Vorgehensweise ist jedoch abzulehnen: Die Möglichkeit der gerichtlichen Überprüfung von mitgliedstaatlichem Handeln seitens des EuGH bedeutet nicht gleichzeitig, dass alle möglichen Prüfungsmaßstäbe verwendet werden können. Meistens wird überprüft, ob sich die nationale Maßnahme im Rahmen der von den einschlägigen Vorschriften zugelassenen Grenzen gehalten hat[788]. Darüber hinaus wird in vielen Fällen der Verhältnismäßigkeitsgrundsatz ins Feld geführt[789]. Ob des weiteren auch grundrechtliche Erwägungen berücksichtigt werden, muss in jedem Einzelfall getrennt geprüft werden. Das mag zwar verwundern, da im nationalen Recht die Grundrechte in jedem Fall als Prüfungsmaßstab für das Handeln der öffentlichen Gewalt verwendet werden. Das gleiche gilt ja auch hinsichtlich der gerichtlichen Überprüfung des Gemeinschaftshandelns. Andererseits ist gerade diese Art der gerichtlichen Überprüfung des mitgliedstaatlichen Handelns eine typische Eigenschaft der gemeinschaftlichen Rechtsordnung: Die Gemeinschaft verfügt nur über punktuelle - wenn auch erweiterte - Kontrollmöglichkeiten hinsichtlich des mitgliedstaatlichen Handelns.

---

785 *Bindungen,* S. 104f., 108.

786 S. auch S. 140.

787 Folgend hier *Epiney,* Umgekehrte Diskriminierungen, S. 122-123.

788 Zum Beispiel, ob der Mitgliedstaat die ausländischen Arbeitnehmer diskriminiert, Art. 39 EG.

789 S. bereits oben, erster Teil, E I 2.

Außerdem verwendet *Cirkel* kein eindeutiges Kriterium für die Wahl der von ihm erwähnten Fallgruppen, die in den Anwendungsbereich des Gemeinschaftsrechts liegen sollen. Er erwähnt zwar unterschiedliche Vorschriften des EG-Vertrages[790] bzw. Tätigkeiten der Mitgliedstaaten im vergemeinschafteten Bereich[791], es fehlt aber ein bestimmtes Kriterium für diese Unterteilung, welches notwendig ist, um den Anwendungsbereich abschließend zu bestimmen.

2. „Gemeinschaftskompetenz als Kriterium zur Bestimmung des Anwendungsbereichs der Gemeinschaftsgrundrechte"

Ein bestimmtes Kriterium für die Abgrenzung des Anwendungsbereichs der Gemeinschaftsgrundrechte wird von *Jürgensen/Schlünder* vorgeschlagen, nämlich dasjenige der Kompetenzverteilung.

Im Schrifttum wird oft auf die Kompetenzverteilung zurückgegriffen, um die Grenzen des Anwendungsbereichs bezüglich der Bindung der Mitgliedstaaten an die Gemeinschaftsgrundrechte zu bestimmen. Das Kompetenzkriterium wurde, wie bereits erwähnt, sehr oft zur Bestimmung des Anwendungsbereichs des Vertrages im Sinne von Art. 12 Abs. 1 EG herangezogen. So wird der Versuch unternommen, es auch in diesem Zusammenhang fruchtbar zu machen.

Jürgensen/Schlünder gehen von einer „Parallelität von Kompetenz und Anwendungsbereich" des Gemeinschaftsrechts aus: Der Anwendungsbereich des Gemeinschaftsrechts reiche so weit wie die Summe der durch die Handlungsbefugnisse der Gemeinschaft definierten Bereiche[792]: Die Gemeinschaftsgrundrechte gelten überall dort, wo die öffentliche Gewalt, sei es die der Mitgliedstaaten oder die der Gemeinschaftsorgane, unter gemeinschaftsrechtlichen Vorgaben tätig werden[793].

Der Begriff „Vorgaben des Gemeinschaftsrechts" wird dabei weit gefasst: Wenn die Gemeinschaft für das entsprechende Sachgebiet ihre Kompetenz und zumindest Leitlinien festgelegt habe oder wenn sich eine Frage nach gemeinschafts-

---

790 Beispielsweise Art. 18 Abs. 1 EG über die Unionsbürgerschaft, S. 108f., oder die Schutzklauseln des EGV, S. 115f.

791 Als Sachwalter des gemeinsamen Interesses, S. 128f.

792 *Jürgensen/Schlünder*, AöR 121 (1996), 222; auf das Kompetenzkriterium scheint auch *Temple Lang*, LIEI 1991/1992, 30f., zurückzugreifen, um die Bereiche zu definieren, in denen, über die Durchführung hinaus, eine Bindung der Mitgliedstaaten existieren soll; s. auch *Jones*, Bindung, S. 64f., der den Anwendungsbereich sehr weit versteht (S. 69: Aus- und Durchführung des Gemeinschaftsrechts, sowie nationales Handeln mit Bezug zu den in Art. 2 EG aufgeführten Mitteln, insbesondere der Schaffung des Gemeinsamen Marktes).

793 *Jürgensen/Schlünder*, AöR 121 (1996), 225.

rechtlichen Bestimmungen richte, greifen Gemeinschaftsgrundrechte ein, so dass diese bei der nationalen Entscheidung zu berücksichtigen seien[794].

Nach diesem Lösungsansatz lässt sich auch die Fallgruppe der Grundfreiheiten als ein Fall „ausgeübter konkurrierender Kompetenz" erfassen[795].

Vor dem Hintergrund der Kompetenzverteilung als Argument zur Abgrenzung des Anwendungsbereichs und in Anlehnung an die Diskussion zu Art. 12 Abs. 1 EG[796] nimmt *Weiler* im Fall einer konkurrierenden aber noch nicht ausgeübten Kompetenz der Gemeinschaft eine Grundrechtsbindung der Mitgliedstaaten an[797].

Fraglich ist, ob die Kompetenzverteilung den Anwendungsbereich der Gemeinschaftsgrundrechte umschreiben kann, m.a.W. ob das Kriterium der Kompetenzverteilung geeignet ist, die Bereiche abschließend zu erfassen, bei denen eine Grundrechtskontrolle durch die Gemeinschaft aus den oben angeführten Argumenten geboten ist.

Das ist zu verneinen. Der Umfang der ausgeübten Kompetenzen der Europäischen Gemeinschaft ist enger als derjenige der im Vertrag festgelegten. Die Erwähnung einer - konkurrierenden - Kompetenz im Vertrag bedeutet nicht zugleich, dass jedes Handeln der Mitgliedstaaten in diesem Bereich gemeinschaftsrechtlichen Vorgaben unterliegt. Nur durch das Tätigwerden der Gemeinschaft wird die Entscheidungsbefugnis der Mitgliedstaaten eingeschränkt. Etwas anderes gilt nur im Rahmen der ausschließlichen Kompetenzen: Die Mitgliedstaaten dürfen unabhängig vom konkreten Tätigwerden der Gemeinschaft nicht eigenständig tätig werden[798].

Der wichtigste Grund gegen das Argument der Kompetenzverteilung liegt darin, dass es überhaupt nicht geeignet ist, die unterschiedlichen Formen des Tätigwerdens der Mitgliedstaaten zu umschreiben: Es muss hier die Frage beantwortet werden, wann das Handeln der Mitgliedstaaten gemeinschaftsrechtsrelevant ist, und welchen Verpflichtungen dieses Handeln im Einzelfall unterliegt. Die Problematik der Kompetenzverteilung betrifft dagegen die Frage, in welchen Fällen

---

794 *Jürgensen/Schlünder*, a.a.O.

795 *Jürgensen/Schlünder*, AöR 121 (1996), 223.

796 S. oben, A III 2 a (Lösungsansätze in der Literatur hinsichtlich des sachlichen Anwendungsbereichs des Diskriminierungsverbots).

797 Bejahend *Weiler*, Liber Amicorum Pescatore, 1987, S. 830; ablehnend dagegen *Jürgensen/Schlünder*, AöR 121 (1996), 223; *Kischel*, EuGRZ 1997, 7, in Bezug auf den Gleichheitssatz; *Tridimas*, General Principles, S. 27.

798 *Jarass*, Innerstaatliche Bedeutung des EG-Rechts, S. 14; s. ausführlich gleich unten, IV 5 a aa.

und unter welchen Voraussetzungen die Gemeinschaftsorgane tätig werden dürfen.

Auch die Ansicht, die Grundfreiheiten seien als ein Fall ausgeübter konkurrierenden Kompetenz zu erfassen, geht fehl: Die Mitgliedstaaten „handeln" in Bezug auf Grundfreiheiten auf unterschiedliche Weisen: Nämlich einerseits wenn sie gemeinschaftliche Regelungen durchführen, welche die Grundfreiheiten konkretisieren[799]. Andererseits, wenn sie eine Grundfreiheit eingrenzen. Die Rechtsprechung des EuGH zur Bindung der Mitgliedstaaten im Rahmen der Eingrenzung der Grundfreiheiten betrifft letzteres Handeln. Im diesem Fall handelt es sich aber, wie es noch zu zeigen sein wird, um autonomes mitgliedstaatliches Handeln, das durch diese „negative Kompetenzbestimmungen" eingegrenzt wird[800].

Aus diesen Gründen scheint es angemessener, das Handeln der Mitgliedstaaten in den Vordergrund der Untersuchung zu stellen, und konkret die Fälle zu ermitteln, in denen das Handeln der Mitgliedstaaten gemeinschaftsrechtsrelevant ist[801]. Vor dem Hintergrund der bereits vorgestellten Argumente kann dann der Umfang bestimmt werden, im Rahmen dessen eine Gemeinschaftszuständigkeit zur Kontrolle von mitgliedstaatlichem Handeln nach grundrechtlichen Maßstäben angenommen werden kann.

3. Differenzierung nach der Art des Tätigwerdens der Mitgliedstaaten

Schilling geht richtigerweise von den Arten des Tätigwerdens der Mitgliedstaaten aus, um den Anwendungsbereich zu bestimmen[802]. Dieses Tätigwerden qualifiziert er als gemeinschaftsrechtlichen Auftrag bzw. Vorbehalt.

Nach Ansicht Schillings sollte der Anwendungsbereich des Gemeinschaftsrechts positiv bestimmt werden, indem eine mitgliedstaatliche Bindung an die Gemeinschaftsgrundrechte nur im Fall der durch die Rechtsprechung des EuGH herauskristallisierten Fallgruppen angenommen wird. Wenn eine nationale Maßnahme unter diese Fallgruppen falle, liege sie im Anwendungsbereich des Gemein-

---

799 Zum Beispiel wenn die deutschen Behörden die Verordnung 1612/68 konkret im Einzelfall anwenden.

800 Vgl. auch *Kingreen,* Grundfreiheiten, S. 97, der die grundsätzliche Zuständigkeit der Mitgliedstaaten im Rahmen der Grundfreiheiten betont.

801 Ablehnend zur Anwendung der Kompetenzverteilung als Kriterium zur Abgrenzung des Anwendungsbereichs der Gemeinschaftsgrundrechte auch *Jones,* Bindung, S. 60, der aber als entscheidenden Grund das Fehlen eines Kompetenzkatalogs nennt.

802 *Schilling,* EuGRZ 2000, 8-9; so auch *Bienert,* Kontrolle mitgliedstaatlichen Handelns, S. 4ff.

schaftsrechts[803]. Das entspreche dem Grundsatz der Subsidiarität und verschaffe größere Rechtsklarheit[804].

Unter dem Gesichtspunkt der Rechtsklarheit ist *Schilling* hier zuzustimmen. Diese Vorgehensweise hat ferner den Vorteil dass anhand der bereits dargestellten Argumente leichter bestimmt werden kann, ob im Rahmen dieser Fallgruppen eine grundrechtliche Kontrolle möglich ist.

Schilling begnügt sich allerdings mit der Gleichsetzung des Anwendungsbereichs mit den zwei vom EuGH entwickelten Fallgruppen, ohne sich dabei um eine Abgrenzung dieser Fallgruppen von den sonstigen Fällen des Tätigwerdens der Mitgliedstaaten zu bemühen und ohne eine Erklärung zu geben, warum gerade das nationale Handeln im Rahmen dieser Fallgruppen zusätzlichen Anforderungen - d.h. der Anwendung der Grundrechte als Prüfungsmaßstab - unterliegen soll.

4. Zwischenergebnis

Der EuGH spricht in seiner Rechtsprechung vom Anwendungsbereich des Gemeinschaftsrechts, im Rahmen dessen die Mitgliedstaaten die Gemeinschaftsgrundrechte zu beachten haben. Dieser Aussage könnte zwar entnommen werden, dass bei der Eröffnung des Anwendungsbereichs auch die Gemeinschaftsgrundrechte Anwendung finden[805]. Bei näherem Hinblick wird aber deutlich, dass dieser Schluss die Reichweite aller gemeinschaftlichen Vorschriften gleichsetzt, ohne das dies gerechtfertigt wäre. Das Diskriminierungsverbot des Art. 12 Abs. 1 EG hat nämlich eine Reichweite, die von dem Zweck der Vorschrift und der Rechtsnatur des gewährten Rechts abhängt und daher nicht mit derjenigen der Gemeinschaftsgrundrechte übereinstimmen kann.

Das Kompetenzkriterium führt auch in dieser Hinsicht nicht weiter, weil es das Tätigwerden der Gemeinschaft betrifft.

Es gebietet sich daher ein Lösungsansatz, der sich auf das Handeln der Mitgliedstaaten konzentriert, nach Fallgruppen unterscheidet und vor dem Hintergrund der bereits vorgestellten Argumente versucht, herauszuarbeiten, in welchen Fällen das mitgliedstaatliche Handeln auch nach Grundrechten kontrolliert werden soll.

5. Eigener Lösungsansatz

Es wird vor dem Hintergrund der vorherigen Überlegungen der Versuch unternommen, das gemeinschaftsrechtlich relevante Tätigwerden der Mitgliedstaaten in Kategorien zu erfassen. Anhand der dogmatischen Argumente (Verantwortung

---

803 So *Schilling*, EuGRZ 2000, 8.

804 *Schilling*, a.a.O.;

805 So *Cirkel*, Bindungen, S. 104ff., S. 108.

der Europäischen Union) wird dann im einzelnen untersucht, ob sich eine Prüfungsmöglichkeit anhand von Grundrechten begründen lässt. Hierin liegt dann auch ein Unterschied zum Ansatz von *Jürgensen/Schlünder*, der sich auf das Handeln der Gemeinschaft konzentriert. Der Unterschied zum Lösungsansatz von *Cirkel* besteht darin, dass die Anwendung der Grundrechte als Prüfungsmaßstab nicht vom Kriterium der Eröffnung des Anwendungsbereichs abhängt, sondern von der Einschlägigkeit der bereits vorgestellten dogmatischen Argumente.

a. Handlungspflichten der Mitgliedstaaten

aa. Handlungspflichten der Mitgliedstaaten aus dem primären Gemeinschaftsrecht

Aus den Verträgen können Handlungspflichten der Mitgliedstaaten hergeleitet werden. Das gilt vor allem für Art. 10 EG. Der EuGH hat aus Art. 10 EG in Verbindung mit anderen Rechtsnormen folgende Pflichten der Mitgliedstaaten abgeleitet: Die Pflicht des Mitgliedstaates, an Private Schadensersatz zu leisten, wenn der Mitgliedstaat gemeinschaftsrechtliche Vorschriften verletzt hat, die den Privaten Rechte einräumen[806]; die Pflicht des Mitgliedstaates, Maßnahmen zu treffen, wenn die Gemeinschaftsorgane ihre Zuständigkeit nicht wahrnehmen[807], sowie die Pflicht der nationalen Gerichte, dem Einzelnen einen umfassenden und effektiven Rechtsschutz zu gewähren, so dass er subjektive Rechte, die sich aus dem Gemeinschaftsrecht ergeben, wahrnehmen kann[808].

Eine gerichtliche Kontrolle mitgliedstaatlichen Handelns anhand von Grundrechten kann nicht auf die Annahme gestützt werden, der EuGH erfasse mit dem Begriff der „Durchführung des Gemeinschaftsrechts" auch Handlungspflichten, die sich aus dem primären Gemeinschaftsrecht ergeben[809].

---

806 Verb. Rs. C-6/90 und C-9/90, *Francovich*, Slg. 1991, I-5357ff., Rn. 36.

807 Als Sachwalter des gemeinsamen Interesses, Rs. 141/78, *Frankreich/Vereinigtes Königreich*, Slg. 1979, 2923ff., Rn. 8 und 9.

808 Rs. C-213/89, *Factortame I*, Slg. 1990, I-2433ff., Rn. 19.

809 So aber implizit *Jürgensen/Schlünder*, AöR 121 (1996), 210, welche die Fallgruppe „Sachwalter des gemeinsamen Interesses" als Beispiel erwähnen; missverständlich auch *Bienert*, Kontrolle mitgliedstaatlichen Handelns, S. 4f., der alle Fälle des mitgliedstaatlichen Tätigwerdens unter diesem Begriff zusammenfasst; *Cirkel*, Bindungen, S. 82ff. bzw. 88f., untersucht das primäre Recht als Unterfall der Fallgruppe „Durchführung des Gemeinschaftsrechts"; er räumt zwar ein, dass es sich beim primären Gemeinschaftsrecht nicht um eine „Durchführung" handelt; eine schlüssige Eingliederung der Handlungspflicht der Mitgliedstaaten aus dem primären Recht lässt sich aber vermissen.

Der Begriff Durchführung bezieht sich nach dem Sprachgebrauch des EuGH auf das sekundäre Recht. Die Anwendung des Begriffs in Bezug auf das primäre Gemeinschaftsrecht sollte daher vermieden werden[810].

Eine allgemeine Aussage, ob hier eine Grundrechtskontrolle des EuGH existiert, lässt sich nicht treffen: Die auf der Grundlage des Art. 10 EG entwickelten Pflichten sind unterschiedlicher Zielrichtung. Sie betreffen sowohl das legislative[811], wie auch das exekutive[812] bzw. judikative Handeln der nationalen Instanzen. Darüber hinaus handelt es sich um *punktuelle* Pflichten, welche die Gemeinschaft den Mitgliedstaaten erst mittels des Art. 10 EG i.V.m. anderen Grundsätzen des Gemeinschaftsrechts auferlegt hat.

Im Zusammenhang zu Art. 10 EG kommen vor allem die Anwendung des Grundsatzes des effektiven Rechtsschutzes und die Pflicht der Mitgliedstaaten, als Sachwalter des gemeinsamen Interesses tätig zu werden, in Betracht.

Der EuGH hat in der Rs. *Johnston* aus Art. 6 und 13 EMRK die Verpflichtung der Mitgliedstaaten abgeleitet, eine wirksame richterliche Kontrolle der Einhaltung aller Bestimmungen des Gemeinschaftsrechts und des nationalen Rechts zu gewährleisten, welche der Verwirklichung der von einer Richtlinie verliehenen Rechte dienen[813].

Die zentrale Bedeutung des Rechtsschutzgedankens im Gemeinschaftsrecht liegt darin, dass ein umfassender Schutz der durch die Gemeinschaftsverträge geschaf-

---

810 Das wird in der Literatur oft nicht beachtet, s. Siegfried *Magiera,* Die Durchsetzung des Gemeinschaftsrechts im europäischen Integrationsprozeß, DÖV 1998, 173ff., 176; Rudolf *Streinz,* Vollzug des Europäischen Gemeinschaftsrechts, in: Joseph Isensee / Paul Kirchhof (Hrsg.), Handbuch des Staatsrechts, Band VII, 1992, § 182 (zitiert: *Streinz,* Vollzug des Europäischen Gemeinschaftsrechts, in: HStR VII, § 182), Rn. 3, der die Handlungspflichten der Mitgliedstaaten aus Art. 10 EG zum legislativen Tätigwerden als Fall der Durchführung qualifiziert. Den Begriff normative Durchführung weiter ziehend auch *Weber,* Durchführung, S. 3f., der auch den Fall der Änderung der Gemeinschaftsverträge und der entsprechenden „Durchführung" ins nationale Recht unter dem Begriff „normative Durchführung" mitumfasst.

811 Insbesondere die Pflicht, die Richtlinien ins innerstaatliche Recht durch Gesetz umzusetzen, s. Rs. 224/84, *Johnston,* Slg. 1986, 1651ff., Rn. 53; Rs. C-59/89, *Kommission/Deutschland,* Slg. 1991, I-2607, Rn. 18 und 23; ausführlich zu den Handlungspflichten im Rahmen der Rechtsetzung *Kahl,* in: Calliess/Ruffert (Hrsg.), EUV/EGV, Art. 10, Rn. 19f.

812 Vor allem die Pflicht der Mitgliedstaaten, bei der Durchführung des Gemeinschaftsrechts das gleiche Verfahren wie bei den innerstaatlichen Sachverhalten anzuwenden und die Ausübung der durch das Gemeinschaftsrecht verliehenen Rechte nicht praktisch unmöglich zu machen. Dazu s. auch unten, B I.

813 Rs. 222/84, *Johnston/Chief constable of the Royal Ulster Constabulary,* Slg. 1986, 1651ff., Rn.17f.

fenen individuellen Rechte nur durch die Möglichkeit ihrer gerichtlichen Durchsetzung gewährleistet werden kann.

Hiermit wird deutlich, dass die Pflicht der Mitgliedstaaten, den Gemeinschaftsangehörigen effektiven Rechtsschutz zu gewähren, in einem engen Verhältnis zum Grundsatz der praktischen Wirksamkeit steht[814]. Aus diesem Grund hat der EuGH diese Pflicht nicht nur auf den im Art. 6 EMRK verankerten Grundsatz des effektiven Rechtsschutzes, sondern auch auf Vertragsrecht gestützt[815], insbesondere auf Art. 10 EG[816]. Der effektive Rechtsschutz wird dementsprechend als Instrument zur Sicherung der praktischen Wirksamkeit des Gemeinschaftsrechts verwendet.

Es ist festzuhalten, dass der Grundsatz des effektiven Rechtsschutzes vom EuGH insofern Gemeinsamkeiten mit den Vertragsrechten aufweist, als dass diese sehr eng mit dem Erfordernis der effektiven Durchsetzung des Gemeinschaftsrechts verzahnt sind[817].

Das bedeutet jedoch nicht, dass im Fall seiner Einschlägigkeit die Mitgliedstaaten auch einer allgemeinen Grundrechtskontrolle unterlägen. Hier begrenzt sich die Verantwortung der Gemeinschaft auf die Gewährleistung eines effektiven Rechtsschutzes bezüglich aller vom Gemeinschaftsrecht verliehenen Rechte.

Es ist aus diesem Grunde zweifelhaft, ob dieser Grundsatz als Argument zur Bejahung der Bindung der Mitgliedstaaten an die Gemeinschaftsgrundrechte ver-

---

814 *Tridimas*, General Principles, S. 277; nach Gil Carlos *Rodríguez Iglesias*, Der Gerichtshof der Europäischen Gemeinschaften als Verfassungsgericht, EuR 1992, 225ff., 237, bildet der effektive Rechtsschutz einen Eckpfeiler der Grundsätze der direkten Wirkung und des Vorrangs des Gemeinschaftsrechts. Der Grundsatz des effektiven Rechtsschutzes kann aber auch als rechtsstaatlicher Grundsatz die Auslegung von sekundärem Gemeinschaftsrecht beeinflussen, s. den Versuch von GA *Colomer*, in: verb. Rs. C-65/95 und C-111/95, *Shingara und Radiom*, Slg. 1997, I-3343ff., Rn. 74f. der Schlussanträge, Art. 8 und 9 der Richtlinie 64/221/EWG (ABl. 1964, Nr. L 56, S. 850), im Lichte des Grundsatzes des effektiven Rechtsschutzes auszulegen.

815 Zur Gewährung effektiven Rechtsschutzes aufgrund des Diskriminierungsverbots (Art. 12 Abs. 1 EG) s. Rs. C-43/95, *Data Delecta*, Slg. 1996, I-4661ff.; s. auch Rs. 178/84, *Kommission/Deutschland*, Slg. 1987, 1227ff., Rn. 46 und Rs. C-18/88, *GV-INNO-BM*, Slg. 1991, I-5941ff., Rn. 34f., wo der EuGH aus Artikel 30 EWGV die Pflicht der Mitgliedstaaten ableitete, den Wirtschaftsteilnehmern die Möglichkeit einzuräumen, die nicht Erteilung einer Zulassung gerichtlich überprüfen zu lassen.

816 Rs. C-312/93, *Peterbroeck*, Slg. 1995, Rn. 12 m.w.N.; verb. Rs. C-430/93 und C-431/93, *Van Schijndel und van Veen*, Slg. 1995, I-4705ff., Rn. 14; ausführlich *Ruffert*, in: Calliess/Ruffert (Hrsg.), EUV/EGV, Art. 249, Rn. 25f.

817 In diesem Sinne auch *Tonne*, Effektiver Rechtsschutz, S. 313-314, m.w.N.: „Es handelt sich um einen spezifisch gemeinschaftsrechtlichen Grundsatz oder einen Grundsatz des Vertrages".

wendet werden kann[818] oder als Beweis dafür anzusehen ist, dass der EuGH objektiv-rechtliche Gehalte der Gemeinschaftsgrundrechte anerkennt, indem er Grundrechtsschutz durch „Organisation und Verfahren" gewährt[819].

Anders verhält es sich mit der Pflicht der Mitgliedstaaten, als *Sachwalter des gemeinsamen Interesses* tätig zu werden:

Die von den Mitgliedstaaten getroffenen Maßnahmen sind nicht, als in Ausübung einer eigenen Zuständigkeit der Mitgliedstaaten erlassen, anzusehen, sondern als Erfüllung der Pflicht zur Zusammenarbeit, die Art. 10 EG den Mitgliedstaaten auferlegt[820]. Die Mitgliedstaaten nehmen eine fremde Kompetenz wahr und müssen dabei alle aus Art. 10 fließenden Pflichten beachten, vor allem müssen sie alle notwendigen Maßnahmen in Kooperation mit der Kommission erlassen[821].

Die Bindung der Mitgliedstaaten an die Gemeinschaftsgrundrechte in diesem Fall wird überwiegend bejaht. Die Mitgliedstaaten werden als Sachwalter des gemeinsamen Interesses nur tätig, um die Wahrung der Gemeinschaftsinteressen zu gewährleisten. Aus diesem Grund dürfen sie zum Beispiel keine diskriminierenden Maßnahmen einführen. Andererseits unterliegt dieses Tätigwerden der Kontrolle des EuGH, der angesichts des Ausnahmecharakters strenge Voraussetzungen an die staatliche Tätigkeit anknüpft. Die Gemeinschaft ist hier in vollem Umfang verantwortlich für das Ergebnis des Tätigwerdens der Mitgliedstaaten. Eine mitgliedstaatliche Bindung an die Gemeinschaftsgrundrechte kann daher bejaht werden[822].

Zusammenfassend lässt sich festhalten, dass die sich aus dem primären Gemeinschaftsrecht ergebenden Handlungspflichten nicht mittels einer Qualifizierung als Durchführungsmaßnahmen eine Grundrechtskontrolle des mitgliedstaatlichen Handelns mit sich ziehen können.

Eine allgemeine Aussage bezüglich der Grundrechtskontrolle des mitgliedstaatlichen Handelns seitens der Gemeinschaft lässt sich nicht treffen. Nur durch Einzelfallprüfung kann die Frage beantwortet werden, ob eine Grundrechtskontrolle mitgliedstaatlichen Handelns zu bejahen ist. Das lässt sich bejahen in Bezug auf die Fallgruppe „Mitgliedstaaten als Sachwalter des gemeinsamen Interesses", die sehr nah an die Durchführung des Gemeinschaftsrechts kommt.

---

818 Vgl. aber in diese Richtung *Cirkel,* Bindungen, S. 171.

819 So *Bienert,* Kontrolle mitgliedstaatlichen Handelns, S. 35.

820 So der EuGH in den verb. Rs. 47 und 48/83, *Pluimveeslachterijen Midden-Nederland,* Slg. 1984, 1721ff., Rn. 23.

821 *Kahl,* in: Calliess/Ruffert (Hrsg.), EUV/EGV, Art. 10, Rn. 38.

822 *Temple Lang,* LIEI 1991/1992, 30, *Tridimas,* General Principles, S. 26; *Weiler,* Liber Amicorum Pescatore, 1987, S. 828; *Cirkel,* Bindungen, S. 129.

bb. Sekundäres Gemeinschaftsrecht

Die Mitgliedstaaten sind verpflichtet, rechtsetzend oder administrativ tätig zu werden, wenn sie sekundäres Gemeinschaftsrecht durchführen. Die Mitgliedstaaten handeln also „im Rahmen der Durchführung des Gemeinschaftsrechts", wenn sie auf der Grundlage von nicht primärem Gemeinschaftsrecht im innerstaatlichen Bereich tätig werden bzw. dazu verpflichtet sind.[823]

Durch diese Definition werden vom Begriff Durchführung Akte der Mitgliedstaaten aufgrund des Primärrechts, sowie das Tätigwerden im Rahmen eines sekundärrechtlichen Aktes, der aber keine Pflicht der Mitgliedstaaten zum Tätigwerden beinhaltet, ausgeschlossen.

Es handelt sich bei der Durchführung des Gemeinschaftsrechts um die wichtigste, gemeinschaftsrechtlich veranlasste Art der staatlichen Tätigkeit.

Hier wird zu Recht eine Verantwortung der Gemeinschaft für die von den Mitgliedstaaten durchzuführenden Regelungen akzeptiert[824]. Diese Verantwortung der Gemeinschaft kann durch folgende Erwägungen erklärt werden:

Eigenschaft der Gemeinschaftsrechtsordnung ist, dass die Verwaltungsaufgaben primär von den mitgliedstaatlichen Behörden wahrgenommen werden. Dieses Modell ist mit dem deutschen Bundesstaatsmodell vergleichbar, gemäß dem die Durchführung der Bundesgesetze den Ländern obliegt und der Bund nur in besonderen Fällen eigene Verwaltungsstrukturen schaffen darf; im amerikanischen Modell dagegen werden die Bundesgesetze von Bundesinstanzen und die Gesetze der Einzelstaaten von deren Instanzen ausgeführt[825]. Die Mitgliedstaaten nehmen also eine wesentliche Funktion der Gemeinschaftsrechtsordnung wahr. Es handelt sich daher materiell um eine Maßnahme des Gemeinschaftsrechts, die nur aus

---

823 *Beljin*, EuR 2002, 374, legt einen weiten Begriff der Durchführung des Gemeinschaftsrechts zugrunde: Immer dann, wenn gemeinschaftsrechtliche Vorgaben zu beachten und damit zu befolgen seien, werden diese letztlich innerstaatlich „durchgeführt"; für die hier zu behandelnde Frage nach dem Inhalt des Begriffs „Durchführung" hinsichtlich der Bindung der Mitgliedstaaten an die Gemeinschaftsgrundrechte kann ein solcher weiter Begriff nicht verwendet werden.

824 S. bereits die Nachweise oben bei Fn. 730; *Klein*, FS Stern, 1997, S. 1306; *Ruffert*, EuGRZ 1995, 527: „Die mitgliedstaatliche Handlung, die eine gemeinschaftsrechtliche Vorgabe vollzieht oder umsetzt, liegt nicht schlechthin außerhalb des Verantwortungsbereichs der Gemeinschaft"; S. 528: *Verantwortung* der Gemeinschaft für die durchzuführenden Regelungen; *Kühling*, Kommunikationsfreiheit, S. 75.

825 Ausführlich dazu Reimer von *Borries*, Verwaltungskompetenzen der Europäischen Gemeinschaft, in: Ole Due / Marcus Lutter / Jürgen Schwarze (Hrsg.), Festschrift für Ulrich Everling, Band I, 1995 (zitiert: *v. Borries*, FS Everling, 1995), S. 127ff., S. 129f.

Gründen fehlender Exekutivbefugnisse der Gemeinschaft formell eine nationale Maßnahme ist[826].

Man kann also das Zusammenwirken als eine Einheit betrachten[827], die gemeinsamen Regeln unterworfen ist. Eine Bindung wird bevorzugt, weil dadurch Wertungswidersprüche[828] vermieden werden können und weil die Verantwortung der Gemeinschaft in vollem Umfang gewahrt werden muss[829]: sonst könnte die Gemeinschaft Entscheidungsbefugnisse auf die Mitgliedstaaten übertragen und sich dadurch der Grundrechtsbindung entziehen[830]. Hier kommt dem Erfordernis einer einheitlichen Anwendung des Gemeinschaftsrechts eine begrenzte rechtliche Relevanz zu: Wenn von der Verantwortung der Gemeinschaft zur Beachtung von Grundrechten die Rede ist, dann müssen die von den Regelungen betroffenen Bürger die gleiche grundrechtliche Absicherung haben.

Der Gemeinschaftsakt und der sich auf ihn stützende nationale Akt stellen einen einheitlichen Akt nicht nur in dem Sinne dar, dass oftmals der nationale Akt vom Wortlaut her mit dem gemeinschaftlichen identisch ist. Es muss darüber hinaus betont werden, dass die Regelung eines Sachbereichs teils durch den Gemeinschaftsakt und teils (wegen der - gewollten oder ungewollten - Gewährung von Ermessensspielräumen) durch den nationalen Akt stattfindet[831]. Die richtige Implementierung des Gemeinschaftsakts hängt von der Auslegung des Gemeinschaftsakts ab. Es kann öfters vorkommen, dass der nationale Gesetzgeber den Gemeinschaftsakt falsch ausgelegt hat. Es handelt sich dann um eine unvollständige Umsetzung der Richtlinie, die von der Kommission beobachtet und durch das Verfahren des Art. 226 EG vom EuGH kontrolliert wird. Es gibt aber auch Fälle, bei denen der Gemeinschaftsakt selbst unvollständig ist, und eine Situation nicht richtig geregelt hat. Das ist hinsichtlich der Gemeinschaftsgesetzgebung öfter der

---

826 Joseph H.H. *Weiler* / Nicolas J.S. *Lockhart*, "Taking Rights seriously" seriously: The european court and its fundamental rights jurisprudence, CMLR 1995, 51ff., 74 (*Weiler*, Fundamental Rights and fundamental boundaries, S. 120); *Wölker*, EuR 1999, Bh. 1, 112; *Jürgensen/Schlünder*, AöR 121 (1996), 212; *Tridimas*, General Principles, S. 226; *Jacobs*, ELR 2001, 334.

827 *Jones*, Bindung, S. 60; *Weiler/Lockhart*, CMLR 1995, 74.

828 *Schmitt-Glaeser*, Europäisches Verfassungsrecht, S. 205.

829 *Ruffert*, EuGRZ 1995, 527, nennt zutreffend die Gemeinschaft als den Miturheber der mitgliedstaatlichen Rechtshandlung.

830 Vgl. *Cirkel*, Bindungen S. 160; so auch *Kischel*, EuGRZ 1997, 7, in Bezug auf den Gleichheitssatz.

831 Manfred *Zuleeg* (Die föderativen Grundsätze der Europäischen Union, NJW 2000, 2846ff., 2849), spricht zutreffend von der *Verschränkung* der Gemeinschafts- und der nationalen Rechtsordnungen; s. auch *Streinz*, Vollzug des Europäischen Gemeinschaftsrechts, in: HStR VII, § 182, Rn. 6ff.

Fall und hat zu oftmals stark kritisierten Urteilen des EuGH geführt[832]. So ein Fall ist auch die Wachauf - Entscheidung[833]. Aufgrund dieser problematischen Fälle hinsichtlich des Pächterschutzes sieht die Verordnung Nr. 3950/92[834] jetzt vor, dass im Fall der Beendigung eines Pachtvertrags bei der Verteilung der Referenzmengen auch die berechtigten Interessen der Beteiligten zu berücksichtigen sind[835]. Es muss auch beachtet werden, dass aufgrund des Subsidiaritätsgedankens oftmals sehr weitreichende Ermessensspielräume zugunsten der Mitgliedstaaten bestehen. Diese Vorgehensweise hat den Nachteil, dass die Gemeinschaftsregelung nicht korrekt implementiert wird. Dies auch zu Lasten von Rechten des Einzelnen[836]. Das Einräumen von Ermessensspielräumen zugunsten der Mitgliedstaaten sollte somit nur unter dem Vorbehalt stattfinden, dass die Mitgliedstaaten keine (Grund)Rechte verletzen.

b. Handlungsermächtigungen an die Mitgliedstaaten

aa. Im EGV enthaltene Freiräume der Mitgliedstaaten

Das Tätigwerden der Mitgliedstaaten ist nicht nur bei der Durchführung des sekundären Rechts gemeinschaftsrechtlich relevant. In vielen Fällen wird das Tätigwerden der Mitgliedstaaten direkt vom primären Gemeinschaftsrecht erfasst.

Der EG regelt die Zuständigkeitsverteilung zwischen der Europäischen Gemeinschaft und den Mitgliedstaaten in unterschiedlichen Politikbereichen. Gesetzestechnisch enthält jeder Regelungskomplex folgende Elemente:

Es wird ein weites oder enges Ziel[837] der Gemeinschaftstätigkeit gesetzt. Zur Verwirklichung dieses Ziels sind konkrete Maßnahmen nötig, die durch bestimmte Rechtsinstrumente durchgesetzt werden. Ein gutes Beispiel liefert Art. 149 EG: Die Europäische Gemeinschaft besitzt eine Kompetenz im Rahmen der "allgemeinen und beruflichen Bildung und Jugend". Ziel der gemeinschaftlichen Tätigkeit ist die Entwicklung einer „qualitativ hochstehenden Bildung". Um dieses Ziel zu verwirklichen kann die Europäische Gemeinschaft Maßnahmen treffen, welche den in Art. 149 Abs. 2 EG genannten Zielen dienen, beispielsweise die Förderung

---

832 S. hier die ausführliche Darstellung von *Tonne*, Effektiver Rechtsschutz, S. 340f.

833 S. bereits oben, erster Teil, D III 2.

834 Verordnung Nr. 3950/92 des Rates vom 28. Dezember 1992 über die Erhebung einer Zusatzabgabe im Milchsektor, ABl. 1992, Nr. L 405, S. 1.

835 Art. 7 Abs. 2 der VO Nr. 3950/92.

836 S. insbesondere *Thiele*, Recht der Gemeinsamen Agrarpolitik, S. 203.

837 Vgl. die Regelungen über die Landwirtschaft, Art. 32ff. EG, einerseits, und diejenigen über die Kultur, Art. 151 EG, andererseits.

der Sprachen der Mitgliedstaaten (lit. a). Der Abs. 4 des Art. 149 EG regelt schließlich die von den Gemeinschaftsorganen verwendbaren Rechtsinstrumente und das einschlägige Rechtsetzungsverfahren.

Diese Regelungen enthalten darüber hinaus des öfteren Vorbehalte zugunsten der Mitgliedstaaten mit teilweise unterschiedlicher Reichweite und sehr unterschiedlichen Strukturen.

Anzusprechen sind hierbei folgende Fälle[838]:

α. Der Vertrag zur Gründung der Europäischen Gemeinschaft enthält ausdrückliche Kompetenzvorbehalte zugunsten der Mitgliedstaaten, sog. Negativformeln[839]: So berührt die Kompetenz der Gemeinschaft hinsichtlich Visa, Asyl und Einwanderung nicht die Zuständigkeiten der Mitgliedstaaten für die Aufrechterhaltung der öffentlichen Ordnung und den Schutz der inneren Sicherheit[840]; die gemeinschaftliche Zusammenarbeit der Mitgliedstaaten und der Kommission im Zollwesen darf keine Auswirkungen auf das Strafrecht der Mitgliedstaaten haben[841]; die in Art. 137 EG enthaltenen Regelungsbefugnisse der Gemeinschaft betreffen nicht das Arbeitsentgelt, das Koalitionsrecht, das Streikrecht und das Aussperrungsrecht[842]; die Tätigkeit der Gemeinschaft im Rahmen der Bildungspolitik darf nicht die Kompetenz der Mitgliedstaaten für die Lehrinhalte und die Gestaltung des Bildungssystems beeinträchtigen[843]; bei der Tätigkeit der Gemeinschaft im Bereich der Gesundheit wird die Verantwortung der Mitgliedstaaten für die Organisation des Gesundheitswesens und die medizinische Versorgung in vollem Um-

---

838 Im Schrifttum ist die Terminologie und die Unterscheidung zwischen den relevanten Vorschriften weder einheitlich noch abschließend; meistens wird von Schutzklauseln, bzw. Schutznormen gesprochen, vgl. Sebastian *Bohr*, Schutznormen im Recht der Europäischen Gemeinschaften. Zuständigkeit der Mitgliedstaaten zu autonomem Handeln gem. Art. 224 EWG-Vertrag, München 1994 (zitiert: *Bohr*, Schutznormen), S. 11f.; *Bleckmann*, Europarecht, Rn. 2890ff.; *Pühs*, Der Vollzug von Gemeinschaftsrecht, S. 186f.; Martin *Seidel*, Rechtsangleichung und Rechtsgestaltung in der Europäischen Gemeinschaft, 1990, S. 177f.

839 Vgl. Hans-Peter *Schneider*, Föderative Gewaltenteilung in Europa. Zur Kompetenzabgrenzung zwischen der Europäischen Union und ihren Mitgliedstaaten, in: Hans-Joachim Cremer / Thomas Giegerich / Dagmar Richter / Andreas Zimmermann (Hrsg.), Tradition und Weltoffenheit des Rechts. Festschrift für Helmut Steinberger, Berlin u.a. 2002, S. 1401ff., S. 1420.

840 Art. 64 Abs. 1 EG.

841 Art. 135 Satz 2 EG: die Anwendung des Strafrechts der Mitgliedstaaten und ihre Strafrechtspflege bleiben von diesen Maßnahmen unberührt.

842 Art. 137 Abs. 6 EG.

843 Art. 149 Abs. 1 EG.

fang gewahrt[844]; die Zusammenarbeit der Mitgliedstaaten und der Gemeinschaft hinsichtlich der Umwelt mit Drittländern lässt die Zuständigkeit der Mitgliedstaaten zum Zusammenwirken in internationalen Gremien und zum Abschluss von internationalen Abkommen unberührt[845]; der Vertrag lässt schließlich die Eigentumsordnung in den verschiedenen Mitgliedstaaten unberührt[846].

Das Tätigwerden der Mitgliedstaaten in diesen im Vertrag erwähnten Bereichen unterliegt keinerlei Gemeinschaftskontrolle und kann daher auch nicht grundrechtlich überprüft werden.

β. Der Vertrag enthält sog. Harmonisierungsverbote: Die von der Gemeinschaft erlassenen Maßnahmen dürfen nicht das Ziel der Harmonisierung der Rechts- und Verwaltungsvorschriften der Mitgliedstaaten verfolgen[847]. Für die hier behandelnde Problematik hat dieser Fall keine Bedeutung, weil die Mitgliedstaaten ohnehin nicht in der Lage sind, selber europaweit geltende Harmonisierungsmaßnahmen zu treffen.

γ. Eine andere Kategorie von Vorbehalten zugunsten der Mitgliedstaaten betrifft alle im primären Recht vorgesehenen Ermächtigungen an die Mitgliedstaaten, aus wirtschaftlichen Gründen, temporäre Maßnahmen zu treffen, die von den Vertragsbestimmungen abweichen[848]. Eine solche Ermächtigung ist zum Beispiel in Art. 134 EG enthalten.

δ. Viele Regelungen verleihen den Mitgliedstaaten ausdrücklich die Möglichkeit, strengere Maßnahmen zu ergreifen. Eine solche Befugnis der Mitgliedstaaten sehen Art. 95 Abs. 4 und 5, 137 Abs. 5, 141 Abs. 4, 153 Abs. 5, 176 S. 1 EG vor. Diese Ermächtigung wird oft mit der Einschränkung versehen, dass diese Maßnahmen mit dem Vertrag vereinbar sein müssen[849]: Vor allem die Ausübung der Grundfreiheiten darf nicht durch diese Maßnahmen beeinträchtigt werden[850].

---

844 Art. 152 Abs. 5 EG.

845 Art. 174 Abs. 4 UAbs. 2 EG.

846 Art. 295 EG.

847 Art. 149 Abs. 4, 151 Abs. 5, 152 Abs. 4 Buchstabe c EG.

848 *Pühs*, Der Vollzug von Gemeinschaftsrecht, S. 187, nennt diese Ermächtigungen Schutzklauseln in Gegensatz zu den Notstandsklauseln, die eine dauernde Einschränkung von mitgliedstaatlichen Verpflichtungen vorsehen; so auch *Bohr*, Schutznormen, S. 21f.

849 So Art. 137 Abs. 5 EG; 176 Satz 2 EG.

850 Hinsichtlich Art. 137 Abs. 5 EG s. Rs. C-2/97, *Società Italiana petroli*, Slg. 1998, I-8619ff., Rn. 35, 38.

Die Mitgliedstaaten sind im Rahmen dieses Tätigwerdens in vielen Fällen verpflichtet, die Kommission zu benachrichtigen[851], bzw. ihre Genehmigung abzuwarten[852].

ε. Manche Vorschriften enthalten Verbote, die von den Mitgliedstaaten beachtet werden müssen. Diese Verbote gelten nicht absolut. Die relevanten Vorschriften räumen auch Vorbehalte zugunsten der Mitgliedstaaten ein.

Die Rechtfertigungsgründe zu den Grundfreiheiten sind das wichtigste Beispiel für diese Gruppe. Auch das Verbot der Gewährung von staatlichen Beihilfen ist nicht absolut. Unter bestimmten Voraussetzungen sind die Beihilfen mit dem Gemeinschaftsrecht vereinbar.

Im weiteren Sinne Vorbehalte zugunsten der Mitgliedstaaten, auch wenn nicht ausdrücklich vorgesehen, enthalten auch die unmittelbar anwendbaren Vorschriften des Diskriminierungsverbots aus Gründen der Staatsangehörigkeit und des gleichen Entgelts für Männer und Frauen. Die in diesen Vorschriften enthaltenen Diskriminierungsverbote sind nicht absolut zu verstehen. Die diskriminierenden Maßnahmen sind nur dann verboten, wenn sie nicht gerechtfertigt werden können[853].

Gemeinsam diesen Vorschriften ist, dass sie ein Verbot aussprechen und Vorbehalte zugunsten der Mitgliedstaaten einräumen.

Das primäre Ziel dieser Vorschriften liegt nicht in der Ermächtigung der Mitgliedstaaten, sondern in der Eingrenzung ihrer originären Kompetenz[854]. Diese Fälle werden als negative Integration zusammengefasst.

bb. Kontrollmaßstab für dieses Tätigwerden

Das Tätigwerden der Mitgliedstaaten im Rahmen der Vorbehalte ist zwar gemeinschaftsrechtlich vorgesehen. Es folgt aber nicht aufgrund einer gemeinschaftsrechtlichen Pflicht. Aus diesem Grund kann es nicht als Durchführung des Gemeinschaftsrechts verstanden werden[855].

---

851 Art. 95 Abs. 4 EG.

852 Art. 88 Abs. 3 EG.

853 Als Gründe können hinsichtlich des Art. 141 Abs. 1 EG sozialpolitische Ziele angeführt werden, s. Robert *Rebhahn,* in: Schwarze (Hrsg.), EU-Kommentar, Art. 141, Rn. 31; in Bezug auf Art. 12 Abs. 1 EG sind sachliche Gründe von Bedeutung, s. dazu *Epiney,* in: Calliess/Ruffert (Hrsg.), EUV/EGV, Art. 12, Rn. 42.

854 Vgl. in diesem Zusammenhang *Langenfeld/Zimmermann,* ZaöRV 1992, 300.

855 So aber *Bienert,* Kontrolle mitgliedstaatlichen Handelns, S. 4f., unter Hinweis auf *Zuleeg,* in: GTE, Kommentar zum EU-/EG- Vertrag, Art. 1, Rn. 31, der unter Ausführung des Ge-

Es ist schwer, eine Typologie für die Normen unter γ, δ, und ε zu entwickeln[856] und auch eine allgemeine Aussage bezüglich der vom EuGH anzuwendenden Kontrollmaßstäbe zu treffen.

Hinsichtlich der als Schutzklauseln (γ) qualifizierten Vorschriften gilt, dass sie ausschließlichen Charakter haben[857], d.h. es existieren keine Vorbehalte allgemeiner Natur zugunsten der Mitgliedstaaten. Sie müssen in diesem Zusammenhang eng ausgelegt werden[858]. Sie müssen verhältnismäßig sein[859], wie der Wortlaut oft selbst bestimmt[860].

Die entscheidende Frage in Bezug auf die Schutzklauseln ist nicht, ob sie in den Anwendungsbereich fallen oder nicht[861], sondern ob Gründe ersichtlich sind, die eine Grundrechtskontrolle des mitgliedstaatlichen Handelns rechtfertigen. Die Anwendung des Verhältnismäßigkeitsgrundsatzes impliziert nicht die parallele Anwendung der Gemeinschaftsgrundrechte, da er eine umfassende Geltung beansprucht[862].

Eine Verantwortung der Gemeinschaft für diese Bereiche muss verneint werden. Der Vertrag räumt ihr bestimmte Befugnisse ein. Sie muss die äußeren Grenzen der mitgliedstaatlichen Tätigkeit kontrollieren und überwachen, dass die nationalen Maßnahmen nicht unverhältnismäßig sind. Eine inhaltliche Prüfung nach der Vereinbarkeit mit den Grundrechten würde die Handlungsfreiheit der Mitgliedstaaten zu sehr einschränken.

---

meinschaftsrechts auch den Fall umfasst, wo die Mitgliedstaaten die Ermächtigung erteilen, abweichend von gemeinschaftsrechtlichen Ge- oder Verboten Rechtsnormen zu schaffen; so auch *Kadelbach/Petersen,* EuGRZ 2002, 215, die die Fallgruppe Rechtfertigungsgründe zu einer Grundfreiheit als Anwendungsfall der Durchführung des Gemeinschaftsrechts auffassen.

856 Vgl. *Pühs,* Der Vollzug von Gemeinschaftsrecht, S. 187, m.w.N.

857 *Tridimas,* General Principles, S. 125, unter Verweis auf die Rs. 222/84, *Johnston,* Slg. 1986, 1651ff., Rn. 26; verb. Rs. C-19 und 20/90, *Karella und Karellas,* Slg. 1991, I-2691ff., Rn. 31; *Pühs,* Der Vollzug von Gemeinschaftsrecht, S. 190.

858 *Tridimas,* a.a.O.; *Herrnfeld,* in: Schwarze (Hrsg.), EU-Kommentar, Art. 95, Rn. 43; Rs. 11/82, SA *Piraiki-Patraiki,* Slg. 1985, S. 207ff., Rn. 26.

859 *Tridimas,* a.a.O.

860 S. Art. 120 Abs. 1 EG.

861 So aber *Cirkel,* Bindungen, S. 115f., der den Anwendungsbereich des Gemeinschaftsrechts hinsichtlich der Art. 134, 119 Abs. 3 und 120 EG als eröffnet qualifiziert.

862 Zur Reichweite des Verhältnismäßigkeitsgrundsatzes in Bezug auf nationale Maßnahmen s. bereits oben, erster Teil, E I 2.

Die Vorbehalte zu (δ) lassen strengere nationale Maßnahmen in den im Vertrag vorgesehenen Bereichen zu. Der Vertrag selbst ordnet die Kontrollmaßstäbe dieser Maßnahmen. Diese Maßnahmen dürfen insbesondere die Grundfreiheiten nicht beeinträchtigen. Darüber hinaus ist der Mitgliedstaat frei in der Gestaltung des betroffenen Bereichs und unterliegt nur den nationalen Grundrechtsverbindungen[863].

Etwas anderes muss gelten für diejenigen Vorschriften, die Verbote aussprechen und den Mitgliedstaaten die Berufung auf nationale Vorschriften erschweren (ε). Unzweifelhaft zählen die Grundfreiheiten, das Diskriminierungsverbot aus Gründen der Staatsangehörigkeit, sowie Art. 141 Abs. 1 EG zu diesen Regelungen. Das Schrifttum verwendet zur Umschreibung dieser Regelungen den Begriff negative Integration[864] im Gegensatz zur positiven Integration, die alle Vorschriften umfasst, die Kompetenzbestimmungen beinhalten und die Gemeinschaftsorgane zur Setzung von EG-Recht ermächtigen.

Obwohl der Begriff negative Integration keine rechtliche Qualität hat[865], zeigt diese Einteilung in positive und negative Integration die unterschiedlichen Auswirkungen der primärrechtlichen Vorschriften.

Die Ausübung einer Kompetenzbestimmung grenzt zwar die Kompetenz der Mitgliedstaaten im betroffenen Bereich ein, die übrigen Bereiche fallen aber weiterhin in die ausschließliche Zuständigkeit der Mitgliedstaaten. Im Rahmen der negativen Integration handeln die Mitgliedstaaten eigenständig und im Rahmen ihrer ausschließlichen Zuständigkeit, sie werden aber in der Ausübung ihrer Kompetenzen durch diese „negative Kompetenzbestimmungen“ eingeschränkt. Diese Eingrenzung erfolgt zwar punktuell. Kein Bereich des staatlichen Handelns ist jedoch von diesem gemeinschaftlichen Eingriff von vornherein ausgeschlossen.

Die Gemeinschaft ist verantwortlich für die Beachtung dieser Vorschriften, da letztere unmittelbar anwendbar sind und Rechte des Einzelnen gewähren. Wenn ein Mitgliedstaat diese Rechte beeinträchtigt, hat die Gemeinschaft eine Kontrollbefugnis zur Feststellung der Rechtsmäßigkeit dieser Beeinträchtigung. Der Mitgliedstaat kann unter bestimmten Voraussetzungen von dieser Pflicht freigestellt

---

863 Anders *Cirkel*, Bindungen, S. 116f., hinsichtlich der Art. 95 Abs. 4, 5 und 10 EG.

864 Fritz *Scharpf*, Regieren in Europa Effektiv und demokratisch?, 1999, S. 49; Ilka *Boeck*, Die Abgrenzung der Rechtsetzungskompetenzen von Gemeinschaft und Mitgliedstaaten in der Europäischen Union, 2000, S. 74; weitere Hinweise der Literatur bei Marion *Simm*, Der Gerichtshof der Europäischen Gemeinschaften im föderalen Kompetenzkonflikt, 1998, S. 31.

865 *Gersdorf*, AöR 119 (1994), Fn. 17: „Bei der Terminologie negative und positive Integration handelt es sich nicht um Rechtsbegriffe des Gemeinschaftsrechts, sondern nur um eine begriffliche Umschreibung seiner Auswirkungen“.

werden. Wenn sich in diesen Fällen der Mitgliedstaat auf Grundrechte beruft, um von dieser Pflicht freigestellt zu werden, hat die Europäische Gemeinschaft zu entscheiden, ob die Berufung auf die Grundrechte rechtsmäßig ist. Voraussetzung dafür ist, dass das vom Mitgliedstaat erwähnte Grundrecht das gemeinschaftliche Recht beeinträchtigt. Sonst müssten die Mitgliedstaaten eine Einschränkung oder Verletzung ihrer Grundrechtsordnung aufgrund der Grundfreiheiten hinnehmen[866].

Die bereits besprochene Rechtsprechung des EuGH betraf lediglich die Grundfreiheiten[867]. Das erklärt sich aus der Natur der Grundfreiheiten. Hinsichtlich des Diskriminierungsverbots des Art. 12 Abs. 1 oder des Art. 141 Abs. 1 EG muss beachtet werden, dass diese in diesem Zusammenhang praktisch nicht relevant sind, da nicht ersichtlich ist, welches Grundrecht vom Mitgliedstaat geltend gemacht werden kann, das gegen die Anwendung des Art. 12 Abs. 1 bzw. Art. 141 Abs. 1 EG sprechen würde.

Die Beeinträchtigung dieser Rechte führt aber nicht zur Eröffnung des Anwendungsbereichs der Gemeinschaftsgrundrechte. Aus diesem Grund ist die Gemeinschaft nicht zuständig, eine nationale Maßnahme als gegen das Gemeinschaftsrecht verstoßend zu qualifizieren, wenn sie zwar nicht die Grundfreiheit aber ein Grundrecht verletzt. Die Berufungsmöglichkeit auf Art. 141 Abs. 1 EG bedeutet zum Beispiel nicht gleichzeitig, dass man sich auf das Diskriminierungsverbot aus Gründen der sexuellen Orientierung oder auf das Streikrecht berufen kann[868].

cc. Unionsbürgerschaft und Grundrechte

Entsprechend ist auch die Lage beim Aufenthaltsrecht des Art. 18 Abs. 1 EG. Die Einschlägigkeit des Aufenthaltsrechts darf nicht als Eröffnung des Anwendungsbereichs verstanden werden. Die Gemeinschaft hat beim heutigen Stand der Rechtsprechung des EuGH eine Verantwortung für die Gewährleistung des Aufenthaltsrechts[869] sowie für eine grundsätzliche Gleichbehandlung der Unionsbürger im Aufnahmestaat (Art. 12 Abs. 1 EG)[870]. Sie verfügt jedoch über keine Kontrollbefugnis mitgliedstaatlichen Handelns in Bezug auf die Grundrechte der Uni-

---

866 *Lenaerts,* ELR 2000, 590; GA *Tesauro* in: Rs. C-368/95, *Familiapress,* Slg. 1997, I-3689ff., Rn. 26 der Schlussanträge; *Clapham*, Human Rights, S. 40.

867 S. bereits oben, erster Teil, D II.

868 Vgl. bereits oben, erster Teil, E II 3.

869 Neueste Rechtsprechung des EuGH: Rs. C-413/99, *Baumbast,* Slg. 2002, I-7091ff., s. bereits oben, erster Teil, E II 2.

870 Rs. C-85/96, *Martínez Sala,* Slg. 1998, I-2691ff.; Rs. C-184/99, *Grzelczyk,* Slg. 2001, I-6193ff.

onsbürger[871]. Eine Bindung der Mitgliedstaaten an die Gemeinschaftsgrundrechte im Fall der Anwendung des Art. 18 Abs. 1 EG muss daher verneint werden[872].

Es muss schließlich gefragt werden, ob die Eigenschaft der Staatsangehörigen der Mitgliedstaaten als Unionsbürger dazu führen kann, dass jeder Unionsbürger sich auf die Gemeinschaftsgrundrechte berufen kann, auch gegenüber dem Mitgliedstaat, dessen Staatsangehörigkeit er besitzt. Im Schrifttum ist die legitimationsstärkende Wirkung dieser Verbindung zwischen Unionsbürgerschaft und Grundrechten mehrmals angesprochen worden[873].

Gegen eine solche Erweiterung des Anwendungsbereichs der Gemeinschaftsgrundrechte muss eingewandt werden, dass das Verständnis des Unionsbürgersstatus bzw. des Aufenthaltsrechts als einziger Anknüpfungspunkt zur Eröffnung des Anwendungsbereichs des Gemeinschaftsrechts im hier zu behandelnden Sinne dazu führen würde, dass dem EuGH eine Kontrolle jeglicher nationalen Akte nach ihrer Vereinbarkeit mit den Grundrechten verliehen würde, unabhängig davon, ob diese nationalen Akte einen sonstigen Bezug zum Gemeinschaftsrecht aufweisen oder nicht[874]. Im Extremfall würde dies dazu führen, dass der Unionsbürger Gemeinschaftsgrundrechte gegenüber seinem eigenen Staat geltend machen und auf diese Weise die nationale Grundrechtsordnung de facto außer Kraft setzen könnte.

Eine solche Erweiterung der Gemeinschaftskompetenz zur Durchsetzung von Grundrechten in den Mitgliedstaaten ist daher abzulehnen. Es muss trotzdem beachtet werden, dass der EuGH einer solchen Vorgehensweise bereits - zumindest ansatzweise - folgt. Die im Urteil *Carpenter* vorgenommene Grundrechtskontrolle der englischen Regelung erfolgte nur mit der Begründung, dass die Verletzung der Grundrechte des Klägers die Ausübung der Dienstleistungsfreiheit beeinträchtigen kann[875]. Übertragen auf das Aufenthaltsrecht des Art. 18 Abs. 1 EG bedeutet dies, dass der EuGH jegliche nationalen Regelungen grundrechtlich überprüfen könnte mit dem Argument, sie behinderten die Ausübung des Aufenthaltsrechts des Art. 18 Abs. 1 EG.

---

871 Anders GA *Jacobs*, in: Rs. C-168/91, *Konstantinidis*, Slg. 1993, I-1191ff., Rn. 46 der Schlussanträge; s. auch *Jacobs*, Essays in Honour of Henry Schermers, 1994, S. 564; sehr zurückhaltend jetzt *Jacobs*, ELR 2001, 335f.

872 *Cirkel*, Bindungen, S. 113f.; bejahend *Bienert*, Kontrolle mitgliedstaatlichen Handelns, S. 204.

873 *Kotalakidis*, Unionsbürgerschaft, S. 252; *Lenaerts*, ELR 2000, 593; ausführlich *O'Leary*, CMLR 1995, 519ff.

874 So zutreffend *Lenaerts*, ELR 2000, 593.

875 S. bereits oben, erster Teil, D II 8.

Es muss also festgehalten werden, dass die Gemeinschaft Verantwortung für die Beachtung der im Vertrag verankerten Rechte hat. Das bedeutet, dass der EuGH zuständig ist, zu beurteilen, ob nationale Grundrechte, die als Rechtfertigungsgründe seitens der Mitgliedstaaten verwendet werden, diese Rechte eingrenzen dürfen. Insbesondere hinsichtlich der Grundfreiheiten ist diese Konstellation zu beobachten. Eine umfassende Kontrollzuständigkeit des EuGH im Fall der Einschlägigkeit eines im Vertrag verankerten Rechts muss dagegen verneint werden.

d. Handeln der Mitgliedstaaten im Bereich der 2. und 3. Säule

Art. 6 Abs. 2 EUV enthält die Pflicht der Union zur Achtung der Grundrechte. Die Union umfasst die drei Gemeinschaften sowie das Tätigwerden im Rahmen der Gemeinsamen Aussen- und Sicherheitspolitik (GASP) und der polizeilichen und justitiellen Zusammenarbeit in Strafsachen (PJZS)[876]. Diese Tätigkeiten im Bereich der GASP und der PJZS werden von den Mitgliedstaaten wahrgenommen, da es der Union an eine Völkerrechtssubjektivität[877] und an eigenen EU-Organen fehlt, welchen die Handlungen der Mitgliedstaaten zugeordnet werden könnten[878].

Aus Art. 6 Abs. 2 EUV folgt daher, dass die Mitgliedstaaten bei ihrem Tätigwerden im Rahmen der zweiten und dritten Säule an die Gemeinschaftsgrundrechte gebunden sind[879]. Diese Grundrechtsverpflichtung ist allerdings nur begrenzt justitiabel: Art. 46 lit. a bis c EUV bestimmt abschließend die Bereiche, bei denen der EuGH Zuständigkeit besitzt. Des weiteren bestimmt lit. d dieser Vorschrift die Reichweite der Kontrollbefugnis des EuGH hinsichtlich der Achtung der Grundrechte gemäß Art. 6 Abs. 2 EUV. In Bezug auf die Tätigkeit im Unionsbereich

---

876 *Hilf,* in: Grabitz/Hilf (Hrsg.), EUV/EGV, Art. F, Rn. 40; *Bleckmann/Pieper,* in: Dauses (Hrsg.), Hdb. des EU-Wirtschaftsrechts, B. I, Rn. 78.

877 *Streinz,* Europarecht, Rn. 121b; Matthias *Pechstein* / Christian *Koenig,* Die Europäische Union, 3. Auflage, 2000, Rn. 85, m.w.N.

878 Die Europäische Union bedient sich der Gemeinschaftsorgane im Weg der Organleihe; unzutreffend daher Cordula *Stumpf,* in: Schwarze (Hrsg.), EU-Kommentar, Art. 6 EUV, Rn. 16, die als Adressaten von Art. 6 Abs. 2 EUV neben den Gemeinschaften die Unionsorgane nennt; vgl. aber jetzt Art. 24 Abs. 6 in der Fassung des Nizza-Vertrages: „Die nach Maßgabe dieses Artikels geschlossenen Übereinkünfte binden die Organe der Union". Damit sind aber die Gemeinschaftsorgane gemeint, die Aufgaben auch im Rahmen der institutionellen Zusammenarbeit wahrnehmen.

879 *Beutler,* in: GTE, Kommentar zum EU-/EG- Vertrag, Art. F, Rn. 42 i.V.m. Rn. 73; irreführend *Hilf,* in: Grabitz/Hilf (Hrsg.), EUV/EGV, Art. F, Rn. 45, der dieses Tätigwerden der Union zuordnet und grundrechtliche Verpflichtungen der Mitgliedstaaten auf der Grundlage des Art. F Abs. 2 EUV verneint; *Altmaier,* ZG 2001, 201, *Pernice,* DVBl. 2000, 855 (hinsichtlich des Geltungsbereichs der Grundrechtscharta); *Kingreen,* in: Calliess/Ruffert (Hrsg.), EUV/EGV, Art. 6 EUV, Rn. 55.

bedeutet dies, dass der EuGH nur im Rahmen seiner Zuständigkeit gemäß Art. 35 und 40 EUV[880] die Unionsrechtsakte grundrechtlich überprüfen darf[881].

Die systematische Auslegung der Art. 6 Abs. 2, 35 und 46 EUV hat ergeben, dass die Rechtsakte der Mitgliedstaaten in dem Rahmen, in dem sie vom EuGH kontrolliert werden, auch am Maßstab der Gemeinschaftsgrundrechte überprüfbar sind. Durch diese Bestimmungen wird eine direkte Grundrechtskontrolle des EuGH angesichts von nationalen Maßnahmen begründet[882]. Dieses Ergebnis wirkt befremdlich: Dem EuGH wird auf diese Weise eine sehr weitreichende Zuständigkeit zur inhaltlichen Kontrolle mitgliedstaatlichen Handelns im Rahmen des intergouvernementalen Zusammenwirkens eingeräumt. Andererseits ist zuzugeben, dass sich bei der innerstaatlichen Durchführung oder Anwendung von unionsrechtlichen Rahmenbeschlüssen, Beschlüssen oder Übereinkommen[883] die gleichen Auslegungs- oder Anwendungsprobleme ergeben können wie bei der Durchführung von Gemeinschaftsrechtsakten[884].

e. *Zwischenergebnis*

Das Tätigwerden der Mitgliedstaaten aufgrund einer im Sekundärrecht erlassenen Ermächtigung lässt sich als Durchführung zusammenfassen. In diesem Bereich wird die Gemeinschaft tätig und verpflichtet die Mitgliedstaaten zur Durchsetzung der von ihr erlassenen Maßnahmen. Sie ist im vollen Umfang für die erfolgreiche Umsetzung dieser Maßnahmen (mit-)verantwortlich[885]. Das bedeutet, dass sie auch die Mitgliedstaaten zur Beachtung von Grundrechten verpflichten kann.

---

880 Vgl. Art. 46 lit. b und c EUV.

881 Herrschende Meinung: *Pechstein/Koenig,* Die Europäische Union, Rn. 543; *Wölker,* EuR 1999, Bh. 1, 107; *Cirkel,* Bindungen, S. 135-136; *Herrnfeld,* in: Schwarze (Hrsg.), EU-Kommentar, Art. 46 EUV, Rn. 16; *Cremer,* in: Calliess/Ruffert (Hrsg.), EUV/EGV, Art. 46 EUV, Rn. 8; *Dörr/Mager,* AöR 125 (2000), 424; *Kingreen,* in: Calliess/Ruffert (Hrsg.), EUV/EGV, Art. 6 EUV, Rn. 32.

882 *Magiera,* DÖV 2000: „Verpflichtete aus der Charta sind die Mitgliedstaaten ... auch bei ihrer intergouvernementalen Zusammenarbeit in den Bereichen der Außen- und Sicherheitspolitik sowie der Innen- und Justizpolitik, soweit die Europäische Union selbst grundrechtsgebunden ist.

883 Art. 35 Abs. 1 EUV.

884 Für eine Heranziehung des Grundsatzes des ne-bis-in-idem zur Auslegung des Durchführungsaktes des Schengener Übereinkommens s. GA *Colomer,* Schlussanträge vom 19. September 2002 zu den Rs. C-187/01 und C-385/01, *Strafverfahren gegen Hüseyn Gözütok und Klaus Brügge,* Slg. 2003, 1345ff., Rn. 44f.

885 Vgl. *Ruffert,* EuGRZ 1995, 527.

Darüber hinaus hat die Gemeinschaft eine Überwachungsfunktion bezüglich aller vom Vertrag verliehenen Rechte. Diese Rechte dürfen von den Mitgliedstaaten nicht beeinträchtigt werden. In diesem Bereich hat auch die Gemeinschaft eine Verantwortung zur Wahrung dieser Rechte[886]. Das bedeutet, dass die Gemeinschaft dafür zuständig ist, zu bestimmen, in welchem Umfang grundrechtliche Erwägungen, die mit diesen Rechten kollidieren, seitens der Mitgliedstaaten geltend gemacht werden können.

Diese Rechte dürfen aber nicht so verstanden werden, dass sie den Anwendungsbereich des Gemeinschaftsrechts eröffnen und dadurch eine umfassende Kontrollzuständigkeit der Europäischen Gemeinschaft anhand von Grundrechten ermöglichen. Sonst bestünde die Gefahr, dass die Einschlägigkeit eines bestimmten Rechts, z.B. Art. 12 Abs. 1 EG, zur Einschlägigkeit aller Gemeinschaftsgrundrechte führte. Die Gemeinschaft muss nur punktuell alle Erwägungen prüfen, die Einfluss auf die Frage haben, ob der Mitgliedstaat ein vom Gemeinschaftsrecht verliehenes Recht verletzt hat. Sie ist aber nicht befugt, alle grundrechtlichen Fragen zu beantworten, die relevant für dieses Recht sind, aber keinerlei Einfluss auf die Frage der Verletzung dieses Rechts haben.

V. Mittelbare Bindung der Mitgliedstaaten

1. Grundrechtskonforme Auslegung des sekundären Gemeinschaftsrechts

Bevor man sich mit der Abgrenzung der zwei Fallgruppen beschäftigt, muss zuerst geklärt werden, ob es sich bei der Bindung der Mitgliedstaaten an die Gemeinschaftsgrundrechte lediglich um eine mittelbare Bindung der Mitgliedstaaten handelt.

Mittelbare Bindung der Mitgliedstaaten an die Gemeinschaftsgrundrechte bedeutet, dass die Mitgliedstaaten allein an die sekundärrechtlichen Akte gebunden sind, die ihrerseits dem Grundrechtsmaßstab unterliegen müssen bzw. grundrechtskonform auszulegen sind[887]. In diesen Fällen wird nicht direkt ein nationaler Akt an den Gemeinschaftsgrundrechten gemessen. Es reicht vielmehr aus, wenn der Gemeinschaftsakt den Grundrechtsvorgaben genügt.

Unstreitig ist, dass das Sekundärrecht grundrechtskonform ausgelegt werden muss. Der EuGH hat wiederholt betont, dass eine Bestimmung des abgeleiteten Gemeinschaftsrechts im Fall ihrer Auslegungsbedürftigkeit möglichst so auszulegen ist, dass sie mit den allgemeinen Grundsätzen des Gemeinschaftsrechts ver-

---

886 Vgl. *Temple Lang*, LIEI 1991/1992, 32.

887 Vgl. *Cirkel*, Bindungen, S. 74; *Schilling*, EuGRZ 2000, 34: „Die indirekte Bindung begnügt sich mit der Bindung derjenigen gemeinschaftsrechtlichen Rechtsakte, die den jeweiligen „Bereich des Gemeinschaftsrechts" begründen, an diese Grundsätze".

einbar ist[888]. Das Sekundärrecht ist ferner nicht nur grundrechts- sondern auch primärrechtskonform auszulegen. Das Primärrecht einschließlich der allgemeinen Rechtsgrundsätze ist daher nicht nur Maßstabsnorm sondern auch Auslegungsdirektive für das Sekundärrecht.

In diesem Fall sind die Mitgliedstaaten mittelbar an die Gemeinschaftsgrundrechte gebunden[889].

Der EuGH hat in vielen Rechtssachen Vorschriften sekundärrechtlicher Akte im Lichte der Grundrechte ausgelegt. Diese Auslegung führte zur restriktiven oder erweiterten Anwendung der Vorschrift[890], bzw. der Wortlaut der Vorschrift wurde durch die Grundrechte präzisiert[891].

Viele Entscheidungen, die als Begründung der Bindung der Mitgliedstaaten an die Gemeinschaftsgrundrechte angeführt werden, betreffen die Auslegung der Gemeinschaftsregelung im Lichte der Grundrechte[892]:

In der Rs. *Rutili/Minister des Innern*[893] hat der EuGH, wie ausführlich dargestellt, die französische Maßnahme nicht direkt anhand der EMRK geprüft, sondern letztere herangezogen, um die Auslegung des Begriffs öffentliche Ordnung und die aufgrund des Gemeinschaftsrechts gefundene Lösung dogmatisch zu untermauern.

In der Rs *Kirk/Regina*[894] hat der EuGH Art. 6 Abs. 1 der Verordnung 170/83 restriktiv ausgelegt, so dass die in dieser Vorschrift vorgesehene Rückwirkung der Verordnung die Rechtswidrigkeit der Einführung des Verbots der Fischfanges seitens des Vereinigten Königreichs innerhalb seiner Grenzen nicht heilen konnte.

---

888 Rs. 314/89, *Rauh,* Slg. 1991, I-1647ff., Rn. 17; s. auch verb. Rs. 201 und 202/85, *Klensch,* Slg. 1986, 3477ff., Rn. 21.

889 *Everling,* Europäische Grundrechtsgemeinschaft, S. 172; *Pernice,* NJW 1990, 2417.

890 Vgl. in diesem Zusammenhang die Ausführungen der Generalanwältin *Stix-Hackl* in der Rs. C-60/00, *Carpenter/Secretary of State for the Home Department,* Slg. 2002, I-6279ff., Rn. 46f. der Schlussanträge; Die Generalanwältin hat die Richtlinie im Lichte des Grundrechts auf Familienleben ausgelegt und ihren Regelungsbereich so erweitert, dass er auch das Aufenthaltsrecht eines Ehegatten Drittstaatsangehörigen mit umfasst, ausführlich oben, erster Teil, D II 8.

891 *Due/Gulmann,* Fundamental rights, S. 413-414.

892 Diese Differenzierung wird zunehmend gemacht, vgl. *Due/Gulmann,* Fundamental rights, S. 413f.; *Craig/de Búrca,* EU Law, S. 319; *Cirkel,* Bindungen, S. 75-76; anders *Temple Lang,* LIEI 1991/1992, 26f.

893 Rs. 36/75, *Rutili/Minister des Innern,* Slg. 1975, 1219ff., Rn.32; ausführlich s. oben, erster Teil, D II 1.

894 Rs. 63/83, *Regina/Kirk,* Slg. 1984, 2689ff., Rn. 22.

Hier wurde diese Vorschrift im Lichte des in Art. 7 EMRK enthaltenen Rückwirkungsverbots von Strafvorschriften ausgelegt.

In der Rs. *Johnston*[895] hat der EuGH Art. 6 der Richtlinie 76/207 im Lichte der Art. 6 und 13 EMRK ausgelegt. Art. 6 der Richtlinie bestimmt, dass die Mitgliedstaaten verpflichtet sind, alle innerstaatlichen Vorschriften dafür zu erlassen, dass jedermann, der sich durch eine Diskriminierung beeinträchtigt fühlt, seine Rechte vor Gericht geltend machen kann[896]. Dadurch hat der EuGH den Inhalt des Art. 6 bzw. seine Folgen klargestellt und die nationale Regelung, die Berufungsmittel ausgeschlossen hatte, als gemeinschaftsrechtswidrig eingestuft[897]. Hier hat also der EuGH nicht direkt das nationale Handeln an die Gemeinschaftsgrundrechte gemessen. Er hat eine gemeinschaftsrechtliche Vorschrift so (weit) ausgelegt, dass eine mitgliedstaatliche Regelung nicht mehr als gemeinschaftsrechtskonform angesehen werden konnte. Insoweit besteht hier lediglich eine mittelbare Bindung[898].

Bedeutung gewinnt in diesem Zusammenhang die Rs. *Kommission/Deutschland*[899]. In diesem Vertragsverletzungsverfahren ging es um die Vereinbarkeit einer deutschen Regelung des Aufenthaltsgesetzes für Staatsangehörige der EWG[900] mit Art. 48 EWGV und der Verordnung 1612/68. Diese Regelung machte die Verlängerung der Aufenthaltserlaubnis für Familienangehörige der Wanderarbeitnehmer von der Voraussetzung abhängig, dass die Familie in angemessenen Wohnverhältnissen lebte.

Der EuGH zog zur Auslegung der Verordnung 1612/68 unter anderem[901] das in Art. 8 EMRK verankerte Recht auf Achtung des Familienlebens heran und kam

---

895 Rs. 222/84, *Johnston/Chief Constable of the Royal Ulster Constabulary,* Slg. 1986, 1651ff., Rn. 17f.; s. bereits oben, IV 5 a aa.

896 Rs. 222/84, a.a.O., Rn. 17.

897 Diese Rechtsprechung ist als Fall der Durchführung des Gemeinschaftsrechts zu qualifizieren, vgl. *Demetriou,* EHRLR 1999, 487; unzutreffend daher *Kühling,* Kommunikationsfreiheit, s. 80, der das Vorgehen des EuGH mit der Begründung kritisiert, hier handele es sich nicht um die Umsetzung einer Richtlinie, sondern es existierte lediglich ein enger Bezug zu ihr.

898 Vgl. *Weiler,* Liber Amicorum Pescatore, 1987, S. 835: „The nexus between Community human rights and Member State action is broken through the interposition of the directive".

899 Rs. 249/86, *Kommission/Deutschland,* Slg. 1989, 1263ff.; s. auch Rs. C-413/99, *Baumbast und R/Secretary of State for the Home Department,* Urteil vom 17 September 2002, noch nicht in der amtlichen Sammlung veröffentlicht, Rn.72.

900 Gesetz über Einreise und Aufenthalt von Staatsangehörigen der Mitgliedstaaten der Europäischen Wirtschaftsgemeinschaft in der Fassung der Bekanntmachung vom 31. Januar 1980, BGBl. I, 1980, S. 117.

901 S. ausführlich Rn. 8-11 des Urteils.

zu dem Ergebnis, dass die deutsche Regelung mit dem Gemeinschaftsrecht unvereinbar war.

In der Rs. *T. Port*[902] legte schließlich der EuGH Art. 30 der Verordnung 404/93[903] so aus, dass ein Tätigwerden der Kommission geboten ist, wenn beim Übergang zur gemeinsamen Marktorganisation die gemeinschaftsrechtlich geschützten Grundrechte bestimmter Marktbeteiligter beeinträchtigt werden[904].

Auch die Rs. *P./S.* wird als grundrechtskonforme Auslegung des sekundären Gemeinschaftsrechts interpretiert[905], wobei es sich hier genau genommen um eine Auslegung außerhalb des Anwendungsbereichs der Richtlinie (contra legem) handelte[906].

2. Bejahung ausschliesslich einer mittelbaren Bindung der Mitgliedstaaten an die Gemeinschaftsgrundrechte

Im Schrifttum wird die Ansicht vertreten, die Mitgliedstaaten seien nur mittelbar an die Gemeinschaftsgrundrechte gebunden.

Huber interpretiert die Rechtsprechung des EuGH betreffend die Fallgruppe der Durchführung des Gemeinschaftsrechts[907] „als eine *grundrechtskonforme Auslegung*[908] der in Rede stehenden EU-Norm, wobei der den Mitgliedstaaten zur Konkretisierung eröffnete Spielraum um die nicht EU – grundrechtskonformen Auslegungsvarianten schrumpft"[909].

Schilling bejaht zwar aus Gründen des Vorrangs des Gemeinschaftsrechts die Möglichkeit einer Bindung der Mitgliedstaaten an die Gemeinschaftsgrundrechte. Seiner Ansicht nach aber sprechen viele Argumente dafür, diese Bindung nur als mittelbare Bindung zu akzeptieren. Alle Fälle - betreffend beide Fallgruppen[910] - werden dann so ausgestaltet, dass das mitgliedstaatliche Handeln nur an den sekundärrechtlichen Akt gemessen werden muss.

---

902 Rs. C-68/95, *T. Port*, Slg. 1996, I-6065ff.

903 Es handelt sich um die Verordnung Nr. 404/93/EG des Rates vom 13. Februar 1993 über die gemeinsame Marktorganisation für Bananen, ABl. 1993, L 47, S. 1.

904 Rs. C-68/95, *T. Port*, a.a.O., Rn. 40.

905 So *Schilling*, EuGRZ 2000, 32.

906 So auch *Tridimas*, General Principles, S. 70, ausführlich oben, erster Teil, E II 3.

907 *Huber*, Recht der europäischen Integration, S. 125.

908 Hervorhebung durch den Autor.

909 *Huber*, Recht der europäischen Integration, S. 125.

910 Im Gegensatz zu *Huber* bejaht *Schilling* eine mittelbare Bindung in beiden Fallgruppen, S. 34-35 .

Die Frage, ob alle Entscheidungen als Fall der mittelbaren Bindung zu interpretieren sind, ist nicht leicht zu beantworten.

Das wichtigste Argument gegen eine Umgestaltung dieser Art ist, dass es nicht ersichtlich ist, welchen Gewinn die Mitgliedstaaten daraus ableiten, wenn sie nur mittelbar an die Gemeinschaftsgrundrechte gebunden sein würden:

Die Mitgliedstaaten werden von der Gemeinschaft verpflichtet, Grundrechte zu berücksichtigen. Die Kontrolle der Einhaltung dieser Pflicht obliegt dem EuGH. Der EuGH hat, wie diese Ansichten stillschweigend akzeptieren, festzustellen, dass ein Mitgliedstaat den von dem Gemeinschaftsakt eingeräumten Ermessensspielraum falsch angewandt hat. Damit aber ist die Begründung der Zuständigkeit der Gemeinschaft, mitgliedstaatliches Handeln grundrechtlich zu kontrollieren, vollzogen: Falls der Mitgliedstaat einen Gemeinschaftsakt nicht grundrechtskonform auslegt und einen nationalen Akt erlässt, der „nicht vereinbar mit dem im Lichte der Grundrechte ausgelegten Sekundärakt ist", verstößt dieser nationale Akt gegen Gemeinschaftsrecht. Der Mitgliedstaat verstößt zwar nicht gegen die Gemeinschaftsgrundrechte, sondern gegen die Verordnung oder Richtlinie, die durch Gemeinschaftsgrundrechte ergänzt worden ist.

Es ist trotzdem unzweifelhaft, dass die Mitgliedstaaten aus gemeinschaftsrechtlicher Sicht verpflichtet werden, eine grundrechtskonforme Auslegung des sekundären Rechts vorzunehmen. Eine Gestaltungsfreiheit beim Gebrauch des Ermessensspielraums wird ihnen nicht mehr zugesprochen. Es wird durch die Anerkennung einer mittelbaren Bindung der Mitgliedstaaten an die Gemeinschaftsgrundrechte eine Rechtsfortbildung vollzogen, die auf das gleiche Ergebnis hinausläuft, wie diejenige der Akzeptanz einer direkten Bindung der Mitgliedstaaten an die Gemeinschaftsgrundrechte. Ersteres hat schließlich den Nachteil, dass die Mitgliedstaaten den falschen Eindruck bekommen, dass sie weiterhin frei zur Gestaltung ihres Grundrechtsschutzes sind.

Es bleibt zu untersuchen, ob im Rahmen der Grundfreiheiten eine mittelbare Bindung an die Gemeinschaftsgrundrechte bejaht werden kann[911]. Sie besteht darin, dass eine nationale Maßnahme, die von einem im Lichte der Grundrechte ausgelegten Rechtfertigungsgrund nicht gedeckt wird, gegen die Grundfreiheit verstoßt, aber nicht gegen das Grundrecht. Hier ist eine solche Annahme deswegen gerechtfertigt, weil der EuGH die Grundrechte als Rechtfertigungsgründe für die Eingrenzung der Grundfreiheit verwendet, und diese Gründe einengend oder erwei-

911 Nur eine mittelbare Bindung der Mitgliedstaaten an die Gemeinschaftsgrundrechte akzeptieren: *Nettesheim*, ZUM 1995, 351; GA *Gulmann*, Rs. C-2/92, *Bostock*, Slg. 1994, I-955ff., Rn. 31 der Schlussanträge; als mittelbare Bindung interpretieren die Rechtsprechung auch *Due/Gulmann*, Fundamental rights, S. 414f.

ternd auslegt[912]. Diese mittelbare Bindung führt aber im Ergebnis zur Begründung der Kontrolle mitgliedstaatlichen Handelns aufgrund von Grundrechten. Es ist nämlich nicht selbstverständlich, dass die Gemeinschaftsgrundrechte zur Auslegung der Grundfreiheiten herangezogen werden können[913]. Dass formell die nationale Maßnahme gegen die Grundfreiheit verstößt und nicht gegen das Grundrecht, ändert nichts an der Tatsache, dass hier Grundrechte auf nationale Maßnahmen Anwendung finden.

3. Gemeinschaftsrechtskonforme Auslegung des nationalen Rechts?

Es muss schließlich geklärt werden, ob die Mitgliedstaaten verpflichtet sind, ihr nationales Recht gemeinschaftsrechtskonform und damit grundrechtskonform auszulegen.

Diese Frage der gemeinschaftsrechtskonformen Auslegung des nationalen Rechts hat Bedeutung im Rahmen der fehlerhaften bzw. nicht fristgemäß umgesetzten Richtlinie erlangt. Der EuGH hat die unmittelbare Anwendung der Richtlinie unter bestimmten Voraussetzungen angenommen, er hat sie aber nicht so weit ausgedehnt, dass sie auch Wirkung in horizontalen Verhältnissen erlangt, d.h. in Verhältnissen zwischen Privaten. Er hat stattdessen den Grundsatz der richtlinienkonformen Auslegung des nationalen Rechts[914] entwickelt.

In der Literatur wird im allgemeinen ein Grundsatz der gemeinschaftsrechtskonformen Auslegung[915] des nationalen Rechts postuliert. Das bedeutet, dass unbestimmte Begriffe und Ermessensspielräume des nationalen Rechts durch Inhalte und Wertungen des Gemeinschaftsrechts ausgefüllt werden können[916]. Ob eine solche Pflicht existiert, ist zweifelhaft. Es gibt keine Gründe für die Auferlegung einer solchen Pflicht auf die Mitgliedstaaten[917]. Richtiger ist davon auszugehen,

---

912 GA *Gulmann*, Rs. C-2/92, *Bostock*, Slg. 1994, I-955ff., Rn. 31 der Schlussanträge.

913 S. auch *Bienert*, Kontrolle mitgliedstaatlichen Handelns, S. 171.

914 Rs. 14/83, *von Colson und Kamann/Land Nordrhein-Westfalen*, Slg. 1984, 1891ff.; *Ruffert*, in: Calliess/Ruffert (Hrsg.), EUV/EGV, Art. 249, Rn. 106f.

915 *Hatje*, in: Schwarze (Hrsg.), EU-Kommentar, Art. 10, Rn. 29; *Huber*, Recht der europäischen Integration, S. 165, als unionsrechtskonforme Auslegung des Gemeinschaftsrechts; *Nettesheim*, AöR 119 (1994), 267ff.; *Jarass*, Innerstaatliche Bedeutung des EG-Rechts, S. 89f.; das enge Verhältnis zwischen Vorrang des Gemeinschaftsrechts und gemeinschaftsrechtskonformer Auslegung betont *Wegener*, in: Calliess/Ruffert (Hrsg.), EUV/EGV, Art. 220, Rn. 27; *Beljin*, EuR 2002, 358-359; von einer grundfreiheitskonformen Auslegung spricht *Ehlers*, Jura 2001, 272.

916 *Hatje*, in: Schwarze (Hrsg.), EU-Kommentar, Art. 10, Rn. 29.

917 *Schilling*, EuGRZ 2000, 36, hinsichtlich der allgemeinen Rechtsgrundsätze als Auslegungsdirektiven für das nationale Recht; ablehnend auch *Ruffert*, in: Calliess/Ruffert

dass die nationalen Stellen das nationale Recht gemeinschaftsrechtskonform auslegen können, hierzu aber nicht verpflichtet sind[918].

Auf jedem Fall kann dieser Grundsatz keine Zuständigkeit des EuGH begründen, nationale Rechtsakte dahingehend zu überprüfen, ob sie grundrechtskonform ausgelegt wurden. So steht dem Grundsatz der *grundrechts*konformen Auslegung des nationalen Rechts[919] insbesondere der Grundsatz der Rechtssicherheit entgegen: Ein solches Zusammenspiel geschriebenen nationalen Rechts mit ungeschriebenen gemeinschaftsrechtlichen allgemeinen Rechtsgrundsätzen wäre für den Bürger kaum mehr durchschaubar[920].

VI. Zwischenergebnis

Es wurde in diesem Abschnitt der Arbeit gezeigt, dass der Anwendungsbereich des Vertrages im Sinne des Art. 12 Abs. 1 EG, der als Orientierungspunkt hilfreich sein könnte, für die Bestimmung des Umfangs der mitgliedstaatlichen Verpflichtung zur Beachtung der Grundrechte nicht geeignet ist.

Aus diesem Grund wurden jegliche Arten mitgliedstaatlichen Handelns, das gemeinschaftsrechtliche Relevanz hat, dargestellt und es wurde gezeigt, dass das mitgliedstaatliche Tätigwerden im Rahmen der Durchführung des Gemeinschaftsrechts die wichtigste Fallgruppe darstellt, bei der die Gemeinschaft eine Grundrechtskontrolle ausüben kann. Über diese Fallgruppe hinaus konnte keine Kontrollzuständigkeit der Gemeinschaft festgestellt werden, vom Tätigwerden der Mitgliedstaaten als „Sachwalter des gemeinsamen Interesses" abgesehen. Es wurde schließlich gezeigt, dass die Gemeinschaft eine sehr begrenzte Kontrollzuständigkeit hinsichtlich der zweiten richterrechtlich entwickelten Fallgruppe hat, nämlich die Mitberücksichtigung von grundrechtlichen Erwägungen seitens der Mitgliedstaaten, wenn letztere Maßnahmen treffen, die eine Grundfreiheit beschränken.

Die Annahme dieser mitgliedstaatlichen Pflicht hängt nicht davon ab, ob man von einer unmittelbaren Pflicht oder lediglich von einer Bindung der Gemeinschaftsorgane an die Gemeinschaftsgrundrechte ausgeht, da in beiden Fällen der EuGH die Zuständigkeit für sich in Anspruch nimmt, die Mitgliedstaaten zum grundrechtskonformen Tätigwerden zu verpflichten.

(Hrsg.), EUV/EGV, Art. 249, Rn. 114, der keinen Anlass zur Weiterentwicklung des Grundsatzes der richtlinienkonformen Auslegung in diese Richtung sieht.

918 Europarechtsorientierte Auslegung, so *Kahl,* in: Calliess/Ruffert (Hrsg.), EUV/EGV, Art. 10, Rn. 41; zustimmend auch *Ruffert,* in: Calliess/Ruffert (Hrsg.), EUV/EGV, Art. 249, Rn. 114.

919 Bejahend zur Existenz dieser Pflicht *Hirsch,* Die EU als Grundrechtsgemeinschaft, S. 190.

920 *Schilling,* EuGRZ 2000, 36.

B. Durchführung des Gemeinschaftsrechts[921]

I. Einleitung

Nach dem durch die Verträge errichteten System hat die EU keine eigene Verwaltung[922].

Die Mehrheit der zur Anwendung des Gemeinschaftsrechts erforderlichen Verwaltungsaufgaben wird von den Mitgliedstaaten selbst wahrgenommen[923]. Die Mitgliedstaaten sind darüber hinaus in vielen Fällen verpflichtet, Gemeinschaftsrecht normativ, d.h. durch den Erlass von Rechtsetzungsakten, zu konkretisieren.

Die nationalen Organe handeln in diesem Rahmen nicht etwa als Gemeinschaftsorgane. Ihr Handeln wird nicht der Gemeinschaft sondern dem Mitgliedstaat zugerechnet[924]. Im Rahmen dieses Tätigwerdens unterliegen sie den innerstaatlichen Regeln und wenden das innerstaatliche Verfahren an[925].

Als allgemeine Regel hinsichtlich der von den Mitgliedstaaten anzuwendenden gemeinschaftsrechtlichen Maßstäben kann die Formulierung des EuGH in der Rs. *Deutsche Milchkontor* angesehen werden, wonach die nationalen Behörden bei der Durchführung der Gemeinschaftsregelungen nach den formellen und materiellen Bestimmungen des nationalen Rechts vorgehen, soweit das Gemeinschafts-

921 Im Schrifttum wird neben dem Begriff „Durchführung“ auch derjenige des „Vollzugs“ des Gemeinschaftsrechts als Oberbegriff der Tätigkeit der Mitgliedstaaten verwendet, so *Pühs,* Der Vollzug von Gemeinschaftsrecht, sowie *Streinz,* Vollzug des Europäischen Gemeinschaftsrechts, in: HStR VII, § 182, Rn. 4; angesichts der Verwendung des Begriffs „Durchführung“ in Art. 51 Abs. 1 Grundrechtscharta wird hier dieser Begriff bevorzugt.

922 Die Mitgliedstaaten haben in der Erklärung Nr. 43 zum Subsidiaritätsprotokoll (s. oben, erster Teil, C II) wieder betont, dass die administrative Durchführung des Gemeinschaftsrechts grundsätzlich Sache der Mitgliedstaaten ist.

923 S. bereits oben, A IV 5 a bb.

924 *V. Borries,* FS Everling, 1995, S. 129; *Zuleeg,* in: GTE, Kommentar zum EU-/EG- Vertrag, Art. 1, Rn. 31; nach *v. Bogdandy,* in: Grabitz/Hilf (Hrsg.), EUV/EGV, Art. 5 Rn. 43, sind die nationalen Verwaltungen in funktioneller Hinsicht ein Teil der Gemeinschaftsverwaltung. Diese Aussage hat aber keine Auswirkungen auf die gegenwärtige Lage, m.a.W. die innerstaatlichen Behörden unterliegen ihrem nationalen Organisations- und Verfahrensrecht.

925 Sog. Grundsatz der institutionellen und verfahrensmäßigen Autonomie der Mitgliedstaaten, *Mögele,* in: Dauses (Hrsg.), Hdb. des EU-Wirtschaftsrechts, G, Rn. 204; kritisch zu diesem Begriff *Kahl,* in: Calliess/Ruffert (Hrsg.), EUV/EGV, Art. 10, Rn. 24, der den Begriff „Grundsatz der Anwendung nationaler Verfahrens- und Prozessordnungen“ bevorzugt.

recht einschließlich der allgemeinen gemeinschaftsrechtlichen Grundsätze hierfür keine gemeinsamen Vorschriften enthält[926].

Allerdings sind im Rahmen der Durchführung des Gemeinschaftsrechts durch die Mitgliedstaaten mehrmals gemeinschaftliche Grenzen gesetzt und entsprechende Pflichten entwickelt worden[927]:

Die innerstaatlichen Stellen dürfen das gemeinschaftliche Recht nicht anders als das innerstaatliche Recht anwenden[928], und die Durchsetzung des Gemeinschaftsrechts darf nicht praktisch unmöglich gemacht werden[929]. Diese Regeln gelten sowohl für die normative Ausführung der gemeinschaftlichen Rechtsakte, als auch für die innerstaatliche Anwendung durch Verwaltungsbehörden und Gerichte.

Neben der Einhaltung dieser Pflichten kontrolliert der EuGH mittlerweile auch die Einhaltung der Grundrechte seitens der Mitgliedstaaten.

II. Durchführung des Gemeinschaftsrechts

1. Vollzug / administrative Durchführung des Gemeinschaftsrechts

a. Handeln der Mitgliedstaaten im Rahmen des direkten[930] Vollzugs

Die Gemeinschaft verfügt über keine allgemeine Verwaltungsbefugnis. Sie darf gemäß dem Prinzip der begrenzten Ermächtigung nur Verwaltungsbefugnisse ausüben, wenn das primäre Gemeinschaftsrecht dies ausdrücklich vorsieht oder sie dazu ermächtigt[931].

---

926 Verb. Rs. 205 bis 215/82, *Deutsche Milchkontor/Deutschland,* Slg. 1983, 2633ff., Rn. 17.

927 Auf der Rechtsgrundlage von Art. 10 EG i.V.m. anderen Vorschriften, s. bereits oben A IV 5 a aa.

928 So genanntes Diskriminierungsverbot, was allerdings nicht mit dem allgemeinen Diskriminierungsverbot zu verwechseln ist. Ersteres verbietet die Anwendung unterschiedlicher Regeln in Bezug auf rein innerstaatliche Fälle und Fälle in Durchführung des Gemeinschaftsrechts, während letzteres sich gegen die Anwendung unterschiedlicher Regeln in Bezug auf Staatsangehörige anderer Mitgliedstaaten wendet; vgl. in diesem Zusammenhang *Streinz,* Europarecht, Rn. 486.

929 Vereitelungsverbot (*v. Danwitz,* DVBl. 1998, 422) oder Effizienzgebot (*Streinz,* Europarecht, Rn. 483).

930 So *v. Borries,* FS Everling, 1995, 129; Jürgen *Schwarze,* Europäisches Verwaltungsrecht. Entstehung und Entwicklung im Rahmen der Europäischen Gemeinschaft, Band I, 1988 (zitiert: *Schwarze,* Europäisches Verwaltungsrecht), S. 25; es wird auch der Begriff "unmittelbarer Vollzug" verwendet, so *Zuleeg,* in: GTE, Kommentar zum EU-/EG- Vertrag, Art. 1, Rn. 30; *Streinz,* Europarecht, Rn. 464f.

931 *Streinz,* Europarecht, Rn. 464.

Selbstverständlich ist die Gemeinschaft für die gemeinschaftsinterne Verwaltung hinsichtlich Organisation, Personal und Haushalt zuständig[932]. Darüber hinaus hat sie eine Verwaltungsaufgabe in den sogenannten gemeinschaftsexternen Bereichen, insbesondere im Rahmen des Wettbewerbsrechts[933], der Handels-[934] und der Sozialpolitik[935]. Die Ausübung dieser Verwaltungsbefugnisse durch die Kommission erfolgt mit Hilfe von an Individuen oder an die Mitgliedstaaten gerichteten Entscheidungen[936].

Die Gemeinschaft ist im letzteren Fall auf die Mitwirkung der Mitgliedstaaten angewiesen, die zur Hilfeleistung verpflichtet sind[937]. Insbesondere im Rahmen der Wettbewerbspolitik werden die Mitgliedstaaten bei der Wahrnehmung der Kontrollbefugnisse der Kommission maßgeblich beteiligt[938].

b. Indirekter Vollzug[939]

Die nationalen Verwaltungsbehörden vollziehen Gemeinschaftsrecht, wenn sie eine Norm im Einzelfall anwenden, wie insbesondere im Fall einer Verordnung oder eines Umsetzungsgesetzes zu einer Richtlinie[940].

Die administrative Durchführung betrifft gemeinschaftliche Normen, die unmittelbar gelten bzw. unmittelbar anwendbar sind. Dies ist der Fall bei den Verord-

---

932 *Magiera,* DÖV 1998, 175.

933 Eine direkt aus dem Vertrag verliehene Verwaltungsbefugnis besitzt die Kommission in Bezug auf die Beihilfen gemäß Art. 88 EG, ausführlich *v. Borries,* FS Everling, 1995, S. 132; Befugnisse in Bezug auf das Wettbewerbsrecht sind der Kommission durch die Verordnung Nr. 17/1962/EWG des Rates vom 6. Februar 1962, Erste Durchführungsverordnung zu den Art. 85 und 86 des Vertrages, ABl. 1962, Nr. 13, S. 204, eingeräumt worden.

934 *V. Borries,* FS Everling, 1995, S. 141, erwähnt die Schutzklausel des Art. 134 EG, im dessen Rahmen die Kommission Maßnahmen administrativen Charakters treffen kann.

935 *Magiera,* DÖV 1998, 175, m.w.N.; *Schwarze,* Europäisches Verwaltungsrecht, S. 25f.; *v. Borries,* FS Everling, 1995, S. 132f.; s, auch *Stettner,* in: Dauses (Hrsg.), Hdb. des EU-Wirtschaftsrechts, B III, Rn. 27.

936 Ausführlich zu diesem Rechtsinstrument Rosa *Greaves,* The Nature and Binding Effect of Decisions under Article 189 EC, ELR 1996, 3ff.

937 *Streinz,* Europarecht, Rn. 478; *v. Borries,* FS Everling, 1995, S. 137, spricht in diesem Zusammenhang vom abgestuften direkten Vollzug durch die Kommission, die sich der Mitgliedstaaten dabei lediglich als Instrument und „verlängertem Arm“ bediene.

938 Art. 10ff. der Verordnung Nr. 17/1962/EWG.

939 *Magiera,* DÖV 1998, 176: „Vollzug im Einzelfall“; *Jarass,* Innerstaatliche Bedeutung des EG-Rechts, S. 51: „Anwendung“ bzw. „Durchführung“.

940 *Pühs,* Der Vollzug von Gemeinschaftsrecht, S. 75.

nungen[941], an den einzelnen adressierten Entscheidungen und ausnahmsweise auch im Fall von Richtlinien[942]. Hier wenden die Verwaltungsbehörden die nationale[943] oder die unmittelbar anwendbare gemeinschaftliche Regelung an.

Es wird in der Literatur bezweifelt, ob es praktisch sinnvoll ist, eine zusätzliche - gemeinschaftliche - Bindung von den Verwaltungsbehörden zu verlangen: Die nationalen Instanzen hätten in ihrer täglichen Arbeit unter Umständen verschiedene Grundrechtsstandards zugrunde zu legen je nach dem, ob sie nationales oder europäisches Recht ausführen, und müssten bei der Änderung nur eines Teils eines alten Gesetzes durch eine Gemeinschaftsregelung immer untersuchen, ob der angewendete Gesetzesartikel ein alter oder ein richtlinienumsetzender ist[944]. Das gleiche Problem besteht auch in den Fällen, in denen eine Richtlinienvorschrift nicht umgesetzt worden ist, weil ihr Inhalt bereits in einem weiter geltenden nationalen Gesetz enthalten ist.

Wie noch zu zeigen sein wird, verpflichtet die Gemeinschaft nur zur Einhaltung der Europäischen Menschenrechtskonvention[945]. Die nationalen Organe sind aber ohnehin an die Konventionsrechte gebunden. Die gemeinschaftliche Pflicht zur Beachtung von Grundrechten führt vor allem dazu, dass neben den nationalen Gerichten und dem EGMR auch der EuGH die nationale Maßnahme als unvereinbar mit den Grundrechten qualifizieren kann.

2. Ausführung / normative Durchführung des Gemeinschaftsrechts[946]

a. Begriff

Normative Durchführung bedeutet, dass die nationalen Organe Rechtsnormen zur Durchführung des Gemeinschaftsrechts erlassen. Sie müssen ausnahmslos Richtlinien umsetzen. Darüber hinaus sind oftmals Verordnungen auf die normative Durchführung durch die Mitgliedstaaten angewiesen. Auch an die Mitgliedstaaten adressierte Entscheidungen haben oft wegen der erforderlichen Umsetzungsmaß-

---

941 *Kingreen/Störmer*, EuR 1998, 281.

942 *Jürgensen/Schlünder*, AöR 121 (1996), 208ff.; *Kingreen/Störmer*, EuR 1998, 280; *Rengeling*, Grundrechtsschutz, S. 190; *Ruffert*, EuGRZ 1995, 528, m.w.N.

943 So genannte mittelbare Anwendung von Gemeinschaftsrecht, *Jarass*, Innerstaatliche Bedeutung des EG-Rechts, S. 98, im Gegensatz zur unmittelbaren Anwendung, die vor allem bei den Verordnungen zum Tragen kommt.

944 So *Stein*, FS Steinberger, 2002, S. 1435; zustimmend *Calliess*, EuZW 2001, 267.

945 S. ausführlich unten, D II 2.

946 *Magiera*, DÖV 1998, 175: „Normsetzung"; *Jarass*, Innerstaatliche Bedeutung des EG-Rechts, S. 51: „Ausführung", speziell für die Richtlinien „Umsetzung"; *Zuleeg*, in: GTE, Kommentar zum EU-/EG- Vertrag, Art. 1, Rn. 31: „Ausführung".

nahmen „quasi-legislativen" Charakter[947]. Alle vom EuGH entschiedenen Fälle betrafen die Grundrechtskonformität von nationalen Ausführungsgesetzen zu Verordnungen.

b. Sind nur vollständig durch das Gemeinschaftsrecht determinierte Rechtsakte an die Gemeinschaftsgrundrechte zu messen?

Fraglich ist, ob die Mitgliedstaaten nur dann an die Gemeinschaftsgrundrechte gebunden sind, wenn der nationale Akt vollständig durch das sekundäre Recht determiniert ist, wenn letzteres also keinen Ermessensspielraum belässt.

Es muss festgehalten werden, dass es in dem Fall, wo der Gemeinschaftsakt den Mitgliedstaaten keinen Ermessensspielraum lässt, ausreicht, wenn der Gemeinschaftsakt mit den Gemeinschaftsgrundrechten vereinbar ist[948]. Das die Verordnung oder die Richtlinie durchführende Gesetz wird von den Gerichten auf seine Vereinbarkeit mit den (Gemeinschafts-)Grundrechten hin überprüft. Wenn die Gerichte der Meinung sind, dass das Gesetz bzw. die Verordnung oder die Richtlinie mit den Grundrechten unvereinbar ist, müssen sie eine entsprechende Frage dem EuGH im Vorabentscheidungsverfahren des Art. 234 EG vorlegen. Im Falle der Grundrechtsverletzung ist der Gemeinschaftsakt nichtig. Dann entfällt die Rechtsgrundlage für den nationalen Durchführungsakt. Aus diesem Grund ist der nationale Durchführungsakt ebenfalls nichtig[949] und braucht nicht auf seiner Vereinbarkeit mit den nationalen Grundrechten hin überprüft zu werden.

c. Sind nur Verordnungen oder auch Richtlinien an die Gemeinschaftsgrundrechte zu messen?

Die Frage der Bindung wird somit erst relevant, wenn die Gemeinschaftsakte einen Ermessensspielraum lassen. Dies kann entweder explizit im Rechtsakt vorgesehen sein, d.h. der Rechtsakt räumt den Mitgliedstaaten ausdrücklich die Kompetenz zur Regelung eines Bereichs ein. Oder der Rechtsakt trifft keine abschließende Regelung, so dass die Mitgliedstaaten über einen Ermessensspielraum verfügen[950]. Fraglich ist, ob eine Bindung nur bei der Ausführung von Verordnungen oder auch bei der Umsetzung von Richtlinien existiert.

---

947 *Ruffert*, in: Calliess/Ruffert (Hrsg.), EUV/EGV, Art. 249, Rn. 117; Rs. C-44/94, *National Federation of Fishermen*, Slg. 1995, S. I-3115ff., 3152.

948 S. ausführlich dazu oben, zweiter Teil, B I 3 b (Vorrang des Gemeinschaftsrechts, vollständig determinierte nationale Akte).

949 Und in diesem Fall entbehrt sich die Notwendigkeit der Überprüfung nach den nationalen Grundrechten, so aber *Kingreen/Störmer*, EuR 1998, 281; a.A. und richtig *Schilling*, EuGRZ 2000, 35-36.

950 *Thiele*, Recht der Gemeinsamen Agrarpolitik, S. 76.

Eine Bindung des Ausführungsaktes der Verordnung an die Gemeinschaftsgrundrechte wird überwiegend anerkannt[951]. Strittig ist, ob auch bei der Umsetzung von Richtlinien eine solche Zuständigkeit des EuGH besteht[952].

Verordnungen und Richtlinien enthalten Regelungsspielräume. Bei den Richtlinien ist das des öfteren der Fall, da sie von ihrer Struktur her Rechtsakte sind, die nur das Ziel verbindlich festlegen, während die Wahl der Mittel den Mitgliedstaaten überlassen wird[953].

Hinsichtlich der von der Gemeinschaft verwendbaren Rechtsinstrumente trifft es zwar zu, dass die Richtlinien regelmäßig den Mitgliedstaaten Regelungsspielräume belassen sollen, während die Verordnungen so konkrete Vorgaben enthalten, dass sie in den Mitgliedstaaten unmittelbar anwendbar sind. Dies ist aber nicht immer der Fall. Des öfteren erlässt die Gemeinschaft Richtlinien, die sehr detailliert sind[954], bzw. Verordnungen, welche die Verpflichtung zum Erlass von Durchführungsmaßnahmen ausdrücklich enthalten[955]. Eine Bejahung einer mitgliedstaatlichen Pflicht zur Beachtung von Grundrechten ausschließlich im Fall der Einschlägigkeit einer Verordnung entspricht nicht der in der Gemeinschaft längst üblichen Rechtsetzungspraxis. Falls man davon ausgeht, dass eine Pflicht zur Beachtung von Gemeinschaftsgrundrechten zu verneinen ist, wenn der gemeinschaftliche Rechtsakt Regelungsspielräume belässt[956], dann muss dies konsequenterweise auch für die Verordnungen gelten.

---

951 *Cirkel,* Bindungen, S. 83; *Kingreen,* in: Calliess/Ruffert (Hrsg.), EUV/EGV, Art. 6 EUV, Rn. 58; *Chwolik-Lanfermann,* Grundrechtsschutz, S. 188.

952 Verneinend *Kingreen,* in: Calliess/Ruffert (Hrsg.), EUV/EGV, Art. 6 EUV, Rn. 59; *Störmer,* AöR 123 (1998), 568; *Bleckmann/Pieper,* in: Dauses (Hrsg.), Hdb. des EU-Wirtschaftsrechts, B. I, Rn. 159; *Quasdorf,* Dogmatik der Grundrechte, S. 153; *Rengeling,* Grundrechtsschutz, S. 190; bejahend dagegen *Wetter,* Die Grundrechtscharta des EuGH, S. 94; *de Witte,* The Role of the ECJ in the Protection of Human Rights, S. 873.

953 Art. 249 Abs. 3 EG.

954 Hans-Werner *Rengeling* / Andreas *Middeke* / Martin *Gellermann,* Rechtsschutz in der Europäischen Union: Durchsetzung des Gemeinschaftsrechts vor europäischen und deutschen Gerichten, 1994, Rn. 891, insbesondere hinsichtlich der Rechtsangleichungsrichtlinien; von einer Verwischung der Grenzen spricht *Chwolik-Lanfermann,* Grundrechtsschutz, S. 188.

955 *Ruffert,* in: Calliess/Ruffert (Hrsg.), EUV/EGV, Art. 249, Rn. 41; s. auch *Weber,* Durchführung, S. 11f.; *Streinz,* Vollzug des Europäischen Gemeinschaftsrechts, in: HStR VII, § 182, Rn. 18.

956 So *Kingreen/Störmer,* EuR 1998, 281; *Kingreen,* in: Calliess/Ruffert (Hrsg.), EUV/EGV, Art. 6 EUV, Rn. 58-59.

Es muss daher festgehalten werden, dass die Bejahung einer mitgliedstaatlichen Pflicht zur Beachtung von Grundrechten nicht davon abhängt, ob eine Verordnung oder eine Richtlinie durchgeführt wird[957].

d. Existenz von Ermessensspielräumen

Die Frage der Bindung wird, wie bereits dargestellt, erst relevant, wenn der durchzuführende gemeinschaftliche Akt einen Ermessensspielraum belässt.

In diesem Fall hat das nationale Organ die Möglichkeit, unter vielen Alternativen zu wählen. Es fragt sich dann, ob es an die Gemeinschaftsgrundrechte gebunden ist. In der Literatur wird diese Frage sowohl bejaht als auch verneint[958]. Dabei wird diese Problematik meistens in Bezug auf die Richtlinien diskutiert[959]. Wie aber bereits oben erwähnt, gibt es keinen Grund zwischen Verordnungen und Richtlinien zu unterscheiden[960].

Alle vor dem EuGH entschiedenen Fälle betrafen die normative Durchführung der Milchquotenregelung, die im Rahmen der Agrarmarktpolitik die einschneidendste Maßnahme[961] darstellte. Die Verordnungen enthielten sehr detaillierte Regelungen, ließen den Mitgliedstaaten aber einen teils weiteren, teils engeren Ermessensspielraum.

Eine Befugnis der Gemeinschaft, in diesem Fall mitgliedstaatliches Handeln zu sanktionieren, muss aus den oben angeführten Gründen bejaht werden, da eine

---

957 Bejahend auch *de Witte,* The Role of the ECJ in Human Rights, S. 873, mit dem Argument, die Richtlinie überlasse zwar den Mitgliedstaaten die Wahl der Form und der Mittel, aber nicht die Wahl, Grundrechte zu verletzen.

958 Eine mitgliedstaatliche Bindung an die Gemeinschaftsgrundrechte verneinen: *Kingreen /Störmer,* EuR 1998, 281; *Rengeling,* Grundrechtsschutz, S. 190; speziell hinsichtlich der Gemeinsamen Agrarpolitik und aufgrund des Subsidiaritätsprinzips *Thiele,* Recht der Gemeinsamen Agrarpolitik, S. 103; eine Überprüfungsmöglichkeit bejahen: *Wölker,* EuR 1999 Bh. 1, 113; *Cirkel,* Bindungen, S. 85; *Huber,* Recht der europäischen Integration, S. 125; *Bleckmann,* Europarecht, Rn. 614; Bruno *Simma* / Joseph H.H. *Weiler* / Markus C. *Zöckler,* Kompetenzen und Grundrechte: Beschränkungen der Tabakwerbung aus der Sicht des Europarechts, 1999 (zitiert: *Simma/Weiler/Zöckler,* Kompetenzen und Grundrechte), S. 93: (also mittelbare Bindung); *Schilling,* EuGRZ 2000, 9; *Kühling,* Kommunikationsfreiheit, S. 96; *Temple Lang,* LIEI 1991/1992, 25; *Demetriou,* EHRLR 1999, 488; *Langenfeld/Zimmermann,* ZaöRV 1992, 300.

959 So *Kingreen/Störmer,* EuR 1998, 281; *Rengeling,* Grundrechtsschutz, S. 190; *Simma/Weiler/Zöckler,* Kompetenzen und Grundrechte, S. 93; *Wetter,* Die Grundrechtscharta des EuGH, S. 94f.

960 So auch *Schilling,* EuGRZ 2000, 9; *Kühling,* Kommunikationsfreiheit, S. 96.

961 *Thiele,* in: Calliess/Ruffert (Hrsg.), EUV/EGV, Art. 34, Rn. 32.

Mitverantwortung von Gemeinschaft und Mitgliedstaaten hinsichtlich der durchzuführenden Regelung gegenüber den Bürgern existiert.

Von Bedeutung ist in diesem Zusammenhang weniger die Bejahung einer solchen Kontrollbefugnis der Gemeinschaft als vielmehr die Frage der Grenzen dieser Befugnis. Es wird im folgenden zu bestimmen sein, ab welchem Punkt die Mitgliedstaaten in eigener Verantwortlichkeit Regelungen erlassen.

e. Wann ist eine Regelung als nicht zur Durchführung eines Gemeinschaftsaktes erlassen anzusehen?

Im Schrifttum wird die mitgliedstaatliche Bindung davon abhängig gemacht, dass die Mitgliedstaaten verpflichtende Aussagen bezüglich der konkreten Umsetzung erhalten haben[962], bzw. sie in einem eng umgrenzten Bereich im eigenen Ermessen tätig werden können[963].

Einige Hinweise zur Beantwortung dieser Frage liefern die bereits besprochenen Urteile *Maurin* und *Annibaldi*.

Der Sachverhalt im Urteil *Annibaldi*[964] betraf eine Maßnahme der italienischen Behörden, die zwar dem Bereich der Agrarwirtschaft zuzuordnen ist. Das Vorhandensein der in Art. 32ff. EG enthaltenen Gemeinschaftskompetenz reicht jedoch nicht aus, um jegliche nationale Maßnahmen, die im Agrarbereich erlassen wurden, gemeinschaftsrechtlich zu erfassen. Staatliche Maßnahmen, die andere Ziele verfolgen, als die gemeinschaftliche Politik, unterliegen nicht gemeinschaftlichen Vorgaben und sind demnach nicht zur Durchführung des Gemeinschaftsrechts erlassen worden.

Der Fall *Maurin*[965] war insofern im ersten Blick schwieriger zu lösen, da hier eine gemeinschaftliche Regelung existierte, nämlich die Richtlinie 79/112/EWG über die Etikettierung und Aufmachung von Lebensmitteln[966].

In diesem Fall haben zwar die nationale und die gemeinschaftliche Regelung das gleiche - weite - Ziel verfolgt, nämlich den Schutz der Verbraucher. Einschlägig jedoch zur Bejahung einer Grundrechtskontrolle ist nicht das weite Ziel, sondern

---

962 *Jones*, Bindung, S. 70; *Jürgensen/Schlünder*, AöR 121 (1996), 212: „Je größer der nationale Spielraum bzw. das Ermessen ist, desto stärker würde ein Gemeinschaftsgrundrechtsschutz in das nationale Recht eingreifen".

963 *Schilling*, EuGRZ 2000, 9.

964 Rs. C-309/96, Slg. 1997, I-7493ff.

965 Rs. C-144/95, Slg. 1996, I-2909ff.

966 Richtlinie 79/112/EWG des Rates vom 18. Dezember 1978 zur Angleichung der Rechtsvorschriften über die Etikettierung und Aufmachung von für den Endverbraucher bestimmten Lebensmitteln sowie die Werbung hierfür, ABl. 1979, L 33, S. 1.

die von der Richtlinie festgelegten Ziele. Wenn die Mitgliedstaaten Regelungen treffen, um diese Ziele umzusetzen, unterliegen sie der Grundrechtskontrolle des EuGH. Das gleiche muss gelten, wenn die Mitgliedstaaten Regelungen verabschieden, die diesen Zielen zuwiderlaufen. In den übrigen Fällen, in denen die Mitgliedstaaten komplementäre Ziele verfolgen, handeln sie im eigenen Verantwortungsbereich und unterliegen nicht der Kontrolle des EuGH.

Diese Unterscheidung wird durch folgendes Beispiel deutlich: Eine Richtlinie legt ein bestimmtes Ziel fest, und überlässt es den Mitgliedstaaten, wie sie dieses Ziel verwirklichen. Alle Vorschriften, die der Verwirklichung dieses Ziels dienen, werden von der grundrechtlichen Bindung erfasst. Aber auch alle Vorschriften, die die effektive Durchsetzung dieses Ziels verhindern, unterliegen der Kontrolle des EuGH nach ihrer Vereinbarkeit mit den Grundrechten[967]. Zusätzliche Maßnahmen, entweder im gleichen oder in anderen Rechtsetzungsakten, welche der Verwirklichung weiterer Ziele dienen, sind nicht zur Durchführung der Richtlinie erlassen worden. Die Richtlinie kann ohne diese Regelungen vollständig umgesetzt werden[968].

Es muss schließlich beachtet werden, dass die Bejahung einer Gemeinschaftskontrolle anhand von Grundrechten bei nationalen Akten, die Gebrauch von Ermessensspielräumen gemacht haben, nicht gleichzeitig bedeutet, dass die nationalen Grundrechte unangewendet bleiben. Letztere Annahme wird auf den Grundsatz der einheitlichen Anwendung und des Vorrangs des Gemeinschaftsrechts gestützt[969]. Wie bereits ausführlich dargelegt[970], ist es sehr begrenzt möglich, auf diese Grundsätze rechtliche Folgen zu stützen, will man die nationalen Grundrechtsordnungen durch die Anwendung dieser Grundsätze nicht völlig obsolet machen. Es muss festgehalten werden, dass die Gemeinschaft zwar für sich eine Grundrechtskontrolle beansprucht, die Kontrollzuständigkeiten der nationalen Gerichte hinsichtlich dieser nationalen Rechtsakte jedoch unberührt lässt.

3. Entscheidungen

Es muss zwischen der an die Mitgliedstaaten und derjenigen an eine natürliche oder juristische Person gerichteten Entscheidung unterschieden werden.

Die an Personen gerichteten Entscheidungen sind verbindlich für denjenigen, den sie bezeichnen. Sie können als Fall des direkten Vollzugs verstanden werden.

---

967 De *Witte*, The Role of the ECJ in the Protection of Human Rights, S. 872.

968 *Due/Gulmann*, Fundamental rights, S. 418; ihnen folgend *Schilling*, EuGRZ 2000, 9; *Tridimas*, General Principles, S. 26.

969 *Wetter*, Die Grundrechtscharta des EuGH, S. 95-97.

970 Zweiter Teil, B I 3 und 4.

Oftmals ist aber die Kommission auf die Hilfeleistung der Mitgliedstaaten angewiesen. Letztere sind in diesem Fall an die Gemeinschaftsgrundrechte gebunden. Vor allem im Rahmen des Wettbewerbsrechts werden Entscheidungen an Unternehmen gerichtet[971]. Einen solchen Fall betraf die Rs. *Hoechst*[972], bei der der EuGH die Bindung der Mitgliedstaaten an die Gemeinschaftsgrundrechte im Rahmen des Verwaltungsvollzugs durch die Kommission anerkannt hat, ihnen aber ausdrücklich die Möglichkeit eingeräumt hat, nationale - weitergehende - Grundrechtsstandards zu berücksichtigen[973].

Die an die Mitgliedstaaten adressierten Entscheidungen können ausnahmsweise unmittelbar anwendbar sein[974]. In diesem Fall unterliegen die Mitgliedstaaten jedenfalls der gemeinschaftlichen Grundrechtsbindung.

Die staatengerichtete Entscheidung muss aber auch in manchen Fällen wegen ihres „quasi-legislativen Charakters" von den Mitgliedstaaten durchgeführt werden[975]. Das heißt aber nicht, dass mitgliedstaatliche Maßnahmen, die aufgrund der Entscheidung erlassen worden sind, unterschiedslos der Grundrechtskontrolle unterliegen. Eine Grundrechtskontrolle ist zu bejahen, wenn die Entscheidung die Mitgliedstaaten zu etwas verpflichtet[976]. Als Verpflichtung ist auch der Fall anzusehen, bei dem die Kommission eine Entscheidung erlässt, in der sie allgemeine Grenzen für eine mitgliedstaatliche Tätigkeit bestimmt[977]. Etwas anderes muss

---

971 *Greaves*, ELR 1996, 14.

972 Verb. Rs. 46/87 und 227/88, *Hoechst/Kommission*, Slg. 1989, S. 2859ff.

973 Verb. Rs. 46/87 und 227/88, a.a.O., Rn. 33.

974 Rs. 9/70, *Franz Grad/Finanzamt Traunstein*, Slg. 1970, 825ff., Rn. 5; *Jarass*, Innerstaatliche Bedeutung des EG-Rechts, S. 68; eine Bindung der Mitgliedstaaten im Fall der Anwendung einer unmittelbar anwendbaren Entscheidung bejaht auch *Cirkel*, Bindungen, S. 95.

975 *Ruffert*, in: Calliess/Ruffert (Hrsg.), EUV/EGV, Art. 249, Rn. 117; das Urteil *Albako/Balm* (Rs. 249/85, Slg. 1987, 2345ff.) betraf eine solche Entscheidung, die an Deutschland gerichtet war, und welche die Verteilung von Butter in West-Berlin mit dem Ziel der Förderung des Butterabsatzes erlaubte.

976 Rs. 249/85, *Albako/Balm*, Slg. 1987, 2345ff.

977 So der Sachverhalt in der Rs. C-44/94, *Fishermen's Organisations u.a.*, Slg. 1995, I- ff.: Der EuGH bejahte ausdrücklich eine Bindung der Mitgliedstaaten an die Grundsätze des Gemeinschaftsrechts, Rn. 32: „Zwar hat die Kommission in der Entscheidung 92/593, deren Gültigkeit in dem Verfahren vor dem vorlegenden Gericht nicht in Frage gestellt wird, dem betreffenden Mitgliedstaat die Wahl gelassen, bis zu 45% des Gesamtziels durch andere Mittel als einen Kapazitätsabbau zu verwirklichen, doch ist dieser Staat beim Erlass dieser Maßnahmen verpflichtet, die Bestimmungen des Vertrages und *die allgemeinen Grundsätze des Gemeinschaftsrechts zu beachten*" (Gleichbehandlungsgrundsatz, Eigentumsrecht, freie Berufsausübung, Hervorhebung hinzugefügt).

gelten, wenn die Kommission den Mitgliedstaaten die Zulassung erteilt, von gemeinschaftsrechtlichen Ver- und Geboten abzuweichen[978]. Im letzteren Fall unterliegen die Mitgliedstaaten, wenn sie aufgrund dieser Entscheidung tätig werden und offensichtlich Maßnahmen treffen, die den gemeinschaftlichen Vorgaben widersprechen dürfen, keiner Grundrechtskontrolle durch den EuGH.

4. Mitgliedstaatliches Handeln aufgrund von Abkommen

Die Gemeinschaft beschließt allein oder zusammen mit den Mitgliedstaaten völkerrechtliche Abkommen gemäß Art. 300 EG. Die Abkommen sind integraler Bestandteil des Gemeinschaftsrechts. Sie stehen im Rang zwischen dem Primär- und Sekundärrecht. Gemäß Art. 300 Abs. 7 EG sind die Gemeinschaftsabkommen auch für die Mitgliedstaaten verbindlich, genießen daher Vorrang vor entgegenstehendem nationalen Recht und können unter Umständen unmittelbar anwendbar sein[979]. Wenn letzteres der Fall ist, dann unterliegen die Mitgliedstaaten der Grundrechtskontrolle der Gemeinschaft.

In dem Fall, dass die Mitgliedstaaten aufgrund dieser Abkommen verpflichtet sind, innerstaatliche Vorschriften zu erlassen, unterliegen sie dann auch einer Grundrechtskontrolle.

Bei gemischten Abkommen muss dagegen beachtet werden, dass der Teil des Abkommens, der von den Mitgliedstaaten unterzeichnet wurde, und innerstaatlich angewendet wird, nicht als Durchführung zu qualifizieren ist. Daher unterliegen die Mitgliedstaaten bei der Durchführung dieses Abkommens im innerstaatlichen Recht nur den nationalen Grundrechtsverpflichtungen.

C. Ausnahmen zu den Grundfreiheiten

I. Eigener Lösungsansatz

Die Frage, ob die Mitgliedstaaten auch die Grundrechte beachten müssen, wenn sie sich auf Rechtfertigungsgründe zur Eingrenzung von Grundfreiheiten berufen, findet eine geringere Akzeptanz nicht nur in der Literatur[980], sondern auch bei den

---

978 Das ist beispielsweise der Fall, wenn die Kommission eine Entscheidung im Rahmen des Art. 88 Abs. 3 EG erlässt und eine mitgliedstaatliche Beihilfe im konkreten Fall genehmigt. Ebenso im Rahmen der landwirtschaftlichen Marktordnungen, wenn die Kommission die Mitgliedstaaten ermächtigt, Sonderrechte für Ausnahmesituationen, die in den maßgeblichen Verordnungen vorgesehen sind, in Anspruch zu nehmen. Ausführlicher zu den Arten von staatengerichteten Entscheidungen Ute *Mager,* Die staatengerichtete Entscheidung als supranationale Handlungsform, EuR 2001, S. 661ff., 666f.

979 *Streinz,* Europarecht, Rn. 605-606; *Craig/de Búrca,* EU Law, S. 179.

980 S. bereits oben, Fn. 731.

Mitgliedstaaten, was in der Formulierung des Art. 51 Abs. 1 der Grundrechtscharta implizit zum Ausdruck kommt[981].

Nach dem hier vertretenen Lösungsansatz wird eine Verantwortung der Gemeinschaft nur hinsichtlich der Wahrung der Grundfreiheiten angenommen. Das bedeutet, dass die Grundrechte zwar als Rechtfertigungsgründe zur Eingrenzung einer Grundfreiheit herangezogen werden können, sie aber nicht selbstständig zur Unanwendbarkeit einer sonst mit der Grundfreiheit vereinbaren nationalen Regelung führen können[982].

Das Schrifttum folgt meistens einem anderen Lösungsansatz: Auf der Grundlage verschiedener Argumente wird eine Kontrollmöglichkeit des EuGH anhand von Gemeinschaftsgrundrechten im Rahmen der Grundfreiheiten bejaht. In dieser Konstellation eröffnet die Anwendbarkeit der Grundfreiheiten den Anwendungsbereich des Gemeinschaftsrechts[983]. Eine nationale Regelung muss, um als gerechtfertigt angesehen zu werden, nicht nur mit dem Verhältnismäßigkeitsgrundsatz, sondern auch mit den Gemeinschaftsgrundrechten vereinbar sein.

Das Urteil *ERT*[984] scheint diesen Lösungsansatz zu rechtfertigen. Der EuGH hat ausdrücklich betont, dass die in Artikel 66 in Verbindung mit Artikel 56 EWGV vorgesehenen Ausnahmen für die betreffende nationale Regelung nur dann gelten können, wenn diese Regelung im Einklang mit den Grundrechten steht[985]. Die Prüfung der Vereinbarkeit mit (Art. 10) der EMRK wird gesondert geprüft, nachdem der EuGH die Auslegungskriterien in Bezug auf die Dienstleistungsfreiheit bereits festgelegt hat[986].

Trotz dieser Aussage des Gerichtshofs, die auf eine umfassende Bindung der Mitgliedstaaten im Rahmen der Grundfreiheiten hindeutet[987], zeigt die Mehrheit der relevanten Urteile, dass das Gericht dieser Auslegung eher zurückhaltend gegenü-

---

981 S. bereits oben, erster Teil, B II.

982 So auch *Jacobs*, ELR 2001, 336-337; *Kingreen*, Grundfreiheiten, S. 161.

983 *Weiler*, Fundamental rights and fundamental boundaries, S. 121f.; *Langenfeld/Zimmermann*, ZaöRV 1992, 300ff., 303; *Kühling*, Kommunikationsfreiheit, S. 75f.; *Cirkel*, Bindungen, S. 98f.; *Wetter*, Die Grundrechtscharta des EuGH, S. 85; *Quasdorf*, Dogmatik der Grundrechte, S. 155.

984 Rs. C-260/89, *ERT*, Slg. 1991, I-2925ff.; in diese Richtung auch die älteren Urteile: Rs. 36/75, *Rutili/Minister des Innern*, Slg. 1975, 1219ff.; Rs. 118/75, *Watson und Belmann*, Slg. 1976, 1185ff.; verb. Rs. 60 und 61/84, *Cinéthèque*, Slg. 1985, 2605ff.

985 Rs. C-260/89, *ERT*, Slg. 1991, I-2925ff., Rn. 43.

986 Rs. C-260/89, a.a.O., Rn. 19-26.

987 Vgl. *Schilling*, EuGRZ 2000, 9, und *Due/Gulmann*, Fundamental rights, S. 414, die die Rechtsprechung des EuGH in diesem Sinne auslegen und anschließend kritisieren.

bersteht: Die nachfolgenden Entscheidungen im Rahmen der Grundfreiheiten unterstützen die hier vertretene Lösung:

In den Urteilen zum *Mediawet* betont der EuGH, dass die Aufrechterhaltung eines pluralistischen Rundfunkwesens, die auch von Art. 10 EMRK geschützt wird, ein zwingender Grund des Allgemeininteresses ist, der die Eingrenzung der Dienstleistungsfreiheit rechtfertigen kann[988]. Hier wird ein Grundrecht im Rahmen der Rechtfertigungsgründe vom Mitgliedstaat herangezogen, um die Einschränkung einer Grundfreiheit zu rechtfertigen.

Der EuGH gelangt mit diesen Urteilen zu zwei unterschiedlichen Ergebnissen: In Bezug auf die Rs. *Gouda* und *Kommission/Deutschland* beurteilt er die nationalen Regelungen als zur Beibehaltung des pluralistischen Rundfunkswesens nicht erforderlich[989]. Hier wird der Ermessensspielraum der Mitgliedstaaten hinsichtlich des Schutzes eines bestimmten Grundrechts eingeschränkt: Die Grundfreiheiten treten als gleichwertige Schutzgüter auf, welche der Mitgliedstaat bei der Abwägung zwischen grundrechtlich geschützten Gütern auch berücksichtigen muss.

In zwei anderen Urteilen hat dagegen der EuGH die nationale Regelung als gerechtfertigt angesehen[990]. In einem Fall, namentlich in der Rs. *TV10*[991], hat der EuGH die mitgliedstaatliche Regelung anhand von Art. 10 EMRK geprüft, nachdem er sie als gerechtfertigt ansah. Er ist aber zum Ergebnis gelangt, dass keine Grundrechtsverletzung vorlag. Die Prüfung war eher unnötig, da der EuGH die Meinungsfreiheit bereits im Rahmen der Prüfung, ob die Aufrechterhaltung der Medienvielfalt ein zwingendes Erfordernis des Allgemeininteresses darstellt, berücksichtigt hatte. Die gesonderte Erwähnung mag darin zurückzuführen sein, dass das vorlegende Gericht eine getrennte Frage hinsichtlich der Vereinbarkeit des *Mediawet* mit der EMRK gestellt hat.

In der Rs. *Kommission/Deutschland*[992] hat Deutschland das Verbot der Einfuhr von Arzneimitteln in einer dem üblichen persönlichen Bedarf entsprechenden

---

988 Rs. C-288/89, *Gouda,* Slg. 1991, I-4007ff., Rn. 13f.; Rs. C-353/89, *Kommission/Niederlande,* Slg. 1991, I-4069ff., Rn. 17; Rs. C-148/91, *Veronica Ompoep Organisatie,* Slg. 1993, I-487ff., Rn. 10; Rs. C-23/93, *TV10,* Slg. 1994, I-4795ff., Rn. 19.

989 Rs. C-288/99, a.a.O., Rn. 24-25; Rs. C-353/89, a.a.O., Rn. 31.

990 Rs. C-148/91, *Veronica Ompoep Organisatie,* Slg. 1993, I-487ff., Rn. 14; Rs. C-23/93, *TV10,* Slg. 1994, I-4795ff., Rn. 22: Hier ging es um den Versuch von Unternehmen, sich die Dienstleistungsfreiheit zunutze zu machen, um sich ihren Verpflichtungen aus der niederländischen Regelung zu entziehen; Aus diesem Grund ist die Kritik von *Schindler,* Kollision, S. 138, unberechtigt, der dem EuGH vorwirft, dass eine effektive Grundrechtskontrolle im Anwendungsbereich der Grundfreiheiten bis dato nur zu deren Gunsten stattfindet.

991 Rs. C-23/93, *TV10,* Slg. 1994, I- 4795ff., Rn. 23-25.

992 Rs. C-62/90, *Kommission/Deutschland,* Slg. 1992, I-2575ff.

Menge mit dem Argument gerechtfertigt, eine Kontrolle beim Grenzübertritt würde das Recht auf Schutz des Arztgeheimnisses verletzen. Der Mitgliedstaat trifft hier eine strengere Regelung, um den Eingriff in ein Grundrecht zu vermeiden.

Der EuGH hat dieses Argument nicht gelten lassen. Er betonte zwar, dass das Recht auf Achtung des Privatlebens ein Gemeinschaftsgrundrecht ist, das jedoch aus Gründen des Schutzes der öffentlichen Gesundheit und des Lebens von Menschen eingeschränkt werden darf. Die nationalen Behörden könnten zwar Einschränkungen im Interesse des Schutzes der öffentlichen Gesundheit treffen; die in Frage gestellte Regelung war aber unverhältnismäßig.

Die Rs. *Familiapress*[993] betraf ebenfalls die Heranziehung einer grundrechtlichen Erwägung seitens des Mitgliedstaates, um eine Einschränkung der Grundfreiheit zu rechtfertigen. Hier stand auf der einen Seite der freie Warenverkehr, auf der anderen das Gebot der Medienvielfalt, das als zwingendes Erfordernis im Sinne der Cassis de Dijon Rechtsprechung zu qualifizieren war. Der EuGH qualifiziert den Sachverhalt „Verbot, Zeitschriften zu verkaufen, die die Teilnahme an Preisausschreiben ermöglichen" als möglichen Eingriff in die Meinungsfreiheit der Leser und der Verleger. Er betont aber, dass diese Freiheit eingeschränkt werden kann zum Zweck der Aufrechterhaltung der Medienvielfalt. Die Medienvielfalt ist also in dieser Konstellation sowohl ein Rechtfertigungsgrund zur Einschränkung der Grundfreiheit des Warenverkehrs als auch eine Ausnahme der Meinungsfreiheit.

Der EuGH nimmt dann eine Verhältnismäßigkeitsprüfung vor, um zu untersuchen, ob dieses Verbot in einem angemessenen Verhältnis zur Aufrechterhaltung der Medienvielfalt steht und ob dieser Zweck nicht durch Maßnahmen erreicht werden kann, die den innergemeinschaftlichen Handelsverkehr sowie die Meinungsfreiheit weniger beschränken[994]. Die Meinungsfreiheit der Verleger tritt in dieser Hinsicht auf der Seite der Grundfreiheiten. Nach der hier vertretenen Ansicht obliegt dem EuGH lediglich die Wahrung der Grundfreiheit. Wenn die Beschränkung der Grundfreiheit als verhältnismäßig angesehen wird, braucht das Grundrecht auf der Seite der Grundfreiheit nicht berücksichtigt zu werden[995]. Falls aber die beschränkende Maßnahme die Grundfreiheit verhältnismäßig einschränkt, das Grundrecht aber nicht, fällt die Feststellung dieser Verletzung nicht in die Zuständigkeit des EuGH. Dadurch würde der EuGH nämlich das Grundrecht zu schützen versuchen und nicht die Grundfreiheit. Die Einhaltung der Wah-

---

993 Rs. C-368/95, *Familiapress,* Slg. 1997, I-3689ff.

994 Rs. C-368/95, a.a.O., Rn. 27.

995 *Kingreen,* Grundfreiheiten, S. 161, der die Anwendung der Meinungsfreiheit auf der Seite der Grundfreiheiten ablehnt; *Jacobs,* ELR 2001, 336.

rung der Grundrechte gegenüber den Mitgliedstaaten obliegt aber nicht der Gemeinschaft und damit nicht dem EuGH[996].

Es ist jedoch in diesem Zusammenhang zuzugeben, dass die nationale Maßnahme gleich als Beschränkung sowohl einer Grundfreiheit als auch eines Grundrechts angesehen werden kann. Im Fall *Familiapress* war beispielsweise das Verbot des Verkaufs von Rätseln in den Zeitschriften eine Beschränkung sowohl der Warenverkehrsfreiheit als auch der Meinungsfreiheit der Verleger bzw. der Verbraucher. In diesem Fall ist der Versuch des EuGH, alle einschlägigen Rechtsgüter in der Rechtsabwägung mit zu berücksichtigen, nachvollziehbar.

Der Fall *Carpenter*[997] zeigt schliesslich eine andere Konstellation: Die nationale Maßnahme beeinträchtigt ein Grundrecht (das Recht auf Privatleben von Herrn Carpenter), die Grundfreiheit aber nur deswegen, weil das Grundrecht verletzt wurde. Der einzige Weg, diese Maßnahme als gemeinschaftsrechtswidrig zu qualifizieren, war, sie als gegen das Grundrecht verstoßend anzusehen. Hier wird auch das Problem deutlich, das sich aus dem sehr weiten Anwendungsbereich der Grundfreiheiten ergibt.

Genau diese Prüfung nimmt der EuGH in der Rs. *Carpenter* vor. Er prüft zwar die Verletzung des Grundrechts, weil die englische Maßnahme durch den Eingriff in das Recht auf Achtung des Familienlebens letztendlich die Dienstleistungsfreiheit beeinträchtigt[998]. Es handelt sich hier jedoch um eine beträchtliche Erweiterung des Anwendungsbereichs der Grundfreiheiten durch die Anwendung von Grundrechten.

Es muss also festgehalten werden, dass der EuGH bis vor kurzem keine nationale Maßnahme, die mit einer Grundfreiheit vereinbar war, als gegen die Gemeinschaftsgrundrechte verstoßend verworfen hat[999]. Seine jahrelang anhaltende Zurückhaltung hat er erst mit der Rs. *Carpenter* aufgegeben.

Der hier vertretene Lösungsansatz ist insoweit problematisch, als er bedeuten würde, dass die Gemeinschaft und folglich der EuGH eine Prüfungskompetenz nur hinsichtlich der Verletzung der Grundfreiheiten hätte. Der Einzelne kann sich

---

996 S. bereits oben, zweiter Teil.

997 Rs. C-60/00, *Carpenter/Secretary of State for the Home Department*, Slg. 2002, I-6279ff.

998 Rs. C-60/00, a.a.O., Rn. 39: "Es steht fest, dass die Trennung der Eheleute Carpenter sich nachteilig auf ihr Familienleben und damit auf die Bedingungen auswirken würde, unter denen Herr Carpenter eine Grundfreiheit wahrnimmt. Diese Freiheit könnte nämlich ihre volle Wirkung nicht entfalten wenn Herr Carpenter von ihrer Wahrnehmung durch Hindernisse abgehalten würde, die in seinem Herkunftsland für die Einreise und den Aufenthalt des Ehegatten bestünden".

999 Unberechtigt daher die Kritik von *Coppel/O'Neill*, CMLR 1992, 692-693.

aber nicht auf ein Grundrecht berufen, um eine staatliche Maßnahme zu verhindern, die sonst mit der einschlägigen Grundfreiheit vereinbar ist. Das Grundrecht kann dann die Grundfreiheit bzw. den Anwendungsbereich nicht erweitern[1000]. Dies muss aber hingenommen werden, da die Gemeinschaft eine Verantwortung für die Wahrung der Grundfreiheiten als objektiver Normen und nicht für den Schutz der Grundfreiheitsberechtigten hat. Aus diesem Grund ist die Rs. *Carpenter* problematisch: Der EuGH zeigt zwar Sorge für die Grundrechte der in der Gemeinschaft lebenden Bürger. Er nimmt aber die Grundfreiheit als Anknüpfungspunkt, die aufgrund ihrer objektiven Zielsetzung sehr weit verstanden wird. Der EuGH erweitert damit den Anwendungsbereich des Gemeinschaftsrechts und dadurch den Bereich der Einschlägigkeit der Grundrechte.

Es muss schließlich gefragt werden, ob der hier vertretene Lösungsansatz zur Instrumentalisierung der Grundrechte führt: Die Gemeinschaftsgrundrechte hätten keinen selbständigen Wert, sondern wären von der Einschlägigkeit der Grundfreiheiten abhängig. Dieser Einwand ist nicht begründet: Die Grundfreiheiten stellen Rechtsgüter dar, die neben den Grundrechten als gleichwertige und schutzbedürftige Güter hervortreten[1001], und die über ihre wirtschaftliche Bedeutung hinaus auch große moralische und soziale Bedeutung haben[1002]. Wenn daher der EuGH, dem vor allem der Schutz dieser Rechtsgüter obliegt, nationale Grundrechtsgewährleistungen der Mitgliedstaaten nicht im vollen Umfang gelten lässt, handelt es sich nicht um eine Aufopferung von Grundrechten zugunsten von Marktfreiheiten[1003]. Vielmehr zeigt der EuGH bis zu welchem Punkt die Grundrechte geschützt werden können, ohne dass dabei eine Grundfreiheit verletzt wird.

Der Fall *Grogan* kann in diesem Zusammenhang als Beispiel dienen: Die Abwägung zwischen dem Recht auf Leben des Ungeborenen und das Recht der Mutter auf Selbstbestimmung ist eine Frage, für deren Beantwortung der EuGH wenig geeignet ist. Es fehlt ihm die Legitimität, solche sensible Fragen verbindlich zu beantworten. Es obliegt ihm dagegen die Wahrung der passiven Dienstleistungsfreiheit der Mütter. Er ist daher zuständig zu sagen, dass die Entscheidung der iri-

---

1000 Sehr zurückhaltend auch *de Búrca*, OJLS 1993, 305.

1001 Sehr kritisch zu dieser Gleichordnung von Grundrechten und Grundfreiheiten *Coppel/O'Neill*, CMLR 1992, 686: The Irish Constitution's grant of a "fundamental right" to life was, in effect, placed by the GA at precisely the same normative level as the right freely to provide services throughout the Community".

1002 So zu Recht d*e Búrca*, OJLS 1993, 299: "values and freedoms which have an independent moral content in Community law".

1003 So aber *Coppel/O'Neill*, CMLR 1992, 689, die aus der *Grogan* Entscheidung den Schluss ziehen, "the provisions of national constitutions of Member States are, in fact, subordinate law, to be interpreted in the light of and applied only insofar as permitted by the Foundation Treaties of the European Communities".

schen Regierung die Dienstleistungsfreiheit eingrenzt und über die Verhältnismäßigkeit dieser Eingrenzung zu entscheiden. Wenn die Maßnahme die Dienstleistungsfreiheit nicht oder nur verhältnismäßig eingrenzt, ist aus gemeinschaftsrechtlicher Sicht die weitere Grundrechtsproblematik irrelevant.

II. Beurteilung des Schrifttums

Im Schrifttum sind diesbezüglich zwei Ansichten vertreten worden:

Die erste bejaht die Anwendung der Gemeinschaftsgrundrechte, sobald eine Grundfreiheit einschlägig ist. Der EuGH habe demnach die Befugnis, eine nationale Maßnahme auf ihre Vereinbarkeit sowohl mit der Grundfreiheit als auch mit den Gemeinschaftsgrundrechten hin zu überprüfen. Hier ist folgendes anzumerken: Die Behauptung, die Grundrechte seien Bestandteil des Gemeinschaftsrechts und könnten sozusagen automatisch herangezogen werden[1004], sowie diejenige, die Anwendung des Verhältnismäßigkeitsgrundsatzes impliziere die grundsätzliche Anwendbarkeit auch der Gemeinschaftsgrundrechte[1005], verwischen die Grenzen zwischen dem Anwendungsbereich des Gemeinschaftsrechts, dem Anwendungsbereich der Gemeinschaftsgrundrechte und demjenigen des Verhältnismäßigkeitsgrundsatzes[1006]. Wie bereits dargestellt, ist gesondert zu prüfen, welche Prüfungsmaßstäbe für jede einzelne nationale Maßnahme verwendet werden dürfen. Diese Argumente können daher nichts an dem hier vertretenen Lösungsansatz ändern.

Vor dem Hintergrund der bereits gewonnenen Ergebnisse erscheint die von der Gegenansicht gesetzte Kritik hinsichtlich der extensiven Anwendung der Grundrechte seitens des EuGH[1007] als gerechtfertigt. Kritisch ist allerdings anzumerken, dass sie zu wenig die Tatsache berücksichtigt, dass die Grundrechte nicht nur als „Schranken-Schranken"[1008], sondern auch vom Mitgliedstaat zur Rechtfertigung

---

1004 S. bereits oben, zweiter Teil, B I.

1005 *Weiler,* Liber Amicorum Pescatore, S. 840; *Temple Lang,* LIEI 1991/1992, 28; zustimmend auch *Langenfeld/Zimmermann,* ZaöRV 1992, 304; *Kühling,* Kommunikationsfreiheit, S. 75-76; *Cirkel,* Bindungen, S. 166.

1006 Zu Recht betont *Jacobs,* ELR 2001, 337: "I think confusion can be caused by the concept of „general principles of law". Different legal principles may have different functions, they may have different effects, and they may differ in their scope..... it seems to me that, when acting under such derogations, the Member States are subject to some constraints imposed by Community law, but not by others".

1007 *Ukrow,* Rechtsfortbildung, S. 170; *Nettesheim,* ZUM 1995, 351.

1008 So *Schindler,* Kollision, S. 138; s. auch *Kingreen,* in: Calliess/Ruffert (Hrsg.), EUV/EGV, Art. 6 EUV, Rn. 62 (s. aber differenzierend und richtig zur möglichen Anwendung der Grundrechte als „Schranken" und Schranken-Schranken" *Kingreen,* Grundfreiheiten S. 161); die Begriffe Schranken und Schranken-Schranken werden verwendet, weil dies in der Literatur üblich ist. Sie dürfen nicht darüber hinweg täuschen, dass die Struktur der Grundeiner die Grundfreiheiten beschränkenden Maßnahme als „Schranken" herangezogen werden können. Die Fälle *Grogan* und *Familiapress* betrafen eigentlich die Grundrechte als Schranken[1009]: Der Mitgliedstaat hat sich auf die nationalen Grundrechte berufen, um die Grundfreiheiten einzuschränken. Auf die Tatsache, dass die Grundrechte auf beide Seiten wirken können, ist in der Literatur des öfteren hingewiesen worden[1010]. Das Argument der Existenz von zwei von einander streng abgetrennten Zuständigkeitsbereichen von Gemeinschaft und Mitgliedstaaten[1011] reicht schließlich zur Verneinung einer Grundrechtskontrolle nicht aus. Es würde bedeuten, dass die Mitgliedstaaten keine Möglichkeit hätten, ihre Grundrechte auf europäischer Ebene geltend zu machen.

D. Verhältnis zwischen nationalen und europäischen Grundrechten

I. Einleitung

Gegenstand dieser Untersuchung ist die Frage, in welchen Fällen Grundrechte auf der Grundlage vom Gemeinschaftsrecht gegenüber den Mitgliedstaaten angewandt werden können. Die Frage der Zuständigkeit der Gemeinschaft, grundrechtliche Maßstäbe gegenüber den Mitgliedstaaten durchzusetzen, muss einheitlich beantwortet werden. Die Anwendung der Grundrechte als Kontrollmaßstab hängt daher nicht davon ab, ob die nationalen Stellen weiterhin an die nationalen Grundrechte gebunden sind.

Das bedeutet, dass sich in den bereits besprochenen Fällen die Bereiche, innerhalb derer die Mitgliedstaaten nicht nur der innerstaatlichen vorgesehenen Kontrolle,

---

freiheiten keinesfalls derjenigen der Grundrechte entspricht, s. bereits oben, zweiter Teil, B I 5.

1009 Der Begriff Grundrechte als „Schranken" wird in einer anderen Konstellation verwendet, ausführlich bereits oben, zweiter Teil, C III 5 a; s. Rs. C-415/93, *Bosman*, Slg. 1995, I-4921ff., Rn. 79-80; *Schindler*, Kollision, S. 126.

1010 *Kühling*, EuGRZ 1997, 302; *Due/Gulmann*, Fundamental rights, S. 416; *Cirkel*, Bindungen, S. 99; *Langenfeld/Zimmermann*, ZaöRV 1992, 303, erwähnen folgendes als Argument zur Bejahung der Kontrollkompetenz des EuGH anhand von Grundrechten: „Die Frage, inwieweit in einer solchen Situation das Gemeinschaftsinteresse, d.h. konkret das Interesse des Gemeinschaftsbürgers an möglichst ungehinderter Wahrnehmung der ihm vom Vertrag zuerkannten Rechte, hinter nationalen Einzelinteressen zurücktritt, ist auf der Grundlage des Gemeinschaftsrechts zu beantworten".

1011 So *Ruffert*, EuGRZ 1995, 528; *Kingreen/Störmer*, EuR 1998, 283; ihnen folgend Klaus *Ritgen*, Grundrechtsschutz in der Europäischen Union, ZRP 2000, 371ff., 373; s. auch *Kingreen*, in: Calliess/Ruffert (Hrsg.), EUV/EGV, Art. 6 EUV, Rn. 60f.; ablehnend auch *Everling*, Europäische Grundrechtsgemeinschaft, S. 173; *Störmer*, AöR 123 (1998), 567; *Huber*, Recht der europäischen Integration, S. 128.

sondern auch zusätzlich der Kontrolle des EuGH unterliegen, überschneiden können[1012].

Nach dem hier vertretenen Lösungsansatz finden bei gemeinschaftsrechtlich determinierten staatlichen Akten nur die Gemeinschaftsgrundrechte Anwendung. Falls nationale Grundrechte auch Anwendung beanspruchen, bleiben sie aufgrund des Vorrangs des Gemeinschaftsrechts unangewendet[1013].

Grundrechtskontrolle mitgliedstaatlichen Handelns seitens der Europäischen Gemeinschaft findet auch dann statt, wenn der nationale Akt im Rahmen von durch den Gemeinschaftsakt vorgesehenen Ermessensspielräumen erlassen wurde. Jede nationale Rechtsordnung bestimmt getrennt, ob auch nationale Grundrechte Anwendung beanspruchen. Insofern kann dann von einem doppelten Grundrechtsschutz[1014] gesprochen werden.

Allerdings ist zu beachten, dass die Gegenüberstellung von nationalen und Gemeinschaftsgrundrechten von geringerer praktischen Relevanz ist, als oftmals angenommen. Es geht vielmehr um die Bejahung der Zuständigkeit der Gemeinschaft und dadurch des EuGH, den Umfang der Grundrechtsbindung verbindlich zu bestimmen[1015].

Das wird durch folgende Beispiele deutlich: Im Rahmen der Grundfreiheiten geht es des öfteren nicht um ein Gemeinschaftsgrundrecht, das gegen ein nationales verstoßt, sondern um den Konflikt zwischen einem nationalen Grundrecht und einer Grundfreiheit, wie die Rechtsprechung des EuGH zeigt[1016].

Im Rahmen der Durchführung hat es folgende Konstellationen gegeben: Der Fall *Wachauf* betraf die Verletzung eines nationalen Grundrechts. Die Rechtsprechung des EuGH zur Bindung der Mitgliedstaaten an die Gemeinschaftsgrundrechte er-

---

1012 So auch *Kokott,* AöR 121 (1996), 605.

1013 Das ist das Ergebnis aus gemeinschaftsrechtlicher Sicht; aus nationaler, insb. deutscher Sicht s. unten, vierter Teil, B, II.

1014 *Borchardt,* in: Lenz (Hrsg.) EG-Vertrag Kommentar, Art. 220, Rn. 35; *Chwolik-Lanfermann,* Grundrechtsschutz, S. 191; Hubertus *Gersdorf,* Das Kooperationsverhältnis zwischen deutscher Gerichtsbarkeit und EuGH, DVBl. 1994, 674ff., 680; *Jürgensen/Schlünder,* AöR 121 (1996), 223, *Pernice,* NJW 1990, 2417; *Weiler/Lockhart,* CMLR 1995, 79; verneinend dagegen *Wetter,* Die Grundrechtscharta des EuGH, S. 95.

1015 Vgl. *Schmitt-Glaeser,* Europäisches Verfassungsrecht, S. 2055, wie auch *Jacobs,* ELR 2001, 334: "The underlying question was whether, in implementing the Community milk quota scheme, the Member States were bound to observe rights of property which thus could be invoked, as a matter of Community law against Member States; or to put it more broadly, whether in implementing Community rules, the national authorities were required, as a matter of Community law, to observe fundamental rights".

1016 S. vor allem Rs. C-159/90, *Grogan, Slg.* 1991, I-4685ff.

öffnete die Möglichkeit, dass dieses Grundrecht auf europäischer Ebene berücksichtigt wurde. Insoweit ergab sich eine weitere Rechtsschutzmöglichkeit bezüglich eines bereits in der nationalen Verfassung anerkannten Grundrechts[1017]. Im Fall *Bostock*[1018] dagegen war der gemeinschaftliche Weg zum Schutz dieses Grundrechts der einzig einschlägige: Der Einzelne konnte sich auf europäischer Ebene auf Grundrechte berufen, während ihm dies in der innerstaatlichen Rechtsordnung verwehrt wurde[1019].

Aufgrund der Tatsache, dass die Mitgliedstaaten teils sehr unterschiedliche Grundrechtstraditionen haben, muss die Frage gestellt werden, ob die Mitgliedstaaten mit der Auferlegung der Pflicht zur Beachtung von Grundrechten nicht zu sehr in ihrer Autonomie und Identität eingegrenzt werden. Es muss also vor diesem Hintergrund gefragt werden, ob, und gegebenenfalls wie, nationale Grundrechtsgewährleistungen in der Unionsrechtsordnung berücksichtigt werden können[1020].

II. Durchführung des Gemeinschaftsrechts

1. Der Grundsatz der nationalen Identität der Mitgliedstaaten

Es stellt sich also die Frage, ob nationale Grundrechtsgewährleistungen auf europäischer Ebene Beachtung finden können. Eine solche Möglichkeit setzt voraus, dass nationale Interessen und Besonderheiten in der Unionsrechtsordnung geltend gemacht werden können. Dem wird bereits durch unterschiedliche vertragliche Regelungen oder geltende Grundsätze, wie beispielsweise dem Subsidiaritätsprinzip oder dem Verhältnismäßigkeitsgrundsatz Rechnung getragen[1021]. Es ist jedoch fraglich, ob darüber hinaus ein allgemeiner Grundsatz existiert, der die Gemeinschaft zur Beachtung der nationalen Interessen verpflichten kann.

Eine Pflicht zur gegenseitigen Rücksichtnahme könnte dem Art. 10 EG entnommen werden[1022]. Art. 10 EG reicht allerdings nicht aus, um eine mitgliedstaatliche

---

1017 Vgl. *Weiler/Lockhart*, CMLR 1995, 591: „In fact, the human rights sensibility of the referring German judge prevailed".

1018 Rs. C-2/92, *Bostock*, Slg. 1994, I-955ff.

1019 Zum Grundrechtsschutz im Vereinigten Königreich s. bereits oben, erster Teil, A II.

1020 Vgl. *Due/Gulmann*, Fundamental Rights, S. 422.

1021 Art. 5 EG.

1022 Speziell hinsichtlich der föderalen Struktur der Gemeinschaft *Epiney*, Gemeinschaftsrecht und Föderalismus: „Landes Blindheit" und Pflicht zur Berücksichtigung innerstaatlichen Verfassungsstrukturen, EuR 1994, 301ff., 307; in Bezug auf die mitgliedstaatlichen Menschenrechte als rechtliche Grenzen des Vollzugs des Gemeinschaftsrechts *Pühs*, Der Vollzug von Gemeinschaftsrecht, S. 198f.

bzw. gemeinschaftliche Pflicht zu begründen. Ihm kommt allenfalls unterstützende Wirkung zu[1023].

In Betracht kommt vor allem der Grundsatz der Wahrung der nationalen Identität der Mitgliedstaaten, der in Art. 6 Abs. 3 EUV festgelegt wird.

Der Grundsatz soll weit verstanden werden: Er beinhaltet mehrere Aspekte, die von dem Schutz der Souveränität[1024] bzw. der Staatlichkeit[1025] der Mitgliedstaaten und den hieraus fließenden Kompetenzen über die innerstaatlichen Organisationsstrukturen bis zur Beachtung der kulturellen Vielfalt reichen[1026]. Dazu gehört auch der in den nationalen Verfassungen verankerte Grundrechtsschutz, welcher zu den elementaren Grundregeln gehört, die als Teil der nationalen Identität von der Gemeinschaft beachtet werden müssen[1027]. Im Hinblick auf die Grundrechte besagt der Grundsatz der nationalen Identität, dass auch die konkrete Entscheidung, die jede Rechtsordnung hinsichtlich des Ausgleichs zwischen miteinander kollidierenden Grundrechten sowie des Ausgleichs zwischen den Grundrechten einerseits und den Interessen der Gesellschaft andererseits trifft, beachtet werden muss[1028].

Der Grundsatz der Wahrung der nationalen Identität ist am besten geeignet, die nationalen verfassungsrechtlichen Entscheidungen zugunsten oder zwischen geschützten Grundrechten rechtlich zu umschreiben und ihnen rechtliches Gewicht im Rahmen der Europäischen Union zu verleihen. Er hat auch in der Grundrechtscharta Eingang gefunden: So lautet der dritter Erwägungsgrund der Präambel:

1023 S. bereits oben, zweiter Teil, B I 2 a.

1024 Karl *Doehring*, Die nationale "Identität" der Mitgliedstaaten der Europäischen Union, in: Ole Due / Marcus Lutter / Jürgen Schwarze (Hrsg.), Festschrift für Ulrich Everling, Band I, Baden-Baden 1995, S. 263ff., S. 264; *Bleckmann*, Europarecht, Rn. 82f.; *Kingreen*, in: Calliess/Ruffert (Hrsg.), EUV/EGV, Art. 6 EUV, Rn. 213; anders Hans Heinrich *Rupp*, Bemerkungen zum europarechtlichen Schutz der "nationalen Identität" der EU-Mitgliedstaaten, Hans-Wolfgang Arndt / Franz-Ludwig Knemeyer / Dieter Kugelmann / Werner Meng / Michael Schweitzer (Hrsg.), Völkerrecht und deutsches Recht. Festschrift für Walter Rudolf zum 70. Geburtstag, 2001 (zitiert: *Rupp*, FS Rudolf, 2001), S. 173ff., S. 174.

1025 *Hilf*, in: Grabitz/Hilf (Hrsg.), EUV/EGV, Art. F, Rn. 8.

1026 *Beutler*, in: BBPS, Rn. 148; Astrid *Epiney*, EuR 1994, 307; *Kingreen*, in: Calliess/Ruffert (Hrsg.), EUV/EGV, Art. 6 EUV, Rn. 213, spricht von einem „Mindestbestand an Werten aus verschiedenen Bereichen menschlichen Zusammenlebens", welche das Wesen und Selbstverständnis eines Staates prägen.

1027 Vgl. *Rupp*, FS Rudolf, 2001, S. 174, der die elementaren Grundregeln, nach denen die Mitgliedstaaten und ihre politische Systeme verfasst sind, und welche zu den „Essentialen" der geltenden Verfassungsordnung gehören, als Teil der nationalen Identität versteht.

1028 Vgl. *Weiler*, Fundamental rights and fundamental boundaries, S. 102; *O'Leary*, CMLR 1995, 531.

„Die Union trägt zur Erhaltung und zur Entwicklung dieser gemeinsamen Werte unter Achtung der Vielfalt der Kulturen und Traditionen der Völker Europas sowie der *nationalen Identität* der Mitgliedstaaten und der Organisation ihrer staatlichen Gewalt auf nationaler, regionaler und lokaler Ebene bei".

Problematisch bei der Anwendung des Grundsatzes ist, dass er gemäß Art. 46 EUV nicht zu den Vorschriften zählt, die der Zuständigkeit des EuGH unterliegen[1029].

Fraglich ist, ob es trotz der fehlenden Justiziabilität des Art. 6 Abs. 3 EUV möglich ist, den Grundsatz der Wahrung der nationalen Identität im Unionsrecht zu berücksichtigen. Als Leitprinzip könnte er schon die Auslegung der vertraglichen Vorschriften beeinflussen. So könnten die Rechtfertigungsgründe zu den Grundfreiheiten, insbesondere die öffentliche Ordnung, als Präzisierung dieses Grundsatzes verstanden werden. Mittels des Subsidiaritätsprinzips[1030], oder des Grundsatzes der begrenzten Einzelermächtigung[1031] könnte der Grundsatz der Wahrung der nationalen Identität ebenfalls zur Geltung gebracht werden.

Diese Lösung ist jedoch unbefriedigend, da die Besonderheit des Grundsatzes nicht zum Ausdruck kommen kann. Aus diesem Grund gebietet es sich, den Grundsatz der nationalen Identität als solchen im Gemeinschaftsrecht zur Geltung zu verhelfen. Das könnte gelingen, wenn man eine Pflicht der Gemeinschaft zur Achtung der nationalen Identität in Verbindung mit Art. 10 EG annähme[1032].

1029 *Kingreen*, in: Calliess/Ruffert (Hrsg.), EUV/EGV, Art. 6 EUV, Rn. 218.

1030 Vgl. Albert *Bleckmann*, Die Wahrung der „nationalen Identität" im Unions-Vertrag, JZ 1997, 265ff.; *Kingreen*, Grundfreiheiten, S. 27; *ders.*, in: Calliess/Ruffert (Hrsg.), EUV/EGV, Art. 6 EUV, Rn. 218; *Hilf*, in: Grabitz/Hilf (Hrsg.), EUV/EGV, Art. F, Rn.11; vgl. auch BVerfGE 89, 155ff., 211: „In Verbindung mit Art. F I EUV dient das Subsidiaritätsprinzip dem Ziel, „die nationale Identität der Mitgliedstaaten und damit die Aufgaben und Befugnisse gegen ein Übermaß europäischer Regelungen zu wahren". Allerdings muss beachtet werden, dass das Subsidiaritätsprinzip einem anderen Ziel folgt (Bürgernähe), während die nationale Identität als Schwerpunkt die Wahrung von nationalen Grundwerten kulturellen bzw. verfassungsrechtlichen Charakters hat.

1031 Vgl. *Weiler*, Fundamental rights and fundamental boundaries, S. 103, der die "fundamental boundaries" als einen Ausdruck des Grundsatzes der begrenzten Einzelermächtigung betrachtet.

1032 So auch *Kingreen*, in: Calliess/Ruffert (Hrsg.), EUV/EGV, Art. 6 EUV, Rn. 218; *Hatje*, in: Schwarze (Hrsg.), EU-Kommentar, Art. 10, Rn. 52. Die Pflicht der Gemeinschaft, die nationale Identität der Mitgliedstaaten gemäß Art. 10 EG zu beachten hebt auch *Hilf*, in: Grabitz/Hilf (Hrsg.), EUV/EGV, Art. F, Rn. 17, hervor, der allerdings nur politische Folgen aus einer Verletzung des Grundsatzes der nationalen Identität ableitet, Rn. 18; s. aber die Ausführungen von *Hilf* im Beitrag: Europäische Union und nationale Identität der Mitgliedstaaten, in: Albrecht Randelzhofer / Rupert Scholz / Dieter Wilke (Hrsg.) Gedächtnisschrift für Eberhard Grabitz, 1995 (zitiert: *Hilf*, GS Grabitz, 1995), S. 157ff., S. 162-163,

Es kann zwar gegen diese Annahme eingewendet werden, dass durch die Heranziehung von Art. 10 EG die ausdrückliche Regelung des Art. 46 EUV umgangen wird.

Es muss jedoch beachtet werden, dass der EuGH des öfteren Gebrauch von Art. 10 EG gemacht hat, um Gemeinschaftsbefugnisse zu erweitern. Es ist nicht ersichtlich, warum der EuGH im umgekehrten Fall der Berücksichtigung mitgliedstaatlicher Interessen zurückhaltender sein sollte. Für eine Justiziabilität des Art. 6 Abs. 3 EUV i.V.m. Art. 10 EG spricht auch, dass es mit wachsender Vergemeinschaftung unentbehrlich ist, Grundsätze auf europäischer Ebene zu schaffen, welche direkt in der Gemeinschaftsrechtsordnung gelten und die Gemeinschaftsorgane zur Beachtung der grundlegenden nationalen Verfassungswerte verpflichten.

Nach alldem muss festgehalten werden, dass der Grundsatz der Wahrung der nationalen Identität Geltung im Gemeinschaftsrecht beanspruchen kann. Er reicht zwar nicht so weit, dass er vorrangig gegenüber jeglichen in der Gemeinschaftsrechtsordnung geltenden Prinzipien angewandt wird. Die Gemeinschaft muss sich aber um einen Ausgleich zwischen den „identitätsbildenden Grundwerten der Union und solchen der Mitgliedstaaten“ bemühen[1033].

2. Kontrollmaßstab: Grundrechtscharta oder EMRK?

Die Untersuchung hat ergeben, dass die Union eine Befugnis zur Kontrolle mitgliedstaatlichen Handelns anhand von Grundrechten in den bereits aufgezeigten Bereichen hat. Gleichzeitig ist sie zur Beachtung der nationalen Identität der Mitgliedstaaten verpflichtet. Es muss daher die Frage gestellt werden, wie die Union ihre primäre Verantwortung für die Wahrung der Grundrechte innerhalb der Unionsrechtsordnung behält, ohne die nationalen Verfassungsrechtsordnungen übermäßig einzugrenzen.

Dieses Problem wurde in der Literatur des öfteren aufgegriffen und Lösungsansätze wurden vorgestellt, die auf die Berücksichtigung von nationalen Interessen im Rahmen sowohl der Durchführung als auch hinsichtlich der Grundfreiheiten zielten. So wurde vorgeschlagen, dass der Mitgliedstaat nur für die Verletzung eines Mindeststandards verantwortlich gemacht werden könne. Als Mindeststan-

---

wonach der EuGH das Gebot der Wahrung der nationalen Identität trotz der fehlenden Justiziabilität nicht außer Acht lassen darf; deutlicher in S. 165: „rechtlich verbindliches Gebot“.

1033 So zutreffend *Kingreen,* in: Calliess/Ruffert (Hrsg.), EUV/EGV, Art. 6 EUV, Rn. 217; vgl. bereits *Hilf,* GS Grabitz, 1995, S. 165; vor diesem Hintergrund ist die Ansicht von *Schmitt-Glaeser*, Europäisches Verfassungsrecht, S. 238f., der die nationalen Rechtsordnungen als grundsätzlich verbindlich für das Gemeinschaftsrecht betrachtet, abzulehnen.

dard wurden die Gemeinschaftsgrundrechte[1034], vor allem aber die EMRK verstanden[1035]. Dementsprechend können die Mitgliedstaaten grundsätzlich weitergehende Grundrechtsstandards geltend machen[1036]. Sie dürfen aber nicht unter dem Standard der Gemeinschaftsgrundrechte zurückfallen.

Dieser Lösungsansatz war vor dem Hintergrund der existierenden, richterrechtlich entwickelten Grundrechte plausibel. Die künftige Verbindlichkeitserklärung der Grundrechtscharta wird das Problem des anwendbaren Grundrechtsstandards jedoch noch komplexer werden lassen. Angesichts des sehr weiten Schutzbereichs der in der Grundrechtscharta beinhalteten Grundrechte bürgt die Grundrechtskontrolle des EuGH nicht so sehr die Gefahr, dass die Mitgliedstaaten keinen weiterreichenden Schutz bieten können. Vielmehr könnte es zu der Gefahr kommen, dass sie einen höheren Grundrechtsstandard hinnehmen müssen. Fraglich ist daher, ob sie unter Berufung auf ihre nationale Identität, einen niedrigeren Standard in ihrem Hoheitsgebiet durchsetzen können. Das ist das eigentliche Problem der Grundrechtscharta[1037]. Hier sind die für die Gemeinschaftstätigkeit irrelevanten Grundrechte[1038], wie beispielsweise das Recht auf Bildung, für das mitgliedstaatliche Handeln von Bedeutung.

Wenn man einen Ausgleich zwischen der Pflicht zur Beachtung der Gemeinschaftsgrundrechte einerseits und der Wahrung der nationalen Identität andererseits finden will, dann ist konsequenterweise von den Mitgliedstaaten lediglich die Einhaltung der EMRK zu verlangen. Dadurch wird der nationalen Identität der Mitgliedstaaten Rechnung getragen. Alle Mitgliedstaaten sind Vertragsparteien der EMRK, so dass die Berufung auf ihre nationale Identität sie nicht von der Einhaltung des Konventionsstandards befreien kann.

1034 So *Ruffert*, EuGRZ 1995, 528; *Cirkel*, Bindungen, S. 138: „Im Ergebnis entspricht der Umfang der Bindung der Mitgliedstaaten und ihre justizielle Kontrolle durch den EuGH damit der Bindung und Kontrolle der Gemeinschaftsorgane"; *Wölker*, EuR 1999, Bh. 1, 113.

1035 S. gleich unten.

1036 S. den Lösungsansatz von *Weiler*, Fundamental rights and fundamental boundaries, S. 125; ihm folgen: *Kühling*, Kommunikationsfreiheit, S. 78; *Tridimas*, General Principles, S. 227; s. auch *Kokott*, AöR 121 (1996), 614.

1037 Vgl. *Magiera*, DÖV 2000, 1021: „Um so sorgfältiger und umsichtiger muss die europäische Grundrechtscharta abgefasst werden, damit sie die allen Unionsbürgern in den verschiedenen Mitgliedstaaten gemeinsamen Grundrechte einbezieht und den Mitgliedstaaten weiterhin genügend Spielraum für deren eigene, vielfältige Grundrechtstraditionen belässt".

1038 S. die Kritik im Schrifttum hinsichtlich der umfassenden Berücksichtigung von Grundrechten, die sich nicht mit den existierenden Gemeinschaftsbefugnissen abdecken, vor allem *Pernice*, DVBl. 2000, 852 (Grundsatz der Parallelität von Kompetenzen und Grundrechtsschutz); *Calliess*, EuZW, 264; positiv dagegen *Schwarze*, EuZW 2001, 523; *Busse*, EuGRZ 2002, 575, Fn. 128; *Schmitz*, JZ 2001, 834; *Altmaier*, ZG 2001, 202.

Auch im Schrifttum setzt sich die Ansicht durch, dass die EMRK einen Mindeststandard darstellt. Sie ist zwar nach ständiger Rechtsprechung des EuGH nur Rechtserkenntnisquelle für die Gemeinschaftsgrundrechte, was durch Art. 6 Abs. 2 EUV bestätigt wird: Auf die EMRK wird soweit zurückgegriffen, um im Zusammenhang mit den Verfassungstraditionen der Mitgliedstaaten und anderen internationalen Verträgen den Schutzbereich eines Grundrechts zu bestimmen. Das Gericht erster Instanz (EuG) hat dann auch in letzter Zeit bestätigt, dass die EMRK nur mittelbare Anwendung in der Gemeinschaftsordnung hat[1039].

Andererseits nimmt die EMRK eine besondere Stellung als Rechtserkenntnisquelle der Gemeinschaftsgrundrechte ein, die in den letzten Jahren in der Rechtsprechung und im Schrifttum immer deutlicher wird[1040].

Nach ständiger Rechtsprechung des EuGH kommt der EMRK zur Ableitung der Grundrechte als allgemeine Rechtsgrundsätze besondere Bedeutung zu[1041]. Sie wird als einziger internationaler Vertrag in Art. 6 Abs. 2 EUV erwähnt. Darüber hinaus sind alle - bisher gescheiterten - Versuche seitens des Europäischen Parlaments und der Kommission zu erwähnen, den Beitritt der Europäischen Gemeinschaften zur EMRK durch unterschiedliche Schritte zu ermöglichen. Die übrigen internationale Dokumente haben nicht die gleiche Aufmerksamkeit erfahren.

Ferner ist zu bemerken, dass der EuGH sich zunehmend auf Entscheidungen des EGMR beruft, um den Schutzbereich des einschlägigen Grundrechts[1042], die Grundrechtsberechtigten[1043] oder die Grundrechtsschranken[1044] zu konkretisieren. Das ist zuletzt im Urteil *Connoly* der Fall gewesen, bei dem der EuGH direkt auf Art. 10 EMRK und auf die dieses Grundrecht konkretisierende Rechtsprechung des EGMR Bezug genommen hat[1045].

1039 Rs. T-112/98, *Mannesmannröhren-Werke AG/Kommission,* Slg. 2001, Rn. 59 unter Verweis auf Rs. T-34/94, *Mayr-Melnhof/Kommission,* Slg. 1998, II-1751ff., Rn. 311.

1040 Vgl. hierzu *Kokott,* AöR 121 (1996), 602f.; *Kühling,* EuGRZ 1997, 297.

1041 S. zuletzt Rs. C-274/99, *Connoly/Kommission,* Urteil, Slg. 2001, I-1611ff., Rn. 37.

1042 Verb. Rs. 74/95 und 129/95, *X.,* Slg. 1996, I-6609. Rn. 25, unter Hinweis auf Art. 7 EMRK und die in diesem Rahmen erlassenen Urteile des EGMR.

1043 Rs. C-13/94, *P./S.,* Slg. 1996, I-2143ff., Rn.16: es wird auf die vom EGMR verwendete Bestimmung der Gruppe der „Transsexuellen" verwiesen (EGMR, *Rees,* Urteil vom 17. Oktober 1986, Serie A, Vol. 106, Rn. 38).

1044 Rs. C-368/95, *Familiapress,* Slg. 1997, I-3689ff., Rn. 26 unter Hinweis auf das Urteil des EGMR vom 24.11.1993, *Informationsverein Lentia u.a./Österreich,* Series A, Nr. 276; Rs. T-222/99, T-327/99 und T-329/99, *Jean-Claude Martinez, Charles de Gaulle/Parlament,* Slg. 2001, II- 2823ff., Rn. 231, in Bezug auf die Beschränkungen der Vereinigungsfreiheit.

1045 S. auch Rs. C-270/99 P, *Z/ Parlament,* Slg. 2001, I-9197ff., Rn. 24.

Die Grundrechtscharta bringt die besondere Stellung der EMRK am deutlichsten zum Ausdruck: Es ist nicht nur eine Orientierung an den Konventionsrechten zu beobachten[1046]. Vielmehr wird in Art. 53 festgelegt, dass „keine Bestimmung dieser Charta ... als eine Einschränkung oder Verletzung der Menschenrechte .... auszulegen [ist], die in dem jeweiligen Anwendungsbereich ..... insbesondere ... [durch] die EMRK anerkannt werden"[1047].

Auch die wohl herrschende Meinung im Schrifttum geht von der EMRK als Mindeststandard aus[1048]. Demnach kann zwar die Verbindung der Konvention mit anderen Erkenntnisquellen für die Ermittlung der allgemeinen Rechtsgrundsätze, insbesondere mit den gemeinsamen Verfassungstraditionen der Mitgliedstaaten, zu einer Erhöhung des Grundrechtsschutzes im Vergleich zu dem von der Konvention geschützten Niveau führen, auf keinen Fall aber zu einer Verkennung bzw. zu einer Verminderung dieses Standards. Der von der Konvention gebotene Grundrechtsstandard stellt also nach der Rechtsprechung des EuGH einen sicheren, minimalen Grundrechtsschutzstandard in der Gemeinschaftsrechtsordnung dar. Die Bevorzugung der EMRK als Rechtserkenntnisquelle im Vergleich zu den Verfassungsüberlieferungen kann dadurch erklärt werden, dass sie einen Grundrechtskatalog darstellt, der in allen Vertragsparteien Geltung - wenn auch in unterschiedlichem Umfang - beansprucht[1049] und von einem Quasi-Verfassungsgericht verbindlich ausgelegt und angewandt wird[1050].

1046 Art. 52 Abs. 3 GRCh: „Die Rechte haben die gleiche Bedeutung und Tragweite, wie sie ihnen in der genannten Konvention verliehen wird".

1047 Vgl. auch die Erläuterungen des Präsidiums des Konvents zu Artikel 53, EuGRZ 2000, 569.

1048 Vgl. bereits Eckart *Klein*, Die materielle Bedeutung der Europäischen Menschenrechtskonvention für das Europäische Gemeinschaftsrecht, in: Hermann Mosler / Rudolph Bernhardt / Meinhard Hilf (Hrsg.), Grundrechtsschutz in Europa. Europäische Menschenrechts-Konvention und Europäische Gemeinschaften, 1977, S. 133ff., S. 142; *Calliess*, EuZW 2001, 264; *De Gucht -Bericht*, EuGRZ 1989, 211 speziell hinsichtlich der Stellung der EMRK in der Erklärung des Europäischen Parlaments vom Jahre 1989; *Due/Gulmann*, Fundamental rights, S. 407; *Kühling*, Kommunikationsfreiheit S. 67; *Langenfeld/ Zimmermann*, ZaöRV 1992, 308; *Lenaerts*, ELR 2000, 578, interpretiert Art. 6 Abs. 2 EUV als eine Verankerung der EMRK als Mindeststandard; *Pernice*, DVBl 2000, 854; Gil Carlos *Rodriguez Iglesias*, Zur Stellung der Europäischen Menschenrechtskonvention im europäischen Gemeinschaftsrecht, in: Ulrich Beyerlin / Michael Bothe / Rainer Hofmann / Ernst-Ulrich Petersmann (Hrsg.), Recht zwischen Umbruch und Bewahrung Völkerrecht Europarecht Staatsrecht Festschrift für Rudolf Bernhardt, 1995, S. 1269ff., S. 1279; *Weiler*, Fundamental rights and fundamental boundaries, S. 107; *Grabenwarter*, VVDStRL 60 (2001), 327.

1049 *Szczekalla*, in: Rengeling (Hrsg.), Hb. EUDUR, 1998, Bd. I, § 12, Rn. 12.

1050 *Grabenwarter*, VVDStRL 60 (2001), 327.

Gegen die Anwendung der EMRK als Mindeststandard spricht, dass keine Rechtsgrundlage für diese Differenzierung existiert[1051]. Angesichts jedoch der Tatsache, dass die EMRK einen Katalog darstellt, der als Grundlage für die - teils weiter gefasste - Grundrechtscharta dient, und um die nationale Identität der Mitgliedstaaten zu wahren, gebietet sich ein Lösungsansatz, wonach der EuGH nur die EMRK als Mindeststandard heranziehen darf, wenn er Grundrechte in Bezug auf nationale Maßnahmen heranzieht.

III. Grundfreiheiten

Hinsichtlich der Fallgruppe zu den Grundfreiheiten sind unterschiedliche Lösungsansätze vorgeschlagen worden: Eine Ansicht will die Gemeinschaftsgrundrechte im Rahmen der Grundfreiheiten nur in Fällen von schwerwiegenden Verstößen zur Anwendung bringen[1052]. Diese Ansicht ist zu Recht auf Kritik gestoßen, da das Kriterium „schwerwiegend" nur schwer bestimmbar[1053] und im Hinblick auf den Schutz des Gemeinschaftsbürgers wenig befriedigend ist[1054].

1051 *Cirkel,* Bindungen, S. 137; s. auch *Kühling,* Kommunikationsfreiheit, S. 78.

1052 *Ruffert,* EuGRZ 1995, 529.

1053 *Cirkel,* Bindungen, S. 137.

1054 *Kühling,* EuGRZ 1997, 299; *Schindler,* Kollision, S. 139.

Wenn man von der hier vertretenen Lösung ausgeht, stellt sich das Problem nicht: Der EuGH verpflichtet die Mitgliedstaaten, dass der Schutz der nationalen Grundrechte nur soweit reichen darf, dass es zu keinen Grundfreiheitsverletzungen kommt. Als Grundrechtsmaßstab verwendet der EuGH die EMRK[1055].

Wenn die Einschlägigkeit der Grundfreiheiten den Anwendungsbereich im oben genannten Sinne nicht eröffnet, dann gibt es keinen Grund, in dieser Konstellation von weiteren oder engeren Grundrechtsstandards zu sprechen. Deswegen sind hier die Lösungsansätze, die von einer differenzierten Bindung ausgehen[1056], bzw. dem EuGH eine „margin of appreciation"[1057] zugestehen wollen, abzulehnen.

1055 S. bereits oben, erster Teil, D II 4 und 5.

1056 So vor allem *Weiler*, Fundamental rights and fundamental boundaries, S. 125; ihm folgen: *Tridimas*, General Principles, S. 231; *Kühling*, Kommunikationsfreiheit, S. 78f.; *Wölker*, EuR 1999 Bh. 1, 112f.

1057 Vgl. *Cirkel*, Bindungen, S. 198; *Kühling*, Kommunikationsfreiheit, S. 79 (*ders.*, EuGRZ 1997, 300); *Due/Gulmann*, Fundamental rights, S. 410; zu dieser Auslegungsmethode des EGMR s. *Matscher*, Methods of Interpretation, S. 75f.

Vierter Teil: Gerichtszuständigkeit in Europa hinsichtlich des Grundrechtsschutzes

A. Die Zuständigkeit des Europäischen Gerichtshofs für Menschenrechte hinsichtlich gemeinschaftsrechtlich relevanter Hoheitsakte

Rechtsakte der Gemeinschaftsorgane oder zur Durchführung des Gemeinschaftsrechts erlassene mitgliedstaatliche Akte, bzw. nationale Akte mit gemeinschaftsrechtlichem Bezug waren öfters Gegenstand von Beschwerden vor dem Europäischen Gerichtshof für Menschenrechte[1058].

Die Haltung der Europäischen Kommission für Menschenrechte (EKomMR) sowie des Gerichtshofs (EGMR) war jahrelang durch eine Zurückhaltung gekennzeichnet, Gemeinschaftsrechtsakte oder darauf gestützte nationale Durchführungsakte nach dem Maßstab der EMRK zu überprüfen. In den letzten Jahren ist eine wachsende Bereitschaft des (neuen) EGMR erkennbar, die Mitgliedstaaten für grundrechtliche Verletzungen verantwortlich zu machen, die der Gemeinschaftsgewalt zuzurechnen sind.

Die folgende Untersuchung hat als Ziel die Fälle aufzuzeigen, in welchen der EGMR gemeinschaftsrechtlich relevantes nationales bzw. gemeinschaftliches Handeln nach dem Konventionsmaßstab überprüft.

I. Frühere Rechtsprechung der Konventionsorgane

Die Europäischen Gemeinschaften sind internationale Organisationen mit eigener Völkerrechtssubjektivität[1059]. Von den Gemeinschaftsorganen erlassene Rechtsakte sind aus der Sicht des Völkerrechts nicht den Mitgliedstaaten sondern der Gemeinschaft selbst zuzurechnen. Die Europäischen Gemeinschaften sind nicht Vertragspartei der EMRK[1060] und unterliegen daher nicht der Jurisdiktion des EGMR[1061]. Erst nach einem Beitritt der EU zur EMRK[1062] hätte der EGMR die Be-

---

1058 Ausführliche Darstellung bei *Peukert*, Studies in memory of Rolv Ryssdal, S. 1111 ff.

1059 S. *Streinz*, Europarecht, Rn. 121b, bzw. 591; vgl. Art. 281 EG; Art. 184 EAGV; Art. 6 EGKSV.

1060 Der Beitritt gemäß Art. 59 Abs. 1 EMRK i.V.m. Art. 4 der Europaratssatzung ist nur Staaten vorbehalten. Den Europäischen Gemeinschaften fehlt aber bislang die Staatsqualität, s. statt aller *Bleckmann*, Europarecht, Rn. 143f.

1061 Mark E. *Villiger*, Handbuch der Europäischen Menschenrechtskonvention (EMRK), 2. Auflage, 1999, Rn. 106; *Grabenwarter*, VVDStRL 60 (2001), 329; zuletzt bestätigt in: EGMR, *Matthews/United Kingdom*, Reports 1999-I, 251ff., § 32.

fugnis, Unionsrechtsakte nach dem Konventionsmaßstab zu überprüfen und die Gemeinschaftsorgane für Verletzungen der EMRK direkt verantwortlich zu machen.

Entsprechend dieser Rechtslage hat die EKomMR Beschwerden gegen Gemeinschaftsakte als unzulässig „ratione personae" zurückgewiesen[1063].

Diese Beschwerden waren zwar auch an die Mitgliedstaaten der Europäischen (Wirtschafts)Gemeinschaft adressiert, sie wurden aber von der EKomMR für unzulässig erklärt, da die Kläger den Rechtsweg zum EuGH nicht ordnungsgemäß erschöpft hatten[1064], bzw. das Handeln der Mitgliedstaaten in Wahrheit dem Rat der Europäischen Gemeinschaft zuzuordnen war, der aus denselben Gründen nicht der Kontrolle der EKomMR unterlag[1065].

Anders liegt die Situation prinzipiell bei nationalen Rechtsakten, auch wenn sie gemeinschaftsrechtlich vordeterminiert oder relevant sind: Beschwerden gegen solche Akte sind „ratione personae" grundsätzlich zulässig, da sämtliches Handeln der Vertragsstaaten vom EGMR nach dem Konventionsmaßstab überprüft werden kann[1066].

1062 Zu der Frage des Beitritts der EU zur EMRK s. Gutachten 2/94, EMRK-Beitritt, Slg. 1996, I-1759ff., s. bereits oben, zweiter Teil, C II 4 b.

1063 EKomMR, Entscheidung vom 10. Juli 1978, Antrag Nr. 8030/77, *Confédération Française Démocratique du Travail (CFDT)/Europäische Gemeinschaften, hilfsweise gegen alle ihre Mitgliedstaaten gemeinsam und ihre Mitgliedstaaten einzeln,* 13 D.R., 231ff.; EKomMR, 8. Mai 1985, Antrag Nr. 11055/84, *C./Belgien und Europäische Gemeinschaften,* CMLR 1987, 57ff.; EKomMR, Entscheidung vom 19. Januar 1989, Antrag Nr. 13539/88, *Christiane Dufay/Europäische Gemeinschaften, hilfsweise alle ihre Mitgliedstaaten gemeinsam und ihre Mitgliedstaaten einzeln,* nicht veröffentlicht.

1064 So der Fall der part-time Angestellten *Christiane Dufay*, die ihre Klage vor dem EuGH nicht fristgemäß eingereicht hatte, EKomMR, Entscheidung vom 19. Januar 1989, Antrag Nr. 13539/88.

1065 So EKomMR, Entscheidung vom 10. Juli 1978, Antrag Nr. 8030/77, 13 D.R., 231f., 240.

1066 *Frowein,* in: ders./Peukert, EMRK, Art. 1, Rn. 9.

II. Menschenrechtsbeschwerden gegen gemeinschaftsrechtlich relevante nationale Rechtsakte

1. Vollständig determinierte nationale Akte: die Entscheidungen M & Co und Cantoni/France

Die EKomMR hat 1990 durch ihre Entscheidung zur Menschenrechtsbeschwerde des Unternehmens *M & Co*[1067] eine Zurückhaltung hinsichtlich vollständig determinierter nationaler Rechtsakte gezeigt.

Die Beschwerde des Unternehmens richtete sich gegen die Erteilung der Klausel zur Vollstreckung des relevanten Urteils des EuGH[1068] durch den Bundesminister der Justiz, der seinerseits über kein eigenes Ermessen verfügte[1069]. Es handelte sich zwar um einen Akt der deutschen öffentlichen Gewalt, zu dessen Erlass aber das staatliche Organ gemeinschaftsrechtlich verpflichtet war.

Die EKomMR stellte fest, dass die Beschwerde „ratione personae" zulässig war und betonte, dass die Vertragsstaaten gemäß Art. 1 EMRK für alle Handlungen verantwortlich waren, unabhängig davon, ob dieses Tätigwerden auf der Grundlage von nationalem Recht oder als Ausfluss völkerrechtlicher Verpflichtungen erfolgte[1070].

Die entscheidende Frage war, ob Deutschland für Menschenrechtsverletzungen zur Verantwortung gestellt werden konnte, welche auf das Tätigwerden der Gemeinschaftsorgane zurückzuführen waren. Die EKomMR betonte, dass die Vertragsstaaten auch nach der Übertragung von Hoheitsrechten an internationale Organisationen verantwortlich für Verletzungen der EMRK sein könnten. Diese Verantwortlichkeit eines Vertragsstaates bestände aber nicht, wenn die Menschenrechte innerhalb dieser Organisation einen äquivalenten Schutz erfuhren. Das bejahte die Kommission unter Berufung auf die Grundrechtsrechtsprechung des EuGH und erklärte im Ergebnis die Beschwerde als „ratione materiae" unzulässig.

Es kann aus diesem „Solange" - Beschluss der EKomMR[1071] abgeleitet werden, dass die Konventionsorgane, jetzt der EGMR, vollständig determinierte nationale

---

1067 EKomMR, Entscheidung vom 9.2.1990, Antrag Nr. 13258/87, *M & Co/Germany*, ZaöRV 1990, 865f. = D.R. 64, 138ff.

1068 Es handelte sich um die verb. Rs. 100-103/80, *Musique Diffusion Française*, Slg. 1983, 1825ff., in denen das Gericht die Auferlegung einer Geldbuße durch die Kommission bestätigte.

1069 Und nur die Echtheit des Titels überprüfen konnte, s. Art. 256 Abs. 1 EG.

1070 EKomMR, Entscheidung vom 9.2.1990, ZaöRV 1990, 866 = D.R. 64, 145f.

1071 So wird er von Thomas *Giegerich*, Luxemburg, Karlsruhe, Straßburg - Dreistufiger Grundrechtsschutz in Europa?, ZaöRV 1990, 836ff., 860f., genannt.

Rechtsakte nicht nach ihrer Vereinbarkeit mit der EMRK kontrollieren. Die Zurückhaltung der EKomMR kann dadurch erklärt werden, dass sie den Mitgliedstaaten von einer Pflichtenkollision befreien wollte[1072]: Sie müssten entweder ihre Konventionspflichten verletzten, in dem sie das konventionswidrige Gemeinschaftsrecht durchführten; oder sie könnten zwar den Vollzug des Gemeinschaftsrechts verweigern, auf dieser Weise würden sie aber gegen das Gemeinschaftsrecht verstoßen.

Hinsichtlich der nationalen Rechtsakte, die in Ausübung eines im Gemeinschaftsrechtsakt vorgesehenen Ermessensspielraums erlassen worden sind, besteht allerdings die Verantwortlichkeit der Mitgliedstaaten für Konventionsverletzungen weiter fort[1073].

Unklar ist, ob die Entscheidung des EGMR in der Beschwerde *Cantoni/Frankreich*[1074] als eine Änderung dieser Haltung bewertet werden kann. In diesem Fall prüfte der EGMR die Vereinbarkeit des Art. L 511 des französischen Gesetzes über die öffentliche Gesundheit mit Art. 7 Abs. 1 EMRK. Die französische Vorschrift beinhaltet den Begriff des „Arzneimittels". Unter diesen Begriff fallende Arzneimittel dürfen nur in Apotheken verkauft werden. Bei Nichtbeachtung dieses Verbots drohen die strafrechtlichen Folgen des Art. L 517.

Der Beschwerdeführer, der in seinem Supermarkt apothekenpflichtige Produkte verkaufte und aus diesem Grund zu einer Geldstrafe verurteilt wurde, machte eine Verletzung des Art. 7 Abs. 1 EMRK mit der Begründung geltend, dass der Begriff des „Arzneimittels" nicht hinreichend bestimmt war, um den Normadressaten zu ermöglichen, die strafrechtlichen Folgen ihrer Tat im voraus zu erkennen.

Von Bedeutung ist hier die Tatsache, dass die Definition des Arzneimittels in Art. L 511 in der Richtlinie 65/65[1075] übernommen worden ist[1076]. Die französische Regierung hatte argumentiert, dass eine mögliche Unvereinbarkeit des Art. L 511 mit der Konvention zur Konventionswidrigkeit auch der Richtlinie führen würde. Für den EGMR war dieser Umstand ohne Relevanz für die Bejahung seiner Zuständigkeit. Er stellte fest, allerdings ohne eine Erklärung hinzuzufügen, dass „der von der Regierung betonte Umstand, dass Art. L. 511 des code de la santé publique nahezu wortgleich der Gemeinschaftsrichtlinie 65/65 entspricht, [...] diese

---

1072 Vgl. *Philippi*, ZeuS 2000, 103.

1073 *Langenfeld/Zimmermann*, ZaöRV 1992, 307.

1074 EGMR, *Cantoni/France*, 1996-V, S. 1614f. = EuGRZ 1999, 193f.

1075 Richtlinie 65/65/EWG des Rates vom 26. Januar 1965 zur Angleichung der Rechts- und Verwaltungsvorschriften über Arzneispezialitäten, ABl. 1965, Nr. L 369, S. 369.

1076 S. die Erklärungen der französischen Regierung, EuGRZ 1999, 197.

Bestimmung nicht dem Anwendungsbereich des Artikels 7 der Konvention [entzieht]"[1077].

Die EKomMR hat dagegen einen klaren Standpunkt im Rahmen der Zulässigkeitsprüfung der Beschwerde vertreten[1078]. Entscheidend für die EKomMR war, dass die Mitgliedstaaten auf einer Einzelfallbasis befugt waren zu entscheiden, welche Erzeugnisse als „Arzneimittel" zu qualifizieren waren. Aufgrund der Existenz dieses Ermessensspielraums betrachtete die EKomMR die Beschwerde als zulässig. Die Solange - Formel der M & Co Entscheidung war nicht einschlägig[1079].

Es ist unklar, ob der EGMR die Gemeinschaftsrelevanz der Vorschrift als unerheblich betrachtete, weil er von einem Ermessensspielraum der nationalen Behörde ausging, oder ob er seine Zuständigkeit auch hinsichtlich vollständig gemeinschaftsrechtlich determinierter nationalen Akte bejahte. Es kann aus diesem Urteil keine eindeutige Aussage darüber gewonnen werden, ob hier eine Änderung der Solange - Formel erzielt war[1080].

Von Relevanz könnte eine Aussage des EGMR im Urteil *Waite und Kennedy/Deutschland*[1081] sein, bei dem es um die Vereinbarkeit des in der Europäischen Weltraumorganisation errichteten Rechtsschutzsystems mit Art. 6 Abs. 1 EMRK ging. Der EGMR betonte,

> „dass es nicht seine Aufgabe ist, an die Stelle der innerstaatlichen Gerichte zu treten. Es ist in erster Linie Aufgabe der nationalen Behörden, insbesondere der Gerichte, Probleme der Auslegung innerstaatlichen Rechtsvorschriften zu lösen. Dies gilt auch, wenn das innerstaatliche Recht auf allgemeine Regeln des Völkerrechts oder auf völkerrechtliche Vereinbarungen verweist. Die Rolle des Gerichtshofs ist

---

1077 § 30 des Urteils.

1078 EKomMR, Bericht vom 12. April 1995, Beschwerde Nr. 17862/91, EuGRZ 1999, 199.

1079 *Philippi*, ZeuS 2000, 104.

1080 Zurückhaltend auch Christian *Busse*, Die Geltung der EMRK für Rechtsakte der EU, NJW 2000, 1074ff., 1076; anders Sebastian *Winkler*, Der EGMR zum innerstaatlich und gemeinschaftsrechtlich (RL 65/65/EWG) definierten Arzneimittelbegriff beim Apothekenmonopol, EuGRZ 1999, 181ff., 183, der diese Entscheidung als „Meilenstein" in der Rechtsprechung des EGMR qualifiziert und davon ausgeht, dass der EGMR die Verantwortlichkeit der Mitgliedstaaten bejaht hat; vgl. auch *ders.*, Der Europäischer Gerichtshof für Menschenrechte, das Europäische Parlament und der Schutz der Konventionsgrundrechte im Europäischen Gemeinschaftsrecht, EuGRZ 2001, 18ff., 23, der dieser Entscheidung eine konventionsrechtliche Verantwortung der Mitgliedstaaten beim Vollzug des Gemeinschaftsrechts entnimmt; so auch *Philippi*, Zeus 2000, 105; bejahend auch Hans Christian *Krüger* / Jörg *Polakiewicz*, Vorschläge für ein kohärentes System des Menschenrechtsschutzes in Europa, EuGRZ 2001, 92ff., 97.

1081 EGMR, *Waite und Kennedy/Germany*, EuGRZ 1999, 207f.

auf die Beantwortung der Frage beschränkt, ob die Auswirkungen einer solchen Auslegung mit der Konvention vereinbar sind"[1082].

Fraglich ist, ob diese Aussage auch die innerstaatliche Anwendung von Gemeinschaftsrecht betrifft. Dies muss bezweifelt werden, da ein wesentlicher Unterschied zwischen der Europäischen Weltraumorganisation und der Europäischen Gemeinschaft besteht: Während erstere eine internationale Organisation ist, die keine eigene Gerichtsbarkeit hat, handelt es sich bei den Europäischen Gemeinschaften um eine supranationale[1083] Einrichtung, die nicht nur durch die innerstaatlichen sondern auch durch eigene Gerichte Rechtsschutz gewährt.

Aus diesem Grund könnte diese Aussage lediglich als eine Bestätigung dafür verstanden werden, dass der EGMR Zuständigkeit für nationale Rechtsakte beansprucht, die ganz allgemein „auf allgemeine Regeln des Völkerrechts oder auf völkerrechtliche Vereinbarungen" verweisen, d.h. in Durchführung des Gemeinschaftsrechts bei Existenz von Spielräumen[1084].

2. Rechtsakte mit Bezug zum Gemeinschaftsrecht

Der Fall *Procola*[1085] betraf die erneuerte Ausführung der Verordnung über die gemeinsame Marktorganisation für Milch in Luxemburg. Dies war notwendig, nachdem der luxemburgische Conseil d' Etat, gestützt auf die Ausführungen des EuGH im Urteil *Klensch*, die luxemburgischen königlichen Verordnungen als mit Art. 40 Abs. 3 UAbs. 2 EWGV unvereinbar qualifiziert und verworfen hatte[1086]. Die Beschwerde eines von der luxemburgischen Verordnung betroffenen Verbandes ist deshalb von besonderem Interesse, weil er eine Grundrechtsverletzung auf drei Rechtsgrundlagen rügte, die einen unterschiedlichen Bezug zum Gemeinschaftsrecht aufwiesen: Es liege erstens eine Konventionsverletzung vor, weil der Conseil d' Etat kein unabhängiges Gericht im Sinne von Art. 6 Abs. 1 EMRK sei; der Rückwirkungseffekt der königlichen Verordnung sei unvereinbar mit Art. 7 Abs. 1 EMRK; die in der EWG-Verordnung vorgesehene Quote verstoße schließlich gegen Art. 1 des 1. Zusatzprotokolls der EMRK. Während der erstgenannte

---

1082 Rn. 54.

1083 So zutreffend Iris *Canor*, Primus inter pares. Who is the ultimate guardian of fundamental rights in Europe?, ELR 2000, 3ff., 19.

1084 *Canor*, ELR 2000, 19; anders *Philippi*, Zeus 2000, 106, die im Urteil eine Änderung der M & Co Rechtsprechung erblickt und davon ausgeht, dass der EGMR in Zukunft Klagen gegen gemeinschaftsrechtlich determinierte nationale Akte vom EGMR als zulässig ratione materiae erachten wird; so auch *Ress*, FS Winkler, 1997, S. 921, Fn. 111.

1085 EKomMR, *Procola/Luxembourg*, D.R. 75, S. 5f.

1086 Verb. Rs. 201 und 202/85, *Klensch*, Slg. 1986, 3477ff., Rn. 12; s. bereits oben, erster Teil, D III 1.

Klagegrund ausschließlich den Gerichtsaufbau in Luxemburg betraf und aus diesem Grund voll der Prüfungskontrolle der Konventionsorgane unterworfen war[1087], war letzterer eine Frage der Grundrechtsmäßigkeit ausschließlich der EWG-Verordnung, die die Quote eingeführt hat. Der Rückwirkungseffekt der königlichen Verordnungen war erforderlich, um die gleichmäßige und effektive Anwendung der EWG-Verordnung zu gewährleisten, war also auch eng verknüpft mit der Durchführung des Gemeinschaftsrechts.

Die EKomMR prüfte alle Klagegründe und kam zum Ergebnis, dass die Rückwirkung der Verordnungen mit Art. 7 Abs. 1 EMRK vereinbar war, und dass die Quote nicht gegen Art. 1 des 1. Zusatzprotokolls der EMRK verstieß. Daher verwarf sie die zwei letztgenannten Gründe der Beschwerde als „manifestly ill-founded within the meaning of Art. 27 para. 2 of the Convention“ und erklärte nur die Beschwerde wegen der Verletzung von Art. 6 Abs. 1 EMRK als zulässig[1088]. Von Interesse ist in diesem Zusammenhang, dass die EKomMR die Beschwerde inhaltlich prüfte, ohne die in der Beschwerde der M & Co gezeigte Zurückhaltung einzuhalten und ohne jegliche Erwähnung oder Berücksichtigung des gemeinschaftsrechtlichen Ursprungs der nationalen Regelungen.

Der EGMR war sehr zurückhaltend im Urteil *Pafitis* vom Jahr 1998[1089], bei dem er entscheiden musste, ob das Verfahren vor unterschiedlichen Athener Gerichten die angemessene Dauer überstritten hatte und aus diesem Grund gegen Art. 6 Abs. 1 EMRK verstieß. Die lange Dauer des Verfahrens war - auch - darin zurückzuführen, dass die Rechtssache dem EuGH zur Vorabentscheidung gemäß Art. 234 EG vorlag. Der EGMR verneinte es, diesen Zeitraum mit zu berücksichtigen, um festzustellen, ob ein Verstoß gegen Art. 6 Abs. 1 EMRK vorlag:

> „Even though it may at first sight appear relatively long, to take it into account would adversely affect the system instituted by Article 177 [= Art. 234 n.F.] of the EEC Treaty and work against the aim pursued in substance in that Article"[1090].

Diese Entscheidung ist im Schrifttum auf Kritik gestoßen[1091], mit dem Argument dass der EGMR nach ständiger Rechtsprechung die Dauer des Vorlageverfahrens

---

1087 Vgl. den ähnlichen Sachverhalt in: EGMR, *van de Hurk/The Netherlands,* Serie A, Vol. 288, S. 16f.

1088 Der EGMR hat dazu entschieden, dass ein Verstoß gegen Art. 6 Abs. 1 EMRK vorlag, s. EGMR, *Procola/Luxembourg,* Series A, Vol. 326, S. 15-16.

1089 EGMR, *Pafitis/Greece,* Reports 1998-I, S. 436f.

1090 EGMR, *Pafitis/Greece,* Reports 1998-I, § 95.

1091 *Winkler,* EuGRZ 1999, 183; *Peukert,* Studies in memory of Rolv Ryssdal, S. 1119.

vor den nationalen Verfassungsgerichten zur Festlegung der Dauer des Verfahrens bereits mitberücksichtigt[1092].

Die Darstellung der Rechtsprechung der Konventionsorgane hat zwei unterschiedliche Tendenzen gezeigt: In zwei Fällen haben sich EKomMR und EGMR verweigert, nationale gemeinschaftsrechtlich determinierte Rechtsakte nach dem Konventionsmaßstab zu überprüfen[1093] bzw. die Gemeinschaftsrechtsrelevanz des Sachverhalts zu berücksichtigen[1094], während sie in zwei anderen Fällen[1095] zur inhaltlichen Prüfung der nationalen Regelungen übergingen, ohne allerdings zur Bejahung einer Verletzung der EMRK zu gelangen.

Diese Entscheidungen können im Zusammenhang zu einander als Hinweis dafür betrachtet werden, dass der EGMR einer inhaltlichen Prüfung gemeinschaftsrechtlich relevanter nationalen Akte grundsätzlich positiv gegenübersteht[1096]. Es bleibt abzuwarten, wann der EGMR eine Prüfung mitgliedstaatlichen Handelns in Durchführung von Gemeinschaftsrecht umfassend vornehmend wird.

Im Hinblick auf Akte des primären und sekundären Gemeinschaftsrechts ist dagegen eine deutliche Bereitschaft des EGMR zu erkennen, diese Akte direkt anhand des Konventionsmaßstabs zu überprüfen und für die von ihm bejahte Konventionsverletzung die Mitgliedstaaten verantwortlich zu machen. Dies belegen die Entscheidungen in den Fällen *Matthews/Vereinigtes Königreich* und *Senator Lines*.

III. Kollektive Verantwortung der Mitgliedstaaten für Verletzungen der EMRK

1. Menschenrechtsbeschwerden gegen primäres Gemeinschaftsrecht

In der Entscheidung *Matthews/United Kingdom*[1097] stellte der EGMR eine Verletzung des Art. 3 des 1. Zusatzprotokolls EMRK durch das Vereinigte Königreich

---

1092 EGMR, *Pammel/Germany*, Reports 1997-IV, 1096f.

1093 EKomMR, Entscheidung vom 9.2.1990, Antrag Nr. 13258/87, *M & Co/Germany*, ZaöRV 1990, 865ff.

1094 EGMR, *Pafitis/Greece*, Reports 1998-I, S. 436f.

1095 EKomMR, Entscheidung vom 1. Juli 1993, *Procola/Luxembourg*, D.R. 75, S. 5f.; EGMR, *Cantoni/France*, 1996-V, S. 1614 = EuGRZ 1999, 193f.

1096 Für eine Überprüfbarkeit staatlicher Akte vom EGMR auch Rudolf *Bernhardt*, Probleme eines Beitritts der Europäischen Gemeinschaft zur Europäischen Menschenrechts-Konvention, in: Ole Due / Marcus Lutter / Jürgen Schwarze (Hrsg.), Festschrift für Ulrich Everling, Band I, 1995 (zitiert: *Bernhardt*, FS Everling, 1995), S. 103ff., S. 105.

1097 EGMR, *Matthews/United Kingdom*, EuGRZ 2000, 200f. = EGMR, Reports 1999-I, 251ff.

fest, weil es die Anwohner des Gebiets Gibraltar von der Teilnahme an den Wahlen zum Europäischen Parlament ausgeschlossen hatte. Dies war im Anhang II des Aktes der Europäischen Gemeinschaften über die Einführung von Direktwahlen von 1976[1098] so vorgesehen, der von allen Mitgliedstaaten gemeinsam beschlossen wurde und vom Rang her dem primären Gemeinschaftsrecht zuzuordnen ist.

Der Gerichtshof hat wiederholt, dass die Konvention die Übertragung von Hoheitsgewalt an internationale Organisationen nicht ausschließt, solange gewährleistet ist, dass der Schutz der Konventionsrechte weiterhin sichergestellt wird, und aus diesem Grund die Verantwortlichkeit einer Vertragspartei auch nach einer solchen Übertragung von Hoheitsrechten weiter fortbesteht[1099].

Anschließend betonte er, dass der Akt von 1976 nicht vor dem EuGH angegriffen werden kann, weil es sich nicht um einen gewöhnlichen Gemeinschaftsrechtsakt handelt, sondern um einen im Rahmen der Gemeinschaftsrechtsordnung abgeschlossenen Vertrag.

Aus diesem Grund kam er zum Ergebnis, dass das Vereinigte Königreich gemeinsam mit allen übrigen Parteien des Vertrags von Maastricht, „ratione materiae" im Hinblick auf Artikel 1 der Konvention und insbesondere im Hinblick auf Artikel 3 des 1. ZP EMRK für die Konsequenzen der Verletzung dieser Vorschriften verantwortlich gemacht werden muss[1100].

Der EGMR hat seine Zuständigkeit damit begründet, dass der Direktwahlakt von 1976 kein „gewöhnlicher" Akt der Gemeinschaftsorgane war und daher nicht der Zuständigkeit des EuGH unterlag[1101].

Fraglich ist, wie diese Aussage des EGMR zu bewerten ist[1102]: Geht das Gericht davon aus, dass die Zuständigkeit des EuGH eine Zuständigkeit des EGMR ausschließt? Oder wird damit gemeint, dass der innerstaatliche (hier gemeinschaftliche) Rechtsweg ausgeschlossen bzw. ausgeschöpft sein muss, so dass der EGMR

1098 Akt zur Einführung allgemeiner unmittelbarer Wahlen der Abgeordneten der Versammlung vom 20. September 1976, ABl. 1976, Nr. L 281, S. 1ff.

1099 § 32.

1100 § 33. Die Entscheidung war auch deswegen von großer Bedeutung, weil das Europäische Parlament als gesetzgeberisches Organ im Sinne des Art. 3 des 1. ZP EMRK qualifiziert wurde. Die EKomMR hat öfters relevante Beschwerden als unzulässig verworfen, weil das Europäische Parlament diesen Status noch nicht erreicht hatte, s. EKomMR, *Fournier/France,* D.R. 55, 130f.; EKomMR, *Tete/France,* D.R. 54, 52f.

1101 *Lenaerts,* ELR 2000, 584.

1102 Vgl. *Winkler,* EuGRZ 2001, 23.

einschreiten kann?[1103] Im letzteren Fall würde die Zuständigkeit de EGMR wesentlich weiter gehen, so dass man diese Aussage als ein „critical substantial breakthrough" bewerten könnte[1104].

Es muss bezweifelt werden, inwiefern diese Aussage des Gerichts so weit ausgelegt werden kann. Der EGMR hat nämlich seine Zuständigkeit damit begründet, dass es sich bei dem Direktwahlakt nicht um einen „gewöhnlichen" Rechtsakt handelte, der vom EuGH kontrolliert werden konnte. Daraus kann geschlossen werden, dass der EGMR keine Kontrolle des Aktes vorgenommen hätte, wenn es sich um einen Rechtsakt gehandelt hätte, der der Zuständigkeit des EuGH unterlag.

Aufgrund dieser Aussage liegt es daher nahe davon auszugehen, dass der EGMR von der Subsidiarität seiner Zuständigkeit ausgeht: Er kontrolliert nur diejenigen gemeinschaftsrechtlichen Akte, die vom EuGH nicht überprüft werden können[1105]. Das gilt vor allem für das primäre Gemeinschaftsrecht, da der EuGH nicht über die Rechtsmäßigkeit des primären Gemeinschaftsrechts entscheiden kann[1106]. Eine Kontrollzuständigkeit des EGMR muss auch hinsichtlich derjenigen sekundärrechtlichen Gemeinschaftsakte bejaht werden, die im Rahmen des Kapitels über Visa, Asyl und Einwanderung ergangen sind[1107] und für welche eine begrenzte Befugnis des EuGH vorgesehen ist[1108]. Das gleiche gilt schließlich hinsichtlich des Gerichtsverfahrens vor dem EuGH, wenn es nicht dem Maßstab insbesondere des Art. 6 EMRK entspricht[1109]. Vor diesem Hintergrund könnte auch die übermäßige Dauer eines Vorabentscheidungsverfahrens als Verstoß gegen Art. 6 Abs. 1 EMRK qualifiziert werden[1110]. Der EGMR hätte auch die Möglichkeit zu prüfen,

---

1103 Vgl. Art. 35 Abs. 4 EMRK; in diese Richtung *Winkler*, EuGRZ 2001, 23; offenlassend *Canor*, ELR 2000, 18.

1104 So *Canor*, ELR 2000, 18.

1105 So auch *Lenaerts/De Smijter*, CMLR 2001, 291.

1106 Rs. T-584/93, *Roujansky/Rat*, Slg. 1994, 585ff., Rn. 13; bestätigt durch Rs. C-253/94 P, *Roujansky/Rat*, Slg. 1995, 7ff.; C-264/94 P, *Bonnamy/Rat*, Slg. 1995, 15ff.; s. auch Rs. T-113/96, *Dubois et Fils*, Slg. 1998, II-125 Rn. 41; *Herrnfeld*, in: Schwarze (Hrsg.), EU-Kommentar, Art. 46 EUV, Rn. 14; eine grundsätzliche Zuständigkeit des EuGH zur grundrechtskonformen Auslegung des primären Gemeinschaftsrechts bejahend *Canor*, ELR 2000, 7; so auch *Tridimas*, General Principles, S. 33f.

1107 Art. 61ff. EG.

1108 Art. 68 EG; *Krüger/Polakiewicz*, EuGRZ 2001, 96.

1109 Die fehlende Möglichkeit der Kontrolle der Urteile des EuGH selbst betont auch *Lenaerts*, ELR 2000, 585.

1110 S. bereits oben, EGMR, *Pafitis u.a./Greece*, Reports 1998-I, S. 436f.

ob die Regelung der Verfahrensordnung des EuGH[1111], die keine Möglichkeit für die Parteien vorsieht, zu den Schlussanträgen der Generalanwälte beim EuGH Stellung zu nehmen[1112], gegen die EMRK verstößt[1113].

Es muss daher festgehalten werden, dass die Frage, ob jetzt bereits von einer umfassenden Kontrolle aller Handlungen im Rahmen des Unionsrechts ausgegangen werden kann[1114], noch nicht abschließend geklärt ist.

2. Menschenrechtsbeschwerden gegen die Mitgliedstaaten der Europäischen Union

Als Bestätigung der Änderung der Rechtsprechungslinie des EGMR kann auch die Zustellungsentscheidung zur Beschwerde der Firma *Senator Lines* angeführt werden[1115]. Das Unternehmen machte eine Verletzung des Rechts auf Zugang zum Gericht gemäß Art. 6 EMRK geltend, da seiner Berufung vor dem EuGH keine aufschiebende Wirkung zuerkannt wurde. Die Beschwerde ist allen Mitgliedstaaten zugestellt worden, was auf eine grundsätzliche Bejahung der Verantwortung der Mitgliedstaaten seitens des EGMR hindeutet.

Im Schrifttum ist bezweifelt worden, ob die Bejahung einer kollektiven Verantwortung der Mitgliedstaaten für Gemeinschaftsrechtsakte richtig ist, mit dem Argument, dass die Übertragung von Hoheitsrechten auch eine Übertragung der Verantwortung mit sich zieht[1116].

Eine solche Ansicht berücksichtigt die Tatsache nicht, dass in Fällen, in denen der EuGH selbst Grundrechte verletzt oder in Fällen, in denen keine Möglichkeit zur gerichtlichen Kontrolle existiert, die Verantwortung für die Wahrung der Konventionsrechte an die Europäische Gemeinschaft überhaupt nicht übertragen worden ist. Unabhängig davon bezieht sich Art. 1 der EMRK nicht nur auf die un-

---

1111 Die gemäß Art. 245 Abs. 3 EG der einstimmigen Genehmigung durch den Rat bedarf.

1112 S. den ablehnenden Beschluss des EuGH, Rs. C-17/98, *Emesa Sugar,* Slg. 1999, 665ff.; *Grabenwarter,* VVDStRL 60 (2001), 327; *Krüger/Polakiewicz,* EuGRZ 2001, 98.

1113 Vgl. zu diesen Problemfällen bereits *Ress,* FS Winkler, 1997, S. 922, Fn. 118.

1114 So *Grabenwarter,* VVDStRL 60 (2001), 330, der die Kontrollmöglichkeit des EGMR für das primäre und sekundäre Gemeinschaftsrecht sowie für dessen Durchführung durch die nationalen Organe bejaht; vgl. bereits *Ress,* FS Winkler, 1997, S. 920-921.

1115 EGMR, *Senator Lines GmbH/15 EU-Staaten,* EuGRZ 2000, 334f.

1116 Kritisch zu einer solchen Konstellation Henry *Schermers*, The Relationship with the European Organisations other than the Council of Europe, in: Micele de Salvia / Mark E. Villiger (Hrsg.), The Birth of European Human Rights Law. Liber Amicorum Studies in honour of Carl Aage Nørgaard, 1998, S. 315ff., S. 320: „When powers are transferred, responsibility must be transferred as well".

mittelbare Ausübung der Hoheitsgewalt im eigenen Staatsgebiet, sondern auch auf die Ausübung übertragener Hoheitsgewalt durch internationale Organisationen[1117].

Es muss also festgehalten werden, dass der EGMR auch Akte der Gemeinschaftsorgane überprüfen wird, allerdings nur mittelbar dadurch, dass er die Mitgliedstaaten für Verletzungen der Gemeinschaftsorgane verantwortlich macht[1118].

IV. Bewertung- Fallgruppen

Hinsichtlich gemeinschaftsrechtlich vollständig determinierter Rechtsakte hat die EKomMR entschieden, dass soweit ein ausreichender Schutz vom EuGH besteht, die Mitgliedstaaten nicht verantwortlich für diese Konventionsverletzungen gemacht werden[1119]. In diesem Fall muss auf eine neue Entscheidung des EGMR abgewartet werden. Die bereits besprochenen Entscheidungen liefern keinen eindeutigen Hinweis dafür, ob jetzt der EGMR seine - nicht zu bezweifelnde Zuständigkeit - nicht ausüben wird.

Der EGMR ist dagegen zuständig, Konventionsverletzungen in völkerrechtlichen Verträgen zwischen den Vertragsparteien, daher auch das primäre Gemeinschaftsrecht, festzustellen. Konsequenterweise erstreckt sich die Zuständigkeit des EGMR auf alle Rechtsakte, die nicht vom EuGH überprüft werden können bzw. auf das Verfahren vor dem EuGH.

Die Zuständigkeit des EGMR ist schließlich eindeutig im Rahmen der 2. und 3. Säule zu bejahen, hinsichtlich der gemischten gemeinschaftlichen Abkommen in Bezug auf den Teil, der von den Mitgliedstaaten unterschrieben wurde, sowie bei nationalen Rechtsakten, die im Rahmen von gemeinschaftlich gegebenen Ermessensspielräumen erlassen wurden[1120].

Die dargestellte Rechtsprechung hat gezeigt, dass der EGMR in den letzten Jahren zunehmend gemeinschaftsrechtlich relevante hoheitliche Maßnahmen nach ihrer Vereinbarkeit mit der EMRK überprüft.

Fraglich ist, ob der EGMR für sich eine umfassende Kontrollzuständigkeit beanspruchen soll. Dies ist zu bejahen aus folgenden Gründen:

Es muss als erstes auf die unterschiedliche Stellung der Gerichte hingewiesen werden: Der EuGH ist Teil der Gemeinschaftsrechtsordnung und seine Entschei-

---

1117 *Grabenwarter*, VVDStRL 60 (2001), 330f.; *Krüger/Polakiewicz*, EuGRZ 2001, 96.

1118 Die kollektive Verantwortung der Mitgliedstaaten für Konventionsverletzungen der Gemeinschaft bereits bejahend *Ress*, FS Winkler, 1997, S. 920.

1119 *Wölker*, EuR 1999, Bh. 1, 114-115.

1120 *Wölker*, EuR 1999, Bh. 1, 114-115; *Peukert*, Studies in memory of Rolv Ryssdal, 2000, S. 1115.

dungsfindung wird von den Zielen und der Struktur der Gemeinschaft beeinflusst[1121]. In dieser Hinsicht ähnelt der EuGH einem nationalen (Verfassungs)Gericht[1122]. Anders der EGMR: „as for the Strasbourg Court, it is not the supreme court of an operational system"[1123]. Er hat sich deswegen bei der Auslegung der EMRK nicht die Frage zu stellen, wie das spezifische Menschenrecht in die Ziele, Aufgaben und Strukturen der Gemeinschaft als einer Integrationsorganisation einzufügen ist – eine Frage, die sich für den EuGH bei jeder Bildung und inhaltlicher Ausprägung eines allgemeinen Rechtsgrundsatzes stellt[1124].

Die Entscheidungsfindung des EGMR wird ferner nur vom effektiven Schutz des Konventionsrechts beeinflusst. Aus diesem Grund besitzt er auch die Legitimität, schwierige Fragen des Menschenrechtsschutzes verbindlich zu beantworten, während den Urteilen des EuGH, die sich mit Grundrechtsfragen befassen, keine solche Autorität zugesprochen werden kann[1125].

Die Verabschiedung der Grundrechtscharta kann nicht als gleichwertige Alternative zum Beitritt der Europäischen Union zur EMRK verstanden werden. Während die Grundrechtscharta der Schaffung einer auf eine supranationale Organisation zugeschnittenen Grundrechtsordnung dient[1126], sichert der Beitritt zur EMRK eine umfassende, zugleich aber subsidiäre Kontrolle europäischen hoheitlichen Handelns nach dem Konventionsmaßstab. Die Rechtsverbindlichkeit der Charta macht daher den Beitritt zur EMRK nicht obsolet[1127].

Aus diesem Grund ist der seit langem geforderte Beitritt der Europäischen Union zur EMRK unentbehrlich[1128]: Er würde jegliche hoheitliche Maßnahmen ausdrücklich in die Zuständigkeit des EGMR bringen, auf dieser Weise größere Rechtsklarheit schaffen, einen direkten Zugang der EU-Institutionen im Verfahren vor

---

1121 *Kühling*, Kommunikationsfreiheit, S. 64.

1122 *Krüger/Polakiewicz*, EuGRZ 2001, 98.

1123 Editorial Comments on „Fundamental Rights and Common European Values", in: CMLR 1996, 215ff., 219.

1124 *Ress*, FS Winkler, 1997, S. 916.

1125 *De Búrca*, OJLS 1993, 307.

1126 *Schwarze*, EuZW 2001, 523.

1127 *Lenaerts/De Smijter*, CMLR 2001, 292; *Schmitz*, JZ 2001, 837; *Calliess*, EuZW 2001, 268; *Alber/Widmaier*, EuGRZ 2000, 506; *Stein*, FS Steinberger, S. 1436.

1128 *Schmitz*, JZ 2001, 837; *Alber/Widmaier*, EuGRZ 2000, 505; ausführlich zu den aus einem Beitritt der EU zur EMRK ergebenden Vorteilen *Krüger/Polakiewicz*, EuGRZ 2001, 95.

dem EGMR ermöglichen[1129] und schließlich zur Errichtung eines kohärenten Systems des Menschenrechtsschutzes in Europa beitragen[1130].

B. Die Zuständigkeit des Bundesverfassungsgerichts

I. Entwicklung der Rechtsprechung

Die deutsche Rechtsprechung und Literatur[1131] hat sich lange mit der Frage beschäftigt, ob die Grundrechte des Grundgesetzes als Kontrollmaßstab von Gemeinschaftsrechtsakten sowie gemeinschaftsrechtlich determinierten staatlichen Akten verwendet werden können.

Das Bundesverfassungsgericht hat im Jahre 1974 die Geltung der Grundrechte des Grundgesetzes als Maßstab für EG-Verordnungen ausdrücklich bejaht,

> „solange der Integrationsprozess der Gemeinschaft nicht so weit fortgeschritten ist, dass das Gemeinschaftsrecht auch einen von einem Parlament beschlossenen und in Geltung stehenden formulierten Katalog von Grundrechten enthält, der dem Grundrechtskatalog des Grundgesetzes adäquat ist ...[1132]“.

Das BVerfG hat betont, dass es über keine Normverwerfungskompetenz hinsichtlich der Gemeinschaftsrechtsakte verfügt. Es kann aber zum Ergebnis kommen, dass eine solche Vorschrift von den deutschen Behörden oder Gerichten nicht angewendet werden darf, soweit sie mit einer Grundrechtsvorschrift des Grundgesetzes kollidiert[1133].

In seinem so genannten „Vielleicht - Beschluss“ hat das BVerfG offen gelassen,

> „ob und gegebenenfalls inwieweit - etwa angesichts mittlerweile eingetretener politischer und rechtlicher Entwicklungen im europäischen Bereich - für künftige Vorlagen von Normen des abgeleiteten Gemeinschaftsrechts die Grundsätze des Beschlusses vom 29.5.1974 weiterhin uneingeschränkt Geltung beanspruchen können“[1134].

Die Solange - II Entscheidung vom Jahr 1986 markiert die entscheidende Wende in der Rechtsprechung des BVerfG, da das Gericht seine Zuständigkeit zur Über-

---

1129 *Krüger/Polakiewicz*, EuGRZ 2001, 97.

1130 *Krüger/Polakiewicz*, EuGRZ 2001, 95; *Lenaerts/De Smijter*, CMLR 2001, 297.

1131 Eine ausführliche Darstellung der Rechtsprechung sowie der in der Literatur vertretenen Ansichten bis 1994 findet sich bei *Chwolik-Lanfermann*, Grundrechtsschutz, S. 111f.

1132 BVerfGE 37, 271ff., 285, *Solange I.*

1133 BVerfGE 37, 271ff., 282.

1134 BVerfGE 52, 187, 202f.

prüfung von Gemeinschaftsrechtsakten bzw. gemeinschaftsrechtlich determinierten nationalen Rechtakten zurücknahm:

> „Solange die Europäischen Gemeinschaften, insbesondere die Rechtsprechung des Gerichtshofs der Gemeinschaften einen wirksamen Schutz der Grundrechte gegenüber der Hoheitsgewalt der Gemeinschaften generell gewährleisten, der dem vom Grundgesetz als unabdingbar gebotenen Grundrechtsschutz im wesentlichen gleichzuachten ist, wird das Bundesverfassungsgericht seine Gerichtsbarkeit über die Anwendbarkeit von abgeleitetem Gemeinschaftsrecht, das als Rechtsgrundlage für ein Verhalten deutscher Gerichte oder Behörden im Hoheitsbereich der Bundesrepublik Deutschland in Anspruch genommen wird, nicht mehr ausüben und dieses Recht mithin nicht mehr am Maßstab der Grundrechte des Grundgesetzes überprüfen; entsprechende Vorlagen nach Art. 100 Abs. 1 GG sind somit unzulässig“[1135].

Es war fraglich, ob diese Entscheidung durch das Maastricht-Urteil revidiert wurde, in welchem das BVerfG ein „Kooperationsverhältnis“ zum EuGH sah[1136], andererseits aber betonte, dass das BVerfG gewährleiste, dass „ein wirksamer Schutz der Grundrechte für die Einwohner Deutschlands auch gegenüber der Hoheitsgewalt der Gemeinschaften generell sichergestellt und dieser vom Grundgesetz als unabdingbar gebotenen Grundrechtsschutz im Wesentlichen gleich zu achten ist, ...“[1137].

Eine ausdrückliche Bestätigung der Solange - II Formel enthielt der Beschluss des BVerfG bezüglich der gemeinsamen Organisation für Bananen[1138]. Das Gericht

---

1135 BVerfGE 73, 339, 387.

1136 Der EuGH garantiere den Grundrechtsschutz in jedem Einzelfall für das gesamte Gebiet der Europäischen Gemeinschaften, während das BVerfG sich auf eine generelle Gewährleistung der unabdingbaren Grundrechtsstandards beschränken könne, BVerfGE 89, 155ff., 175; Peter *Huber*, Das Kooperationsverhältnis zwischen BVerfG und EuGH in Grundrechtsfragen, EuZW 1997, 517f.

1137 BVerfGE 89, 155ff., 174f.; nach Jutta *Limbach*, Das Bundesverfassungsgericht und der Grundrechtsschutz in Europa, NJW 2001, 2913ff., 2917, hat das BVerfG seine Solange - II Rechtsprechung ohne gedanklichen Bruch im Maastricht-Urteil fortgeführt.

1138 BVerfGE 102, 147ff.; vgl. kurz zuvor den Alcan - Beschluss, EuZW 2000, 445ff.: „Die Verfassungsbeschwerde ist unzulässig, soweit mit ihr die Verletzung von Grundrechten durch das angegriffene Urteil des BVerwG gerügt wird. Dieses ist in den für die Verfassungsbeschwerde maßgeblichen Teilen durch die Vorabentscheidung des EuGH umfassend vorgeprägt. Es ist nicht erkennbar, dass durch diese Vorabentscheidung der vom Grundgesetz als unabdingbar gebotener Grundrechtsschutz generell in Frage gestellt würde“; zum Bananenmarktbeschluss s. Claus Dieter *Classen*, Anmerkung, JZ 2000, 1157ff.; Franz *Mayer*, Grundrechtsschutz gegen europäische Rechtsakte des BVerfG: Zur Verfassungsmäßigkeit der Bananenmarktordnung, EuZW 2000, 685ff.; Helmut *Lecheler*, Zum Bananenmarkt-Beschluss des BVerfG, JuS 2001, 120ff.; Christoph *Schmid*, Anmerkungen zum „Bananenbeschluss“ des BVerfG, NVwZ 2001, 249ff.; Uwe *Kischel*, Der unabdingbare

erklärte die Vorlage des Verwaltungsgerichts Frankfurt am Main, mit welcher es nach der Vereinbarkeit der Verordnungen 404/93 und 478/95 mit den Art. 23 Abs. 1, 14 Abs. 1, 12 Abs. 1 und 3 Abs. 1 des Grundgesetzes fragte, mit folgender Begründung für unzulässig:

> „Verfassungsbeschwerden und Vorlagen von Gerichten, die eine Verletzung in Grundrechten des Grundgesetzes durch sekundäres Gemeinschaftsrecht geltend machen, sind von vornherein unzulässig, wenn ihre Begründung nicht darlegt, dass die europäische Rechtsentwicklung einschließlich der Rechtsprechung des Europäischen Gerichtshofs nach Ergehen der Solange II - Entscheidung unter den erforderlichen Grundrechtsstandard abgesunken sei“[1139].

Das wurde auch im Beschluss vom 9.1.2001 bestätigt und klargestellt[1140]. Es ging in diesem Verfahren um die Verfassungsbeschwerde einer Ärztin, die eine Verletzung ihrer Grundrechte aus Art. 12 Abs. 1, Art. 3 Abs. 3 und Art. 101 Abs. 1 Satz 2 GG geltend machte. Prüfungsgegenstand war sowohl das hamburgische Ärztegesetz, das die relevanten Richtlinien ins innerstaatliche Recht umsetzte, sowie die Richtlinien selbst[1141]. Das Gericht wiederholte die Formel des Bananenmarktbeschlusses und erklärte diesen Teil der Verfassungsbeschwerde für unzulässig[1142].

Die zwei letztgenannten Beschlüsse haben Klarheit hinsichtlich zwei umstrittener Fragen geschaffen, nämlich der Prüfungsintensität und des Kontrollgegenstands der Verfassungsbeschwerde im Hinblick auf gemeinschaftsrechtlich relevante Rechtsakte.

II. Prüfungsintensität

Eine im Schrifttum sehr umstrittene Frage war, ob das BVerfG den unabdingbaren Grundrechtsschutz generell oder einzelfallbezogen verstand.

Ein Teil in der Literatur hat die Meinung vertreten, dass das BVerfG durchaus zur Einzelfallprüfung befugt war: Diese Einzelfallprüfung finde zwar nicht in jedem

---

grundrechtliche Mindeststandard in der Europäischen Union, Der Staat 2000, 523ff., 538; Gert *Nicolaysen* / Carsten *Nowak*, Teilrückzug des BVerfG aus der Kontrolle der Rechtmäßigkeit gemeinschaftlicher Rechtsakte: Neuere Entwicklungen und Perspektiven, NJW 2001, 1233ff.

1139 BVerfGE 102, 147ff., Leitsätze.

1140 EuGRZ 2001, 150ff.

1141 Richtlinie 86/457/EWG des Rates vom 15. September 1986 über eine spezifische Ausbildung in der Allgemeinmedizin, ABl. 1986, Nr. L 267, S. 26; Richtlinie 93/16/EWG des Rates vom 5. April 1993 zur Erleichterung der Freizügigkeit der Ärzte und zur gegenseitigen Anerkennung ihrer Diplome, Prüfungszeugnisse und sonstigen Befähigungsnachweise, ABl. 1986, Nr. L 165, S. 1.

1142 EuGRZ 2001, 152.

Fall statt, wo der Grundrechtsschutz auf europäischer Ebene mit dem Grundrechtsschutz des Grundgesetzes nicht übereinstimme, da Art. 23 Abs. 1 GG nur einen im wesentlichen vergleichbaren Grundrechtsschutz fordere. Allerdings könnten Grundrechtsverstöße durch die Gemeinschaftsgewalt, die so schwerwiegend seien, dass sie den Wesensgehalt beeinträchtigen, vom BVerfG festgestellt werden[1143].

Die entgegengesetzte Meinung ging von einer generellen Prüfung aus: Das BVerfG würde seine Kontrolle über europäische Hoheitsakte wieder ausüben, wenn der vom EuGH gewährte Grundrechtsschutz generell Lücken aufwiese[1144]. Gegen dieses Argument wurde vorgeführt, dass es unmöglich sei, ohne eine konkrete Einzelfallprüfung festzustellen, ob dieser „genereller" Grundrechtsschutz gewährleistet worden sei oder nicht[1145]. Unbefriedigend sei auch der Umstand, dass dem ersten Rechtssuchenden ein Grundrechtsschutz verwehrt werde, der bei addierenden Defiziten am europäischen Grundrechtsschutz einem anderen doch zugesprochen werde[1146].

Der Bananen-Beschluss, bestätigt durch den Beschluss des ersten Senats vom 9.1.2001[1147], stellt nunmehr klar, dass Grundrechtsverstöße der Gemeinschaftsorgane nicht im Einzelfall vor dem BVerfG geltend gemacht werden können. Es muss vielmehr eine Situation vorliegen, in der sich der EuGH mit seiner Rechtsprechung zu den Kompetenzgrundlagen für das Gemeinschaftshandeln und zum

---

1143 So wohl *Kingreen*, in: Calliess/Ruffert (Hrsg.), EUV/EGV, Art. 6, Rn. 89; Rüdiger *Zuck* / Christofer *Lenz*, Verfassungsrechtlicher Rechtsschutz gegen Europa. Prozessuale Möglichkeiten vor den Fachgerichten und dem BVerfG gegen Rechtsakte der Europäischen Gemeinschaft, NJW 1997, 1193ff., 1195; kritisch dazu *Kischel*, Der Staat 2001, 538.

1144 Günter *Hirsch*, Europäischer Gerichtshof und Bundesverfassungsgericht - Kooperation oder Konfrontation?, NJW 1996, 2457ff., 2466; ihm folgend Manfred *Zuleeg*, Bananen und Grundrechte - Anlaß zum Konflikt zwischen europäischer und deutscher Gerichtsbarkeit, NJW 1997, 1201ff., 1202; Martin *Nettesheim*, Art. 23 GG, nationale Grundrechte und EU-Recht, NJW 1995, 2083ff., 2084; *v. Bogdandy/Nettesheim*, in: Grabitz/Hilf (Hrsg.), EUV/EGV, Art. 1, Rn. 48; die im Rahmen des Solange - II Beschlusses vertretenen Ansichten finden sich bei Rudolf *Streinz*, Verfassungsvorbehalte gegenüber Gemeinschaftsrecht - eine deutsche Besonderheit? Die Schranken der Integrationsermächtigung und ihre Realisierung in den Verfassungen der Mitgliedstaaten, in: Hans-Joachim Cremer / Thomas Giegerich / Dagmar Richter / Andreas Zimmermann (Hrsg.), Tradition und Weltoffenheit des Rechts. Festschrift für Helmut Steinberger, 2002 (zitiert: *Streinz*, FS Steinberger, 2002), S. 1437ff., S. 1441, Fn. 35; weitere Literaturnachweise bei *Chwolik-Lanfermann*, Grundrechtsschutz, S. 139, Fn. 506.

1145 *Kingreen*, in: Calliess/Ruffert (Hrsg.), EUV/EGV (1. Auflage), Art. 6 EUV, Rn. 90; wohl zweifelnd auch *Streinz*, FS Steinberger, 2002, S. 1452, Fn. 80.

1146 *Huber*, EuZW 1997, 519; *Kischel*, Der Staat 2001, 539.

1147 EuGRZ 2001, 152ff.

Grundrechtsschutz in der Gemeinschaft offensichtlich, schwerwiegend und anhaltend - also nicht nur im Einzelfall - außerhalb der Gemeinschaftsordnung befände[1148]. Das Versagen des Schutzes von einzelnen Grundrechten reicht demnach nicht aus[1149].

Dieser Beschluss zur Bananenmarktordnung stellt die Voraussetzungen unmissverständlich klar, unter denen Grundrechtsschutz vom BVerfG zu gewähren ist. Dadurch ist er als Beitrag zum Rechtsfrieden und Rechtssicherheit zu bewerten[1150]. Kritisch ist allerdings anzumerken, dass das Gericht die Zulässigkeit einer Verfassungsbeschwerde von so hohen Anforderungen abhängig macht, dass eine bundesverfassungsgerichtliche Kontrolle des sekundären Rechts und der davon abhängigen nationalen Rechtsakte nur als sehr theoretische Reservekompetenz[1151] zu betrachten ist. Andererseits verpflichtet das BVerfG mit dem Beschluss vom 9.1.2001 die obersten deutschen Gerichte zu einer Vorlage an den EuGH[1152] und stellt damit sicher, dass - zumindest - auf der Gemeinschaftsebene eine Grundrechtsprüfung des sekundärrechtlichen bzw. nationalen Aktes vorgenommen wird. Durch die bereits festgestellte grundsätzliche Bereitschaft des EGMR, gemeinschaftsrechtlich relevante hoheitliche Akte nach dem Konventionsmaßstab zu sanktionieren, wird eine zusätzliche Kontrollebene hinzugefügt, was die sich aus einer ausschließlichen Zuständigkeit des EuGH ergebenden Gefahren deutlich verringert.

1148 BVerfGE 102, 147ff., 164; Jürgen *Schwarze*, Bericht Deutschland, in: ders. (Hrsg.), Die Entstehung einer europäischen Verfassungsordnung, 2000, S. 109ff., S. 174.

1149 *Classen*, JZ 2000, 1158; *Lecheler*, JuS 2001, 123; so auch die Einschätzung von Hanno *Kube*, Verfassungsbeschwerde gegen Gemeinschaftsrecht und Vorlagepflicht des BVerwG nach Art. 234 III EGV, JuS 2001, 858ff., 859, der jedoch davon ausgeht, dass der vom BVerfG gesetzte Maßstab den Erfordernissen des Art. 23 i.V.m. Art. 79 Abs. 3 GG nicht entspricht, m.w.N.; kritisch auch *Schmid*, NVwZ 2001, 253-254.

1150 *Mayer*, EuZW 2000, 688; vlg. auch Rainer *Hofmann*, Zurück zu Solange II! Zum Bananenmarktordnung - Beschluss des Bundesverfassungsgerichts, in: Hans-Joachim Cremer / Thomas Giegerich / Dagmar Richter / Andreas Zimmermann (Hrsg.), Tradition und Weltoffenheit des Rechts. Festschrift für Helmut Steinberger, 2002 (zitiert: *Hofmann*, FS Steinberger, 2002), S. 1207ff., S. 1223, der die Schaffung eines grundsätzlichen Vertrauens zwischen dem EuGH und den nationalen Verfassungsgerichten hervorhebt.

1151 *Limbach*, NJW 2001, 2917; *Hofmann*, FS Steinberger, 2002, S. 1222.

1152 EuGRZ 2001, 150ff., 152-153. Das Gericht bejahte eine Verletzung des Art. 101 Abs. 1 Satz 2, weil das als letztinstanzliches Fachgericht anzusehende BVerwG seiner Pflicht zur Vorlage an den Europäischen Gerichtshof nicht nachgekommen ist.

III. Kontrollgegenstand

1. Sekundäres Gemeinschaftsrecht

Es war umstritten, ob nur Akte der deutschen öffentlichen Gewalt oder darüber hinaus auch sekundäres Gemeinschaftsrecht Kontrollgegenstand der Verfassungsbeschwerde bzw. Vorlage vor dem BVerfG war.

Das BVerfG ordnete in einem frühen Beschluss die Gemeinschaftsrechtsakte nicht als Akte der öffentlichen Gewalt im Sinne des § 90 BVerfGG ein[1153] und bestätigte dies in seiner *Eurocontrol I* Entscheidung[1154]. Davon ist das Gericht im *Maastricht-Urteil* ausdrücklich abgewichen: Es hat sich für zuständig erklärt, einen wirksamen Schutz der Grundrechte für die Einwohner Deutschlands auch gegenüber der Hoheitsgewalt der Gemeinschaften generell sicherzustellen[1155]. Hieran hat der Bananen-Beschluss nichts geändert. Sekundärrechtsakte können Gegenstand einer Verfassungsbeschwerde vor dem BVerfG sein.

Gegen diese Stellung des BVerfG ist zwar einzuwenden, dass die Gemeinschaftsrechtsakte keine Akte der deutschen öffentlichen Gewalt im Sinne des Art. § 90 BVerfGG darstellen und daher von vornherein als Gegenstand einer Verfassungsbeschwerde ausscheiden sollten[1156], dieser Umstand spielt aber im Ergebnis keine Rolle, da das BVerfG solche Verfassungsbeschwerden gemäß der Solange II - Entscheidung, bestätigt durch den Bananenmarktbeschluss, für unzulässig qualifiziert. Dazu kommt, dass im eher unwahrscheinlichen Fall der inhaltlichen Prüfung die gleichen Folgen eintreten wie bei einer auf das deutsche Ausführungsgesetz begrenzten Prüfung[1157].

2. Nationale Durchführungsakte

Nationale Akte, die Gebrauch eines vom Gemeinschaftsgesetzgeber erlassenen Spielraums machen, sind nach den Maßstäben des Grundgesetzes überprüfbar. Das BVerfG betonte in seinem ersten Tabak-Beschluss, dass die Frage, ob der nationale Gesetzgeber bei der Umsetzung im Rahmen des ihm von der Richtlinie

---

1153 BVerfGE 22, 293, 295f.

1154 BVerfGE 58, 1ff., 27;

1155 BVerfGE 189, 155ff., 175; *Kingreen,* in: Calliess/Ruffert (Hrsg.), EUV/EGV, Art. 6 EUV, Rn. 88; *Gersdorf,* DVBl. 1994, 675; *Zuck/Lenz,* NJW 1997, 1194; s. auch die Nachweise bei *Streinz,* FS Steinberger, 2002, 1442, Fn. 38; das würde im Ergebnis bedeuten, dass die europäischen Organe an die Grundrechte des Grundgesetzes gebunden sind, vgl. *Klein,* FS Stern, 1997, S. 1304f.; *Hofmann,* FS Steinberger, 2002, S. 1215.

1156 *Streinz,* Europarecht, Rn. 213; *Pernice,* in: Grabitz/Hilf (Hrsg.), EUV/EGV, Art. 164, Rn. 45.

1157 Vgl. *Streinz,* FS Steinberger, 2002, S. 1449.

eingeräumten Gestaltungsspielraums Grundrechte verletzt, in vollem Umfang verfassungsrechtlicher Prüfung unterliegt[1158]. Die Anwendung der nationalen Grundrechten hinsichtlich derjenigen nationalen Durchführungsakte, die gemeinschaftsrechtlich erlassene Spielräume konkretisieren, wurde auch im Beschluss von 9.1.2001 ausdrücklich bestätigt. In diesem Fall muss man von einem doppelten Grundrechtsschutz ausgehen: Sowohl das BVerfG als auch der EuGH[1159] sind zuständig, eine Grundrechtsverletzung festzustellen.

Die Frage dagegen, ob der nationale Gesetzgeber bei der Umsetzung einer Richtlinie auch dann an die Vorgaben des Grundgesetzes gebunden ist, wenn der Inhalt der nationalen Regelung demjenigen des sekundärrechtlichen Aktes entspricht, hat das BVerfG im Tabak-Beschluss nicht eindeutig geklärt. Es wurde aber davon ausgegangen, dass in diesem Fall die nationalen Grundrechte keine Anwendung finden[1160].

Der sog. Tabak II-Beschluss[1161] hat in diesem Zusammenhang Verwirrung gestiftet: Die Verfassungsbeschwerden richteten sich gegen das nationale deutsche Umsetzungsgesetz zu der Tabak-Richtlinie. Das BVerfG konstatierte, dass die den Zigarettenherstellern auferlegten Pflichten, insbesondere die Pflicht zur Aufnahme der Warnhinweise auf die Zigarettenverpackung, auf der - vom EG-Recht unabhängigen - Ermächtigungsgrundlage des nationalen Gesetzes beruhten. Aus diesem Grund brauchte nach Ansicht des BVerfG weder über die Rechtmäßigkeit der Richtlinie entschieden, noch dem EuGH eine Frage zur Vorabentscheidung vorgelegt zu werden[1162].

Diese künstliche Trennung von Richtlinie und nationalem Umsetzungsgesetz, das den gleichen Inhalt wie die Richtlinie hatte, ermöglichte es dem BVerfG, eine Grundrechtsprüfung des nationalen Gesetzes nur nach grundgesetzlichem Maß-

---

1158 Beschluss 2 BvR 3/89 vom 12.5.1989, EuR 1989, 270.

1159 S. bereits oben, dritter Teil, B II 2 d.

1160 *Kokott,* AöR 121 (1996), 605; Gert *Nicolaysen,* Tabakrauch, Gemeinschaftsrecht und Grundgesetz, EuR1989, 215ff., 222; Claus-Dieter *Ehlermann,* Zur Diskussion um einen „Solange III"- Beschluß: Rechtspolitische Perspektiven aus der Sicht des Gemeinschaftsrechts, EuR 1991, Bh. 1, 27ff., 29; Ulrich *Everling,* Brauchen wir Solange III - Zu den Forderungen nach Revision der Rechtssprechung des Bundesverfassungsgerichts, EuR 1990, 195ff., 213; *Chwolik-Lanfermann,* Grundrechtsschutz, S. 191, die unter Verweis auf *Tomuschat,* (Bonner Kommentar, Art. 24, Rn. 98) einen Verstoß gegen die formellen Vorschriften des Grundgesetzes über Zuständigkeit und Verfahren oder wegen nicht im Gemeinschaftsrecht begründeter materieller Mängel als Beispiele nennt; *Nettesheim,* NJW 1995, 2084.

1161 BVerfGE 95, 173ff. = EuR 1997, 162ff.

1162 BVerfGE 95, 173ff., 181 = EuR 1997, 165.

stab (Art. 12 GG) vorzunehmen. Einschlägig ist hier jedoch nicht die Ermächtigungsgrundlage für die Umsetzung, sondern der Inhalt des Umsetzungsrechts[1163]: In diesem Fall war die Pflicht zur äußeren Gestaltung der Tabakverpackungen durch die Warnhinweise gemeinschaftsrechtlich vorgeschrieben. Es stand keinerlei im Ermessen der Mitgliedstaaten, auf die Aufnahme der Warnhinweise auf die Verpackungen zu verzichten[1164].

Die Ausführungen des BVerfG im Tabak II-Beschluss könnten so gedeutet werden, dass das Gericht bereit wäre, für jegliche gemeinschaftsrechtlich determinierte nationale Akte die Grundrechte des Grundgesetzes als Kontrollmaßstab zu verwenden[1165].

Der Beschluss vom 9.1.2001 stellt nunmehr klar, dass Verfassungsbeschwerden unzulässig sind, soweit sie sich gegen die Teile der nationalen Normsetzung richten, die zwingend dem Gemeinschaftsrecht folgen. In diesem Fall sind diese Regelungen nicht am Maßstab der deutschen Grundrechte zu prüfen, sondern unterliegen nur dem auf Gemeinschaftsrechtsebene gewährleisteten Grundrechtsschutz[1166].

C. Ergebnis

Die Untersuchung der Zuständigkeit des EGMR und des BVerfG hat folgendes ergeben: Während auf nationaler Ebene die Gerichte die Bereitschaft zeigen, die Grundrechtskontrolle gemeinschaftlichen bzw. gemeinschaftsrechtlich determinierten mitgliedstaatlichen Handelns dem EuGH anzuvertrauen, zeigt der EGMR eine größere Bereitschaft, die Mitgliedstaaten für Konventionsverletzungen des primären Gemeinschaftsrechts verantwortlich zu machen bzw. ihnen Konventionsverletzungen seitens der Gemeinschaftsorgane zuzurechnen. Es vollzieht sich daher eine Verlagerung der Verantwortung für die Einhaltung der Grundrechte von der nationalen auf die internationale Ebene.

1163 So auch zu Recht Torsten *Stein*, Etikettierung von Tabakerzeugnissen und Warnhimweise - Anmerkung zum BVerfG-Beschluß vom 22.1.1997, EuR 1997, 169ff., 172; vgl. auch Manfred *Dauses*, Eine Lanze für „Solange III", EuZW 1997, 705.

1164 *Stein*, EuR 1997, 172.

1165 Positiv zu einer Deutung des Urteils in diese Richtung angesichts der mangelnden Grundrechtsrechtsprechung des EuGH *Dauses*, EuZW 1997, 705.

1166 EuGRZ 2001, 152.

Schlussbetrachtung

Ziel der Untersuchung war es, aufzuzeigen, in welchen Fällen die Gemeinschaft eine Befugnis zur Kontrolle mitgliedstaatlichen Handelns anhand von Grundrechten für sich beansprucht. Der EuGH hat in mehreren Fällen eine solche Befugnis bejaht. Die Untersuchung der möglichen Rechtsgrundlagen zur Stützung einer diesbezüglichen Gemeinschaftskompetenz hat ergeben, dass die Union über keine allgemeine Befugnis zur Durchsetzung grundrechtlicher Gewährleistungen in den Mitgliedstaaten besitzt. Der Anwendungsbereich des Gemeinschaftsrechts, innerhalb dessen der EuGH mitgliedstaatliches Handeln grundrechtlich überprüft, ist dementsprechend sehr eng zu verstehen und umfasst nur solche Fälle, bei denen das Tätigwerden von Union und Mitgliedstaaten inhaltlich so eng miteinander verzahnt ist, dass von einer Mitverantwortung von Gemeinschaft und Mitgliedstaaten gesprochen werden kann. Dies kann lediglich hinsichtlich der Durchführung des Gemeinschaftsrechts bejaht werden. Aus diesem Grund scheint auch die in der Grundrechtscharta getroffene Regelung dem jetzigen Stand der Aufgabenverteilung zwischen Union und Mitgliedstaaten gerecht zu sein.

Eine Befugnis zur Kontrolle mitgliedstaatlichen Handelns muss ferner der Gemeinschaft in den Fällen eingeräumt werden, in denen die Mitgliedstaaten sich auf den Schutz der Grundrechte als Rechtfertigungsgrund berufen, um eine Grundfreiheit zu beschränken. Der EuGH kann überprüfen, ob die fragliche nationale Maßnahme die Grundfreiheit unverhältnismäßig beeinträchtigt hat.

Dagegen hat die Union keine Befugnis zur Kontrolle mitgliedstaatlichen Handelns im Fall der Einschlägigkeit eines vom Vertrag verliehenen Rechts, wie zum Beispiel der Grundfreiheiten, des Diskriminierungsverbots des Art. 12 Abs. 1 EG oder des Aufenthaltsrechts des Art. 18 Abs. 1 EG. Eine solche weit verstandene Befugnis würde bedeuten, dass die Mitgliedstaaten mittels richterrechtlicher Rechtsfortbildung eine Aufgabenverschiebung zugunsten der Union hinnehmen müssten, die sie aber nicht vertraglich vereinbart hätten. Sie würde auch dazu führen, dass die Einschlägigkeit eines vom Vertrag verliehenen Rechts ausreichen würde, um eine nationale Maßnahme in den Anwendungsbereich des Gemeinschaftsrechts zu bringen, ohne dass ein sonstiger sachlicher Zusammenhang zum Gemeinschaftsrecht existierte.

Aufgrund der weitgehenden Grundrechtsgewährleistungen der Grundrechtscharta gebietet sich im Rahmen der Durchführung des Gemeinschaftsrechts die EMRK als von den Mitgliedstaaten zu wahrender Grundrechtsstandard, will man nicht die sozialen Grundrechte oder die zu den Kompetenzen der Gemeinschaft irrelevanten Rechte in den Mitgliedstaaten zur Geltung bringen und auf diese Weise eine Änderung der Zuständigkeiten zwischen Union und Mitgliedstaaten herbeiführen, die von Art. 51 Abs. 2 GRCh ausdrücklich ausgeschlossen wurde.

Literaturverzeichnis

Alber, Siegbert / *Widmaier,* Ulrich: Die EU-Charta der Grundrechte und ihre Auswirkungen auf die Rechtsprechung, EuGRZ 2000, S. 497-510

Alber, Siegbert: Die Selbstbindung der europäischen Organe an die Europäische Charta der Grundrechte, EuGRZ 2001, S. 349-353

Alexy, Robert: Theorie der Grundrechte, 1. Auflage, Frankfurt am Main 1986, S. 548

Alkema, Evert Albert: The third-party applicability or "Drittwirkung" of the European Convention on Human Rights, in: Franz Matscher / Herbert Petzold, Protecting Human Rights: The European Dimension Studies in honour of Gérard J. Wiarda, Köln u.a., 1988, S. 33-45 [zitiert: *Alkema,* The third-applicability of the Convention]

Alston, Philip / *Weiler,* J.H.H: An "Ever Closer Union" in Need of a Human Rights Policy: The European Union and Human Rights, in: Philip Alston (Hrsg.), The EU and Human Rights, Oxford 1999, S. 3-66 [zitiert: *Alston/Weiler,* The EU and Human Rights]

Altmaier, Peter: Die Charta der Grundrechte der Europäischen Union, ZG 2001, S. 195-209

Arnull, Anthony: The European Union and its Court of Justice, Oxford, 1999, S. 593 [zitiert: *Arnull,* The EU and its Court of Justice]

Barnard, Catherine: Gender Equality in the EU: A Balance Sheet, in: Philip Alston (Hrsg.), The EU and Human Rights, Oxford 1999, S. 215-279 [zitiert: *Barnard,* Gender Equality]

Basedow, Jürgen: Zielkonflikte und Zielhierarchien im Vertrag über die Europäische Gemeinschaft, in: Ole Due / Marcus Lutter / Jürgen Schwarze (Hrsg.), Festschrift für Ulrich Everling, Band I, Baden-Baden 1995, S. 49-68 [zitiert: *Basedow,* FS Everling, 1995]

Baum, Marius: Rights Brought Home. Zur Inkorporierung der Europäischen Konvention zum Schutze der Menschenrechte und Grundfreiheiten in das nationale Recht des Vereinigten Königreichs von Großbritannien und Nordirland, EuGRZ 2000, S. 281-303

Becker, Ulrich: Freizügigkeit in der EU - auf dem Weg vom Begleitrecht zur Bürgerfreiheit, EuR 1999, S. 522-533

Behrens, Peter: Die Konvergenz der wirtschaftlichen Freiheiten im europäischen Gemeinschaftsrecht, EuR 1992, S. 145-162

Beljin, Saša: Die Zusammenhänge zwischen dem Vorrang, den Instituten der innerstaatlichen Beachtlichkeit und der Durchführung des Gemeinschaftsrechts, EuR 2002, S. 351-376

Bernhardt, Rudolf: Probleme eines Beitritts der Europäischen Gemeinschaft zur Europäischen Menschenrechts-Konvention, in: Ole Due / Marcus Lutter / Jürgen Schwarze (Hrsg.), Festschrift für Ulrich Everling, Band I, Baden-Baden 1995, S. 103-111 [zitiert: *Bernhardt,* FS Everling, 1995]

Besselink, Leonard F.M.: Entrapped by the maximal standard: on Fundamental Rights, Pluralism and Subsidiarity in the European Union, CMLR 1998, S. 629-680

Beutler, Bengt: Die Erklärung des Europäischen Parlaments über Grundrechte und Grundfreiheiten vom 12. April 1989, EuGRZ 1989, S. 185-189

Bieber, Roland / *Epiney,* Astrid / *Haag,* Manfred / *Beutler,* Bengt: Beutler, Bieber, Pipkorn, Streil. Die Europäische Union. Rechtsordnung und Politik, 5. Auflage, Baden-Baden 2001, S. 785 [zitiert: *Bearbeiter,* in: BBPS, Rn.]

Bienert, Claus-Peter: Die Kontrolle mitgliedstaatlichen Handelns anhand der Gemeinschaftsgrundrechte, Göttingen 2001, S. 224 [zitiert: *Bienert,* Kontrolle mitgliedstaatlichen Handelns]

Bleckmann, Albert: Die Freiheiten des Gemeinsamen Marktes als Grundrechte, in: Bieber, Roland / Bleckmann, Albert / Capotorti, Francesco u.a. (Hrsg.), Das Europa der zweiten Generation - Gedächtnisschrift für Christoph Sasse, 1981, Bd. II, Kehl, Straßburg 1981, S. 665-684

- Die wertende Rechtsvergleichung bei der Entwicklung europäischer Grundrechte, in: Jürgen F. Baur / Peter-Christian Müller-Graff / Manfred Zuleeg (Hrsg.), Europarecht. Energierecht. Wirtschaftsrecht., Festschrift für Bodo Börner, Köln u.a. 1992, S. 29-37 [zitiert: *Bleckmann,* FS Börner, 1992]

- Die Entwicklung staatlicher Schutzpflichten aus den Freiheiten der Europäischen Menschenrechtskonvention, in: Ulrich Beyerlin / Michael Bothe / Rainer Hofmann / Ernst-Ulrich Petersmann (Hrsg.), Recht zwischen Umbruch und Bewahrung Völkerrecht Europarecht Staatsrecht Festschrift für Rudolf Bernhardt, Berlin u.a. 1995, S. 309-321 [zitiert: *Bleckmann,* FS Bernhardt, 1995]

- Europarecht. Das Recht der Europäischen Union und der Europäischen Gemeinschaften, 6. Auflage, Köln u.a. 1997, S. 1125 [zitiert: *Bleckmann,* Europarecht]

- Die Wahrung der „nationalen Identität“ im Unions-Vertrag, JZ 1997, S. 265-269

Böckenförde, Ernst-Wolfgang: Grundrechte als Grundsatznormen. Zur gegenwärtigen Lage der Grundrechtsdogmatik, Der Staat, 1990, S. 1-31

Boeck, Ilka: Die Abgrenzung der Rechtsetzungskompetenzen von Gemeinschaft und Mitgliedstaaten in der Europäischen Union, Baden-Baden 2000, S. 276

Bogdandy, Armin von: Grundrechtsgemeinschaft als Integrationsziel?, JZ 2001, S. 157-171

Bohr, Sebastian: Schutznormen im Recht der Europäischen Gemeinschaften Zuständigkeit der Mitgliedstaaten zu autonomem Handeln gem. Art. 224 EWG-Vertrag, München 1994, S. 307 [zitiert: *Bohr,* Schutznormen]

Borchardt, Klaus-Dieter: Richterrecht durch den Gerichtshof der Europäischen Gemeinschaften, in: Albrecht Randelzhofer / Rupert Scholz / Dieter Wilke (Hrsg.) Gedächtnisschrift für Eberhard Grabitz, München 1995, S. 29-43 [zitiert: *Borchardt,* GS Grabitz, 1995]

Borries, Reimer, von: Verwaltungskompetenzen der Europäischen Gemeinschaft, in: Ole Due / Marcus Lutter / Jürgen Schwarze (Hrsg.), Festschrift für Ulrich Everling, Band I, Baden-Baden 1995, S. 127-147 [zitiert: *v. Borries,* FS Everling, 1995]

Brandtner, Barbara / *Rosas,* Allan: Human Rights and the External Relations of the European Community: An Analysis of Doctrine and Practice, EJIL 1998, S. 468-490

Brohm, Winfried: Soziale Grundrechte und Staatszielbestimmungen in der Verfassung, JZ 1994, S. 213-220

Bungert, Hartwin: Die Entwicklung der Dogmatik von Art. 6 Abs. 1 EGV anhand des deutschen Urheberrechts, IStR 1994, S. 134-140

Burgi, Martin: Mitgliedstaatliche Garantenpflicht statt unmittelbare Drittwirkung der Grundfreiheiten, EWS 1999, S. 327-332

Busse, Christian: Die Geltung der EMRK für Rechtsakte der EU, NJW 2000, S. 1074-1079

Busse, Christian: Eine kritische Würdigung der Präambel der Europäischen Grundrechtecharta, EuGRZ 2001, S. 559-576

Calliess Christian / *Ruffert* Matthias (Hrsg.): Kommentar zu EU-Vertrag und EG-Vertrag, 1. Auflage, Neuwied u.a. 1999 [zitiert: *Bearbeiter,* in: Calliess/Ruffert (Hrsg.), EUV/EGV, 1. Auflage]

Calliess Christian / *Ruffert* Matthias (Hrsg.): Kommentar zu EU-Vertrag und EG-Vertrag, 2. Auflage, Neuwied u.a. 2002 [zitiert: *Bearbeiter,* in: Calliess/Ruffert (Hrsg.), EUV/EGV]

Calliess, Christian, Sicherheit im freiheitlichen Rechtsstaat. Eine verfassungsrechtliche Gratwanderung mit staatstheoretischem Kompass, ZRP 2002, S. 1-7

- Die Charta der Grundrechte der Europäischen Union - Fragen der Konzeption, Kompetenz und Verbindlichkeit, EuZW 2001, S. 261-268

Canor, Iris: Primus inter pares. Who is the ultimate guardian of fundamental rights in Europe?, ELR 2000, S. 3-21

Chwolik-Lanfermann, Ellen: Grundrechtschutz in der Europäischen Union Bestand, Tendenzen und Entwicklungen, Frankfurt am Main u.a., 1994, S. 414 [zitiert: Chwolik-Lanfermann, Grundrechtsschutz]

Cirkel, Johannes: Die Bindungen der Mitgliedstaaten an die Gemeinschaftsgrundrechte, Baden-Baden 2000, S. 272 [zitiert: *Cirkel,* Bindungen]

Clapham, Andrew: Human Rights and the European Community: A critical Overview, Baden-Baden 1991, S. 272 [zitiert: *Clapham,* Human Rights]

Clapham, Andrew: The „Drittwirkung" of the Convention, in: Ronald St. J. Macdonald, Franz Matscher / Heribert Petzold (Hrsg.), The European System for the Protection of Human Rights, Dordrecht u.a. 1993, S. 163-206

Classen, Claus Dieter: Die Ableitung von Schutzpflichten des Gesetzgebers aus Freiheitsrechten - ein Vergleich von deutschem und französischem Verfassungsrecht sowie der Europäischen Menschenrechtskonvention, JöR (n.F) 1987, S. 29-48

- Anmerkung [zum Beschluss des BVerfG vom 7.6.2000], JZ 2000, S. 1157- 1159

Coppel, Jason / *O'Neil,* Aidan: The European Court of Justice: Taking Rights seriously?, CMLR 1992, S. 669-692

Craig, Paul / *de Búrca,* Grainne: EU Law - Text, cases, and materials, Oxford 1998, S. 1152 [zitiert: *Craig/de Búrca,* EU Law]

Danwitz, Thomas von: Die Garantie effektiven Rechtsschutzes im Recht der Europäischen Gemeinschaft, NJW 1993, S. 1108ff.

- Verwaltungsgerichtliches System und europäische Integration, Tübingen 1996, S. 560 [zitiert: *v. Danwitz,* Europäische Integration]

- Die Eigenverantwortung der Mitgliedstaaten für die Durchführung von Gemeinschaftsrecht, DVBl. 1998, S. 421-432

Däubler-Gmelin, Herta: Eine Europäische Charta der Grundrechte - Beitrag zur gemeinsamen Identität, EuZW 2000, S. 1

Dauses, Manfred (Hrsg.), Handbuch des EU-Wirtschaftsrechts, Loseblattsammlung, Stand: 10 Ergänzungslieferung, Mai 2001 [zitiert: *Bearbeiter,* in: Dauses (Hrsg.), Hdb. des EU-Wirtschaftsrechts]

- Eine Lanze für „Solange III", EuZW 1997, S. 705

De Búrca, Grainne: Fundamental Human Rights and the Reach of EC Law, OJLS 1993, S. 283-319

- The Language of Rights and European Integration, in: Jo Shaw / Gillian More (Hrsg.), New Legal Dynamics of European Union, Oxford 1995, S. 29-54 [zitiert: *de Búrca,* Language of Rights]

- The drafting of the European Union Charter of fundamental rights, ELR 2001, S. 126-138

De Gucht, Karel: Bericht im Namen des Institutionellen Ausschusses über die Erklärung der Grundrechte und Grundfreiheiten, EuGRZ 1989, S. 207-211

Demetriou, Maria: Using Human Rights through European Community Law, EHRLR 1999, S. 484-495

Denninger, Erhard: Menschenrechte und Staatsaufgaben - ein "europäisches" Thema, JZ 1996, S. 585-590

Di Fabio, Udo: Werbeverbote - Bewährungsprobe für europäische Grundfreiheiten und Grundrechte, Archiv für Presserecht (AfP) 1998, S. 564-570

- Das Recht offener Staaten, Tübingen 1999, S. 172

- Eine europäische Charta. Auf dem Weg zur Unionsverfassung, JZ 2000, S. 737-745

- Der Verfassungsstaat in der Weltgesellschaft, Tübingen, 2001, S. 148

Doehring, Karl: Die nationale "Identität" der Mitgliedstaaten der Europäischen Union, in: Ole Due / Marcus Lutter / Jürgen Schwarze (Hrsg.), Festschrift für Ulrich Everling, Band I, Baden-Baden 1995, S. 263-271

Dörr, Oliver / *Mager,* Ute: Rechtsanwendung und Rechtsschutz nach Amsterdam - Zu den neuen Zuständigkeiten des EuGH, AöR 125 (2000), S. 386-427

Dreier, Horst: Grundgesetz-Kommentar, Band I, Artikel 1-19, Tübingen 1996

Due, Ole / *Gulmann,* Claus: Community fundamental rights as part of national law, in: Scritti in onore di Giuseppe Federico Mancini. Volume II Diritto dell'Unione Europea, Milano 1998, S. 405-422 [zitiert: *Due/Gulmann,* Fundamental rights]

Ehlermann, Claus-Dieter: Zur Diskussion um einen "Solange III" - Beschluss: Rechtspolitische Perspektiven aus der Sicht des Gemeinschaftsrechts, EuR 1991 Beiheft 1, S. 27-38

Ehlers, Dirk: Die Grundfreiheiten des europäischen Gemeinschaftsrechts, Jura 2001, S. 266-275

Eilmansberger, Thomas: Rechtsfolgen und subjektives Recht im Gemeinschaftsrecht: Zugleich ein Beitrag zur Dogmatik der Staatshaftungsdoktrin des EuGH, Baden-Baden 1996, S. 266 [zitiert: *Eilmansberger,* Subjektives Recht]

Ellis, Evelyn: Comment [Urteil D/Schweden], CMLR 2002, S. 155-157

Epiney, Astrid: Gemeinschaftsrecht und Föderalismus: „Landes Blindheit" und Pflicht zur Berücksichtigung innerstaatlichen Verfassungsstrukturen, EuR 1994, S. 301-324

- Umgekehrte Diskriminierungen. Zulässigkeit und Grenzen der discrimination à rebours nach europäischem Gemeinschaftsrecht und nationalem Verfassungsrecht, Köln u.a. 1995, S. 618 [zitiert: *Epiney,* Umgekehrte Diskriminierungen]

Everling, Ulrich: Rechtsvereinheitlichung durch Richterrecht in der Europäischen Gemeinschaft, RabelsZ (50) 1986, S. 193-232

- Von der Freizügigkeit der Arbeitnehmer zum Europäischen Bürgerrecht?, EuR 1990 Bh. 1, S. 81-103

- Brauchen wie "Solange III" - Zu den Forderungen nach Revision der Rechtssprechung des Bundesverfassungsgerichts, EuR 1990, S. 195-227

- Der Beitrag des Europäischen Gerichtshofs zur europäischen Grundrechtsgemeinschaft, in: Stern, Klaus (Hrsg.), 40 Jahre Grundgesetz Entstehung, Bewährung und internationale Ausstrahlung, München 1990, S. 167- 180 [zitiert: *Everling,* Europäische Grundrechtsgemeinschaft]

- Die Stellung des Bürgers in der Europäischen Gemeinschaft, ZfRV 1992, S. 240-256

- Auf dem Weg zu einem europäischen Bürger? Aspekte aus rechtswissenschaftlicher Sicht, in: Rudolf Hrbek (Hrsg.), Bürger und Europa, Baden-Baden 1994, S. 49-65 [zitiert: *Everling,* Auf dem Weg zu einem europäischen Bürger?]

- Richterliche Rechtsfortbildung in der Europäischen Gemeinschaft, JZ 2000, S. 217-227

Fischer, Klemens H.: Der Vertrag von Nizza Text und Kommentar, Baden-Baden 2001, S. 569 [zitiert: *Fischer,* Der Vertrag von Nizza]

Fischer, Peter, Die Unionsbürgerschaft: Ein neues Konzept im Völker- und Europarecht, Herbert Haller / Christian Koptzki / Richard Novak (Hrsg.), Staat und Recht, Festschrift für Günter Winkler, Wien/New York 1997, S.

und Recht, Festschrift für Günter Winkler, Wien/New York 1997, S. 237-269 [zitiert: *Fischer,* Die Unionsbürgerschaft]

Flynn, Leo: The implications of Article 13 EC- After Amsterdam, will some forms of discrimination be more equal than others?, CMLR 1999, S. 1127-1152

Frowein, Jochen Abr. / *Peukert,* Wolfgang: EMRK - Kommentar, 2. Auflage, Kehl am Rhein u.a. 1996 [zitiert: *Frowein/Peukert,* EMRK-Kommentar]

Ganten, Ted Oliver: Die Drittwirkung der Grundfreiheiten, Berlin 2000, S. 244

Geiger, Rudolf: EG-Vertrag: Kommentar zu dem Vertrag zur Gründung der Europäischen Gemeinschaft, 3. Auflage, München 2000

Gersdorf, Hubertus: Das Kooperationsverhältnis zwischen deutscher Gerichtsbarkeit und EuGH, DVBl. 1994, S. 674-685

- Funktionen der Gemeinschaftsgrundrechte im Lichte des Solange II-Beschlusses des Bundesverfassungsgerichts, AöR (119) 1994, S. 400-426

Gerstner, Stephan / *Goebel,* Burkhart: Grundrechtsschutz in Europa, Jura 1993, S. 626-635

Giegerich, Thomas: Luxemburg, Karlsruhe, Straßburg - Dreistufiger Grundrechtsschutz in Europa?, ZaöRV 1990, S. 836-868

Glaesner, Hans-Joachim: Eine unendliche Geschichte, in: Ole Due / Marcus Lutter / Jürgen Schwarze (Hrsg.), Festschrift für Ulrich Everling, Band I, Baden-Baden 1995, S. 327-337 [zitiert: *Glaesner,* FS Everling, 1995]

Grabenwarter, Christoph: Die Charta der Grundrechte für die Europäische Union, DVBl. 2001, S. 1-13

- Europäisches und nationales Verfassungsrecht, VVDStRL 60 (2001), S. 290-349

Grabitz, Eberhard (Hrsg.): Grundrechte in Europa und USA, Kehl u.a. 1986 [zitiert: *Bearbeiter,* Bericht ..., in: Grabitz (Hrsg.), Grundrechte in Europa und USA]

Grabitz, Eberhard / *Hilf,* Meinhard (Hrsg.): Das Recht der Europäischen Union, (Kommentar), Stand 13. Ergänzungslieferung Mai 1999 [zitiert: *Bearbeiter,* in: Grabitz/Hilf (Hrsg.), EUV/EGV]

Grabitz, Eberhard / *Hilf,* Meinhard (Hrsg.): Das Recht der Europäischen Union (Kommentar) Stand 19. Ergänzungslieferung, 2002 [zitiert: *Bearbeiter,* in: Grabitz/Hilf (Hrsg.), EU-Kommentar]

Greaves, Rosa: The Nature and Binding Effect of Decisions under Article 189 EC, ELR 1996, S. 3-16

Grewe, Constance: Die Grundrechte und ihre richterliche Kontrolle in Frankreich -Grundlagen und aktuelle Entwicklungen, EuGRZ 2002, S. 209-212

Groeben, Hans von der / *Thiesing,* Jochen / *Ehlermann,* Claus-Dieter (Hrsg.): Kommentar zum EU-/EG-Vertrag, 5. Auflage, Baden-Baden 1997 [zitiert: *Bearbeiter,* in: GTE, Kommentar zum EU-/EG- Vertrag]

Groeben, Hans von der / *Thiesing,* Jochen / *Ehlermann,* Claus-Dieter (Hrsg.): Kommentar zum EWG-Vertrag, 4. Auflage, Baden-Baden 1991

Grzybek, Patrick: Prozessuale Grundrechte im Europäischen Gemeinschaftsrecht, Baden-Baden 1993, S. 225

Harris, David / *O'Boyle,* Michael / *Warbrick,* Chris: Law of the European Convention on Human Rights, London u.a. 1995, S. 753

Hatje, Armin: Die gemeinschaftsrechtliche Steuerung der Wirtschaftsverwaltung, Baden-Baden 1998, S. 469 [zitiert: *Hatje,* Steuerung]

Hatzopoulos, Vassilis: Recent Developments of the Case - Law of the ECJ in the Field of Services, CMLR 2000, S. 43-82

Hilf, Meinhard, Der Gerichtshof der Europäischen Gemeinschaften als Integrationsfaktor, dargestellt anhand der Rechtsprechung zu den Grundrechten, in: Frowein, Jochen Abr. (Hrsg.), Die Grundrechte in der Europäischen Gemeinschaft, Baden-Baden 1978, S. 23-34 [zitiert: *Hilf,* Der Gerichtshof]

- Ein Grundrechtskatalog für die Europäische Gemeinschaft?, EuR 1991, S. 19-30 (s. auch *Hilf,* Meinhard, Ein Grundrechtskatalog in der Perspektive einer europäischen Verfassung, in: Julia Iliopoulos-Strangas (Hrsg.), Grundrechtsschutz im europäischen Raum: Der Beitritt der Europäischen Gemeinschaften zur Europäischen Menschenrechtskonvention; Referate des internationalen Seminars der Marangopoulos-Stiftung für Menschenrechte, Athen vom 14. Januar bis 12. Februar 1991, Baden-Baden 1993, S. 320-338)

- Europäische Union und Europäische Menschenrechtskonvention, in: Ulrich Beyerlin / Michael Bothe / Rainer Hofmann / Ernst-Ulrich Petersmann (Hrsg.), Recht zwischen Umbruch und Bewahrung Völkerrecht Europarecht Staatsrecht Festschrift für Rudolf Bernhardt, Berlin u.a. 1995, S. 1193-1210 [zitiert: *Hilf,* FS Bernhardt, 1995]

- Europäische Union und nationale Identität der Mitgliedstaaten, in: Albrecht Randelzhofer / Rupert Scholz / Dieter Wilke (Hrsg.) Gedächtnisschrift für Eberhard Grabitz, München 1995, S. 157-170 [zitiert: *Hilf,* GS Grabitz, 1995]

- Die Parlamente in einer zentralen Position - Das Konventverfahren als Modell, FAZ vom 6 Dezember 2000, S. 11

Hirsch, Günter: Europäischer Gerichtshof und Bundesverfassungsgericht - Kooperation oder Konfrontation?, NJW 1996, S. 2457-2466

- Die Europäische Union als Grundrechtsgemeinschaft, in: Gil Carlos Rodríguez Iglesias / Ole Due / Romain Schintgen / Charles Elsen (Hrsg.), Mélanges en homage à Fernand Schockweiler, Baden-Baden 1999, S. 177-196 [zitiert: *Hirsch,* Die EU als Grundrechtsgemeinschaft]

- Der EuGH im Spannungsverhältnis zwischen Gemeinschaftsrecht und nationalem Recht, NJW 2000, S. 1817-1822

Hofmann, Rainer: Die Bindung staatlicher Macht, in: Rainer Hofmann / Joseph Marko / Franz Merli / Ewald Wiederin (Hrsg.), Rechtsstaatlichkeit in Europa, Heidelberg 1996, S. 3-29

- Zurück zu Solange II! Zum Bananenmarktordnung - Beschluss des Bundesverfassungsgerichts, in: Hans-Joachim Cremer / Thomas Giegerich / Dagmar Richter / Andreas Zimmermann (Hrsg.), Tradition und Weltoffenheit des Rechts. Festschrift für Helmut Steinberger, Berlin u.a. 2002, S. 1207-1224 [zitiert: *Hofmann,* FS Steinberger, 2002]

Holoubek, Michael: Grundrechtliche Gewährleistungspflichten Ein Beitrag zu einer allgemeinen Grundrechtsdogmatik, Wien u.a. 1997, S. 416 [zitiert: *Holoubek,* Grundrechtliche Gewährleistungspflichten]

Huber, Peter, Das Kooperationsverhältnis zwischen BVerfG und EuGH in Grundrechtsfragen, EuZW 1997, S. 517-521

- Recht der europäischen Integration, 2. Auflage, München 2002, S. 423 [zitiert, *Huber,* Recht der europäischen Integration]

Hübner, Ulrich / *Constantinesco,* Vlad: Einführung in das französische Recht, 4. Auflage, München 2001, S. 280

Hummer, Waldemar: Grundrechte und grundrechtsähnliche Verbürgungen in den Europäischen Gemeinschaften - Versuch einer Systematisierung und gegenseitigen Abgleichung, in: Fritz Schwind (Hrsg.), Aktuelle Fragen zum Europarecht aus der Sicht in- und ausländischer Gelehrter, Wien 1986 S. 60-88 [zitiert: *Hummer,* Grundrechte und Grundrechtsähnliche Verbürgungen]

Ipsen, Hans Peter: Europäisches Gemeinschaftsrecht, Tübingen 1972, S.

Itin, Marco: Grundrechte in Frankreich, Zürich 1992, S. 225

Jacobs, Francis G.: European Community Law and the European Convention on Human Rights, in: Derdre Curtin & Ton Heukels (Hrsg.), Institutional Dynamics of European Integration Essays in Honour of Henry G. Schermers Volume II, Dordrecht u.a. 1994, S. 561-571 [zitiert: *Jacobs,* Essays in Honour of Henry Schermers, 1994]

- The Interaction of European law and national constitutional law: A comment with special reference to the United Kingdom, EuR Beiheft 1 2000, S. 41-44

- Human rights in the European Union: the role of the Court of Justice, ELR 2001, S. 331-341

Jacqueson, Catherine: Union citizenship and the Court of Justice: something new under the sun? Towards social citizenship, ELR 2002, S. 260-281

Jaeckel, Liv: Schutzpflichten im deutschen und europäischen Recht Eine Untersuchung der deutschen Grundrechte, der Menschenrechte und Grundfreiheiten der EMRK sowie der Grundrechte und Grundfreiheiten der Europäischen Gemeinschaft, Baden-Baden 2001, S. 316 [zitiert: *Jaeckel,* Schutzpflichten]

Jarass, Hans Dieter: Grundfragen der innerstaatlichen Bedeutung des EG-Rechts, Köln u.a. 1994, S. 144 [zitiert, *Jarass,* Innerstaatliche Bedeutung des EG-Rechts]

- Elemente einer Dogmatik der Grundfreiheiten, EuR 1995, S. 202ff.

- Die Grundrechte: Abwehrrechte und objektive Grundsatznormen. Objektive Grundrechtsgehalte, insbes. Schutzpflichten und privatrechtsgestaltende Wirkung, Peter Badura / Horst Dreier (Hrsg.), Festschrift 50 Jahre Bundesverfassungsgericht, Tübingen 2001, S. 35-53

Jochum, Georg: Der neue Art. 13 EGV oder "political correctness" auf europäisch?, ZRP 1999, S. 279-281

Jones, Stephen, Die Bindung der Mitgliedstaaten an die Grundrechte der Europäischen Gemeinschaft: Zur Frage der innerstaatlichen Anwendbarkeit der Gemeinschaftsgrundrechte und der Bindung der nationalen Stellen am Beispiel der Bundesrepublik Deutschland, Sinzheim 1999, S. 243 [zitiert: *Jones,* Bindung]

Jürgensen, Thomas / *Schlünder,* Irene: EG-Grundrechtsschutz gegenüber Maßnahmen der Mitgliedstaaten, AöR 121 (1996), S. 200-228

Kadelbach, Stefan / *Petersen,* Niels: Die gemeinschaftsrechtliche Haftung für Verletzungen von Grundfreiheiten aus Anlass privaten Handelns, EuGRZ 2002, S. 213-220

Kannengießer, Christoph: Vorbemerkung vor Art. 1, in: Bruno Schmidt-Bleibtreu / Franz Klein, Kommentar zum Grundgesetz, 9. Auflage, Neuwied 1999

Kingreen, Thorsten / *Störmer,* Rainer: Die subjektiv-öffentlichen Rechte des primären Gemeinschaftsrechts, EuR 1998, S. 263-290

Kingreen, Thorsten: Die Struktur der Grundfreiheiten des Europäischen Gemeinschaftsrechts, Berlin 1999, S. 231 [zitiert: *Kingreen*, Grundfreiheiten]

Kirchhof, Paul: Verfassungsrechtlicher Schutz und internationaler Schutz der Menschenrechte: Konkurrenz oder Ergänzung?, EuGRZ 1994, S. 16-44

Kischel, Uwe: Der unabdingbare grundrechtliche Mindeststandard in der Europäischen Union, Der Staat 2000, S. 523-545

- Die Kontrolle der Verhältnismäßigkeit durch den Europäischen Gerichtshof, EuR 2000, S. 380-402

- Zur Dogmatik des Gleichheitssatzes in der Europäischen Union, EuGRZ 1997, S. 1ff.

Klein, Eckart: Die materielle Bedeutung der Europäischen Menschenrechtskonvention für das Europäische Gemeinschaftsrecht, in: Hermann Mosler / Rudolph Bernhardt / Meinhard Hilf (Hrsg.), Grundrechtsschutz in Europa. Europäische Menschenrechts-Konvention und Europäische Gemeinschaften, Berlin u.a. 1977, S. 133-145

- Grundrechtliche Schutzpflichten des Staates, NJW 1989, S. 1633-1640

- Gedanken zur Europäisierung des deutschen Verfassungsrechts, in: Joachim Burmeister (Hrsg.), Verfassungsstaatlichkeit, Festschrift für Klaus Stern zum 65. Geburtstag, München 1997, S. 1301-1315 [zitiert: *Klein,* FS Stern, 1997]

Klein, Hans H.: Die grundrechtliche Schutzpflicht, DVBl. 1994, S. 489-497

Kluth, Winfried: Die Bindung privater Wirtschaftsteilnehmer an die Grundfreiheiten des EG-Vertrages - Eine Analyse am Beispiel des Bosman - Urteils des EuGH, AöR 122 (1997), S. 557-582

Koenig, Christian: EU-Grundrechtscharta - ein neuer supranationaler Kompetenztitel?, EuZW 2000, S. 417

Kokott, Juliane: Der Grundrechtsschutz im europäischen Gemeinschaftsrecht, AöR (121) 1996, S. 599-638

Kotalakidis, Nikolaos: Von der nationalen Staatsangehörigkeit zur Unionsbürgerschaft Die Person und das Gemeinwesen, Baden-Baden 2000, S. 342 [zitiert: *Kotalakidis,* Unionsbürgerschaft]

Koussis, Georg: Institutionelle Änderungen des Amsterdamer Vertrages (griech.), EEEurD 1998, S. 234-243

Krüger, Hans Christian / *Polakiewicz,* Jörg: Vorschläge für ein kohärentes System des Menschenrechtsschutzes in Europa, EuGRZ 2001, S. 92-104

Kube, Hanno: Verfassungsbeschwerde gegen Gemeinschaftsrecht und Vorlagepflicht des BVerwG nach Art. 234 III EGV, JuS 2001, S. 858-861

Kübler, Johanna: Abteilung 1: Sitzungsbericht, in: 1. Europäischer Juristentag, Ansprachen, Sitzungsberichte, Resümees, Nürnberg 2001, S. 65-87

Kühling, Jürgen: Grundrechtskontrolle durch den EuGH: Kommunikationsfreiheit und Pluralismus im Gemeinschaftsrecht, EuGRZ 1997, S. 296-303

- Staatliche Handlungspflichten zur Sicherung der Grundfreiheiten, NJW 1999, S. 403-404

- Die Kommunikationsfreiheit als europäisches Gemeinschaftsgrundrecht, Berlin 1999, S. 580 [zitiert: *Kühling,* Kommunikationsfreiheit]

Lackhoff, Klaus: Die Niederlassungsfreiheit des EGV - nur ein Gleichheits- oder auch ein Freiheitsrecht?, Berlin 2000 S. 515 [zitiert: *Lackhoff,* Niederlassungsfreiheit]

Langenfeld, Christine / *Zimmermann,* Andreas: Interdependenzen zwischen nationalem Verfassungsrecht, Europäischer Menschenrechtskonvention und Europäischem Gemeinschaftsrecht, ZaöRV 1992, S. 259-317

Langenfeld, Christine: Die Gleichbehandlung von Mann und Frau im Europäischen Gemeinschaftsrecht, Baden-Baden 1990, S. 322 [zitiert: *Langenfeld,* Gleichbehandlung]

Langguth, Gerd, Grundrechtsschutz und Politische Union, EuZW 1991, S. 393-394

Lecheler, Helmut: Einführung in das Europarecht, München 2000, S. 358

- Zum Bananenmarkt-Beschluss des BVerfG, JuS 2001, S. 120-123

Lenaerts, Koen / *De Smijter,* Eddy Eddy: A "Bill of rights" for the European Union, CMLR 2001, S. 273-300

Lenaerts, Koen / *Foubert,* Petra: Social Rights in the Case-Law of the European Court of Justice The Impact of the Charter of Fundamental Rights of the European Union on Standing Case-Law, LIEI 2001, S. 267-296

Lenaerts, Koen: Fundamental Rights to be Included in a Community Catalogue, ELR 1991, S. 367-390

- Fundamental Rights in the European Union, ELR 2000, S. 575-600

Lenz, Carl Otto: Der europäische Grundrechtsstandard in der Rechtsprechung des Europäischen Gerichtshofes, EuGRZ 1993, S. 585-589

- EG-Vertrag, Kommentar, 2. Auflage, Köln 1999 [zitiert: *Bearbeiter,* in: Lenz (Hrsg.), EG-Vertrag Kommentar]

Limbach, Jutta: Das Bundesverfassungsgericht und der Grundrechtsschutz in Europa, NJW 2001, S. 2913-2919

Mager, Ute: Die staatengerichtete Entscheidung als supranationale Handlungsform, EuR 2001, S. 661-681

Magiera, Siegfried: Die Durchsetzung des Gemeinschaftsrechts im europäischen Integrationsprozeß, DÖV 1998, S. 173-183

- Die Grundrechtecharta der Europäischen Union, DÖV 2000, S. 1017-1026

Mancini, Federico / *di Bucci,* Vittorio: Die Entwicklung der Grundrechte als Teil des Gemeinschaftsrechts, in: Julia Iliopoulos-Strangas (Hrsg.), Grundrechtsschutz im europäischen Raum: Der Beitritt der Europäischen Gemeinschaften zur Europäischen Menschenrechtskonvention; Referate des internationalen Seminars der Marangopoulos-Stiftung für Menschenrechte, Athen, vom 14. Januar bis 12. Februar 1991, Baden-Baden 1993, S. 208-228 [zitiert: *Mancini/di Bucci,* Entwicklung der Grundrechte]

Mancini, Federico / *Keeling,* David: From CILFIT to ERT: the Constitutional Challenge facing the European Court, YEL 1991, S. 1-13

Martínez Soria, José: Die Unionsbürgerschaft und der Zugang zu sozialen Vergünstigungen, JZ 2002, S. 643-651

Matscher, Franz: Methods of Interpretation of the Convention, in: R. St. J. Macdonald / F. Matscher / H. Petzold (Hrsg.), The European System for the Protection of Human Rights, Dordrecht u.a. 1993, S. 63-81 [zitiert: *Matscher,* Methods of Interpretation]

Mayer, Franz: Grundrechtsschutz gegen europäische Rechtsakte des BVerfG: Zur Verfassungsmäßigkeit der Bananenmarktordnung, EuZW 2000, S. 685-689

Mohn, Astrid Sybille: Der Gleichheitssatz im Gemeinschaftsrecht Differenzierungen im europäischen Gemeinschaftsrecht und ihre Vereinbarkeit mit dem Gleichheitssatz, Kehl am Rhein u.a. 1990, S. 178 [zitiert: *Mohn,* Gleichheitssatz]

Möstl, Markus: Grenzen der Rechtsangleichung im europäischen Binnenmarkt - Kompetenzielle, grundfreiheitliche und grundrechtliche Schranken des Gemeinschaftsgesetzgebers -, EuR 2002, S. 318-350

Müller-Graff, Peter-Christian: Binnenmarktauftrag und Subsidiaritätsprinzip?, ZHR 1995, s. 34-77

- Grundfreiheiten und Gemeinschaftsgrundrechte, in: Hans-Joachim Cremer / Thomas Giegerich / Dagmar Richter / Andreas Zimmermann (Hrsg.), Tradition und Weltoffenheit des Rechts. Festschrift für Helmut Steinberger, Berlin u.a. 2002, S. 1281-1301, [zitiert: *Müller-Graff,* FS Steinberger, 2002]

Nettesheim, Martin: Grundrechtliche Prüfdichte durch den EuGH, EuZW 1995, S. 106-108

- Art. 23 GG, nationale Grundrechte und EU-Recht, NJW 1995, S. 2083-2085

- Auslegung und Fortbildung nationalen Rechts im Lichte des Gemeinschaftsrechts, AöR 120 (1995), S. 261-293

- Buchbesprechung, ZUM 1995, S. 350-352

- Der Grundsatz der einheitlichen Wirksamkeit des Gemeinschaftsrechts, in: Albrecht Randelzhofer / Rupert Scholz / Dieter Wilke (Hrsg.) Gedächtnisschrift für Eberhard Grabitz, München 1995, S. 447-468 [zitiert: *Nettesheim*, GS Grabitz, 1995]

- Die europarechtlichen Grundrechte auf wirtschaftliche Mobilität (Art. 48, 52 EGV), NVwZ 1996, S. 342ff.

Nicolaysen, Gert / *Nowak*, Carsten: Teilrückzug des BVerfG aus der Kontrolle der Rechtmäßigkeit gemeinschaftlicher Rechtsakte: Neuere Entwicklungen und Perspektiven, NJW 2001, S. 1233-1238

Nicolaysen, Gert: Tabakrauch, Gemeinschaftsrecht und Grundgesetz, EuR1989, S. 215-225

- Europarecht I, 1. Auflage, Baden-Baden 1991

Oeter, Stefan: Ansichten zur Gemeinschaftsverfassung, EuR 2002, Bh. 3, S. 43-67

O'Leary, Siofra: Freedom of establishment and freedom to provide services, ELR 1992, S. 138-157

- The relationship between community citizenship and the protection of fundamental rights in community law, CMLR 1995, S. 519-554

Oppermann, Thomas: Die Dritte Gewalt in der Europäischen Union, DVBl. 1994, S. 901-908

- Europarecht, 2. Auflage, München 1999, S. 934

Pache, Eckhard: Die Europäische Grundrechtscharta - ein Rückschritt für den Grundrechtsschutz in Europa?, EuR 2001, S. 475-494

Pechstein, Matthias / *Bunk*, Artur: Das Aufenthaltsrecht als Auffangrecht Die fehlende unmittelbare Anwendbarkeit sowie die Reichweite des Art. 8a Abs. 1 EGV, EuGRZ 1997, S. 547-554

Pechstein, Matthias / *Koenig*, Christian: Die Europäische Union, 3. Auflage, Tübingen 2000, S. 340

Perau, Guido: Werbeverbote im Gemeinschaftsrecht, Baden-Baden, 1997, S. 346

Pernice, Ingolf: Grundrechtsgehalte im europäischen Gemeinschaftsrecht: ein Beitrag zum gemeinschaftsimmanenten Grundrechtsschutz durch den Europäischen Gerichtshof, Baden-Baden 1979, S. 264

- Gemeinschaftsverfassung und Grundrechtsschutz- Grundlagen, Bestand und Perspektiven, NJW 1990, S. 2409-2420

- Die Europäische Verfassung, in: Hans-Joachim Cremer / Thomas Giegerich / Dagmar Richter / Andreas Zimmermann (Hrsg.), Tradition und Weltoffenheit des Rechts. Festschrift für Helmut Steinberger, Berlin u.a. 2002, S. 1319-1345 [zitiert: *Pernice,* FS Steinberger, 2002]

- Eine Grundrechte-Charta für die Europäische Union, DVBl. 2000, S. 847-859

Pescatore, Pierre: Bestand und Bedeutung der Grundrechte im Recht der Europäischen Gemeinschaften, EuR 1979, S. 1-12

Petersen, Nicolaus: Rundfunkfreiheit und EG-Vertrag: Die Einwirkungen des Europäischen Rechts auf die Ausgestaltung der nationalen Rundfunkordnungen, Baden-Baden 1994 S. 340

Petzold, Herbert: The Convention and the Principle of Subsidiarity, in: R. St. J. Macdonald/F. Matscher/H. Petzold (Hrsg.), The European System for the Protection of Human Rights, Martinus Nijhoff Publishers, Dordrecht u.a. 1993, S. 41-62 [zitiert: *Petzold,* The Convention and the Principle of Subsidiarity]

Peukert, Wolfgang: The importance of the European Convention on Human Rights for the European Union, in: Paul Mahoney / Franz Matscher / Herbert Petzold / Luzius Wildhaber (Hrsg.), Protecting Human Rights: The European Perspective Studies in memory of Rolv Ryssdal, Köln u.a. 2000, S. 1107-1122 [zitiert: *Peukert,* Studies in memory of Rolv Ryssdal, 2000]

Phelan, Diarmuid Rossa: Right to Life of the Unborn v Promotion of Trade in Services: The European Court of Justice and the Normative Shaping of the European Union, MLR 1992, S. 670-689

Philippi, Nina: Divergenzen im Grundrechtsschutz zwischen EuGH und EGMR, ZeuS 2000, S. 97-126

Pieroth, Bodo / *Schlink,* Bernhard: Grundrechte. Staatsrecht II, 17. Auflage, Heidelberg 2001, S. 316

Pühs, Wolfgang: Der Vollzug von Gemeinschaftsrecht, Berlin 1997, S. 585

Quasdorf, Peter: Dogmatik der Grundrechte der Europäischen Union, Frankfurt am Main u.a. 2001, S. 269 [zitiert: *Quasdorf,* Dogmatik der Grundrechte]

Rengeling, Hans Werner: Grundrechtsschutz in der Europäischen Gemeinschaft: Bestandsaufnahme und Analyse der Rechtsprechung des Europäischen Gerichtshofs zum Schutz der Grundrechte als allgemeine Rechtsgrundsätze, München 1993, S. 269 [zitiert: *Rengeling,* Grundrechtsschutz]

- Freizügigkeit in der Europäischen Union - Grundfreiheit und Grundrecht für den Unionsbürger, in: Max-Emanuel Geis/Dieter Lorenz (Hrsg.), Staat,

Kirche, Verwaltung: Festschrift für Hartmut Maurer zum 70. Geburtstag, München 2001, S. 973-992 [zitiert: *Rengeling*, FS Maurer, 2001]

Rengeling, Hans-Werner / *Middeke,* Andreas, / *Gellermann,* Martin: Rechtsschutz in der Europäischen Union: Durchsetzung des Gemeinschaftsrechts vor europäischen und deutschen Gerichten, München 1994, S. 595

Ress, Georg / *Ukrow,* Jörg: Neue Aspekte des Grundrechtsschutzes in der Europäischen Gemeinschaft, EuZW 1990, S. 499-505

Ress, Georg: Menschenrechte, europäisches Gemeinschaftsrecht und nationales Verfassungsrecht, in: Herbert Haller / Christian Koptzki / Richard Novak (Hrsg.), Staat und Recht, Festschrift für Günter Winkler, Wien / New York 1997, S. 897-932 [zitiert: *Ress,* FS Winkler, 1997]

Ritgen, Klaus: Grundrechtsschutz in der Europäischen Union, ZRP 2000, S. 371-375

Rivers, Julian: Menschenrechtsschutz im Vereinigten Königreich, JZ 2001, S. 127-132

Rodríguez Iglesias, Gil Carlos: Der Gerichtshof der Europäischen Gemeinschaften als Verfassungsgericht, EuR 1992, S. 225-245

- Zur Stellung der Europäischen Menschenrechtskonvention im europäischen Gemeinschaftsrecht, in: Ulrich Beyerlin / Michael Bothe / Rainer Hofmann / Ernst-Ulrich Petersmann (Hrsg.), Recht zwischen Umbruch und Bewahrung Völkerrecht Europarecht Staatsrecht Festschrift für Rudolf Bernhardt, Berlin u.a. 1995, S. 1269-1281

- Zu den Grenzen der verfahrensrechtlichen Autonomie der Mitgliedstaaten bei der Anwendung des Gemeinschaftsrechts, EuGRZ 1997, S. 289-295

Roggers, Ian: From the Human Rights Act to the Charter: Not another Human Rights Instrument to Consider?, ELR 2002, S. 343-356

Rossi, Matthias: Das Diskriminierungsverbot nach Art. 12 EGV, EuR 2000, S. 197-217

Ruffert, Matthias: Die Mitgliedstaaten der Europäischen Gemeinschaft als Verpflichtete der Gemeinschaftsgrundrechte, EuGRZ 1995, S. 518-530

- Anmerkung [zum Gutachten 2/94] des EuGH, JZ 1996, S. 624-627

- Subjektive Rechte im Umweltrecht der Europäischen Gemeinschaft: Unter besonderer Berücksichtigung ihrer prozessualen Durchsetzung, Heidelberg 1996, S. 413 [zitiert: *Ruffert,* Subjektive Rechte]

Rupp, Hans Heinrich: Bemerkungen zum europarechtlichen Schutz der "nationalen Identität" der EU-Mitgliedstaaten, Hans-Wolfgang Arndt / Franz-Ludwig Knemeyer / Dieter Kugelmann / Werner Meng / Michael Schweitzer (Hrsg.), Völkerrecht und deutsches Recht. Festschrift für Walter Rudolf zum 70. Geburtstag, München 2001, S. 173-187 [zitiert: *Rupp*, FS Rudolf, 2001]

Sahpekidou, Eugenia: Grundrechte und Gemeinschaftsrecht, EEEurD 1997, Beiheft, S. 201-206

Scharpf, Fritz: Regieren in Europa Effektiv und demokratisch?, Frankfurt/Main u.a., 1999, S. 201

Schermers, Henry: The Relationship with the European Organisations other than the Council of Europe, in: Micele de Salvia / Mark E. Villiger (Hrsg.), The Birth of European Human Rights Law. Liber Amicorum Studies in honour of Carl Aage Nørgaard, Baden-Baden 1998, S. 315-320

Schilling, Theodor: Bestand und allgemeine Lehren der bürgerschützenden allgemeinen Rechtsgrundsätze des Gemeinschaftsrechts, EuGRZ 2000, S. 3-43

Schindler, Dierk: Die Kollision von Grundfreiheiten und Gemeinschaftsgrundrechten, Berlin 2001, S. 226 [zitiert: *Schindler*, Kollision]

Schmid, Christoph: Anmerkungen zum „Bananenbeschluss" des BVerfG, NVwZ 2001, S. 249- 258

Schmitt-Glaeser, Alexander: Grundgesetz und Europarecht als Elemente europäischen Verfassungsrechts, Berlin 1996, S. 283 [zitiert: *Schmitt-Glaeser*, Europäisches Verfassungsrecht]

Schmitz, Thomas: Die EU - Grundrechtecharta aus grundrechtsdogmatischer und grundrechtstheoretischer Sicht, JZ 2001, S. 833-843

Schnapp, Friedrich E.: Art. 20, in: Münch, Ingo von / Kunig, Philip (Hrsg.): Grundgesetz-Kommentar, Band 2, 4./5. Auflage, München 2001

Schneider, Hans-Peter: Föderative Gewaltenteilung in Europa. Zur Kompetenzabgrenzung zwischen der Europäischen Union und ihren Mitgliedstaaten, in: Hans-Joachim Cremer / Thomas Giegerich / Dagmar Richter / Andreas Zimmermann (Hrsg.), Tradition und Weltoffenheit des Rechts. Festschrift für Helmut Steinberger, Berlin u.a. 2002, S. 1401-1424

Scholz, Rupert: Zur Europäischen Grundrechtscharta, in: Max-Emanuel Geis / Dieter Lorenz (Hrsg.), Staat, Kirche, Verwaltung: Festschrift für Hartmut Maurer zum 70. Geburtstag, München 2001, S. 993-1004 [zitiert: *Scholz*, FS Maurer, 2001]

Schröder, Meinhard: Wirkungen der Grundrechtscharta in der europäischen Rechtsordnung, JZ 2002, S. 849-854

Schulz, Guido: Freizügigkeit für Unionsbürger, Frankfurt a.M. u.a. 1997, S. 347

Schwarze, Jürgen: Schutz der Grundrechte in der Europäischen Gemeinschaft - Grundlagen und heutiger Entwicklungsstand, EuGRZ 1986, S. 293-299

- Europäisches Verwaltungsrecht. Entstehung und Entwicklung im Rahmen der Europäischen Gemeinschaft, Band I, Baden-Baden 1988, S. 659 [zitiert: *Schwarze,* Europäisches Verwaltungsrecht]

- Bericht Deutschland, in: ders. (Hrsg.), Die Entstehung einer europäischen Verfassungsordnung, Baden-Baden 2000, S. 109-204

- EU-Kommentar, Baden-Baden 2000 [zitiert: Bearbeiter, in: Schwarze (Hrsg.), EU-Kommentar]

- Der Grundrechtsschutz für Unternehmen in der Europäischen Grundrechtecharta, EuZW 2001, S. 517-524

Schweitzer, Michael: Art. 12 EGV - Auf dem Weg zum "allgemeinen" Gleichheitssatz?, in: Hans-Wolfgang Arndt / Franz-Ludwig Knemeyer / Dieter Kugelmann / Werner Meng / Michael Schweitzer (Hrsg.), Völkerrecht und deutsches Recht Festschrift für Walter Rudolf zum 70. Geburtstag, München 2001, S. 189-197 [zitiert: *Schweitzer,* FS Rudolf, 2001]

Seidel, Martin, Rechtsangleichung und Rechtsgestaltung in der Europäischen Gemeinschaft, Baden-Baden 1990, S. 309

Simm, Marion: Der Gerichtshof der Europäischen Gemeinschaften im föderalen Kompetenzkonflikt, Baden Baden 1998, S. 283

Simma, Bruno / *Weiler,* Joseph H.H. / *Zöckler,* Markus C.: Kompetenzen und Grundrechte: Beschränkungen der Tabakwerbung aus der Sicht des Europarechts, Berlin 1999, S. 183 [zitiert: *Simma/Weiler/Zöckler,* Kompetenzen und Grundrechte]

Sommermann, Karl-Peter: Art. 20, in: Hermann von Mangoldt / Friedrich Klein / Christian Starck (Hrsg.), Das Bonner Grundgesetz, Kommentar, Band 2, München 2000

Sommermann, Karl-Peter: Staatsziele und Staatszielbestimmungen, Tübingen 1997, S. 592 [zitiert: *Sommermann,* Staatsziele]

Stein, Torsten: Etikettierung von Tabakerzeugnissen und Warnhirnweise - Anmerkung zum BVerfG-Beschluß vom 22.1.1997, EuR 1997, S. 169-173

- "Gut gemeint..." - Bemerkungen zur Charta der Grundrechte der Europäischen Union, in: Hans-Joachim Cremer / Thomas Giegerich / Dagmar Richter / Andreas Zimmermann (Hrsg.), Tradition und Weltoffenheit des Rechts. Festschrift für Helmut Steinberger, Berlin u.a. 2002, S. 1425-1436 [zitiert: *Stein,* FS Steinberger, 2002]

Steinberg, Philipp: Zur Konvergenz der Grundfreiheiten auf der Tatbestands- und Rechtfertigungsebene, EuGRZ 2002, S. 13-25

Steinberger, Helmut: Der Verfassungsstaat als Glied einer europäischen Gemeinschaft, VVDStRL 50 (1991), S. 10-49

Steindorff, Ernst: Drittwirkung der Grundfreiheiten im europäischen Gemeinschaftsrecht, in: Peter Badura / Rupert Scholz (Hrsg.), Wege und Verfahren des Verfassungslebens, Festschrift für Peter Lerche zum 65. Geburtstag, München 1993, S. 575-590

Stern, Klaus: Das Staatsrecht der Bundesrepublik Deutschland, Band III/1, Allgemeine Lehren der Grundrechte, München 1988

Störmer, Rainer: Gemeinschaftsrechtliche Diskriminierungsverbote versus nationale Grundrechte?, AöR 123 (1998), S. 541-576

Storr, Stefan: Zur Bonität des Grundrechtsschutzes in der Europäischen Union, Der Staat 1997, S. 547-573

Streinz, Rudolf / *Leible,* Stefan: Die unmittelbare Drittwirkung der Grundfreiheiten, EuZW 2000, S. 459-467

Streinz, Rudolf, Bundesverfassungsgerichtlicher Grundrechtsschutz und Europäisches Gemeinschaftsrecht, Baden-Baden 1989, S. 551

- Vollzug des Europäischen Gemeinschaftsrechts, in: Joseph Isensee / Paul Kirchhof (Hrsg.), Handbuch des Staatsrechts, Band VII, Heidelberg 1992, § 182 [zitiert: *Streinz,* Vollzug des Europäischen Gemeinschaftsrechts, in: HStR VII, § 182]

- „Gemeinschaftsrecht bricht nationales Recht" - Verlust und Möglichkeiten nationaler politischer Gestaltungsfreiheit nach der Integration in eine supranationale Gemeinschaft, aufgezeigt am Beispiel des Lebensmittelrechts, insbesondere der sog. Novel Food - Verordnung, in: Gerhard Köbler / Meinhard Heinze / Wolfgang Hromadka (Hrsg.), Europas universale rechtsordnungspolitische Aufgabe im Recht des dritten Jahrtausends. Festschrift für Alfred Söllner zum 70. Geburtstag, München 2000, S. 1139-1169

- Europarecht, 5. Auflage, Heidelberg 2001, S. 437

- Verfassungsvorbehalte gegenüber Gemeinschaftsrecht - eine deutsche Besonderheit? Die Schranken der Integrationsermächtigung und ihre Realisierung in den Verfassungen der Mitgliedstaaten, in: Hans-Joachim Cremer / Thomas Giegerich / Dagmar Richter / Andreas Zimmermann (Hrsg.), Tradition und Weltoffenheit des Rechts. Festschrift für Helmut Steinberger, Berlin u.a. 2002, S. 1437-1468 [zitiert: *Streinz,* FS Steinberger, 2002]

Szczekalla, Peter: § 12: Die Grundrechte, in: Hans Werner Rengeling (Hrsg.), Handbuch des Europäischen und Deutschen Umweltrechts, 1998, Bd. I, §

12, Köln u.a.1998 [zitiert, *Szczekalla,* in: Rengeling (Hrsg.), Hb. EUDUR, 1998, Bd. I, § 12].

- Anmerkung [zum Grant Urteil], EuZW 1998, S. 215-216

- Grundfreiheitliche Schutzpflichten - eine "neue" Funktion der Grundfreiheiten des Gemeinschaftsrechts, DVBl. 1998, S. 219-224

Temple Lang, John: The sphere in which Member States are obliged to comply with the general principles of law and community fundamental right principles, LIEI 1991/1992, S. 23-35

- The Duties of National Courts under Community Constitutional Law, ELR 1997, S. 3-18

- The duties of cooperation of national authorities and Courts under Article 10 E.C.: two more reflections, ELR 2001, S. 84-93

Thiele, Gereon: Das Recht der Gemeinsamen Agrarpolitik der EG dargestellt am Beispiel des Gemeinsamen Milchmarktes mit Bezügen zum Durchführungsrecht in der Bundesrepublik Deutschland, Berlin 1997, S. 342 [zitiert: *Thiele,* Recht der Gemeinsamen Agrarpolitik]

Tomuschat, Christian, Aller guten Dinge sind III? Zur Diskussion um die Solange-Rechtsprechung des BVerfG, EuR 1990, S. 340-361

- Comment [zum Martínez Sala Urteil], CMLR 2000, S. 449-457

Tonne, Michael: Effektiver Rechtsschutz durch staatliche Gerichte als Forderung des Europäischen Gemeinschaftsrechts, Köln u.a. 1997, S. 469 [zitiert: *Tonne,* Effektiver Rechtsschutz]

Toth, A.G.: Equality, in: The Oxford Encyclopaedia of European Community Law Vol. I Institutional Law, Oxford 1990, S. 188-201 [zitiert: *Toth,* Equality]

Tridimas, Takis: The General Principles of EC Law, Oxford 1999, S. 377 [zitiert: *Tridimas,* General Principles]

Ukrow, Jörg, Richterrechtliche Rechtsfortbildung durch den EuGH, Baden-Baden 1995, S. 392 [zitiert: *Ukrow,* Rechtsfortbildung]

Villiger, Mark E.: Handbuch der Europäischen Menschenrechtskonvention (EMRK), 2. Auflage, Zürich 1999, S. 520

Voutsakis, Vassilios: Das Rechtsstaatsprinzip und die Grundrechte (griech.), Nomiko Vima, 2002, S. 7-27

Weber, Albrecht: Rechtsfragen der Durchführung des Gemeinschaftsrechts in der Bundesrepublik, Köln u.a. 1987, S: 134 [zitiert: *Weber,* Durchführung]

- Die Grundrechte im Integrationsprozeß der Gemeinschaft in vergleichender Perspektive, JZ 1989, S. 965-973

- Die Europäische Grundrechtscharta - auf dem Weg zu einer europäischen Verfassung, NJW 2000, S. 537-544

Wegener, Bernhard: Rechte des Einzelnen. Die Interessenklage im europäischen Umweltrecht, Baden-Baden 1998, S. 341

Weiler, Joseph H.H. / *Lockhart,* Nicolas J.S.: "Taking Rights seriously" seriously: The european court and ist fundamental rights jurisprudence, CMLR 1995, S. 51-94, S. 579-627

Weiler, J.H.H. / *Fries,* Sybilla: A Human Rights Policy for the European Community and Union: The Question of Competences, in: Philip Alston (Hrsg.), The EU and Human Rights, Oxford 1999, S. 147-165 [zitiert: *Weiler/Fries,* Competences and Human Rights]

Weiler, Joseph H.H.: The European Court at a Crossroads: Community Human Rights and Member State Action, in: F. Capotorti / C.-D. Ehlermann, J. Frowein, F. Jacobs, R. Joliet, T. Koopmanns, R. Kovar (Hrsg.), Du droit international au droit de l'integration. Liber amicorum Pierre Pescatore, Baden-Baden 1987, S. 821-842 [zitiert: *Weiler,* Liber amicorum Pescatore, 1987]

- Fundamental rights and fundamental boundaries: on the conflict of standards and values in the protection of human rights in the European legal space, in: Joseph H.H. Weiler, The Constitution of Europe. "Do the new clothes have an emperor?" and other essays on european integration, Cambridge 1999, S. 102-129 [zitiert: *Weiler,* Fundamental rights and fundamental boundaries]

Wetter, Irmgard: Die Grundrechtscharta des EuGH Die Konkretisierung der gemeinschaftlichen Grundrechte durch die Rechtsprechung des EuGH zu den allgemeinen Rechtsgrundsätzen, Frankfurt am Main 1998, S. 248 [zitiert: *Wetter,* Die Grundrechtscharta des EuGH]

Weyer, Hartmut: Freier Warenverkehr, rein innerstaatliche Sachverhalte und umgekehrte Diskriminierung, EuR 1998, S. 435-461

Winkler, Sebastian: Der EGMR zum innerstaatlich und gemeinschaftsrechtlich (RL 65/65/EWG) definierten Arzneimittelbegriff beim Apothekenmonopol, EuGRZ 1999, S. 181-183

- Der Europäischer Gerichtshof für Menschenrechte, das Europäische Parlament und der Schutz der Konventionsgrundrechte im Europäischen Gemeinschaftsrecht, EuGRZ 2001, S. 18-27

Witte, Bruno de: The Past and Future Role of the European Court of Justice in the Protection of Human Rights, in: Philip Alston (Hrsg.), The EU and Human

Rights, Oxford 1999, S. 859-896 [zitiert: *de Witte,* The Role of the ECJ in the Protection of Human Rights]

Wölker, Ulrich: Grundrechtsschutz durch den Gerichtshof der Europäischen Gemeinschaften und nationale Gerichte nach Amsterdam, EuR Beiheft 1 1999, S. 99-117

Zuck, Rüdiger / *Lenz* Christofer: Verfassungsrechtlicher Rechtsschutz gegen Europa. Prozessuale Möglichkeiten vor den Fachgerichten und dem BVerfG gegen Rechtsakte der Europäischen Gemeinschaft, NJW 1997, S. 1193-1200

Zuleeg, Manfred, Betrachtungen zum Gleichheitssatz im Europäischen Gemeinschaftsrecht, in: Jürgen F. Baur / Peter-Christian Müller-Graff / Manfred Zuleeg (Hrsg.), Europarecht. Energierecht. Wirtschaftsrecht. Festschrift für Bodo Börner, Köln u.a. 1992, S. 473-483 [zitiert: *Zuleeg,* FS Börner, 1992]

- Die Europäische Gemeinschaft als Rechtsgemeinschaft, NJW 1994, S. 545-549

- Bananen und Grundrechte - Anlaß zum Konflikt zwischen europäischer und deutscher Gerichtsbarkeit, NJW 1997, S. 1201-1207

- Justiziabilität des Subsidiaritätsprinzips, in: Knut Wolfgang Nörr / Thomas Oppermann (Hrsg.), Subsidiarität: Idee und Wirklichkeit, Tübingen 1997, S. 185-204

- Zum Verhältnis nationaler und europäischer Grundrechte, EuGRZ 2000, S. 511-517

- Die föderativen Grundsätze der Europäischen Union, NJW 2000, S. 2846-2851

Ralf Bauer

Das Recht auf eine gute Verwaltung im Europäischen Gemeinschaftsrecht

Inhalt, Anwendungsbereich und Einschränkungsvoraussetzungen des Grundrechts auf eine gute Verwaltung in Artikel 41 der Charta der Grundrechte der Europäischen Union

Frankfurt am Main, Berlin, Bern, Bruxelles, New York, Oxford, Wien, 2002.
154 S.
Schriften zum Europa- und Völkerrecht und zur Rechtsvergleichung.
Herausgegeben von Manfred Zuleeg. Bd. 6
ISBN 3-631-39270-2 · br. € 34.00*

In Artikel 41 der im Dezember 2000 proklamierten Charta der Grundrechte der Europäischen Union ist das Recht auf eine gute Verwaltung statuiert. Das Recht – wie es in Artikel 41 der Charta seine Ausprägung gefunden hat – ist offen formuliert und damit auf eine Konkretisierung angelegt. Die Arbeit zeigt Inhalt, Anwendungsbereich und Einschränkungsvoraussetzungen des Grundrechts auf. Besondere Berücksichtigung findet dabei die Rechtsprechung des Europäischen Gerichtshofs (EuGH) sowie des Europäischen Gerichts erster Instanz (EuG), in der das Grundrecht seinen Ursprung hat.

Aus dem Inhalt: Darstellung und Analyse der Rechtsprechung von EuGH und EuG · Betrachtung der mitgliedstaatlichen Rechtsordnungen · Untersuchung der Initiativen des Europäischen Bürgerbeauftragten

Kolibri 360 GmbH
Ferdinand-Jühlke-Straße 7
99095 Erfurt, Deutschland
produktsicherheit@kolibri360.de

Druck:
CPI Druckdienstleistungen GmbH
im Auftrag der
Kolibri 360 GmbH
Ferdinand-Jühlke-Str. 7
99095 Erfurt